公路工程造价人员资格考试用书

Gonglu Gongcheng Zaojia Jichu Lilun ji Xiangguan Fagui

# 公路工程造价基础理论及相关法规

(2015 年版)

交通运输部职业资格中心

人民交通出版社股份有限公司
China Communications Press Co.,Ltd.

## 内容提要

本书为《公路工程造价人员资格考试用书》之一，根据最新考试大纲编写，共分5章，内容包括：公路工程造价管理及其基本制度、工程经济、工程财务、工程项目管理、相关法律法规。

本书注重理论联系实际，针对性、实用性、操作性强，既可作为广大考生复习备考的参考用书，也可供相关从业人员和高校师生学习参考。

**图书在版编目(CIP)数据**

公路工程造价基础理论及相关法规：2015年版／交通运输部职业资格中心组织编写．—北京：人民交通出版社股份有限公司，2014.9

公路工程造价人员资格考试用书

ISBN 978-7-114-11746-6

Ⅰ.①公… Ⅱ.①交… Ⅲ.①道路工程—工程造价—资格考试—自学参考资料②道路工程—建筑造价管理—法规—中国—资格考试—自学参考资料 Ⅳ.①U415.13 ②D922.296

中国版本图书馆CIP数据核字(2014)第223138号

公路工程造价人员资格考试用书

**书　　名：公路工程造价基础理论及相关法规**(2015年版)

**编　　著：**交通运输部职业资格中心

**责任编辑：**孙　玺　李　喆

**出版发行：**人民交通出版社股份有限公司

**地　　址：**(100011)北京市朝阳区安定门外外馆斜街3号

**网　　址：**http://www.ccpress.com.cn

**销售电话：**(010)59757973

**总 经 销：**人民交通出版社股份有限公司发行部

**经　　销：**各地新华书店

**印　　刷：**北京市密东印刷有限公司

**开　　本：**787×1092　1/16

**印　　张：**17.75

**字　　数：**416千

**版　　次：**2014年9月　第1版

**印　　次：**2014年9月　第1次印刷

**书　　号：**ISBN 978-7-114-11746-6

**定　　价：**52.00元

## 《公路工程造价人员资格考试用书》(2015 年版)

## 审定委员会



## 本册编写人员

何寿奎　刘　燕

# 前　言

公路交通是经济社会发展的重要基础性和先导性产业，也是事关国计民生的重要服务性行业。近年来我国的公路交通基础设施建设取得了举世瞩目的成就，为国民经济和社会发展以及人民群众的安全便捷出行做出了贡献。公路工程造价管理是公路建设不可或缺的一项重要工作，对于科学、合理确定和使用公路建设资金，发挥其最大效能具有不可替代的重要作用。培育一支高素质的公路工程造价从业人员队伍，是加强公路建设资金管理的重要保证。

为适应当前公路建设和发展的需要，保障工程质量和安全，解决公路工程造价人员数量与工程建设实际需求不相适应的突出矛盾，交通运输部组织实施了公路工程造价人员过渡考试。考试共 2 天，设 4 个科目，即：公路工程造价基础理论及相关法规、公路工程造价的计价与控制、公路工程技术与计量和公路工程造价案例分析。

为方便考生备考，根据《公路工程造价人员资格考试大纲》(2015 年版) 的相关考试要求，我们组织来自公路工程造价(定额) 管理、设计、施工、造价咨询等单位和部分高校的专家对 2011 年出版的公路工程造价人员考试用书进行了修订。此次修订紧密围绕交通运输部最新颁布和修订的行业标准、规范，体现了公路建设新结构、新设备、新技术、新工艺和新材料的发展对公路工程造价人员管理的新要求，强调了"安全、耐久、节约、和谐"的建设理念。修订后的考试用书仍然包括《公路工程造价基础理论及相关法规》、《公路工程造价的计价与控制》、《公路工程技术与计量》和《公路工程造价案例分析》4 册，分别与 4 个考试科目对应。

修订后的考试用书注重理论联系实际，针对性、实用性和操作性强，既可作为广大考生复习备考的参考用书，也可供相关从业人员和高校师生学习参考。

考试用书修订过程中参考了大量文献资料，交通公路工程定额站以及部分公路工程建设、造价(定额) 管理、设计、施工和造价咨询等单位的专家提出了宝贵意见，在此谨致谢意！也借此机会向关心公路工程造价人员资格管理工作的各界人士表示衷心的感谢！

交通运输部职业资格中心

二〇一四年七月

# 前言

[illegible]

[illegible]

[illegible]

[illegible]

[illegible]

交通运输部职业资格中心

二〇一四年七月

# 目　　录

**第一章　公路工程造价管理及其基本制度**……1
第一节　公路建设项目的划分……1
第二节　公路工程造价及造价管理的基本内容……7
第三节　公路基本建设法规和制度……19
第四节　公路工程造价从业资格和咨询管理制度……31
第五节　公路工程造价管理体制的实践与发展……36
**第二章　工程经济**……44
第一节　资金时间价值……44
第二节　投资方案效益评价……56
第三节　价值工程……84
第四节　不确定性分析……87
第五节　工程寿命周期成本分析……92
**第三章　工程财务**……95
第一节　建设项目资本金与资本金筹措……95
第二节　项目资金成本……99
第三节　公路项目融资……108
第四节　工程项目成本管理……110
第五节　公路项目资产评估……120
第六节　与工程造价有关的税收及保险的内容……125
第七节　建设项目财务分析……130
第八节　与工程财务有关的基本知识和相关内容……145
**第四章　工程项目管理**……151
第一节　工程项目管理概述……151
第二节　工程项目的计划与控制……156
第三节　工程项目管理的组织……171
第四节　工程项目风险管理……182
第五节　流水施工组织方法……192

第六节　网络计划技术…………………………………………………………………… 207
第七节　工程项目信息管理………………………………………………………………… 228
**第五章　相关法律法规**……………………………………………………………………… 232
第一节　合同法……………………………………………………………………………… 232
第二节　招投标法…………………………………………………………………………… 248
第三节　工程建设主要相关法律法规……………………………………………………… 251
**参考文献**……………………………………………………………………………………… 274

# 第一章　公路工程造价管理及其基本制度

## 第一节　公路建设项目的划分

建设项目是指符合国家总体建设计划,需要一定量的投资,按照一定程序,在一定时间内完成并符合质量要求,能够独立发挥生产能力或者满足生活需要,行政上具有独立的组织形式,以形成固定资产投资为目标的特定性任务。基本建设项目也称为建设项目。建设项目有如下特征:

(1)在一个总体设计或者初步设计范围内,由一个或者若干个相互联系的单位工程组成,建设中实行统一核算、统一管理。

(2)在一定约束条件下,以形成固定资产投资为特定目标。

(3)需要遵循必要的建设程序和经过特定的建设过程。

(4)具有一次性特点的组织方式。

(5)建设项目具有投资限额标准。

### 一、建设项目分类

建设项目根据管理需要的不同,有不同的分类方法,现主要介绍以下两种。

1. 按性质分类

一个建设项目只能有一种建设性质,并在整个建设周期内保持不变。

(1)新建项目:指从无到有,新开始建设的项目。经改、扩建活动后新增加的固定资产价值超过该企事业单位和行政单位原有固定资产价值3倍以上的,也算作新建项目。

(2)扩建项目:指在原有基础上增建主要生产车间、生产线、办公楼、增加道路宽度等,以提高产品生产能力,扩大生产规模,提高道路通行能力的建设工程。

(3)改建项目:为了提高产品质量,治理三废污染,降低能耗和成本,采用新工艺、新材料、新技术、新设备而对现有设施进行的技术改造和更新活动。

(4)迁建项目:指为改变生产力布局或由于环境保护和安全生产的需要等原因而搬迁到其他地点建设的工程。不论迁移他地建设项目规模的大小,均算作迁建项目。

(5)恢复项目:因自然灾害、意外事故等原因,使原有固定资产全部或部分报废后,更新投资建设的项目。在恢复建设过程中,不论其建设规模是按原规模恢复还是在恢复的同时进行扩建,均算作恢复项目。

2. 按规模分类

建设项目按照计划总投资、设计生产能力或工程效益,可划分为:大型基建项目、中型基建项目、小型基建项目三类。

## 二、公路建设项目的划分

公路建设项目属于基本建设项目的一种,自然具有基本建设项目的特性。公路建设项目按划分的标准不同,有以下不同的分类方法。

1. 按投资的再生产性质划分

按投资的再生产性质可分为基本建设项目和更新改造项目。属于基本建设项目的有新建、扩建、改建、迁建和重建等;属于更新改造项目的有技术改造项目、技术引进项目和设备技术更新项目等。

2. 按建设规模划分

依据国家颁布的《基本建设项目大中小型划分标准》划分:

(1)对于公路建设项目,新建、扩建的国防、边防和跨省干线长度大于200km以及独立公路大桥大于1 000m的,为大、中型项目;新建、改建公路长度小于200km,或长度虽超过200km,但总投资不足1 000万元及独立公路大桥长度在1 000m以下的,为小型项目。

(2)对于公路更新改造项目,总投资大于5 000万元的,为限额以上项目;总投资在100万~5 000万元的,为限额以下项目;总投资小于100万元的,为小型项目。

依据《公路工程技术标准》(JTG B01—2003)划分:

(1)公路隧道:长度大于3 000m的为特长隧道;长度为1 000~3 000m的为长隧道;长度为500~1 000m的为中隧道;长度在500m以下的为短隧道。

(2)公路桥梁:总长8~30m,或单孔跨径5~20m的为小桥;总长30~100m,或单孔跨径20~40m的为中桥;总长100~1 000m,或单孔跨径40~150m的为大桥;总长大于1 000m,或单孔跨径大于150m的为特大桥。

3. 按建设阶段划分

按建设阶段可分为项目前期、设计阶段、施工阶段、竣工验收阶段。

4. 按投资建设的用途划分

按投资建设的用途可分为生产性建设项目和非生产性建设项目。

(1)生产性建设项目,即用于物质产品生产的建设项目,如工业项目、运输项目等。交通运输项目是为生产和流通服务的,是国民经济的重要基础设施,是生产性建设项目。

(2)非生产性建设项目,是指为满足人们物质文化生活需要的项目。非生产性项目还可分为经营性项目和非经营性项目。

5. 按资金来源划分

按资金来源可分为国家预算拨款项目、国家拨改贷项目、银行贷款项目、企业联合投资项目、企业自有资金项目、利用外资项目、外资项目等。

6. 按建设项目属性划分

按建设项目属性可划分为基础性项目和公益性项目。

(1)基础性项目:指建设周期长、投资量较大的基础设施和部分基础工业项目,如交通、通信、能源、水利、城市公用设施等。一些基础性项目具有自然垄断性,而有些基础性项目收益较低。

(2)公益性项目:指那些主要为社会发展服务、难以产生直接回报的建设项目,如环保、教育、医疗保健、文化等社会公益事业，也包括某些公路建设项目。

7. 按公路技术等级划分

按照《公路工程技术标准》(JTG B01—2003)，公路根据使用任务、功能和适应的交通量分为高速公路、一级公路、二级公路、三级公路、四级公路五个等级。

(1)高速公路为专供汽车分方向、分车道行驶并全部控制出入的干线公路。四车道高速公路能适应按各种汽车折合成小客车的远景设计年限年平均昼夜交通量为 25 000 ~ 55 000 辆；六车道高速公路能适应按各种汽车折合成小客车的年平均日交通量为 45 000 ~ 80 000 辆；八车道高速公路能适应按各种汽车折合成小客车的年平均日交通量为 60 000 ~ 100 000 辆。

(2)一级公路为供汽车分方向、分车道行驶的部分控制出入的多车道公路。四车道一级公路能适应按各种汽车折合成小客车的年平均日交通量为 15 000 ~ 30 000 辆；六车道一级公路能适应按各种汽车折合成小客车的年平均日交通量为 25 000 ~ 55 000 辆。

(3)二级公路为供汽车行驶的双车道公路。双车道二级公路能适应按各种汽车折合成小客车的年平均日交通量为 5 000 ~ 15 000 辆。

(4)三级公路为供汽车行驶的双车道公路，双车道三级公路能适应按各种汽车折合成小客车的年平均日交通量为 2 000 ~ 6 000 辆。

(5)四级公路为供汽车行驶的双车道或单车道公路，双车道四级公路能适应按各种汽车折合成小客车的年平均日交通量为 2 000 辆以下，单车道四级公路能适应按各种汽车折合成小客车的年平均日交通量为 400 辆以下。

在公路设计时，我国规定高速公路和具有干线功能的一级公路设计交通量一般按 20 年预测；具有集散功能的一级公路，以及二、三级公路设计交通量一般按 15 年预测；四级公路可根据实际情况确定。

8. 按公路的行政隶属关系划分

《中华人民共和国公路法》第六条规定："公路按其在公路网中的地位分为国道、省道、县道和乡道"。这就是我国按照行政管理体制，根据公路所处的地理位置、公路在国民经济中的地位和作用及公路交通运输的特点进行公路行政分级。

(1)国道即国家干线公路，是指公路网中具有全国性政治、经济意义的干线公路，包括重要的国际公路，国防公路，连接首都与各省、自治区首府和直辖市的公路，连接各大经济中心、港站枢纽和战略要地的公路。

(2)省道是指具有全省(自治区、直辖市)政治、经济意义，连接省内中心城市和主要经济区的公路，以及不属于国道的省际间的重要公路。它们是在中央政府颁布国道后，由省(自治区、直辖市)交通主管部门对具有全省意义的干线公路加以规划，并负责建设、养护和改造的公路。

(3)县道是指具有全县(旗、县级市)政治、经济意义，连接县城和县内主要乡(镇)、主要商品生产和集散地的公路，以及不属于国道、省道的县际间的公路。

(4)乡道是指主要为乡(镇)内部经济、文化、行政服务的公路，以及不属于县道以上公路的乡与乡之间及乡与外部联络的公路。

除上述作为社会公共道路的公路，还有专用道路，即企业或者其他单位修建的为本单位与外部连接使用的道路。如矿山企业的矿区专用道路、森林企业的林区专用道路、国防科研基地的专用道路等，是由本单位自行建设、管理、养护，主要为本单位服务的。《中华人民共和国公路法》的相关规定原则上不适用于专用道路。

9. 按公路的经济性质划分

按公路的经济性质划分为经营性公路和非经营性公路。

(1)经营性公路。主要包括有偿转让经营权的公路,实施公路企业资本化经营的公路和实施 BOT 项目建设经营的公路,它是政府对公路基础设施的特许经营。

(2)非经营性公路。在非经营性公路里又可以细分为两种,一种是收费性的高等级公路。这类收费公路并不是以盈利为目的,其收费的目的是为了偿还借贷款,一旦借贷款还清本息之后,要立即停止收费。另一种是不收费的社会公益性公路。它是由国家财政拨款投资、养路费投资、民工建勤、以工代赈或者个人及社会捐资修建的公路。这些公路不收取过路费,其养护管理成本从征收的养路费中开支,其价值补偿要通过收取税费解决。

10. 按项目的构成划分

一个建设项目可以由一个或者几个单项工程组成;一个单项工程由几个单位工程组成;一个单位工程包括若干分部工程;一个分部工程包括若干分项工程。公路建设项目单位工程、分部工程及分项工程划分见表 1-1 和表 1-2。

**公路一般建设项目的工程划分** 表 1-1

| 单位工程 | 分部工程 | 分项工程 |
|---|---|---|
| 路基工程(每 10km 或每标段) | 路基土石方工程*①(1~3km 路段)② | 土方路基*,石方路基*,软土地基*,土工合成材料处治层*等 |
| | 排水工程(1~3km 路段) | 管节预制,管道基础及管节安装*,检查(雨水)井砌筑*,土沟,浆砌排水沟*,盲沟,跌水,急流槽*,水簸箕,排水泵站等 |
| | 小桥及符合小桥标准的通道*,人行天桥,渡槽(每座) | 基础及下部构造*,上部构造预制、安装或浇筑*,桥面*,栏杆,人行道等 |
| | 涵洞、通道(1~3km 路段) | 基础及下部构造*,主要构件预制、安装或浇筑*,填土等 |
| | 砌筑防护工程(1~3km 路段) | 挡土墙*,墙背填土,抗滑桩*,锚喷防护*,锥、护坡,导流工程,石笼防护等 |
| | 大型挡土墙*,组合式挡土墙*(每处) | 基础*,墙身*,墙背填土,构件预制*,构件安装*,筋带,锚杆、拉杆,总体*等 |
| 路面工程(每 10km 或每标段) | 路面工程(1~3km 路段)* | 底基层,基层*,面层*,垫层,联结层,路缘石,人行道,路肩,路面边缘排水系统等 |
| 桥梁工程③(特大、大、中桥) | 基础及下部构造*(每桥或每墩、台) | 扩大基础,桩基*,地下连续墙*,承台,沉井*,桩的制作*,钢筋加工及安装,墩台身浇筑*,墩台身安装,墩台帽*,组合桥台*,台背填土,支座垫石和挡块等 |

续上表

| 单 位 工 程 | 分 部 工 程 | 分 项 工 程 |
|---|---|---|
| 桥梁工程[3]（特大、大、中桥） | 上部构造预制和安装* | 主要构件预制*，其他构件预制，钢筋加工及安装，预应力筋的加工和张拉*，梁板安装，悬臂拼装*，顶推施工梁*，拱圈节段预制，拱的安装，转体施工拱*，劲性骨架拱肋安装*，钢管拱肋制作*，钢管拱肋安装*，吊杆制作和安装*，钢梁制作*，钢梁安装，钢梁防护*等 |
| | 上部构造现场浇筑* | 钢筋加工及安装，预应力筋的加工和张拉*，主要构件浇筑*，其他构件浇筑，悬臂浇筑，劲性骨架混凝土拱*，钢管混凝土拱*等 |
| | 桥梁总体、桥面系和附属工程 | 桥梁总体*，钢筋加工及安装，桥面防水及桥面铺装*，钢桥面铺装*，支座安装，搭板，伸缩缝安装，大型伸缩缝安装*，栏杆安装，护栏，人行道铺设，灯柱安装等 |
| | 防护工程 | 护坡，护岸*[4]，导流工程*，石笼防护，砌石工程等 |
| | 引道工程 | 路基*，路面*，挡土墙*，小桥*，涵洞*，护栏等 |
| 互通立交工程 | 桥梁工程*（每座） | 桥梁总体，基础及下部构造*，上部构造预制、安装或浇筑*，支座，支座垫石，桥面铺装*，护栏，人行道等 |
| | 主线路基路面*（1～3km路段） | 见路基、路面等分项工程 |
| | 匝道工程（每条） | 路基*，路面*，通道*，护坡，挡土墙，护栏等 |
| 隧道工程 | 隧道总体 | 隧道总体*等 |
| | 明洞 | 明洞浇筑，明洞防水层，明洞回填*等 |
| | 洞口工程 | 洞口开挖，洞口边仰坡防护，洞门和翼墙的浇（砌）筑，截水沟、洞口排水沟等 |
| | 洞身开挖 | 洞身开挖*（分段）等 |
| | 洞身衬砌 | （钢纤维）喷射混凝土支护，锚杆支护，钢筋网支护，仰拱，混凝土衬砌*，钢支撑，衬砌钢筋等 |
| | 防排水 | 防水层、止水带、排水沟等 |
| | 隧道路面 | 基层*，面层*等 |
| | 隧道装修 | 装修工程 |
| | 辅助施工措施 | 超前锚杆、超前钢管等 |
| 环保工程 | 声屏障（每处） | 声屏障 |
| | 绿化工程（1～3km路段或每处） | 中央分隔带绿化，路侧绿化，互通立交绿化，枢纽立交绿化，服务区绿化，取土、弃土场绿化等 |
| 交通安全设施（每20km或每标段） | 标志*（5～10km路段） | 标志* |
| | 标线、突起路标（5～10km路段） | 标线*，突起路标等 |
| | 护栏*、轮廓标（5～10km路段） | 波形梁护栏*，缆索护栏*，混凝土护栏*，轮廓标等 |
| | 防眩设施（5～10km路段） | 防眩板、防眩网等 |
| | 隔离栅、防落网（5～10km路段） | 隔离栅、防落网等 |

续上表

| 单位工程 | 分部工程 | 分项工程 |
|---|---|---|
| 机电工程 | 监控系统 | 车辆检测器,气象检测器,闭路电视监视系统,可变标志,光电缆线路,监控(分)中心设备安装及软件调测,大屏幕投影系统,地图板,计算机监控软件与网络等 |
| | 通信系统 | 通信管道与光电缆线路,光纤数字传输系统,数字程控交换系统,紧急电话系统,移动通信系统,通信电源等 |
| | 收费系统 | 入口车道设备,出口车道设备,收费站设备及软件,收费中心设备及软件,IC 卡及发卡编码系统,闭路电视监视系统,内部有线对讲及紧急报警系统,收费站内光、电缆及塑料管道,收费系统计算机网络等 |
| | 低压配电系统及照明设施 | 中心(站)内低压配电设备,外场设备电力电缆线路等 |
| | | 照明设施 |
| | 隧道机电系统 | 车辆检测器,气象检测器,电视监视系统,紧急电话系统,环境检测设备,报警与诱导设施,可变标志,通风设施,照明与消防设施,本地控制器,隧道监控中心计算机控制系统,隧道监控中心计算机网络,低压供配等 |

注:①表内标注 * 号者为主要工程,不带 * 号者为一般工程。

②按路段长度划分的分部工程,高速公路、一级公路宜取低值,二级及二级以下公路可取高值。

③斜拉桥和悬索桥可参照表 1-2 进行划分。

④护岸参照挡土墙。

**特大斜拉桥和悬索桥为主体建设项目的工程划分** 表 1-2

| 单位工程 | 分部工程 | 分项工程 |
|---|---|---|
| 塔及辅助过渡墩(每座) | 塔基础* | 钢筋加工及安装,扩大基础,桩基*,地下连续墙*,沉井*等 |
| | 塔承台* | 钢筋加工及安装,双壁钢围堰,封底,承台浇筑*等 |
| | 索塔* | 索塔* |
| | 辅助墩 | 钢筋加工,基础,墩台身浇(砌)筑,墩台身安装,墩台帽,盖梁等 |
| | 过渡墩 | |
| 锚碇 | 锚碇基础* | 钢筋加工及安装,扩大基础,桩基*,地下连续墙*,沉井*,大体积混凝土构件*等 |
| | 锚体* | 锚固体系制作*,锚固体系安装*,锚碇块体,预应力锚索的张拉与压浆*等 |
| 上部构造制作与防护(钢结构) | 斜拉索* | 斜拉索制作与防护 |
| | 主缆(索股)* | 索股和锚头的制作与防护* |
| | 索鞍* | 主索鞍和散索鞍制作与防护* |
| | 索夹 | 索夹制作与防护 |
| | 吊索 | 吊索和锚头制作与防护等 |
| | 加劲梁* | 加劲梁段制作*,加劲梁防护等 |

续上表

<table>
<tr><th>单位工程</th><th>分部工程</th><th>分项工程</th></tr>
<tr><td rowspan="5">上部构造浇筑与安装</td><td>梁段悬浇*</td><td>梁段浇筑</td></tr>
<tr><td>安装*</td><td>加劲梁安装*，索鞍安装*，主缆架设*，索夹和吊索安装*等</td></tr>
<tr><td>工地防护*</td><td>工地防护*</td></tr>
<tr><td>桥面系及附属工程</td><td>桥面防水层的施工，桥面铺装，钢桥面板上防水黏结层的洒布，钢桥面上沥青混凝土铺装*，支座安装*，抗风支座安装，伸缩缝安装，人行道铺设，栏杆安装，防撞护栏等</td></tr>
<tr><td>桥梁总体</td><td>桥梁总体</td></tr>
<tr><td>引桥</td><td colspan="2">（参见表1-1“桥梁工程”）</td></tr>
<tr><td>引道</td><td colspan="2">（参见表1-1“路基工程”和“路面工程”）</td></tr>
<tr><td>互通立交工程</td><td colspan="2">（参见表1-1“互通立交工程”）</td></tr>
<tr><td>交通安全设施</td><td colspan="2">（参见表1-1“交通安全设施”）</td></tr>
</table>

注：表内标注“＊”号者为主要工程，不带“＊”号者为一般工程。

单项工程是指在一个建设工程项目中，具有独立的设计文件，竣工后可以独立发挥生产能力或效益的一组配套齐全的工程项目。如公路工程中独立设计、独立施工、建成后可以独立交工通车的一个合同段以及独立大中桥梁工程、隧道工程等为单项工程。

单位工程是指具有单独设计和独立施工条件，不能独立发挥生产能力或效益的工程，它是单项工程的组成部分。公路工程单项工程是由路基工程（每10km）、路面工程（每10km）、桥梁工程（大中桥）、互通立交工程、隧道工程和交通安全设施等单位工程组成。工程量清单和施工图预算，往往针对单位工程进行编制。

分部工程是单位工程的组成部分，分部工程一般是按单位工程的结构形式、工程部位、构件性质、使用材料、设备种类等的不同而划分的工程项目。公路工程的分部工程包括：路基土石方工程、小桥涵工程、大型挡土墙、路面工程、桥梁基础及下部构造、桥梁上部构造预制和安装等。

分项工程是分部工程的组成部分，是施工图预算中最基本的计算单位，它又是概预算定额的基本计量单位，故也称为工程定额子目或工程细目，它是按照不同的施工方法、不同材料的不同规格等将分部工程进一步划分的。公路工程的分项工程包括：土方路基、石方路基、基层、面层、主要构件浇筑、主要构件预制、钢筋加工及安装、伸缩缝安装等。

若干个分项工程合在一起就形成一个分部工程，分部工程合在一起就形成一个单位工程，单位工程合在一起就形成一个单项工程，一个单项工程或几个单项工程合在一起构成一个建设的项目。

## 第二节　公路工程造价及造价管理的基本内容

### 一、工程造价含义与构成

#### （一）工程造价的含义

工程造价通常是指工程的建造价格。由于所站的角度不同，工程造价有不同含义。

第一种含义:工程造价是指一个建设项目从立项开始到建成交付使用预期花费或实际花费的全部费用。根据我国现行的制度规定,建设工程造价由建筑安装工程费、设备和工器具购置费、工程建设其他费及预备费组成。

第二种含义:工程造价是指工程价格。即为建成一项工程,预计或实际在土地市场、设备材料市场、技术劳务市场以及承包市场等交易活动中所形成的建筑安装工程的价格和建设工程总价格。工程造价的第二种含义是以社会主义市场经济为前提的,它以工程这种特定的商品形式作为交易对象,通过招投标、承发包或其他交易方式,对造价进行多次性预估的基础上,最终由市场确定的价格。在这里,工程的范围和内涵既可以是一个建设项目,也可以是一个单项工程,甚至也可以是某个分部工程。

通常把工程造价的第二种含义只认定为工程承发包价格。承发包价格是工程造价中一种重要的,也是最典型的价格形式。它是在建筑市场通过招投标,由投资方和承包人共同认可的价格。鉴于建筑安装工程价格在项目固定资产投资中占有50% ~80%的份额,是工程项目投资的主要组成部分;而且建筑企业是建设工程的实施者,占有重要的市场主体地位,因此工程承发包价格被界定为工程价格的第二种含义,很有现实意义。当然,这样界定对工程造价的含义理解较狭窄。

工程造价的两种含义是从不同角度把握同一事物的本质。对建设工程的投资者来说,面对市场经济条件下的工程造价就是项目投资,是"购买"项目要付出的价格,同时也是投资者在作为市场供给主体时"出售"项目时定价的基础。对于承包商、供应商和规划部门、设计单位等机构来说,工程造价是他们作为市场供给主体出售商品和劳务的价格总和,或特定范围的工程造价,如建筑安装工程造价。

区别工程造价的两种含义的理论意义在于:为投资者和以承包商为代表的供应商在工程建设领域的市场行为提供理论依据。当政府提出降低工程造价时,是站在投资者的角度充当着市场需求主体的角色;当承包商提出要提高工程造价、提高利润率并获得更多的实际利润时,他是要实现一个市场供给主体的管理目标,这是市场运行机制的必然。不同的利益主体绝不能混为一谈。同时,两种含义也是对单一计划经济理论的一个否定和反思。区别两重含义的现实意义在于:为实现不同的管理目标,不断充实工程造价的管理内容,完善建设项目管理方法,更好地为实现各自的目标服务,从而有利于推动经济增长。

**(二)公路工程造价的定义与构成**

公路工程造价是指建设一条公路或一座独立大桥或隧道使其达到设计要求所花费的全部费用。公路工程属于建设工程,其造价同样由建筑安装工程费、设备及工器具购置费、工程建设其他费用及预备费组成。公路建设项目工程造价构成如图1-1所示。

1. 建筑安装工程费

建筑安装工程费由建筑工程费和设备安装工程费两部分组成,即是指建筑物或构筑物的建造费用、需要安装设备的安置和装配费用以及相关的辅助工程和费用(包括临时设施、施工措施和施工管理所发生的全部费用),也就是支付给施工企业的全部费用。

在公路建设项目中,建筑工程费一般包括临时工程、路基工程、路面工程、隧道工程、桥涵工程、交叉工程、公路沿线设施及预埋管线工程、绿化及环境保护工程以及管理、养护、服务房

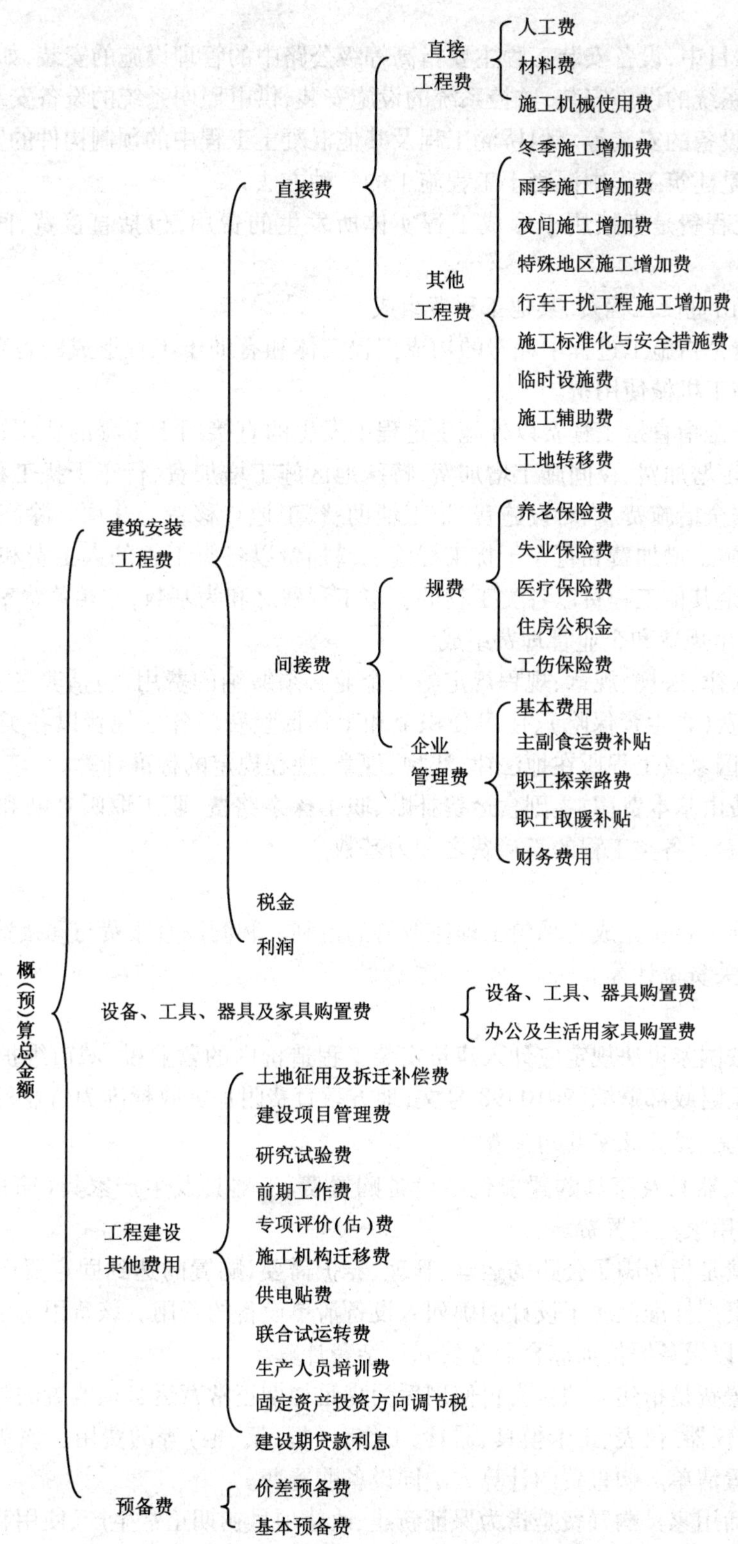


图 1-1　公路建设项目工程造价构成

屋工程的费用。

公路建设项目中,设备安装工程主要指高等级公路中的管理设施的安装,如收费站的收费设施安装,通信系统的设施安装,监控系统的设施安装,供电照明系统的设备安装,以及隧道的通风设备、供电设备的安装等。但桥涵工程及其他混凝土工程中的预制构件的安装,不属于设备安装工程,而是建筑工程中混凝土工程施工的一种方法。

建筑安装工程费是直接用于形成工程实体所发生的费用,包括直接费、间接费、利润及税金。

(1)直接费由直接工程费、其他工程费组成

直接工程费是指施工过程中耗费的构成工程实体和有助于工程形成的各项费用,包括人工费、材料费、施工机械使用费。

其他工程费是指直接工程费以外施工过程中发生的直接用于工程的费用,包括冬季施工增加费、雨季施工增加费、夜间施工增加费、特殊地区施工增加费、行车干扰工程施工增加费、施工标准化与安全措施费、临时设施费、施工辅助费、工地转移费等9项。除高原地区施工增加费、风沙地区施工增加费和行车干扰工程施工增加费以各类工程的人工费和机械使用费之和为基数外,其余其他工程费以各类工程的直接工程费之和为基数,按相关费率计算。

(2)间接费由规费和企业管理费组成

规费是指法律、法规、规章、规程规定施工企业必须缴纳的费用,包括养老保险费、失业保险费、医疗保险费(含生育保险)、住房公积金和工伤保险费。各项规费以各类工程的人工费之和为基数,按国家或工程所在地法律、法规、规章、规程规定的标准计算。

企业管理费由基本费用、主副食运费补贴、职工探亲路费、职工取暖补贴和财务费用五项组成,企业管理费以各类工程的直接费之和为基数。

(3)利润

利润是指施工企业完成所承包工程应取得的盈利。利润以直接费与间接费之和扣除规费作为基数,按相关费率计算。

(4)税金

税金是指按国家税法规定应计入建筑安装工程造价内的营业税、城市维护建设税及教育费附加等。根据财政部财综[2010]98号文,地方教育费附加征收标准为营业税税额的2%。

2. 设备、工具、器具及家具购置费

设备、工具、器具及家具购置费包括设备购置费、工器具及生产家具(简称工器具)购置费、办公及生活用家具购置费。

设备购置费是指为满足公路的运营、管理、养护需要,购置的达到固定资产标准的设备和虽然低于固定资产标准但属于设计明确列入设备清单设备的费用。该费用应由设计单位列出计划购置清单,以设备原价加综合业务费和运杂费计算。

工器具购置费是指建设项目交付使用后为满足初期正常营运必须购置的第一套不构成固定资产的设备、仪器、仪表、工卡模具、器具、工作台(框、架、柜)等的费用。该费用应由设计单位列出计划购置清单。购置费的计算方法同设备购置费。

办公及生活用家具购置费是指为保证新建、改建项目初期正常生产、使用和管理所必须购置的办公及生活用家具、用具的费用。该费用按办公和生活用家具购置费标准计算。

3. 工程建设其他费用

工程建设其他费用是指除建筑安装工程费用和设备、工具、器具及办公和生活用家具购置费用以外的一些费用，根据国家有关规定应在基本建设投资中支付，并构成工程造价的一个组成部分。它包括土地征用及拆迁补偿费、建设项目管理费、研究试验费、建设项目前期工作费、专项评价（估）费、施工机构迁移费、供电贴费、联合试运转费、生产人员培训费、固定资产投资方向调节税、建设期贷款利息等。

4. 预备费

为了对一些在工程开工之前不可能预见而又必须增加的工程和费用，以及建设期间可能发生的由于自然灾害、物价变动及国家政策调整对工程造价的影响作准备，在上述三部分费用之外，列有一项费用称为预备费。

预备费由价差预备费及基本预备费两部分组成。在公路工程建设期限内，凡需动用预备费时，属于公路交通部门投资的项目，需由建设单位提出，按建设项目隶属关系，报交通运输部或省交通运输厅（局、委）基建主管部门核定批准；属于其他部门投资的建设项目，按其隶属关系报有关部门核定批准。该项费用在公路工程施工招标文件的工程量清单中称为暂列金额。

此项费用与前述的三项费用有所不同，其在工程建设过程中并不一定完全使用，而且动用时有其严格的审批程序。

## 二、工程造价计价的特点

工程造价计价除具有与其他一切商品价格计价的共同特点外，同时还有其自身的技术经济特点，这些特点就是单件性计价、多次性计价和按工程构成分部组合计价。

1. 计价的单件性

产品的个体差别决定了每项工程都必须单独计算造价。建设工程都有其指定的专门用途，因此就有不同的形态和结构，如公路、港口、厂房、住宅等。就公路而言，其用途是供汽车行驶，但构成公路整体的路基、路面、桥梁、涵洞及沿线设施等，各有不同的形态和结构。建设工程都是固定在一定地点的，其结构、造型必须适应工程所在地的气候、地质、水文等自然客观条件，因而形成实物形态上千差万别的工程产品。在建设这些不同实物形态的工程时，必须采取不同的工艺、设备和建筑材料，因而所消耗物化劳动和活劳动也必定是不同的，再加上不同地区的社会发展不同致使构成价格和费用的各种价值要素存在差异，最终导致工程造价各不相同。任何两个公路建设项目，其工程造价不可能是完全相同的。因此，对公路建设工程只能是单件性计价。也就是说，只能根据各个建设工程项目的具体设计资料和当地的技术经济实际情况单独计算工程造价。

2. 计价的多次性

建设工程一般规模大、建设周期长、技术复杂、受建设所在地的自然条件影响大，消耗的人力、物力和财力巨大，并要考虑投入使用后的经济效益等因素，一旦决策失误，将造成不可挽回的巨大损失。为了适应造价控制和管理的要求，满足建设各阶段的不同需要，必须在建设全过程进行多次计价。建设工程多次性计价过程见图 1-2。

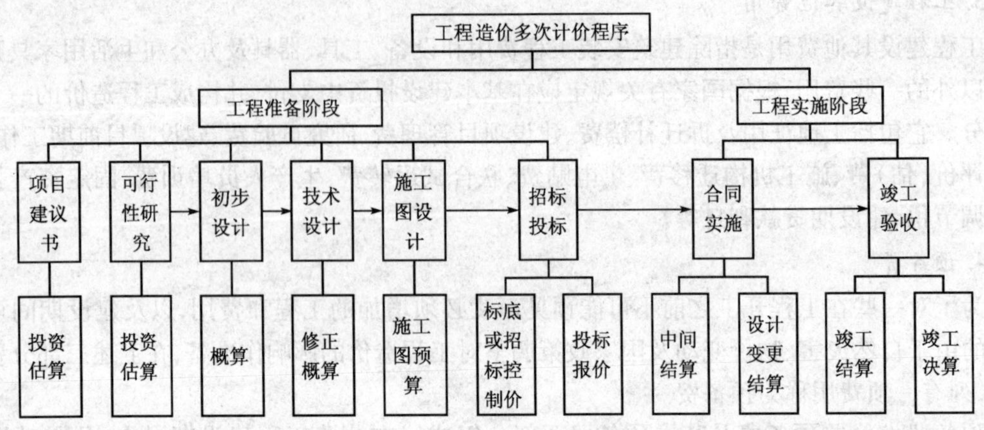


图1-2　工程多次计价过程图

(1)在可行性研究报告阶段编制可行性研究报告投资估算,作为可行性研究进行经济评价的依据。可行性研究报告经批准后,其投资估算是决策、筹资和控制造价的主要依据。

(2)在初步设计阶段编制初步设计概算。按两阶段设计的建设项目,批准后的设计概算是确定建设项目投资的最高限额,是签订建设项目总承包合同的依据。

(3)在技术设计阶段编制技术设计修正概算。按三阶段设计的建设项目,经批准后的修正概算是确定建设项目投资的最高限额,是签订建设项目总承包合同的依据。

(4)在施工图设计阶段编制施工图预算。经批准后的施工图预算,是签订建筑安装工程承包合同,办理工程价款结算的依据,也是实行建筑安装工程造价包干的依据。实行招标的工程,其建筑安装工程费用是编制标底的基础。

(5)在招标阶段编制标底或招标控制价。实行建筑安装工程及设备采购招标的建设项目,一般都要编制标底或招标控制价,该计价作为评标定标的主要依据。

(6)施工单位参加投标,首先要根据招标文件和现场情况编制施工预算,作为本企业控制成本的依据,然后再根据市场情况编制有竞争性的投标报价。

以上是建设单位、施工单位在不同阶段对建设项目做出的预期工程造价计算。确定中标单位后,按照合同条款的约定签订合同价,在施工过程中根据工程变更和市场物价变动情况确定结算价,工程结算价才是建设项目各分部分项工程的实际造价。工程竣工并通过验收合格后,建设单位根据各分部分项工程的结算价、设备工器具购置费及工程建设其他费用等编制的竣工决算才是整个建设项目的实际造价。

一个建设项目各个阶段的计价是相互衔接、由粗到细、由浅到深、由预期到实际的发展过程。前者是后者的依据,后者是前者的修正和补充。

3. 计价的组合性

建设工程规模大,工程结构复杂,根据建设工程单件性计价的特点,不可能简单直接地计算出整个建设工程的造价,必须将整个建设工程分解到合理的最小工程结构部位(分项工程),直至对计量和计价都相对准确的程度。如将公路建设工程分解为路基工程、路面工程、桥梁工程等单位工程,对路基工程再分解为土石方工程、排水工程、挡土墙等,对土方工程再分解为挖方工程、填方工程等,对挖方工程再分解为机械开挖、人力开挖等,机械开挖再分解为挖掘机开挖或推土机推开挖等,如确定采用推土机推开挖,就可以通过推土机推挖土方的工程定额得到推挖1$m^3$ 土方所需推土机机械台班消耗量,再按推土机的每台班单价计算出所需的费用。各项工程都可以这样分解,然后再将各分部分项工程的费用按设计确定的数量加以组合就可确定整个建设项目或者单位工程所需要的费用。任何规模庞大、技术复杂的工程都可以采用这种方法计算其全部造价。

工程定额就是根据这一原理编制的,为了适应不同设计阶段编制工程造价的需要,编制了施工定额、预算定额、概算定额、估算指标,这几种定额是相互衔接的,其单项定额所综合的工程内容是由细到粗逐级扩大的。

4. 计价方法的多样性

由于多次计价的计价依据各不相同,且对多次计价的精确度要求不同,因而计价方法有多样性特征。计算和确定概(预)算造价有两种基本方法,即单价法和实物量法,公路项目概(预)算造价采用实物量法。建设项目投资估算的方法有设备系数法、生产能力指数估算法等。不同的方法各有利弊,适应条件也不同,计价时要通过比较加以选择。

5. 计价依据的复杂性

影响工程造价的因素多,计价依据复杂、种类繁多,主要计价依据可分为7类。

(1)确定设备和工程数量依据。包括项目建议书、可行性研究报告、设计文件及各阶段工程量计算规则等。

(2)计算人工、材料、机械等实物消耗量依据。包括投资估算指标、概算定额、预算定额等。

(3)计算工程单价的价格依据。包括地方建设主管部门公布的人工单价,材料价格信息,材料来源及运杂费,机械台班费等。

(4)计算设备购置费的依据。包括设备原价、设备运杂费、进口设备关税等。

(5)计算其他工程费、间接费和工程建设其他费用依据。主要是相关的费用定额和指标及当地的征地拆迁补偿政策。

(6)政府规定的税收和有关收费标准。

(7)物价指数和工程造价指数。

计价依据的复杂性不仅使工程造价计算过程复杂,而且要求计价人员熟悉项目建设相关的法律法规、造价编制的各类依据及项目施工工艺与技术,并加以正确运用。

## 三、工程造价管理的含义

1. 工程造价管理的含义

工程造价管理的含义:一是建设工程投资费用管理;二是建设工程价格管理。其概念区别见表1-3。

2. 全面造价管理

全面造价管理(TCM)是指有效地利用专业知识与技术,对资源、成本、盈利和风险进行策划和控制。建设工程全面造价管理的含义包括:全寿命期造价管理、全过程造价管理、全要素造价管理和全方位造价管理。其含义与区别见表1-4。

**工程造价管理的含义** 表1-3

| | | | |
|---|---|---|---|
| 工程造价管理的含义 | 建设工程投资费用管理 | 定义 | 建设工程投资费用管理的含义:为了实现投资的预期目标,在拟定的规划、设计方案条件下,预测、计算、确定和监控工程造价及其变动的系统活动 |
| | | 特点 | 这一含义既涵盖了微观的项目投资费用的管理,也涵盖了宏观层面的投资费用的管理 |
| | 建设工程价格管理 | 定义 | 工程造价管理的另一种含义,即工程价格管理,属于价格管理范畴 |
| | | 特点 | 价格管理分两个层面:(1)在微观层次上,是生产企业在掌握市场价格信息的基础上,为实现管理目标而进行的成本控制、计价、定价和竞价的系统活动;(2)在宏观层面上,是政府根据社会经济发展的要求,利用法律手段、经济手段和行政手段对价格进行管理和调控,以及通过市场管理规范市场主体价格行为的系统活动。<br>国家对政府投资公共、公益性项目工程造价的管理,不仅承担一般商品价格的调控职能,而且在政府投资项目上也承担着微观主体的管理职能 |

**全面造价管理的含义** 表1-4

| | | |
|---|---|---|
| 全面造价管理 | 全寿命期造价管理 | 建设工程全寿命期造价是指建设工程初始建造成本和建成后的日常使用成本之和,它包括建设前期、建设期、使用期及拆除期各个阶段的成本 |
| | 全过程造价管理 | 建设工程全过程是指建设工程前期决策、设计、招投标、施工、竣工验收等各个阶段,全过程工程造价管理覆盖建设工程前期决策及实施的各个阶段,包括前期决策阶段的项目策划、投资估算、项目经济评价、项目融资方案分析;设计阶段的限额设计、方案比选、概预算编制;招投标阶段的标段划分、承发包模式及合同形式的选择、标底(限价)编制;施工阶段的工程计量与结算、工程变更控制、索赔管理;竣工验收阶段的竣工结算与决算等 |
| | 全要素造价管理 | 工程结构是影响造价的主要因素,工期、质量、安全及环境等因素也会对工程造价产生影响。为此,控制建设工程造价不仅仅是控制建设工程本身的成本,还应同时考虑工期成本、质量成本、安全与环境成本的控制,从而实现工程造价、工期、质量、安全、环境的集成管理 |
| | 全方位造价管理 | 建设工程造价管理不仅仅是业主或承包单位的任务,而应该是政府建设行政主管部门、行业协会、业主方、设计方、承包方以及有关咨询机构的共同任务。尽管各方的地位、利益、角度等有所不同,但必须建立完善的协同工作机制,才能实现建设工程造价的有效控制 |

## 四、工程造价管理的基本内容

工程造价管理的基本内容包括工程造价的合理确定和有效控制。

1. 工程造价的合理确定

工程造价的合理确定,就是在工程建设各个阶段采用科学的方法和切合实际的计价依据,合理确定投资估算、设计概算、施工图预算、承包合同价、结算价、竣工决算价。

(1)在项目建议书阶段,按照有关规定,应编制投资估算,经有关部门批准,作为拟建项目列入国家中长期计划和开展前期工作的控制造价。

(2)在可行性研究报告阶段，按照有关规定编制的投资估算，经有关部门批准，即为该项目国家计划控制造价。

(3)在初步设计阶段，按照有关规定编制的初步设计总概算，经有关部门批准，即为控制拟建项目工程造价的最高限额。

(4)在施工图设计阶段，按规定编制施工图预算，用以核实施工图阶段造价是否超过批准的初步设计概算。经承发包双方共同确认、主管部门审查通过的预算，可以作为工程价款结算的依据。

(5)对施工图预算为基础招标投标的工程，承包合同价也是以经济合同形式确定的建筑安装工程造价。

(6)在工程实施阶段要按照承包方实际完成的工程量，以合同单价为基础，同时考虑因物价上涨所引起的造价提高、设计中难以预计而在实施阶段实际发生的工程和费用，合理确定结算价。

(7)在竣工验收阶段，全面汇集在工程建设过程中实际花费的全部费用，编制竣工决算，如实体现该建设工程的实际造价。

2. 工程造价的有效控制

所谓工程造价的有效控制，就是在优化建设方案、设计方案的基础上，在建设程序的各个阶段，采用一定的方法和措施把建设工程造价控制在合理的范围和核定的造价限额以内，以求合理地使用人力、物力和财力，取得较好的投资效益和社会效益。有效控制造价应该体现以下三个原则。

(1)以设计阶段为重点的建设全过程造价控制

工程造价控制贯穿于项目建设全过程，但是必须重点突出。很显然，工程造价控制的关键在于施工前的投资决策和设计阶段，而在项目做出投资决策后，控制工程造价的关键就在于设计。通过对相关项目的统计分析，设计费一般只相当于建设工程全寿命费用的1%以下，但正是这少于1%的费用对工程造价的影响度却占75%以上。由此可见，设计质量对整个工程建设的效益是至关重要的。

长期以来，我国普遍忽视工程建设项目前期工作阶段的造价控制。为了有效控制工程造价，必须把造价控制的重点转到建设项目的前期，尤其是抓住设计这个关键阶段，以取得事半功倍的效果。在满足公路建设项目设计方案应有的公路技术等级标准及使用功能的前提下，可以运用价值工程分析方法通过对路线方案的调整、限额设计、标准化设计等措施来达到控制和降低工程造价的目的。

(2)采取主动控制，以取得令人满意的结果

传统决策理论是建立在绝对的逻辑基础上的一种封闭式决策模型，本能地遵循最优化原则(即取影响目标各种因素的最有利值)来选择实施方案。而以美国经济学家西蒙首创的现代决策理论的核心则是"令人满意"准则。他认为，由于人的头脑能够思考和解答问题的容量同问题本身规模相比是渺小的，因此在现实世界里，要采取客观合理的举动，哪怕接近客观合理性，也是很困难的。西蒙提出了用"令人满意"这个词来代替"最优化"。如某一可行方案符合这种衡量准则，并能达到预期的目标，则这一方案便是满意的方案，可以采纳；否则应对原衡量准则作适当的修改，继续挑选。只要造价控制的方案符合这套衡量准则，取得令人满意的结

果,则应该说造价控制达到了预期的目标。

长期以来,人们一直把控制理解为目标值与实际值的比较,这种立足于调查—分析—决策基础之上的偏离—纠偏—再偏离—再纠偏的控制方法,只能发现偏离,不能使已产生的偏离消失,不能预防可能发生的偏离,因而只能说是被动控制。自20世纪70年代初开始,人们将系统论和控制论研究成果用于项目管理后,将"控制"立足于事先主动地采取决策措施,尽可能减少目标值与实际值的偏离,这是主动的、积极的控制方法,因此被称为主动控制。也就是说,工程造价控制不仅要反映投资决策,反映设计、发包和施工,被动地控制工程造价,更要能动地影响投资决策,影响设计、发包和施工,主动地控制工程造价。

(3)技术与经济相结合是控制工程造价最有效的手段

要有效地控制工程造价,应从组织、技术、经济、合同与信息管理等多方面采取措施。从组织上采取的措施,包括明确项目组织结构,明确造价控制者及其任务以使造价控制有专人负责,明确管理职能分工;从技术上采取措施,包括重视设计多方案选择,严格审查监督初步设计、技术设计、施工图设计、施工组织设计,深入技术领域研究节约投资的可能;从经济上采取措施,包括动态地比较造价的计划值和实际值,严格审核各项费用支出,采取对节约投资的有力奖励措施等。

技术与经济相结合是控制工程造价最有效的手段。国外的技术人员时刻考虑如何降低工程造价,而中国技术人员则把它看成与己无关的财会人员的职责。而财会、概预算人员的主要责任是根据财务制度办事,他们往往不熟悉工程知识,也较少了解工程进展中的各种关系和技术问题,往往单纯地从财务制度角度审核费用开支,难以有效地控制工程造价。为此,需要树立以提高工程造价效益为目标的思想,在工程建设过程中把技术与经济有机结合,通过技术比较、经济分析和效果评价,正确处理技术先进与经济合理两者之间的对立统一关系,力求在技术先进条件下的经济合理,在经济合理基础上的技术先进,把控制工程造价观念渗透到各项设计和施工技术措施之中。

## 五、公路工程造价各阶段的监督内容和程序

公路工程造价监督是指对公路工程项目建设全过程的造价监督管理,包括对从事项目建设的各个单位及造价人员的计量计价行为进行监督管理。为加强公路建设项目监督管理,规范公路工程造价管理,根据交通部❶《公路建设监督管理办法》(交通部2006年第6号令),各级交通工程造价管理部门行使公路工程造价监督管理职能的直属机构,履行造价监督管理的权利和义务。

### (一)项目建设前期造价监督内容及程序

项目建设前期造价监督是指从项目立项至招投标结束期间有关工程造价的监督和管理。公路工程造价编制应依据交通部颁发的《公路工程投资估算编制办法》及《公路基本建设工程概算、预算编制办法》、《交通基本建设项目竣工决算报告编制办法》和省市交通部门有关补充规定进行编制。

❶ 交通部现更名为交通运输部,后同。

1. 工程可行性研究阶段投资估算监督

投资估算应依据交通部颁发的《公路工程投资估算编制办法》编制，经项目业主复查后，提交由交通主管部门组织的设计评审会评审，编制单位应按照评审意见修正估算，修正后估算由项目业主及时报造价管理部门审核。未经审核的估算不得上报相关部门审批。

工程可行性研究经相关部门批准后，由项目业主报造价管理部门，并办理造价监督管理申请手续。

2. 初步设计阶段编制的设计概算编制

初步设计阶段编制的设计概算应根据相应的造价管理规定编制。概算编制完毕并经项目业主复查后，提交由交通主管部门组织的设计评审会评审，编制单位应按照评审意见修正概算，修正后的概算由项目业主及时上报交通主管部门审批。概算未经批准的项目，不得进行施工、监理招标。

经批准的概算是基本建设项目投资的最高限额，若概算突破批准的投资估算 10% 时，应修编可行性研究报告并报请原批准部门重新审批。

3. 施工图预算的控制

施工图预算应控制在批准的初步设计概算范围内。预算编制完毕并经项目业主复查后，提交由交通主管部门组织的设计评审会评审，编制单位应按照评审意见修正预算，修正后的预算由项目业主及时上报交通主管部门审批。

4. 招标工程应确定合理的招标控制价

公路建设工程的招标文件工程量清单须按交通部规定的格式填写，造价管理部门对招标控制价的合理性进行监督。若发现以下情况之一的将由造价管理部门报交通主管部门追究编制单位的责任：

(1)招标控制价的制定与法律、法规存在冲突的。

(2)工程数量存在重大偏差的。

(3)招标控制价与监督检查的结果相差较大且无合理解释的。

(4)其他失误造成招标控制价重大偏差的。

**(二)项目实施阶段造价监督内容及程序**

项目实施阶段造价监督是指项目开工后至交工验收前有关工程造价的监督和管理。

工程造价管理部门以定期或不定期抽查的方式对项目造价情况开展监督检查，查阅有关合同、协议、发票、凭证及其他有关资料。项目业主、施工、监理、设计单位和材料设备供应商应当及时向造价管理部门提供真实情况及相关资料，积极支持和配合造价管理部门的监督工作。

项目实施阶段造价监督主要内容：

(1)建设项目造价管理目标、全过程造价动态管理的落实情况、工程造价台账制度建立情况。包括设计概算执行情况，工程造价动态管理的程序及调整依据合理性等。

(2)检查建设项目概、预算执行情况。对公路附属设施如管理中心、收费站房、养护及服务区建设标准、规模进行检查；对机电工程建设标准与规模进行检查；对超出初步设计批复的工程方案的审批情况进行检查。

(3)建设项目合同执行情况。检查施工合同签订情况、工程费用结算原则是否明确、变更工程及费用确定是否明确;检查施工合同价与中标价的符合性,是否存在补充协议修改原协议而造成原招投标有失公平的情况;检查机电设备采购与安装合同的签订情况;检查勘察设计、工程监理、技术咨询、建设贷款、征地拆迁补偿等合同或签订情况,检查费用计算是否符合相关规定。

(4)建设资金的支付情况。检查项目建设资金到位情况;检查中间计量表;检查中期支付报表;检查预付款的支出和扣回情况;检查工程建设其他费用使用和支付情况。

(5)检查工程变更、索赔及价格调差处理情况。检查工程变更与索赔的审批、报批、变更的内容、金额及证明材料;检查设计单位对设计变更的技术审核和出具变更图纸情况;检查新增项目暂定单价及合同单价调整确定依据的合理性。

项目实施阶段定期造价监督检查程序如下:

(1)工程造价管理部门进行定期监督检查前向项目业主发出造价监督检查通知,项目业主在收到造价监督检查通知后规定时间内报送下列资料:批复的工程造价文件、造价台账;项目业主、施工单位及监理单位的造价管理自检报告;施工招投标文件及补遗书;相关合同、协议、工程量清单及投标报价资料。

(2)工程造价管理部门在收齐上述资料并初步审核后会同相关部门对建设各方在工程实施阶段的造价管理情况开展现场监督检查。

(3)工程造价管理部门根据检查情况向有关单位印发造价监督检查意见书。有关单位按照意见书中有关要求制订并落实整改措施后,向造价管理部门提交造价监督检查意见书反馈函。

**(三)项目结(决)算阶段造价监督内容及程序**

检查项目结算(决)算的编制格式是否执行交通部、省市交通部门的有关规定;未经有相应权限的造价管理机构审查的工程项目竣工决算不得上报审批,也不得作为工程竣工验收文件编入竣工验收报告。

**(四)对造价咨询单位及人员的监督管理**

从事公路工程项目造价业务的咨询单位及人员必须接受造价管理部门的造价监督检查,监督检查的内容包括:

(1)执业资格及持证上岗监督检查。从事公路工程项目造价管理、造价咨询、造价审查、经济评价等业务的造价人员,须持有交通运输部颁发的资格证书。公路工程造价文件必须由持证的造价人员编制(审核、审查)、签名(盖章);否则,造价文件无效。未经具备相应资格的造价人员签章的造价文件,不得上报审批。

(2)工程造价执法情况监督检查。检查是否执行国家、省市工程计价依据及相关法律法规。

(3)从业单位与从业人员登记备案与信用管理。从事公路工程项目造价业务的咨询单位及人员均应自觉到地方造价管理部门进行登记备案,并建立咨询单位及人员的基本情况、业绩、良好行为、不良行为等信用档案。违法行为、被投诉举报处理、行政处罚等情况应当作为不良记录记入其信用档案。

### (五)工程造价执法情况监督

工程造价管理部门监督检查建设项目相关参与各方的工程造价执行情况。包括建设单位、设计单位、咨询单位是否执行国家与省市的工程量计量规范、概预算及决算编制办法、招投标及合同管理等工程计价依据及相关法律法规。在检查概预算文件、招标文件及合同文件时,若发现项目业主、施工单位、造价咨询单位之间串通故意虚报工程造价的,将由交通主管部门进行严肃处理,并责令其退回虚报工程款,违反相应法律法规的,按相应法律法规处理。在监督检查工程变更与索赔文件、工程结算、竣工结(决)算等造价文件过程中,若发现项目业主、监理单位对造价控制不力、管理混乱或不配合监督检查、拒不整改的,将由交通主管部门进行严肃处理;构成犯罪的,依法追究刑事责任。

## 第三节　公路基本建设法规和制度

由于公路在政治、经济和公民生活中具有重要的作用,国家对公路建设有非常严格的管理制度。县级以上人民政府交通主管部门应当依据职责维护公路建设秩序,加强对公路建设的监督管理。

### 一、基本建设程序

根据《公路建设监督管理办法》(交通部2000年第8号令),公路建设应当按照下列程序进行。

(1)根据规划,进行预可行性研究,编制项目建议书。

(2)根据批准的项目建议书进行工程可行性研究,编制可行性研究报告。

(3)根据批准的可行性研究报告,编制初步设计文件。

(4)根据批准的初步设计文件,编制施工图设计文件。

(5)根据批准的施工图设计文件,编制项目招标文件。

(6)根据批准的项目招标文件、资格预审结果和公路建设计划,组织项目招标投标。

(7)根据国家有关规定,进行征地拆迁等施工前准备工作,编制项目开工报告。

(8)根据批准的项目开工报告,组织项目实施。

(9)项目完工后,编制竣工图表和工程决算,办理项目验收。

(10)竣工验收合格后,组织项目后评价。

#### 1. 项目建议书

项目建议书是建设起始阶段对建设项目的轮廓设想。项目建议书应论证拟建项目的必要性、条件的可行性和获利的可能性,作为投资者和建设管理部门选择并确定是否进行下一步工作的依据。项目建议书经批准后,可以进行详细的可行性研究工作。

#### 2. 可行性研究

可行性研究是一系列对项目建议书批准的建设项目在技术上是否可行和经济上是否合理的分析和论证工作。凡未经可行性研究确认的项目,不得编制向上报送的可行性研究报告和进行下一步工作。

3. 工程勘察

工程勘察是运用各种科学技术方法,查明工程项目建设地形、地貌、土质、岩性、地质构造、水文等自然条件而进行的测量、测试、观察、勘探、鉴定和综合评价等工作,其目的是为设计和施工提供可靠的依据。一般分为初测和定测两个阶段。

4. 工程设计

工程设计是对拟建工程在技术上和经济上全面和详尽的安排,是建设计划的具体化。设计一般分初步设计和施工图设计两个阶段。重大、技术复杂项目,增加技术设计或扩大初步设计阶段,即进行初步设计、技术设计和施工图设计三阶段设计。

5. 建设准备阶段

项目在开工建设之前,要做好各项准备工作,主要内容包括:

(1)建设主管部门应根据计划要求的建设进度,组织招投标,择优选择施工单位;办理登记及征地、拆迁,组织分工范围内的技术资料、材料、设备的供应。

(2)勘测设计单位按时提供各种图纸资料,做好施工图纸的会审及移交工作。

(3)施工单位编制施工组织设计和施工预算,提出开工报告。

(4)建设单位会同建设、设计、施工单位做好图纸的会审,按要求进行财政拨款或贷款。

项目在报批开工前,必须由有资格的审计单位,对项目建设资金、支出等进行审计。新开工的项目必须具有能连续 3 个月施工的施工图纸;否则,不能开工建设。

6. 工程施工

在建设年度计划批准后,即可组织施工。项目新开工时间,是指设计文件中规定的任何一项永久性工程第一次正式破土开槽开始施工的日期。

施工单位要遵照施工程序合理组织施工,施工过程中应严格按照设计要求和施工规范,确保工程质量,安全施工,努力缩短工期,降低造价,同时做好施工记录,建立技术档案。监理单位严格监理,建设单位搞好投资与质量控制。

7. 竣工验收

当建设项目按设计文件规定内容全部施工完成后,符合设计要求并具备竣工图表、竣工决算、工程总结等必要文件资料,由项目主管部门或建设单位向可行性研究报告的审批单位提出竣工验收申请报告。

验收委员会或验收组应由银行、物资、环保、劳动、统计及其他有关部门的专家组成。建设、接管、勘察设计、监理、施工单位参加验收工作。验收委员会审阅工程档案并实地查验建筑工程和设备安装工程质量,并对工程做出全面评价,不合格的工程不予验收;对遗留问题提出具体意见,限期落实完成。

## 二、公路基本建设法规

公路建设法规是特指国家立法机关、行政机关制定旨在调整公路建设法律关系的行政法规和地方法规。广义的公路建设法规泛指国家立法机关制定的调整各种公路建设法律关系的法律规范的总称。

公路建设法律关系主体包括:交通建设主管部门,公路建设项目法人,公路工程勘察、设计、施工、造价咨询、工程监理、试验检测等从业单位。

我国公路建设法规体系包括:①《中华人民共和国公路法》(颁布时间:2004 年 8 月 28 日);②《中华人民共和国公路管理条例》(颁布时间:2008 年 12 月 27 日);③《公路建设市场管理办法》(颁布时间:2004 年 12 月 21 日);④《公路工程施工招标投标管理办法》(颁布时间:2006 年 6 月 23 日);⑤《公路工程设计变更管理办法》(颁布时间:2005 年 5 月 9 日);⑥《公路工程质量管理办法》(颁布时间:1999 年 2 月 24 日);⑦《公路建设监督管理办法》(颁布时间:2006 年 6 月 8 日)等。这里介绍公路基本建设主要法规,其他法规见第五章。

1. 公路工程施工招标投标管理办法(交通部 2006 年第 7 号令)

为规范公路工程施工招标投标活动,保证施工质量,维护招标投标活动各方当事人合法权益,依据《中华人民共和国公路法》、《中华人民共和国招标投标法》,制定《公路工程施工招标投标管理办法》。

本办法的公路工程包括公路、公路桥梁、公路隧道及与其相关的安全设施、防护设施、监控设施、通信设施、收费设施、绿化设施、服务设施、管理设施等公路附属设施的新建、改建与安装工程。

(1)必须进行招标的项目:①投资总额在 3 000 万元人民币以上的公路工程施工项目;②施工单项合同估算价在 200 万元人民币以上的公路工程施工项目;③法律、行政法规规定应当招标的其他公路工程施工项目。但涉及国家安全、国家秘密、抢险救灾或者利用扶贫资金实行以工代赈等不适宜进行招标的项目除外。

(2)招标的项目应当具备的条件:①初步设计文件已被批准;②建设资金已经落实;③项目法人已经确定,并符合项目法人资格标准要求。

公路工程施工招标的招标人,应当是依照本办法规定提出公路工程施工招标项目、进行公路工程施工招标的项目法人。

(3)公路工程施工招标,应当按下列程序进行:①确定招标方式,采用邀请招标的,应当按照国家规定报有关主管部门审批;②编制投标资格预审文件和招标文件,招标文件按照本办法规定备案;③发布招标公告,发售投标资格预审文件;采用邀请招标的,可直接发出投标邀请书,发售招标文件;④对潜在投标人进行资格审查;⑤向资格预审合格的潜在投标人发出投标邀请书和发售招标文件;⑥组织潜在投标人考察招标项目工程现场,召开标前会;⑦接受投标人的投标文件,公开开标;⑧组建评标委员会评标,推荐中标候选人;⑨确定中标人,评标报告和评标结果按照本办法规定备案并公示;⑩发出中标通知书;⑪与中标人订立公路工程施工合同。

(4)废标情形。属于下列情况之一的,应当作为废标处理:①投标文件未经法定代表人或者其授权代理人签字,或者未加盖投标人公章;②投标文件字迹潦草、模糊,无法辨认;③投标人对同一标段提交两份以上内容不同的投标文件,未书面声明其中哪一份有效;④投标人在招标文件未要求选择性报价时,对同一个标段有两个或两个以上的报价;⑤投标人承诺的施工工期超过招标文件规定的期限或者对合同的重要条款有保留;⑥投标人未按招标文件要求提交投标保证金;⑦投标文件不符合招标文件实质性要求的其他情形。

2. 经营性公路建设项目投资人招标投标管理规定(交通部 2007 年第 8 号令)

招标人是指提出经营性公路建设项目、组织投资人招标工作的交通主管部门。

(1)招标条件

需要进行投资人招标的经营性公路建设项目应当符合下列条件:①符合国家和省、自治区、直辖市公路发展规划;②符合《收费公路管理条例》第十八条规定的技术等级和规模;③已经编制项目可行性研究报告。

(2)经营性公路建设项目投标人应当具备的基本条件

①注册资本1亿元人民币以上,总资产6亿元人民币以上,净资产2亿5千万元人民币以上;②最近连续3年每年均为盈利,且年度财务报告应当经具有法定资格的中介机构审计;③具有不低于项目估算的投融资能力,其中净资产不低于项目估算投资的35%;④商业信誉良好,无重大违法行为。招标人可以根据招标项目的实际情况,提高对投标人的条件要求。

(3)特许权协议

招标人与项目法人应当在完成项目核准手续后签订项目特许权协议。特许权协议应当参照国务院交通主管部门制定的特许权协议示范文本并结合项目的特点和需要制定。特许权协议应当包括以下内容:①特许权的内容及期限;②双方的权利及义务;③项目建设要求;④项目运营管理要求;⑤有关担保要求;⑥特许权益转让要求;⑦违约责任;⑧协议的终止;⑨争议的解决;⑩双方认为应规定的其他事项。

3.公路建设监督管理办法(交通部2006年第6号令)

《公路建设监督管理办法》所称公路建设是指公路、桥梁、隧道、交通工程及沿线设施和公路渡口的项目建议书、可行性研究、勘察、设计、施工、竣(交)工验收和后评价全过程的活动。

(1)分级监督管理

交通部负责全国公路建设监督管理;县级以上地方人民政府交通主管部门负责本行政区域内公路建设监督管理。

交通部对全国公路建设项目进行监督管理,依据职责负责国家高速公路网建设项目和交通部确定的其他重点公路建设项目前期工作、施工许可、招标投标、工程质量、工程进度、资金、安全管理的监督和竣工验收工作。

除应当由交通部实施的监督管理职责外,省级人民政府交通主管部门依据职责负责本行政区域内公路建设项目的监督管理,具体负责本行政区域内的国家高速公路网建设项目、交通部和省级人民政府确定的其他重点公路建设项目的监督管理。

(2)监督部门的职责与权限

①监督国家有关公路建设工作方针、政策和法律、法规、规章、强制性技术标准的执行;②监督公路建设项目建设程序的履行;③监督公路建设市场秩序;④监督公路工程质量和工程安全;⑤监督公路建设资金的使用;⑥指导、检查下级人民政府交通主管部门的监督管理工作;⑦依法查处公路建设违法行为。

(3)建设程序的监督管理

公路建设应当按照国家规定的建设程序和有关规定进行。政府投资公路建设项目实行审批制,企业投资公路建设项目实行核准制。县级以上人民政府交通主管部门应当按职责权限审批或核准公路建设项目,不得越权审批、核准项目或擅自简化建设程序。

公路建设项目应当按照国家有关规定实行项目法人责任制度、招标投标制度、工程监理制度和合同管理制度。

(4)建设市场的监督管理

县级以上人民政府交通主管部门依据职责，负责对公路建设市场的监督管理，查处建设市场中的违法行为。对经营性公路建设项目投资人、公路建设从业单位和主要从业人员的信用情况应进行记录并及时向社会公布。

(5)质量与安全的监督管理

县级以上人民政府交通主管部门应当加强对公路建设从业单位的质量与安全生产管理机构的建立、规章制度落实情况的监督检查。

公路建设实行工程质量监督管理制度。公路工程质量监督机构应当根据交通主管部门的委托依法实施工程质量监督，并对监督工作质量负责。

(6)建设资金的监督管理

对于使用财政性资金安排的公路建设项目，县级以上人民政府交通主管部门必须对公路建设资金的筹集、使用和管理实行全过程监督检查，确保建设资金的安全。公路建设项目法人必须按照国家有关法律、法规、规章的规定，合理安排和使用公路建设资金。

(7)社会监督

县级以上人民政府交通主管部门应定期向社会公开发布公路建设市场管理、工程进展、工程质量和安全事故处理等信息，接受社会监督。

4.公路工程设计变更管理办法(交通部2005年第5号令)

设计变更是指自公路工程初步设计批准之日起至通过竣工验收正式交付使用之日止，对已批准的初步设计文件、技术设计文件或施工图设计文件所进行的修改、完善等活动。

公路工程设计变更应当符合国家有关公路工程强制性标准和技术规范的要求，符合公路工程质量和使用功能的要求，符合环境保护的要求。

1)设计变更分类

公路工程设计变更分为重大设计变更、较大设计变更和一般设计变更。

有下列情形之一的属于重大设计变更：①连续长度10km以上的路线方案调整的；②特大桥的数量或结构形式发生变化的；③特长隧道的数量或通风方案发生变化的；④互通式立交的数量发生变化的；⑤收费方式及站点位置、规模发生变化的；⑥超过初步设计批准概算的。

有下列情形之一的属于较大设计变更：①连续长度2km以上的路线方案调整的；②连接线的标准和规模发生变化的；③特殊不良地质路段处置方案发生变化的；④路面结构类型、宽度和厚度发生变化的；⑤大中桥的数量或结构形式发生变化的；⑥隧道的数量或方案发生变化的；⑦互通式立交的位置或方案发生变化的；⑧分离式立交的数量发生变化的；⑨监控、通信系统总体方案发生变化的；⑩管理、养护和服务设施的数量和规模发生变化的；⑪其他单项工程费用变化超过500万元的；⑫超过施工图设计批准预算的。

一般设计变更是指除重大设计变更和较大设计变更以外的其他设计变更。

2)设计变更审批制度

公路工程重大、较大设计变更，属于对设计文件内容作重大修改，应当按照规定的程序进行审批。未经审查批准的设计变更不得实施。任何单位或者个人不得违反本办法规定擅自变更已经批准的公路工程初步设计、技术设计和施工图设计文件。不得肢解设计变更规避审批。经批准的设计变更一般不得再次变更。

(1)审批权限。重大设计变更由交通运输部负责审批。较大设计变更由省级交通主管部门负责审批。项目法人对一般设计变更进行审查,并加强对公路工程设计变更实施的管理。

对需要进行紧急抢险的公路工程设计变更,项目法人可先进行紧急抢险处理,同时按照规定的程序办理设计变更审批手续,并附相关的影像资料说明紧急抢险的情形。

(2)设计变更费用处理与责任划分。由于公路工程勘察设计、施工等有关单位的过失引起公路工程设计变更并造成损失的,有关单位应当承担相应的费用和相关责任。由于公路工程设计变更发生的建筑安装工程费、勘察设计费和监理费等费用的变化,按照有关合同约定执行。由于公路工程设计变更发生的工程建设单位管理费、征地拆迁费等费用的变化,按照国家有关规定执行。

(3)处罚规定。项目法人有以下行为之一的,交通主管部门责令改正;情节严重的,对全部或者部分使用国有资金的项目,暂停项目执行;构成犯罪的,依法追究刑事责任:①不按照规定权限、条件和程序审查、报批公路工程设计变更文件的;②将公路工程设计变更肢解规避审批的;③未经审查批准或者审查不合格,擅自实施设计变更的。

施工单位不按照批准的设计变更文件施工的,交通主管部门责令改正;造成建设工程质量不符合规定质量标准的,负责返工、修理,并赔偿因此造成的损失;情节严重的,责令停业整顿,降低资质等级或者吊销资质证书。

5. 公路工程竣(交)工验收办法(交通部2004年第3号令)

公路工程验收分为交工验收和竣工验收两个阶段。

1)交工验收

交工验收是检查施工合同的执行情况,评价工程质量是否符合技术标准及设计要求,是否可以移交下一阶段施工或是否满足通车要求,对各参建单位工作进行初步评价。交工验收是检查施工合同的执行情况,评价工程质量是否符合技术标准及设计要求,是否可以移交下一阶段施工或是否满足通车要求,对各参建单位工作进行初步评价。交工验收由项目法人负责。

(1)公路工程竣(交)工验收的依据是:①批准的工程可行性研究报告;②批准的工程初步设计、施工图设计及变更设计文件;③批准的招标文件及合同文本;④行政主管部门的有关批复、批示文件;⑤交通运输部颁布的公路工程技术标准、规范、规程及国家有关部门的相关规定。

(2)交工验收应具备以下条件:①合同约定的各项内容已完成;②施工单位按交通部制定的《公路工程质量检验评定标准》及相关规定的要求对工程质量自检合格;③监理工程师对工程质量的评定合格;④质量监督机构按交通部规定的公路工程质量鉴定办法对工程质量进行检测(必要时可委托有相应资质的检测机构承担检测任务),并出具检测意见;⑤竣工文件已按交通部规定的内容编制完成;⑥施工单位、监理单位已完成本合同段的工作总结。

(3)备案制度。公路工程各合同段验收合格后,项目法人应按交通部规定的要求及时完成项目交工验收报告,并向交通主管部门备案。国家、部重点公路工程项目中100km以上的高速公路、独立特大型桥梁和特长隧道工程向省级人民政府交通主管部门备案,其他公路工程按省级人民政府交通主管部门的规定向相应的交通主管部门备案。

2)竣工验收

竣工验收是综合评价工程建设成果,对工程质量、参建单位和建设项目进行综合评价。竣工验收由交通主管部门按项目管理权限负责。交通运输部负责国家、部重点公路工程项目中100km以上的高速公路、独立特大型桥梁和特长隧道工程的竣工验收工作;其他公路建设项目,由省级人民政府交通主管部门确定的相应交通主管部门负责竣工验收工作。

(1)公路工程进行竣工验收应具备的条件:①通车试运营2年后;②交工验收提出的工程质量缺陷等遗留问题已处理完毕,并经项目法人验收合格;③工程决算已按交通运输部规定的办法编制完成,竣工决算已经审计,并经交通主管部门或其授权单位认定;④竣工文件已按交通运输部规定的内容完成;⑤对需进行档案、环保等单项验收的项目,已经有关部门验收合格;⑥各参建单位已按交通运输部规定的内容完成各自的工作报告;⑦质量监督机构已按规定对工程质量检测鉴定合格,并形成工程质量鉴定报告。

(2)竣工验收委员会。竣工验收委员会由交通主管部门、公路管理机构、质量监督机构、造价管理机构等单位代表组成。大中型项目及技术复杂工程,应邀请有关专家参加。国防公路应邀请军队代表参加。项目法人、设计单位、监理单位、施工单位、接管养护等单位参加竣工验收工作。

6. 交通基本建设项目竣工决算报告编制办法(交财发〔2000〕207号)

按照交通运输部《交通基本建设项目竣工决算报告编制办法》(以下简称《竣工决算报告编制法》)中的规定,涉及公路建设项目类型的竣工决算报告可分为公路建设项目、独立的公路桥梁建设项目和不能归入上述项目的其他小型项目的竣工决算报告。编制竣工决算报告需填制全套报表。

(1)竣工决算报告的编制依据

编制竣工决算报告所依据的文件、资料有:①经批准的可行性研究报告、初步设计、概算或调整概算、变更设计以及开工报告等文件;②历年的年度基本建设投资计划;③经审核批复的历年年度基本建设财务决算;④编制的施工图预算,承包合同、工程结算等资料;⑤历年有关财产物资、统计、财务会计核算、劳动工资、审计及环境保护等资料;⑥工程质量鉴定、检验等有关文件;⑦施工企业交工报告等有关技术经济资料;⑧有关建设项目附产品、简易投产、试运营(生产)、重载负荷试车等产生基本建设收入的财务资料;⑨有关征地拆迁资料和土地使用权证明;⑩其他有关的重要文件。

(2)公路工程竣工决算报告的内容

竣工决算报告的内容由以下部分组成:①竣工决算报告的封面、目录;②竣工工程平面示意图;③竣工决算报告说明书;④竣工决算表格。

(3)竣工报告说明书

竣工决算报告说明书概括了竣工工程建设成果和经验,是全面考核分析工程投资与造价的书面总结,是竣工决算报告的重要组成部分,其主要内容包括:①建设项目概况及评价;②会计财务的处理、财产物资情况及债权债务的清偿情况;③投资支出、资金节余、基建结余资金等上交分配情况;④主要技术经济指标的分析,如公路等级、单方造价、设计车速等;⑤公路项目建设过程和工程管理工作中的重大事件,管理及决算中存在的问题及建议,如投资与方案决策效果、项目管理模式、投资估算与资金使用情况。

(4)竣工决算表格

按照《竣工决算报告编制办法》的规定,竣工决算报告表式分为决算审批表、工程概况专用表和财务通用表。

7. 公路建设项目后评价工作管理办法(交计发〔1996〕1130号)

(1)项目后评价的主要工作对象是高速公路等国家重点公路建设项目或符合下列条件之一的公路建设项目:

①40km以上的国道主干线项目或100km以上的国道及省道高等级公路项目;②利用外资的公路项目;③特大型独立公路桥隧项目;④上级主管部门指定的项目。

(2)进行公路项目后评价的必备条件:

①公路项目按预定目标已经全部建成并通过竣工验收;②至少经过2~3年的通车运营时间。

(3)后评价项目管理:后评价的项目分为地方、部、国家三个管理层次。

①地方管理的后评价项目,由各省、自治区、直辖市、计划单列市交通行政主管部门根据规定按年度下达计划。编制后评价报告以项目法人或建设单位为主,组织承担本项目有关部门、单位有关人员参加。其后评价报告由项目法人或建设单位报省级交通行政主管部门审查,并将修改后的报告连同审查意见报交通运输部综合计划司备案。

②交通部一般选择四分之一的后评价项目进行部管理,按年度下达计划。部管理的项目后评价报告一般先由省、自治区、直辖市、计划单列市交通行政主管部门进行初审;初审通过后,再报交通部,由交通部组织有关部门进行正式审查,并写出《建设项目后评价审查报告》,报国家计委❶备案。

③国家管理的后评价项目由国家计委确定。国家计委确定的后评价项目,按国家计委有关规定组织审查。

建设项目的各有关部门和单位要认真对待后评价成果,从中吸取经验教训,并采取相应的对策、措施,进一步完善已建项目,改进在建项目,指导待建项目。建设项目后评价报告的编制、审核、审查费用由项目法人或建设单位自行解决,可列入项目投资概算,在建设单位管理费中列支。

## 三、基本建设四项制度

我国工程建设管理体制改革的目标是:改革市场准入、项目法人责任、招标投标、勘察设计、工程监理、合同管理、工程质量监督和建筑安全生产管理等制度,建立单位资质与个人执业注册管理相结合的市场准入制度,对政府投资工程严格实行四项基本制度,建立通过市场竞争形成工程价格的机制,完善工程风险管理制度,将建设市场的运行管理逐步纳入法制化轨道。按照国家有关规定,在工程建设中应该严格执行项目法人责任制、招投标制、工程监理制和合同管理制等主要制度。这些制度相互关联、互相支持,共同构成了建设工程管理制度体系。

1. 项目法人责任制

为建立投资决策约束机制,规范项目法人的行为,明确其责、权、利,提高建设项目投资效益,国家计委于1996年发布了《关于实行建设项目法人责任制的暂行规定》。规定指出:国有单位经营性基本建设大中型项目在建设阶段必须组建项目法人。交通部规定凡列入国家和地方基本建设计划的公路建设项目必须实行项目法人责任制度,由项目法人对建设项目负总责。项目法人责任制度是按2006年新颁布《中华人民共和国公司法》的含义设立有限责任公司和

❶国家计委现更名为国家发展与改革委员会,后同。

股份有限公司的形式设立项目法人。由项目法人对项目的策划、决策、资金筹措、建设实施、生产经营、债务偿还和资产的保值增值，实行全过程负责的责任制度。

公路建设项目法人分为经营性公路建设项目法人和公益性公路建设项目法人。依法投资建设经营性公路项目的国内外经济组织为经营性公路建设项目法人。非经营性公路建设项目法人为公益性公路建设项目法人。经营性公路建设项目应依法成立有限责任公司或股份有限公司，对公路建设项目的筹划、资金筹措、建设实施、运营管理、债务偿还和资产管理全过程负责。公益性公路建设项目应明确项目法人或组建项目法人，根据交通主管部门的授权，对建设项目的筹划、资金筹措、建设实施全过程负责。根据《中华人民共和国公司法》的规定，有限责任公司的股东以其认缴的出资额为限对公司承担责任；股份有限公司的股东以其认购的股份为限对公司承担责任。

(1)项目法人的设立

项目建议书被批准后，应由项目的投资方派代表组成项目法人筹备组，具体负责项目法人的筹建工作。在申报项目可行性研究报告时，需同时提出项目法人的组建方案；否则，可行性研究报告不被批准。在项目可行性研究报告被批准后，正式成立项目法人，及时办理公司设立登记。重点工程的公司章程报国家计委备案；其他项目的公司章程按隶属关系分别报有关部门和地方计委备案。

由原有企业负责建设的大中型基建项目，需设立子公司的，要重新设立项目法人；只设立分公司或分厂的，原企业法人即是项目法人，原企业法人应向分公司或分厂派遣专职管理人员，并实行专项考核。

(2)项目法人的组织形式和职责

①组织形式。国有独资公司设立董事会，由投资方负责组建。国有控股或参股的有限责任公司、股份有限公司设立股东会、董事会、监事会。各类建设项目的董事在建设期间应至少有一名常驻现场管理。董事会应建立例会制度，讨论项目的重大事宜，对资金支出进行严格管理，以决议形式予以确认。

②董事会的职权。负责筹措建设资金；审核、上报项目初步设计和概算文件；审核、上报年度投资计划，落实年度资金；提出项目开工报告；研究解决建设过程中出现的重大问题；负责提出项目竣工验收申请报告；审定偿还债务计划和生产经营方针，并负责按时偿还债务；聘任或解聘项目总经理，并根据总经理的提名聘任或解聘其他高级管理人员。

③项目总经理的职权。组织编制项目初步设计文件，提交董事会审查；组织工程设计、监理、施工和设备材料采购的招标工作，评选和确定投标、中标单位；编制并组织实施项目年度投资计划、用款计划、建设进度计划；编制项目财务预、决算；编制并组织实施归还贷款和其他债务计划；组织工程建设实施，负责控制工程投资、工期和质量；在项目建设过程中，在批准的概算范围内对单项工程的设计进行局部调整；根据董事会授权处理项目实施中的重大紧急事件，并及时向董事会报告；负责生产准备工作和培训有关人员；负责组织项目试生产和单项工程预验收；拟订生产经营计划、劳动定员定额方案及工资福利方案；组织并提出项目后评价报告；按时向有关部门报送项目建设、生产信息和统计资料；提请董事会聘任或解聘项目高级管理人员。

(3)考核与奖罚

①项目董事会负责对总经理进行定期考核，各投资方负责对董事会成员定期考核。

②国务院各有关部门、各地发展和改革委员会负责对有关项目进行考核。考核的主要内容包括:国家发布的固定资产投资与建设的法律、法规的执行情况;国家年度投资计划和批准设计文件的执行情况;概算控制、资金使用和工程组织管理情况;建设工期、施工安全和工程质量控制情况;生产能力和国有资产形成及投资效益情况;土地、环境保护和国有资源利用情况;精神文明建设情况;其他需要考核的事项。

③建立对董事长、总经理任职和离职的审计制度。

④凡应实行项目法人责任制而没有实行的建设项目,投资计划管理部门不准批准开工,也不予安排投资计划。

2.工程招投标制

为把市场竞争机制引入投资管理体制改革,党的十四届五中全会不仅明确提出工程建设要全面推行项目法人责任制,而且还明确要求工程建设实行招投标制度。国家计委1997年8月印发了大中型项目实行招投标制度的有关规定;1999年,全国人大又通过了《中华人民共和国招标投标法》,于2000年1月1日起实施。《中华人民共和国招标投标法》要求大中型建设项目的工程设计、建筑安装、监理和主要设备、材料、工程总承包单位以及招标代理机构,必须通过招标投标确定。为了规范施工招标资格预审文件、招标文件编制活动,促进招标投标活动的公开、公平和公正,国家发展和改革委员会、财政部、建设部❶、铁道部❶、交通部、信息产业部❶、水利部、民用航空总局❶、广播电影电视总局❶联合制定了《标准施工招标资格预审文件》和《标准施工招标文件》(试行规定)及相关附件,自2008年5月1日起施行。交通运输部颁布了《公路工程标准施工招标文件(2009年版)》(交公路发〔2009〕221号),自2009年8月1日起施行。招标投标不受地区、部门、行业的限制,任何地区、部门和单位不得进行保护。招标投标应遵循公平、公开、公正、择优和诚实守信的原则。招标投标必须严格按照程序进行。

交通部2000年第7号令规定,公路建设项目除涉及国家安全、国家机密、抢险救灾或利用扶贫资金实行以工代赈、民工建勤、民办公助的项目不适宜招标外,达到下列规模标准之一的,必须进行招标:

(1)建设项目总投资额在3 000万元人民币以上的。

(2)工程单项合同估算价在200万元人民币以上的。

(3)重要设备、材料等货物的采购,单项合同估算价在100万元人民币以上的。

(4)勘察、设计、监理等服务的采购,单项合同估算价在50万元人民币以上的。

公路项目分标段招标的,招标人应合理划分标段,合理确定工期。施工标段的确定应有利于施工单位的合理投入和机械化施工。高速公路标段路基工程一般应不少于10km,路面工程一般应不少于15km。其他等级公路标段工作量一般情况应不少于5 000万元。边远地区和特殊地段可视实际情况调整。监理标段的划分应不低于施工标段标准。

施工招标的评标可采用综合评价的方法,对投标人的人员素质、设备投入、技术方案、业绩信誉、投标价等方面分别打分,按照得分高低推荐中标候选人;也可以通过商务和技术评审,采取经评审的最低投标价法,按照经评审的最低投标价由低到高推荐中标候选人,但不得推荐投

❶建设部现更名为住房和城乡建设部,铁道部现归入交通运输部,信息产业部现更名为工业和信息化部,民用航空总局现归入交通运输部,广播电影电视总局现更名为国家新闻出版广电总局,后同。

标价低于成本价的投标人作为中标候选人。

3. 工程监理制

建设部于1988年7月25日印发了《关于开展建设监理工作的通知》(以下简称《通知》)《通知》强调:参照国际惯例建立具有中国特色的工程监理制度。1989年7月28日,原建设部颁发了《建设监理试行规定》,这是我国开展建设监理工作的第一个法规性文件。1995年12月15日,建设部和国家计委印发《工程建设监理规定》的通知,自1996年1月1日起实施。推行工程监理制度的目的是为了改变新中国成立以来一直由建设单位及其主管部门自己组织工程筹建班子或工程指挥部开展项目建设的陈旧的工程管理模式,以更好地适应我国从计划经济体制向社会主义市场经济体制转型、投资主体多元化并全面开放建设市场的新形势,从而进一步提高投资效益和建设水平,努力开拓国际建设市场。

交通部在总结全国各地的经验基础上,于1989年4月发布了《公路工程施工监理暂行办法》,1995年发布了《公路工程施工监理规范》(JTJ 077—95),2006年修订《公路工程施工监理规范》(JTG G10—2006)。交通建设是中国建设管理体制改革的先行领域之一,通过引进、消化和吸收FIDIC(菲迪克)条款,对中国特色的建设管理体制进行改革和创新,逐步形成了适合中国国情的交通建设工程监理模式,完善了建设工程监理制度。

公路建设项目工程监理是由具有公路工程监理资格的监理单位,按国家有关规定受项目法人委托对工程质量、施工安全、施工环境保护、进度、费用、施工承包合同的执行等方面进行监督与管理。工程监理单位必须符合公路建设市场准入条件。监理单位必须根据监理服务合同,建立相应的现场监理机构,健全工程监理质量保证体系,配备足够的、合格的人员和设备,确保对工程进行有效监控。

承担工程监理任务的人员,应具备相应的能力和技术条件。

(1)项目总监理工程师、总监理工程师代表、高级驻地监理工程师,应具有高级工程师或高级经济师职称,并具有交通运输部颁发的监理工程师证书。

(2)专业监理工程师,应具有工程师或经济师职称和省级以上交通主管部门颁发的专业监理工程师证书。

(3)测量、试验及现场旁站等监理员,应具有初级技术职称并经过专业技术培训和监理业务培训。

监理人员数量应根据工程规模、投资、工期、复杂程度等因素确定。高速公路、一级公路工程每年5 000万元建安费宜配备交通运输部核准资格的监理工程师1名,独立大桥、特长隧道工程每年每3 000万元建安费宜配备交通运输部核准资格的监理工程师1名,高速公路机电工程每50km每系统宜配备交通运输部核准资格的监理工程师1名,并签订合同。监理人员在工程施工期间不得随意更换,保证监理工作的连续性。监理现场必须配备相应的检测、通信、交通工具等设备,设有经交通主管部门检验合格的独立试验室。监理单位和监理人员必须全面履行监理服务合同和施工合同规定的各项监理职责,按照有关法律、法规、规章、技术规范、设计文件的要求进行工程监理。监理工程师不得营私舞弊、滥用职权,不得损害项目法人和承包人的利益。

我国的工程监理,按最初的设想,包括建设前期的投资决策咨询、设计阶段、招投标阶段和施工阶段。目前,工程监理主要在施工阶段,而且重在施工质量控制。为此,今后,应参照国外工程监理的做法,加大工程监理的力度,拓展工程监理的范围。

4.合同管理制

合同是约束和规范合同双方行为的重要依据和手段。从1991年起,建设部和国家工商局相继联合颁发了《建设工程勘察合同示范文本》、《建设工程施工合同示范文本》、《工程建设监理合同示范文本》、《建筑装饰施工合同示范文本》。建设主管部门组织力量参照FIDIC合同条件,对《建设工程施工合同示范文本》进行修订,经充分论证后,将该文本在部分政府工程中推行使用。此外,还参照FIDIC合同条件,针对不同的工程规模、性质、承发包方式等,制定不同的合同通用条款和专用条款。形成标准合同文本系列,供在不同的政府工程中强制推行使用。《中华人民共和国合同法》于1999年10月1日起实行,使我国建设工程合同管理更加规范地向前发展。

交通部早在1992年就参照FIDIC合同条件编制发布了《公路工程国际招标文件范本》,1995年编制了《公路工程国内招标文件范本》(第一版),在工程建设领域较早推行工程量清单报价,按FIDIC合同条件进行合同管理,为规范公路工程招投标与合同管理起了积极的作用。1999年编制了《公路工程国内招标文件范本》(第二版),其背景是1997年颁布的《中华人民共和国公路法》和1999年《中华人民共和国招标投标法》的相继出台,另外一个背景就是1万多公里高速公路的建成积累了一部分经验,出台了一些新的技术标准、规范等。

2003版《公路工程国内招标文件范本》出台的背景主要是当时国家7部委令《评标委员会和评标办法暂行规定》、《工程建设项目施工招标投标办法》和交通部《公路工程施工招标投标管理办法》、《公路工程施工招标评标委员会工作细则》的相继出台,导致1999版的个别条款不符合新的法规精神,因此必须进行改版。

2009年交通运输部发布了《公路工程标准施工招标资格预审文件》和《公路工程标准施工招标文件》(以下简称《公路工程标准文件》),并于2009年8月1日起施行。2009版《公路工程标准施工招标文件》是在国家9部委2007年颁布的《标准施工招标文件》基础上,并要求各部委根据自身的行业特点出台的标准招标文件。另外一个背景就是《公路工程施工招标投标管理办法》(交通部2006年第7号令)、《公路工程施工招标资格预审办法》(交公路发〔2006〕57号)、《公路工程质量检验评定标准》(JTGF 80/1—2004)等一系列招投标法规文件和技术规范陆续出台,使得《公路工程国内招标文件范本》(2003年版)部分内容已不能满足公路施工招标投标和建设管理的要求,需要对其进行修订。

2009版《公路工程标准施工招标文件》的合同条款分为“通用合同条款”、“公路工程专用合同条款”和“项目专用合同条款”三部分,在合同条款上有三层关系。2009版以国家9部委联合编制的《标准施工招标文件》合同条款为“通用合同条款”,“公路工程专用合同条款”是根据公路特点对“通用合同条款”进行补充修改而形成的,“项目专用合同条款”是针对具体施工项目的不同,对“通用合同条款”和“公路工程专用合同条款”进行的补充与细化。《标准施工招标文件》中,通用合同条款借鉴国际工程合同管理经验,以1999版FIDIC合同条件为主,参照英国ICE和世界银行推荐的合同文本等,依据国内相关法律法规进行编写,分为24条,体现了简明、通用的特点。而2003版《公路工程国内招标文件范本》中合同通用条款基本上与1987版FIDIC合同条款内容保持一致,并按照公路建设项目的特点及国内相关法律法规编写,分26项73个条款,内容具体翔实。

### 四、技术标准制度

公路建设必须符合公路工程相关技术标准。承担公路建设项目的建设单位、设计单位、施工单位和工程监理单位,应当按照国家有关规定建立健全质量保证体系,落实岗位责任制,并依照有关法律、法规、规章以及公路工程相关技术标准的要求和合同约定履行各自职责,严格执行强制性标准,保证公路工程建设质量。

### 五、市场准入制度

公路建设单位应当根据公路建设工程的特点和技术要求,选择具有相应资质的勘察设计单位、施工单位和工程监理单位,并依照有关法律、法规、规章以及公路工程相关技术标准的要求,分别签订合同,明确双方的权利义务。

承担公路建设项目的可行性研究单位、勘察设计单位、施工单位和工程监理单位,必须持有国家规定的资质证书。国家对企业资质实行动态管理。

### 六、资金监督制度

政府对公路建设资金监督管理的主要内容:

(1)是否严格执行建设资金专款专用、专户存储、不准侵占、挪用等有关管理规定。

(2)是否严格执行概预算管理规定,有无将建设资金用于计划外工程。

(3)资金来源是否符合国家有关规定,配套资金是否落实、及时到位。

(4)是否按合同规定拨付进度款,有无高估冒算、虚报冒领情况,工程预备费使用是否符合有关规定。

(5)是否在控制额度内按规定使用建设管理费,按规定的比例预留工程质量保证金,有无非法扩大建设成本的问题。

(6)是否按规定编制项目竣工财务决算,办理财产移交手续,形成的资产是否及时登记入账管理。

(7)财会机构是否建立健全,并配备相适应的财会人员。

## 第四节　公路工程造价从业资格和咨询管理制度

造价工程师执业资格管理制度是工程造价管理的一项基本制度。《造价工程师执业资格制度暂行规定》(人事部、建设部人发〔1996〕77 号文)的颁发,是建立这项制度的标志。1996 年,人事部和建设部颁发了《造价工程师执业资格认定办法》,1995 年交通部颁发了《公路工程造价人员资格认证管理办法》(交公路发〔1995〕1235 号)。

### 一、公路工程造价人员资格认证管理

为加强公路建设市场管理,规范公路工程计价行为,提高公路工程造价人员的素质,保证公路工程造价工作质量,合理确定和有效控制工程造价,特制定《公路工程造价人员资格认证管理办法》。

1. 持证上岗制度

凡从事公路工程造价计价（包括估算、概算、预算的编审），经济评价，编制招标标底或投标报价，造价监理，招标代理，办理工程结算、决算，承担工程造价咨询和调解工程造价纠纷等工程造价业务的专业人员，必须经交通运输部统一资格考试合格，通过资格认证，取得资格证书，持证上岗；否则，不得独立承担公路工程造价业务。

2. 资格证书等级与业务范围

资格证书分甲、乙两个资格等级。

持有甲级资格证书的公路工程造价人员可以在全国范围内从事高速公路及以下各等级公路和独立特大桥梁、长大隧道建设项目的工程造价业务。

持有乙级资格证书的公路工程造价人员可以在本省、自治区、直辖市范围内从事一般二级公路及以下各等级公路和独立大桥建设项目的工程造价业务。

3. 管理机构

交通运输部设立全国公路工程造价人员资格认证领导小组，统一规划和管理全国公路工程造价人员资格认证工作。交通运输部职业资格中心为全国公路工程造价人员资格认证的日常办事机构。

4. 考试及申请条件

公路工程造价人员资格考试，实行全国统一考试大纲，统一命题，统一组织考试制度。考试科目为《公路工程造价基础理论及相关法规》、《公路工程造价的计价与控制》、《公路工程技术与计量》、《公路工程造价案例分析》四门课程。

凡具有助理工程师（助理经济师）及以上职称、从事公路工程造价工作连续 3 年以上的现职在岗人员均可申请参加乙级资格证书的资格考试。

凡具有工程师（经济师）及以上职称、从事公路工程造价工作连续 5 年以上的现职在岗人员均可申请参加甲级资格证书的资格考试。

5. 罚则

有下列行为之一的，由公路工程造价人员资格认证管理部门根据情节轻重，分别给予通报批评、警告、降级直至吊销资格证书：①以不正当手段取得资格证书的；②持有乙级资格证书，越级从事应由甲级资格证书范围内业务的；③在公路工程造价编制或审查工作中，出现重大失误的；④未按规定期限办理复查检验的；⑤涂改资格证书，允许他人借用或冒别人名义执行业务的；⑥违背职业道德，有意弄虚作假的；⑦其他违法乱纪行为。

## 二、造价工程师素质与职业道德

造价工程师的工作关系到国家和社会公众利益，对其专业素质、职业道德的要求应包括以下几个方面。

1. 专业素质

根据造价工程师的专业特点和能力要求，其专业素质体现在以下几个方面：

（1）造价工程师应具备的技术技能。技术技能是指能使用由经验、教育及训练上的知识、方法、技能及设备，来达到特定任务的能力。造价工程师应掌握与建筑经济管理相关的金融投资、相关法律、法规和政策，工程造价管理理论及相关计价依据的应用，工业与建筑施工技术知识，信息化管理的知识等。同时，在实际工作中应能运用以上知识与技能，解决诸如方案的经济比选，编制投资估算、设计概算和施工图预算，编制招投标标底和投标报价，编制补充定额和造价指数，进行合同价结算和竣工决算，并对项目造价变动规律和趋势进行分析和预测能力。

(2)造价工程师应具备人文技能和沟通能力。人文技能是指与人共事的能力、判断力和沟通协调能力。造价工程师应具有高度的责任心与协作精神，善于与业务有关的各方面人员沟通、协作，共同完成对项目的造价目标控制与管理。

2. 职业道德

造价工程师需遵纪守法，在造价工作中行为公正。执行技术标准、规范和规程，保证执业成果的质量并承担相应责任，努力提高执业水平，保守在执业中知悉的国家秘密和他人的商业、技术等秘密，不谋取合同约定费用以外的其他利益等。

## 三、工程造价咨询企业资质管理

工程造价咨询企业是指取得《工程造价咨询单位资质证书》，接受业主或施工企业的委托，对建设工程造价的确定与控制提供专业咨询服务的企业。工程造价咨询企业从事工程造价咨询活动，应当遵循独立、客观、公正、诚实信用的原则，不得损害社会公共利益和他人的合法权益。对工程造价咨询企业进行资质管理是规范其执业行为并保障他们合法经营活动的客观需要。

### (一)资质等级标准

我国工程造价咨询企业资质等级分为甲、乙两级，并规定了相应资质标准和业务承接范围。甲级、乙级资质标准见表1-5。

**工程造价咨询企业甲级、乙级资质标准**　　表1-5

| 甲级资质标准 | 乙级资质标准 |
|---|---|
| (1)已取得乙级工程造价咨询企业资质证书满3年。<br>(2)企业出资人中，注册造价工程师人数不低于出资人总人数的60%，且其出资额不低于企业注册资本总额的60%。<br>(3)技术负责人已取得造价工程师注册证书，并具有工程或工程经济类高级专业技术职称，且从事工程造价专业工作15年以上。<br>(4)专职从事工程造价专业工作的人员(以下简称专职专业人员)不少于20人，其中，具有工程或者工程经济类中级以上专业技术职称的人员不少于16人，取得造价工程师注册证书的人员不少于10人，其他人员具有从事工程造价专业的工作经历。 | (1)企业出资人中，注册造价工程师人数不低于出资人总人数的60%，且其出资额不低于注册资本总额的60%。<br>(2)技术负责人已取得造价工程师注册证书，并具有工程或工程经济类高级专业技术职称，且从事工程造价专业工作10年以上。<br>(3)专职专业人员不少于12人，其中，具有工程或者工程经济类中级以上专业技术职称的人员不少于8人，取得造价工程师注册证书的人员不少于6人，其他人员具有从事工程造价专业工作的经历。<br>(4)企业与专职专业人员签订劳动合同，且专职专业人员符合国家规定的执业年龄(出资人除外)。 |

续上表

| 甲级资质标准 | 乙级资质标准 |
|---|---|
| (5)企业与专职专业人员签订劳动合同,且专职专业人员符合国家规定的执业年龄(出资人除外)。<br>(6)专职专业人员的人事档案关系由国家认可的人事代理机构代为管理。<br>(7)企业注册资本不少于人民币100万元。<br>(8)企业近3年工程造价咨询营业收入累计不低于人民币500万元。<br>(9)具有固定的办公场所,人均办公建筑面积不少于$10m^2$。<br>(10)技术档案管理制度、质量控制制度、财务管理制度齐全。<br>(11)企业为本单位专职专业人员办理的社会基本养老保险手续齐全。<br>(12)在申请核定资质等级之日前3年内无违规行为 | (5)专职专业人员的人事档案关系由国家认可的人事代理机构代为管理。<br>(6)企业注册资本不少于人民币50万元。<br>(7)暂定期内工程造价咨询营业收入累计不低于人民币50万元。<br>(8)具有固定的办公场所,人均办公建筑面积不少于$10m^2$。<br>(9)技术档案管理制度、质量控制制度、财务管理制度齐全。<br>(10)企业为本单位专职专业人员办理的社会基本养老保险手续齐全。<br>(11)在申请核定资质等级之日前3年内无违规行为 |

## (二)资质证书

1.资质证书的领取和补办

准予资质许可的造价咨询企业,资质许可机关应当向申请人颁发工程造价咨询企业资质证书。该资质证书由国务院建设主管部门统一印制,分正本和副本。正本和副本具有同等法律效力。如果工程造价咨询企业遗失了资质证书,应当首先在公众媒体上声明作废后,再向资质许可机关申请补办。

2.资质证书的续期申请

工程造价咨询企业资质有效期为3年。资质有效期届满,应当在资质有效期届满30日前向资质许可机关提出资质延续申请。准于延续的,资质有效期延续3年。

3.资质证书的变更

(1)工程造价咨询企业的名称、住所、组织形式、法定代表人、技术负责人、注册资本等事项发生变更的,应当自变更确立之日起30日内,到资质许可机关办理资质证书变更手续。

(2)工程造价咨询企业合并的,合并后存续或者新设立的工程造价咨询企业可以承继合并前各方中较高的资质等级,但应当符合相应的资质等级条件。

(3)工程造价咨询企业分立的,只能由分立后的一方承继原工程造价咨询企业资质,但应当符合原工程造价咨询企业资质等级条件。

## 四、工程造价咨询企业管理

### （一）业务承接

从事工程造价咨询业务活动的企业，应当依法取得工程造价咨询企业资质，并在其资质等级许可的范围内从事工程造价咨询活动。工程造价咨询企业依法从事工程造价咨询活动，不受行政区域限制。甲级工程造价咨询企业可以从事各类建设项目的工程造价咨询业务；乙级工程造价咨询企业可以从事工程造价 5 000 万元人民币以下的各类建设项目的工程造价咨询业务。

### （二）信用制度

工程造价咨询企业应当按照有关规定，向资质许可机关提供真实、准确、完整的工程造价咨询企业信用档案。工程造价咨询企业信用档案包括：工程造价咨询企业的基本情况、业绩、良好行为、不良行为等内容。违法行为、被投诉举报处理、行政处罚等情况应当作为工程造价咨询企业的不良记录记入其信用档案。任何单位和个人均有权查阅信用档案。

### （三）法律责任

1. 资质申请或取得的违规责任

申请人隐瞒有关情况或者提供虚假材料申请工程造价咨询企业资质的，不予受理或者不予资质许可，并给予警告，申请人在 1 年内不得再次申请工程造价咨询企业资质。

以欺骗、贿赂等不正当手段取得工程造价咨询企业资质的，由县级以上地方人民政府建设主管部门或者有关专业部门给予警告，并处 1 万元以上、3 万元以下的罚款，申请人 3 年内不得再次申请工程造价咨询企业资质。

2. 经营违规的责任

未取得工程造价咨询企业资质从事工程造价咨询活动或者超越资质等级承接工程造价咨询业务的，出具的工程造价成果文件无效，由县级以上地方人民政府建设主管部门或者有关专业部门给予警告，责令限期改正，并处以 1 万元以上、3 万元以下的罚款。

工程造价咨询企业不及时办理资质证书变更手续的，由资质许可机关责令限期办理；逾期不办理的，可处以 1 万元以下的罚款。

有下列行为之一的，由县级以上地方人民政府建设主管部门或者有关专业部门给予警告，责令限期改正；逾期未改正的，可处以 5 000 元以上、2 万元以下的罚款：

（1）新设立的分支机构不备案的。

（2）跨省、自治区、直辖市承接业务不备案的。

3. 其他违规责任

工程造价咨询企业有下列行为之一的，由县级以上地方人民政府建设主管部门或者有关专业部门给予警告，责令限期改正，并处以 1 万元以上、3 万元以下的罚款：

（1）涂改、倒卖、出租、出借资质证书，或者以其他形式非法转让资质证书。

（2）超越资质等级业务范围承接工程造价咨询业务。

（3）同时接受招标人和投标人或两个以上投标人对同一项目的工程造价咨询业务。

(4)以给予回扣、恶意压低收费等方式进行不正当竞争。

(5)转包承接的工程造价咨询业务。

(6)法律、法规禁止的其他行为。

## 第五节　公路工程造价管理体制的实践与发展

### 一、我国公路工程造价管理体制沿革

工程造价管理体制是指对工程造价实施管理所采取的组织体系和管理方法。其核心是在有利于建设工程发展的前提下,如何处理中央和地方、国家与部门、参与建设的各方之间的管理权限、经济责任和经济利益。工程造价管理体制是国家经济体制和国家建设管理体制的一部分,在总体上受国家经济体制和国家建设管理体制的制约,在具体实施上有其独有的特性。工程造价管理体制属于上层建筑范畴,受经济基础的制约,又反作用于经济基础。建立与我国工程建设发展相适应的工程造价管理体制,就能够对工程建设的发展起促进作用;反之,就起消极作用。

新中国成立以来,我国公路工程造价管理体制的发展,大体上可分为六个阶段。

1. 实行国家计划下的工程预算制度阶段(1949～1952 年)

建国初期,为恢复受到战争破坏的经济,适应大规模经济恢复重建工作,在工程建设方面实行工程预算制度。在这一时期,国家没有统一的预算定额。各部门根据国家的建设计划,凭借以往的经验,编制建设工程预算作为计划拨款的依据。工程竣工后以实际的全部支出向国家报销。对非国家计划的建设项目,由私营的营造厂根据自己的经验报价,经业主同意后签订承建合同,作为结算的依据。

在这一时期,公路的新建、改建、恢复工程,都是实行民工建勤制,由省一级的劳动主管部门根据国家建设工程用工计划按州(地)、县分派民工指标的形式,并由州(地)、县配备行政管理干部,成建制地组织上路担负施工任务。当时的建设单位,参照以往施工经验,编制工时定额手册,并以壮工和技工两个工资等级确定工资单价,作为计件工资的依据,以此支付民工的劳动报酬。在这个时期内,基本建设是属于事后算账,实行实报实销的工程造价管理。但对于竣工结算则要求十分严格,可以说比现行的办法要繁琐得多。

2. 建立与计划经济相适应的概预算制度阶段(1953～1957 年)

第一个五年计划开始时,我国的工程造价管理主要采用前苏联的高度集中的基本建设工程造价管理模式。国务院 1955 年颁布了《基本建设工程设计和预算文件审核批准暂行办法》,国家建设委员会颁布了《工业与民用建设设计及预算编制暂行办法》,各专业部也相继颁布了各专业工程的预算编制办法。随后,各部委又颁布了工程概算指标和概算编制办法,建立了全国统一的以各专业概预算定额、指标为计价依据,以相应的概预算编制办法作为确定的工程造价构成和造价计算方法,形成我国建设工程概预算制度和体系。同时,国务院和各部委还规定了建设项目必须进行经济效益分析,制定了基本建设程序、建设项目和概预算审批权限等制度,奠定了我国在计划经济体制下建设工程造价管理的制度。

在"一五"时期,公路基本建设工程大部分实行了承发包制。交通部颁布了第一部《公路工程预算定额》和《公路基本建设工程预算编制办法》。一般公路建设工程都能做到设计有概

算、施工有预算、竣工有决算，在施工过程中十分重视经济效果的分析。当时普遍实行了月、季、年的定期分析制度，及时组织生产，调度资源。工程造价都能控制在国家计划要求之内，取得了较好的投资和施工经济效果。

在预算编制方法上，最初，公路与工业与民用建筑工程一样，采用“单位估价法”的办法来进行编制，但由于公路建设工程是一种线性型建筑，施工现场交通不便，远离城镇，所需的砂石地方材料，大都是在沿线就地采集加工使用。由于受这些因素的影响和制约，加之每一个公路建设工程项目的各种材料的运距和运输方式，都存在着很大的差异，而又无一定的规律可循，故在使用这种“单位估价法”时，需要进行大量的调整和修改，既繁琐而且又增加了不少的计算工作。因此改用“工、料分析”的方法（也称实物法）来编制和确定公路工程造价。这一方法经过几十年不断实践、改进，沿用至今，日臻完善。

3. 概预算制度被削弱的阶段（1958～1965 年）

从 1958 年开始，由于过分强调发挥地方和企业的积极性，在中央放权的背景下，许多部门的概预算与定额管理权限也全部下放。1958 年 6 月，工业与民用建筑行业将该行业的基本建设预算编制办法、建筑安装工程预算定额和间接费用定额下放各省、自治区、直辖市负责管理，造成该行业的工程量计量规则和定额项目在全国不统一，给跨地区的建设工程造成极大的困难。公路工程的定额和概预算管理工作虽然没有下放，但也大大被削弱。各级概预算管理部门被取消，设计单位概预算人员减少。尽管在此期间有过重整定额和概预算管理的措施，如实行过投资包干制等管理制度，取得了一定的成效，然而，概预算制度被削弱的趋势未能改变。

4. 概预算制度遭到严重破坏的阶段（1966～1976 年）

1966 年开始进入“十年动乱”，“一五”期间建立起来的一些好的造价管理制度被否定，定额和概预算管理机构被撤销，大量基础资料被销毁，定额被说成是“管、卡、压”的工具。造成设计无概算，施工无预算，竣工无决算，投资大敞口，以至许多工程不计经济效果，工期拖长，造价提高。虽然没有概预算不得列入年度计划的国家规定没有被废除，但是建设单位关心的只是得到一个批准的概算，一旦工程项目列入计划，概算就完成了使命，决算超预算、预算超概算、概算超估算的“三超”现象非常普遍。

在此期间，公路的定额和概预算管理工作也遭到严重破坏。交通部自 1964 年起用三年时间组织各省力量修订完成的《公路工程预算定额》，被认为是“修正主义”的产物，不予批准执行。定额管理人员被全部下放，公路施工企业实行经常费制度，即企业的管理费用按企业规模核定经常费标准，工程费用按完工的实际支出核销。1972 年交通部决定重新修订《公路工程预算定额》，编制《公路工程概算定额》和《公路基本建设工程概预算编制办法》，并于 1973 年颁布执行，公路的定额和概预算管理工作开始得到恢复。

5. 概预算制度重建和发展阶段（1976～1989 年）

1977 年国家开始恢复被“十年动乱”破坏的经济工作，加强了基本建设管理工作，定额和概预算管理工作受到重视。1983 年 8 月，国家计委成立基本建设标准定额局（1988 年划归建设部，成立标准定额司），组织制定工程建设概预算定额、费用定额等管理制度，使工程造价管理工作进入规范化、系列化发展阶段。

为了加强建设项目决策的科学性，在基本建设程序中增加了项目建议书和工程可行性研究两个阶段。标准定额局于1985年制定了投资估算指标编制的原则和规定等文件,规范和推动各部门投资估算指标的编制工作,使建设工程造价管理工作开始从局限于设计阶段向上延伸到项目的决策阶段。

1985年中国建设工程造价管理协会成立,标志着建设工程造价管理工作由政府统管变为社会团体参与管理的新局面,协会组织会员在工程造价学术理论探讨、经验交流、推动工程造价社会咨询服务和建立我国造价工程师执业资格制度等方面发挥了积极作用。

公路的定额和概预算管理工作,在这一时期也得到进一步发展。1982年重新修订和颁布了概预算定额和概预算编制办法,1983年交通部首次召开了全国公路工程定额管理工作会议,决定加强定额和概预算管理工作,在全国建立定额和概预算工作联络网,下设六个片区联络网,开展工程造价学术理论研究和工程造价管理工作经验交流;1984年编制建设项目投资估算指标,以满足编制投资估算的需要。同年成立交通部公路工程定额站,负责组织编制全国公路定额,检查、监督定额的执行情况。1988年交通部发出通知,要求建立省、自治区、直辖市公路工程定额站,对公路定额和概预算工作实行统一领导,分级管理。

6. 工程造价管理体制进入改革阶段(1990年开始)

在深入进行改革开放、工程建设加速发展的大好形势下,工程造价管理体制也在不断改革、发展、完善,主要体现在如下方面。

(1)思想观念有了根本转变

在对工程造价管理的认识上,思想观念有了根本转变,全过程的、全面的工程造价管理和控制观点已得到普遍认同。合理确定工程造价,就是要求工程造价的确定要具有科学性、先进性、合理性;有效控制工程造价,就是要建立并实行工程造价控制的责任制;要重视和加强项目决策阶段的投资估算工作,努力提高可行性研究阶段投资估算的准确程度,使其真正起到控制建设项目总投资的作用;在工程造价控制中,要有系统控制、动态控制的观点,应建立和完善工程项目造价控制系统。

鉴于我国已经加入WTO,我国的建设工程造价要与国际市场建设工程管理接轨,这就需要转变观念,消除我国目前工程计价仍然带有的一定计划价格和行政干预的色彩,改变现行计价方法。要认真研究国际建设工程常见的国际惯例或做法,如国际工程建设程序、招投标的惯例与合同条款、关贸总协定中对价格问题的规定、国际工程常用的支付方法与保险种类、国际工程索赔处理方法及常见的税收制度等;要树立"全面造价管理"的观念,将造价管理看做战略资产管理;努力与国际性造价管理模式接轨,完善造价管理的理论和工程造价计价方法;要利用先进的计算技术和计算工具,建立多渠道的信息发布体系和网络;采用国际通用的合同文本,参照国际惯例和规则来计算工程造价;建立行之有效的政府间接调控功能和规范化的计价依据,推行造价工程师执业资格制度,提高工程估价水平。这些问题的研究和解决将有助于我国的设计单位、施工单位、监理单位走出国门,参与国际市场竞争,也有助于我国建筑工程领域的对外开放。

(2)造价编制中,考虑了动态影响因素

在编制投资估算、设计概算时,考虑了影响造价的动态因素,如原材料价格的变化、贷款利息的变化等,增列了价差预备费,在工程造价中增列了建设期贷款利息。

(3)进一步完善了工程造价管理机构

进一步完善了工程造价管理机构,各地区、各部门的建筑工程定额站许多已改名为建设工程造价管理(总)站,改变原来单一的定额管理职能,以加强对本专业工程造价的管理、监督,包括制定、发布工程造价管理办法,制定、发布定额标准等。

(4)按照现行财务制度,调整了费用项目组成

将凡属于生产工人开支范围的费用统归入人工费内,临时设施费作为其他工程费归入直接费,在间接费中间增加了规费。

(5)开始实行造价工程师执业资格制度和工程造价咨询单位资质管理办法

这些制度的施行对于提高建设工程造价管理社会化程度,提高工程造价专业人员的素质,确保建设工程造价工作质量起了积极作用。

(6)公路工程造价管理工作取得了显著进展

公路工程造价管理工作改革发展的进展主要体现在以下几方面。

①据工程建设的客观要求,适时修订了概预算定额和概预算编制办法

1992 年,交通部对 1982 年颁布的《公路工程概算定额》、《公路工程预算定额》、《公路基本建设工程概算、预算编制办法》(以下简称《编制办法》)进行了修订,颁布了新的《公路工程概算定额》、《公路工程预算定额》、《公路基本建设工程概算、预算编制办法》、《交通基本建设项目竣工决算编制办法》,1996 年又修订了《公路基本建设工程概算、预算编制办法》,并对概预算定额中的"基价"进行了修订;1984 年首次发布了《公路工程估算指标》,1993 年修订并颁布了《公路工程估算指标》(以下简称《估算指标》)和《公路工程投资估算编制办法》,1996 年、2011 年再次进行了修订,颁布了新的《公路工程估算指标》和《公路基本建设工程投资估算编制办法》。这些文件规定在造价编制中采用市场价,施工企业投标报价不受《编制办法》约束。在 1996 版《编制办法》中,对其他直接费与间接费的计算作了改变,采用定额基价来进行计算;造价按"定额量、市场价、控制费"的原则进行编制;在总造价中列入预留费(含预备费和工程造价增长预留费)作为造价的动态费用考虑。工程招投标时,标底应控制在批准的总造价的相应范围内,但施工企业的报价不受《编制办法》约束。在 2011 版《估算指标》不再区分综合指标和分项指标,不按公路公里进行投资估算,采用市场价计价,总估算中列入动态费用,这进一步提高了投资决策阶段投资估算的准确度。

2007 年修订的《编制办法》,根据建设部、财政部发布的《建筑安装工程费用项目组成》(建标〔2003〕206 号)规定,对建筑安装工程费的内容进行了调整:原直接工程费更名为直接费,原直接费更名为直接工程费;取消"现场经费",将其内容拆分后分别划入直接费和间接费中;直接费中增加"风沙地区施工增加费"和"安全及文明施工措施费"两项内容;在间接费中增加规费内容;取消企业管理费中的上级管理费,企业管理费按工程类别计算,不再与企业的资质等级或隶属关系挂钩;将施工技术装备费和计划利润合并,统称为利润。参照建设部制定的《建设项目总投资组成及其他费用规定》,对工程建设其他费用内容进行了调整:修订土地征用及拆迁补偿费内容和标准;建设单位的概念越来越模糊,而建设项目却是唯一、明确的,原"建设单位管理费"更名为"建设项目管理费",增加了竣(交)工验收试验费;将原"勘察设计费"归入"建设项目前期工作费";由于环境保护法规的相继出台,增加"专项评价(估)费";增加"联合试运转费"和"生产人员培训费";将建设期贷款利息的计算方法调整为复利计算,利息计算更符合实际;由于施工企业装备水平近年大幅度提高,取消大型专用机械设备购置费;

将"工程保险费"列入预备费的构成内容。现行编制办法中对生产工人工资标准,要求结合地方工资标准的变化情况及时调整,充分体现动态管理的要求。

《关于公布公路工程基本建设项目概算预算编制办法局部修订的公告》(交通运输部 2011 年第 83 号公告)规定:人工费标准按照本地区公路项目的人工工资统计、定额消耗、最低工资标准及劳务市场分析确定,由各省交通运输厅审批并公布。调整了施工标准化与安全措施费和临时设施费的内容和费率,取消了"工程质量监督费"和"工程定额测定费"。

②加强了对造价从业人员的管理

1995 年,交通部颁布了《公路工程造价人员资格认证管理办法》,对公路工程造价从业人员的资质与业务范围进行了规定。该管理办法对加强造价管理工作,提高造价编制质量和造价人员素质起了积极作用。

## 二、我国工程造价管理体制改革

随着我国市场经济体制的逐步确立,工程造价管理模式发生了一系列变革。工程造价管理体制改革主要体现在以下几个方面:

(1)重视和加强项目决策阶段的投资估算工作。努力提高政府投资或国有投资的大中型或重点建设项目可行性研究报告中投资估算的准确度,发挥其控制项目总造价的作用。

(2)进一步明确概预算工作的重要作用,使工程造价能动地影响设计,促进优化设计。概预算不仅要计算工程造价,更要能动地影响设计、优化设计,从而发挥控制工程造价、促进建设资金合理使用的作用。工程设计人员要进行多方案的技术经济比较,通过优化设计来保证设计的技术经济合理性。

(3)推行工程量清单计价模式,以适应我国建筑市场发展的要求和国际市场竞争的需要,建立公平的合同环境和风险分担机制,逐步与国际惯例接轨。

(4)引入竞争机制,通过招标方式择优选定工程承包公司和设备材料供应单位,以促使这些单位改善经营管理,提高应变能力和竞争能力,降低工程造价。

(5)提出用"动态"方法研究和管理工程造价。研究如何体现项目投资额的时间价值,要求各地区、各部门工程造价管理机构定期公布各种设备、材料、工资、机械台班的价格指数以及各类工程造价指数,尽快建立地区、部门乃至全国的工程造价管理信息系统。

(6)提出对工程造价的估算、概算、预算、承包合同价、结算价、竣工决算实行"一体化"管理,并建立一体化的造价监督管理制度,改变过去分段管理的状况。

(7)进一步完善和加强对造价工程师执业资格制度的管理,扶持与引导工程造价咨询机构的发展,规范造价咨询企业的经营行为。

我国工程造价管理体制改革的最终目标是:建立市场形成价格的机制,实现工程造价管理市场化,与国际惯例接轨,形成社会化的工程造价咨询服务业。

## 三、国外工程造价管理的模式与特点

随着国际建筑业的发展,发达国家的建筑工程造价管理在科学化、规范化、程序化的轨道上运行,已形成了许多好的国际惯例。美、英、日和德国等国家在工程造价管理上结合本国的实际情况,建立了比较科学、严谨、完善的管理制度,通过制定切实可行的办法,使工程造价从投标报价到中标后的实施,得到全过程的控制与管理。这些成功的经验在我国建筑工程造价管理的改革中均可借鉴。

1. 美国工程造价的管理

美国现行的工程造价由两部分构成:一是由业主委托设计咨询公司或者总承包公司编制的建安工程基础上建设实际发生所需费用,一般称之为硬费用,主要包括施工所需的工、料、机消耗使用费、现场业主代表及施工管理人员工资、办公和其他杂项费用,承包人现场的生活及生产设施费用,各种保险、税金、不可预见费等。此外承包人的利润一般占建安工程造价的5%~15%。二是业主经营所需费用,称之为软费用,主要包括建设项目所需资金的筹措费用,设备购置及储备资金、土地征购及动迁补偿、财务费用、税金及其他各种前期费用。业主通过委托咨询公司实现对工程施工阶段造价的全过程管理。美国没有统一的计价依据和标准,是典型的市场化价格。工程估算、概算、人工、材料和机械消耗定额,不是由政府部门组织制订的,而是由几个大区的行会(协会)组织,按照各施工企业工程积累的资料和本地区实际情况,根据工程结构、材料种类、装饰方式等,制订出每平方英尺建筑面积的消耗量和基价,并以此作为造价计算的依据,通过市场竞争确定工程造价。这些数据资料虽不是政府部门的强制性法规,但因其建立在科学性、准确性、公正性及实际工程资料的基础上,能反映实际情况,得到社会的普遍公认,并能顺利加以实施。因此,工程造价计价主要由各咨询机构制定单位建筑面积消耗量、基价和费用估算格式,由承发包双方通过一定的市场交易行为确定工程造价。

2. 英国工程造价管理

英国工程造价管理有着悠久的历史,经过几百年的实践形成了全英统一的《建筑工程工程量计算规则》(SMM)和工程造价管理体系,使工程造价管理工作形成了一个科学化、规范化的颇有影响的独立专业。英国有一套内容丰富、体系庞大的标准建筑合同体系,包括 JCT(Joint Contract Triounal)合同系列、ACA(咨询顾问建筑师协会)合同系列、ICE(土木工程合同通用条文招标协议及保证金)合同系列、皇家政府合同系列。政府投资的工程项目由财政部门依据不同类别工程的建设标准和造价标准,并考虑通货膨胀对造价的影响等确定投资额,各部门在核定的建设规模和投资额范围内组织实施,不得突破。对于私人投资的项目政府不进行干预,投资者一般是委托中介组织进行投资估算。英国无统一定额,工程量计算规则就成为参与工程建设各方共同遵守的计量、计价的基本规则,投标报价原则上是工程量、单价合同(即 BQ 方式)。在英国,工程造价的控制贯穿于立项、设计、招标、签约和施工结算等全过程,在既定的投资范围内,随阶段性工作的不断深化使工期、质量、造价的预期目标得以实现。

3. 日本工程造价管理

日本工程造价实行的是全过程管理,从调查阶段、计划阶段、设计阶段、施工阶段、监理检查阶段、竣工阶段直至保修阶段均严格管理。日本建筑学会成本计划分会制定出日本建筑工程分部分项定额,编制了工程费用估算手册,并根据市场价格波动变化进行定期修改,实行动态管理。投资控制大体可分为三个阶段:一是可行性研究阶段。根据实施项目计划和建设标准,制定开发规模和投资计划,并根据可类比的工程造价及现行市场价格进行调整和控制。二是设计阶段。按可行性研究阶段提出的方案进行设计,编制工程概算,将投资控制在计划之内。施工图完成后,编制工程预算,并与概算进行比较。若高于概算,则进行修改设计,降低标准,使投资控制在原计划之内。三是施工中严格按图施工,核算工程量,制订材料供应计划,加强成本控制和施工管理,保证竣工决算控制在工程预算额度内。日本政府有关部门对所投资的公共建筑、政府办公楼、体育设施、学校、医院、公寓等项目,除负责统一组织编制并发布计价依据以确定工程造价外,还对上述公共建设项目的工程造价实行全过程的直接管理。

4.德国工程造价管理

在德国,不论是政府项目,还是私人投资项目,均实行全过程造价成本控制。以科学合理确定的工程造价为基础,实施动态管理与控制,只要工程项目投资额确定后(政府工程经政府审批,私人工程经业主批准),在实施过程中,必须严格地按照投资估算执行,不能随意修改和突破。

从上述几个经济发达国家的管理方式看,工程造价管理均处于有序的市场运行环境,实行了系统化、规范化、标准化的管理,而在价格的确定和管理上以市场和社会认同为价值取向,在行业的管理归属上民间行业协会组织发挥着巨大作用。同时,政府的宏观调控,先进的计价依据、计价方法,发达的咨询业、多渠道的信息发布等做法,基本上代表了现行工程造价管理的国际惯例,完全适合 WTO 的基本原则。

综上所述,可以简要概括得到国外有关工程造价管理体制的如下特点:一是行之有效的政府间接调控;二是有章可循的计价依据;三是多渠道的信息发布体系和造价工程师的动态估价;四是量价分离的计算方法;五是发达的工程造价咨询业;六是通用的合同文本。

## 四、公路工程造价管理的发展方向

1.政府直接管理工程造价转化为间接调控

借鉴国外一些发达国家的工程造价管理方法,工程造价管理由政府直接管理逐步转化为间接调控,造价咨询业不断发展壮大,最大限度地发挥了咨询机构的作用。各地积极探索政府委托社会中介机构进行投资项目财政评审、工程招标、工程造价审计等工作。针对不同建设工程项目的投资主体采取不同的工程造价管理,以政府为投资主体的建设项目实行严格的项目审批、工程造价审查、项目跟踪审计及竣工决算审计,非政府投资项目实行项目核准和备案制。

2.以统一的工程量计算规则为基础,以定额为指导性标准,建立适应市场经济的公路工程造价计价模式

工程造价管理改革的目标是建立市场经济的计价模式,市场经济的计价模式是指全国制订统一的工程量计算规则,并且给出统一项目划分之下各项目的工作标准。对定额实行管量不管价的原则,工程造价管理机构根据统计样本分析编制或者修订定额,定额消耗标准体现实际施工技术水平和管理水平。定额作为指导性标准供招标方和投标方使用,由招标方提供工程量清单(BOQ),各投标单位根据自己的实力,按照竞争策略的要求自主报价,业主择优定标,通过签订工程合同使报价法定化,施工中出现与招标文件或合同规定不符合的情况或工程量发生变化时据实索赔,调整工程款支付。

3.加强工程造价全过程监督,建立全过程、全寿命周期的工程造价动态管理模式

工程造价管理从事后控制监督发展到全过程监督,建立项目投资决策阶段、工程项目设计阶段、招标与投标阶段、工程施工阶段以及竣工阶段全过程工程造价监督制度。积极推选限额设计,严格按照工程项目可行性研究报告及工程项目投资估算控制初步设计,按照批准的初步

设计概算控制技术设计和施工图设计，在保证建设工程正常使用功能和全寿命周期成本较低的前提下，按照分配的投资限额控制设计，最大限度地避免不合理的变更，尽可能保证总投资限额不被突破。建立起完整的限额设计管理方法，在认真编制工程投资估算和设计概算基础之上，把施工图预算的价格严格限制在设计概算以内。

另一方面，为了实现BOT、PPP等特许经营项目的投资目标，建立低碳节能型社会目标，以及适应高等级公路由以建设为重心逐步转变为以建管养并重的市场实际，根据全寿命周期成本管理思想，综合考虑方案建设成本、运行成本、社会成本及环境成本，按寿命周期成本最低来选择设计方案。在项目设计、施工和维修改造决策中，对工程造价管理目标实行动态调整，最大限度地实现公路项目的投资效益、社会效益和环保目标。

4.推行适应大数据时代的工程造价信息化管理技术

为适应市场经济的工程造价计价模式，工程造价管理需要根据市场的实际变化情况及时做出反应并提供有关信息。信息技术的发展为工程造价管理信息化、网络化提供了发展平台。加快全国建设工程造价信息网的建设，建立大数据环境下工程造价信息库，进而能为工程造价管理人员提供实时的市场信息，以提高工程造价的准确性与合理性。

工程造价管理信息化将主导未来工程造价管理活动的发展方向。2011年5月18日，住房与城乡建设部在已经印发的《2011～2015年建筑业信息化发展纲要》中提出："十二五"期间，应基本实现建筑企业信息系统的普及应用，并加快建筑信息模型（BIM）、基于网络的协同工作等新技术在工程中的应用，推动信息化标准建设，推进工程造价信息化。可以借助IT网络、信息网络进行工程造价管理，完成大型工程或多个项目的可视造价管理和监控；实现网络电子商务，进行网络上的建材交易及其他商务合同的签订；实现设计方、建设方、施工方、监理方多向的信息交换与沟通；共享设计、施工文件、设计变更及造价变动等报告数据库数据和信息。

工程造价信息管理不只是模块的简单建立、原始数据的采集和积累，更应该是交通流量、交通需求构成、社会经济水平、道路技术状况、公路全寿命周期成本等大数据的深度加工和处理，以提高信息利用率，满足不同层次信息使用者对工程造价信息的需求。因此，建立共享的信息系统、高层次的大数据处理手段、规范的信息处理方式，不断开发的数据库是工程造价管理信息化的发展方向。

# 第二章 工程经济

## 第一节 资金时间价值

### 一、资金时间价值

资金时间价值是指资金通过一系列的经济活动,其价值会随时间推移而变化,变化的这部分资金就是原有资金的时间价值。在资本市场利率大于零的情况下,资金随着时间的变化,其价值会增加,也就是说,在一定时间内,通过一系列的经济活动,资金具有增值的能力。

衡量资金时间价值的尺度可分为绝对尺度和相对尺度。

绝对尺度是利息和纯收益。利息和纯收益(盈利或利润)都是资金时间价值的基本形式,是社会劳动在不同部门的再分配。利息一般用于表示通过金融机构而产生的资金增值,是以信贷为媒介的资金使用权的报酬;纯收益一般用于表示由生产部门、流通部门产生的资金增值。对于投资者来说,利息和纯收益都是一种收入,是投资得到的报酬总额,因而,称为衡量资金时间价值的绝对尺度。

相对尺度是利率和收益率。利率是一定时期内获得的利息与最初的存款或贷款总额的比率;收益率(盈利率或利润率)是在一定时期内获得的盈利或利润与最初的投入资金总额的比率。利率和收益率反映了资金随时间变化而增值速度的快慢,因而是衡量资金时间价值的相对尺度。

考虑资金的时间价值能够更客观地、真实地评价方案的技术经济效果。在工程实践中,主要涉及投资时间不同、投产时间不同、使用寿命不同等的工程项目技术方案的经济效果评价问题及技术方案实现后,经营费用不同、产出效果不同等的技术方案的经济效果评价问题。

既然资金具有时间价值,那么就要用动态的观点去看待资金的使用和占用,努力缩短投资项目的建设周期,积极提高投资项目的经济效益,使社会财富不断增加。

### 二、利息与利率

1. 利息与利率

利息是资金时间价值的一种重要表现,是度量资金时间价值的绝对尺度。利息指占用资金所付的代价,或放弃使用资金所得的收益,是占用资金者支付给放弃使用资金者获得利润的一种利益再分配。具体来讲,利息是债务人支付给债权人超过原借贷金额(常称作本金)的部分,即:

$$利息 = 应付或应收总额 - 本金 \tag{2-1}$$

利率也是资金时间价值的一种重要表现,是度量资金时间价值的相对尺度。具体来讲,利

率是单位本金在单位时间内(可以为年、半年、季或月等)获得的利息,即:

$$利率 = \frac{单位时间内所得的利息额}{本金} \times 100\% \tag{2-2}$$

式中,用于表示计算利息的时间单位称为计息周期,计息周期通常为年、半年、季、月或日等,其相应的利率便称为年利率、半年利率、季利率、月利率或日利率。

2.利息的计算

利息的计算有单利和复利两种形式。

所谓单利,就是只按本金计算利息,不考虑前一期的利息再生利息的问题,即"利不生利"。其计算公式为:

$$F = P(1 + i \cdot n) \tag{2-3}$$

式中:$F$——第 $n$ 期期末的本利和;

$P$——本金;

$i$——计息期单利利率;

$n$——计息期。

复利计算方法则要考虑前一期利息再生利息的问题,要计入本金重复计息,即"利生利"、"利滚利"。其计算公式为:

$$F = P(1 + i)^n \tag{2-4}$$

式中:$F$、$P$、$i$、$n$ 符号含义同单利计算公式。

**【例 2-1】** 假如某企业期初借入资金 500 万元,若借款利率为 10%,5 年后一次性偿还,若按单利计算,偿还情况如表 2-1 所示;若按复利计算,偿还情况如表 2-2 所示。

**单利计算表**(单位:万元) 表 2-1

| 年数 | 年初欠款 | 年末应付利息 | 年末欠款 | 年末偿还 |
|---|---|---|---|---|
| 1 | 500 | 500×0.1=50 | 550 | 0 |
| 2 | 550 | 500×0.1=50 | 600 | 0 |
| 3 | 600 | 500×0.1=50 | 650 | 0 |
| 4 | 650 | 500×0.1=50 | 700 | 0 |
| 5 | 700 | 500×0.1=50 | 750 | 750 |

**复利计算表**(单位:万元) 表 2-2

| 年数 | 年初欠款 | 年末应付利息 | 年末欠款 | 年末偿还 |
|---|---|---|---|---|
| 1 | 500 | 500×0.1=50 | 550 | 0 |
| 2 | 550 | 550×0.1=55 | 605 | 0 |
| 3 | 605 | 605×0.1=60.5 | 665.5 | 0 |
| 4 | 665.5 | 665.5×0.1=66.55 | 732.05 | 0 |
| 5 | 732.05 | 732.05×0.1=73.205 | 805.255 | 805.255 |

由表 2-1 和表 2-2 可见,同一笔借款,在利率和计息周期均相同的情况下,用复利计算出的利息金额数比用单利计算出的利息金额数大,如果本金越大、利率越高、计息周期数越多,则两者的差值就越大。所以,复利计息方法对资金占用的数量和时间有较好的约束力。目前,在

工程经济分析中一般都采用复利法。

复利计算有间断复利和连续复利之分。按期(如按年、半年、季、月或日等)计算复利的方法为间断复利;按瞬时计算复利的方法为连续复利。在实际应用中一般采用间断复利的计算方法。本教材只介绍间断复利计算方法。

## 三、现金流量

1.现金流量

如果把资金时间价值的计算对象作为一个独立的系统,那么,从该系统的角度看,凡是在某一时点上,流出系统的货币称为现金流出,通常用 $CO_t$ 表示,流入系统的货币称为现金流入,通常用 $CI_t$ 表示,同一时点上的现金流入和现金流出的差额称为净现金流量,通常用 NCF 或 $(CI-CO)_t$ 表示。

现金流量是对某一特定的系统,在一定时间内各时点现金流入、现金流出按时间序列构成的动态序量,反映该系统在一定时期内的资金运动状况。反映在项目中,项目的现金流量是项目计算期内各期现金流量按时间序列构成的动态序量,反映项目在计算期内的资金运动状况。其中,现金流出为项目所支出的各种费用(即流出项目的资金),现金流入为实施项目带来的收入(即流入项目的资金)。同一时期项目的现金流入减去现金流出的余额称为这个时期的净现金流量,即:

$$\text{某期的净现金流量} = \text{该期的现金流入} - \text{该期的现金流出} \tag{2-5}$$

应该注意的是,现金流量是针对一个特定的系统而言,且因研究的范围和立脚点不同会有不同的结果。

现金流量通常用现金流量图和现金流量表来表示。

2.现金流量图

现金流量图是一种反映系统计算期内现金运动状态的图式。对于项目而言,其现金流量图模拟了项目计算期内现金流量的发生情况。在现金流量图上,要表明现金流量的性质(流入或流出)、发生的时点和金额的大小。

现金流量图的作图规则如下:

(1)以横轴为时间轴,向右延伸表示时间延续。横轴起点表示时间序列的起点,通常用0表示;横轴终点表示时间序列的终点,通常用 $n$ 表示;横轴涉及的时间范围表示考察对象的寿命期。横轴上每一间隔表示一个时间单位(计息周期),通常可取年、半年、季或月等。横轴上某时点表示该期期末,本期期末即是下期期初,如 $n=0$ 表示第一期期初,$n=1$ 表示第一期期末,同时又表示第二期期初。

(2)凡属收入、收益、借入的资金视为现金流入,凡属支出、损失、贷出的资金视为现金流出。流入或流出应从某个特定的角度考虑。

(3)某期的净现金流量 = 该期的现金流入 - 该期的现金流出。

其结果为正,表现为正现金流量,以(+)表示;其结果为负,表现为负现金流量,以(-)表示。

(4)凡正现金流量以向上箭线表示,画在横轴上方现金流量发生的时点;凡负现金流量以向下箭线表示,画在横轴下方现金流量发生的时点。

(5)箭线长短与现金流量大小成比例。

**【例 2-2】** A 公司从银行借款 1 000 万元,借款利率为 5%,借款时间为 5 年,每年偿还当年的利息,第 5 年末一次性偿还所欠的本金,请从 A 公司和银行的角度画出其现金流量图。

**解:**根据题意,A 公司每年偿还的利息 = 1 000 × 5% = 50 万元,按照题中所确定的还款办法,从 A 公司的角度其现金流量图见图 2-1,从银行的角度其现金流量图见图 2-2。

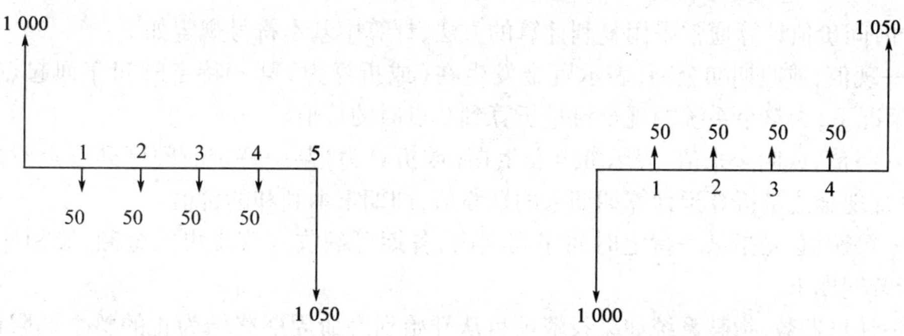


图 2-1 公司的现金流量图(单位:万元)　　图 2-2 银行的现金流量图(单位:万元)

3. 现金流量表

现金流量表是以表格的形式反映系统计算期内现金运动状况,在实际工作中这种形式使用更为普遍,其格式见表 2-3。表中某个时期表示该期期末,同时本期期末也表示是下期期初。

**现 金 流 量 表** 表 2-3

| 项 目 | 合计 | 计算期 | | | | | | | | |
|---|---|---|---|---|---|---|---|---|---|---|
| | | 0 | 1 | 2 | 3 | 4 | 5 | 6 | … | $n$ |
| 生产负荷<br>1. 现金流入<br>1.1 × × × ×<br>1.2 × × × ×<br>⋮<br>2. 现金流出<br>2.1 × × × ×<br>2.2 × × × ×<br>⋮<br>3. 净现金流量(1 − 2)<br>⋮ | | | | | | | | | | |

## 四、资金时间价值计算

由于资金存在时间价值,在不同时点上发生的现金流量其数值不能直接相加或相减,为了达到对投资项目的现金流量进行计算和分析的目的,可采用一种称为资金等值计算的方法将不同时点上发生的现金流量换算为同一时点上等价的现金流量,然后再进行计算和分析。所谓“等值”,是指在特定利率条件下,在不同时点上的两笔绝对值不等的资金具有相同的价值。这种考虑时间因素对现金流量进行转换计算的过程即为资金时间价值的等值计算过程。

影响资金等值的因素有三个:①资金数额的多少;②资金发生的时间;③利率的大小。即使资金金额相等,由于发生的时间不同,其价值并不一定相等;反之,不同时间上发生的资金金额不等,其资金价值却可能相等。在工程经济中,等值是一个重要的概念,它为准确确定经济活动的经济性,进行不同方案的比选提供了可能。

**(一)资金时间价值计算中的基本符号规定**

资金时间价值计算通常采用复利计算的方法,计算中基本符号规定如下:

$P$——现值,或叫期初金额,表示资金发生在(或折算为)某一特定时间序列起点时的价值,一般情况下,为整个系统的现金流量折算到0点时的价值。

$F$——终值,或叫未来值,表示资金发生在(或折算为)某一特定时间序列终点时的价值,或整个系统现金流量折算到计算期期末的期终值,即期末本利和的价值。

$A$——等额值,是指某一特定时间序列期内,各期等额收入或支出的金额,等额序列各值通常位于各期期末。

$n$——计息期数,指某系统如某投资项目从开始到寿命周期终结为止的整个期限内,计算利息的次数,其时间单位可以是年、季、月或日。

$i$——利率或折现率,其时间单位可以是年、季、月、日等。在具体运用复利计算公式进行计算时,利率周期应与计息周期一致,即如果公式中应使用的是年利率,则计息周期应为年,计息期数应为年数;如果公式中应使用的是月利率,则计息周期应为月,计息期数应为月数。

**(二)资金时间价值计算**

资金等值计算有多种类型,其中一次性支付和等额支付是最基本同时也是最常用的两种类型。下面介绍一次性支付类型和等额支付类型的间断型复利计算公式。

1. 一次性支付类型

一次性支付又称资金整付。图2-3为一次性支付的情况,其中 $P$ 通常位于0点,即第一期期初,$F$ 通常位于 $n$ 点,即第 $n$ 期期末。

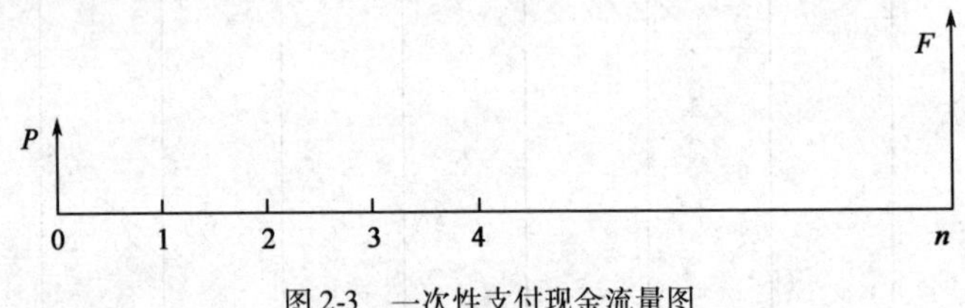


图2-3 一次性支付现金流量图

(1)一次性支付终值公式

已知现值 $P$,复利利率为 $i$,计息期数为 $n$,求终值 $F=?$

在表2-4中可以逐期计算各期的终值。

各期终值计算表 表2-4

| 年数 | 年初金额 | 年末利息额 | 年末本利和 |
|---|---|---|---|
| 1 | $P$ | $Pi$ | $P+Pi=P(1+i)$ |
| 2 | $P(1+i)$ | $P(1+i)i$ | $P(1+i)+P(1+i)i=P(1+i)^2$ |
| 3 | $P(1+i)^2$ | $P(1+i)^2i$ | $P(1+i)^2+P(1+i)^2i=P(1+i)^3$ |

续上表

| 年 数 | 年 初 金 额 | 年末利息额 | 年末本利和 |
|---|---|---|---|
| … | … | … | … |
| $n$ | $P(1+i)^{n-1}$ | $P(1+i)^{n-1}i$ | $P(1+i)^{n-1}+P(1+i)^{n-1}i=P(1+i)^{n}$ |

由表2-4可知：

$$F = P(1+i)^n \tag{2-6}$$

式中，$(1+i)^n$ 称为一次性支付终值系数，记为 $(F/P,i,n)$，因此可以表示为：

$$F = P(1+i)^n = P(F/P,i,n)$$

进行复利计算时，可以直接利用公式求解，但通常比较繁琐，所以人们按不同的利率和周期数将各种系数计算出来，编制成复利系数表。只要 $i$ 与 $n$ 已知就可以找到所需要的复利系数，然后按公式很容易便可进行相应的计算。

**【例2-3】** 某单位在公路改建工程中向银行贷款10万元，年利率为8%，5年后一次结算偿还，问该单位一次性偿还本利和是多少？

**解**：这是一个已知现值求终值的问题，其现金流量图见图2-4。

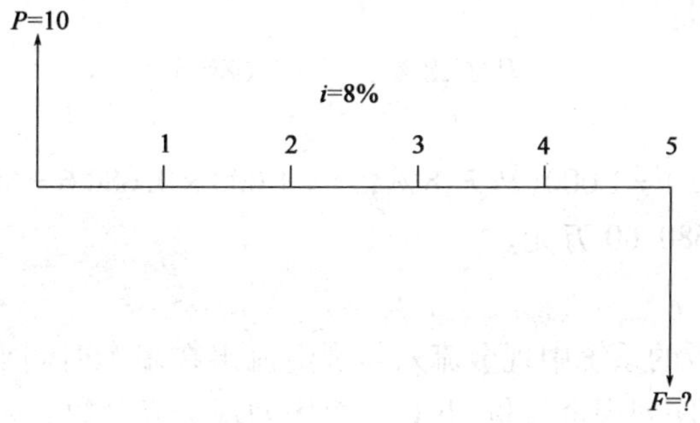


图2-4 【例2-3】图

利用计算公式可求得：

$$F = P(1+i)^n = 10\times(1+8\%)^5 = 14.693(\text{万元})$$

或查终值系数表可得：$(F/P,8\%,5)=1.4693$，所以：

$$F = P(F/P,i,n) = 10(F/P,8\%,5) = 10\times1.4693 = 14.693(\text{万元})$$

即5年后应偿还银行14.693万元。

应注意的是，一次性支付终值系数的符号 $(F/P,i,n)$ 中，斜线下表示已知现金流量 $P$，斜线上表示所求的现金流量 $F$，整个符号表示在给定的利率和计息期的情况下一次性支付终值系数 $(1+i)^n$，因此斜线上下均应为具体的复利计算的基本符号 $P$ 和 $F$，不能代入具体的数据。如在【例2-3】中，如果把 $(F/P,8\%,5)$ 写成 $(F/10,8\%,5)$，则会导致人们对系数 $(F/10,8\%,5)$ 的认定不明确，即不知是已知 $P$ 求 $F$ 还是已知其他现金流量（如 $A$）求 $F$。

（2）一次支付现值公式

已知终值 $F$，复利利率为 $i$，计息期数为 $n$，求现值 $P=$？

由式(2-3)的逆式有：

$$P = F\frac{1}{(1+i)^n} = F(1+i)^{-n} = F(P/F,i,n) \tag{2-7}$$

式中,$\frac{1}{(1+i)^n}$称为一次性支付现值系数,记为$(P/F,i,n)$。

**【例 2-4】** 某企业 5 年后需要资金 1 000 万元作为扩大规模的投资,若准备安排现有资金来解决,假设企业年收益率为 8%,问现在应安排多少资金?

**解:**这是一个已知终值求现值的问题,其现金流量图见图 2-5。

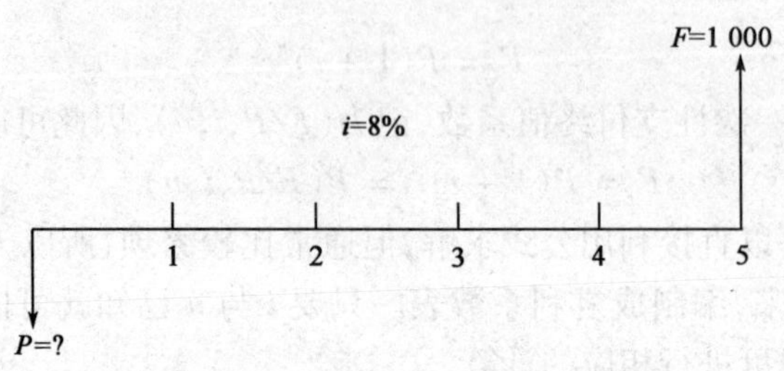


图 2-5 【例 2-4】图

根据计算公式可求得:

$$P = F(1+i)^{-n} = 1\,000(1+8\%)^{-5} = 680.60(\text{万元})$$

或查现值系数表可得:

$$(P/F,8\%,5) = 0.680\,6$$

所以:

$$P = F(P/F,i,n) = 1\,000(P/F,8\%,5) = 1\,000 \times 0.680\,6 = 680.60(\text{万元})$$

即现在应存入银行 680.60 万元。

2. 等额支付类型

等额支付是指所分析的系统中现金流入与现金流出在多个时间点上发生,而不是集中在一个时间点,即形成一个序列现金流量,并且这个序列现金流量额的大小是相等的。

(1)年金终值公式

已知等额值为 $A$,复利利率为 $i$,计息期数为 $n$,求终值 $F$。

通常 $F$ 在 $n$ 期期末,而 $A$ 在每期期末,等额支付值中 $A$ 与终值 $F$ 的关系如图 2-6 所示。

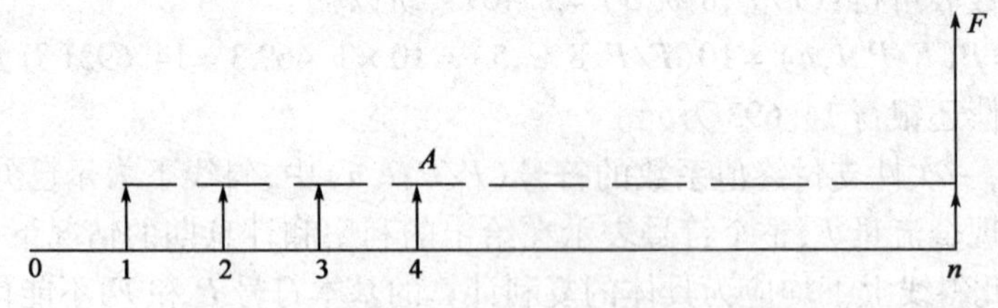


图 2-6 $A$ 与 $F$ 的关系图

若把每一个 $A$ 看成 $P$,根据式(2-6),有:

$$\begin{aligned} F &= A(1+i)^{n-1} + A(1+i)^{n-2} + A(1+i)^{n-3} + \cdots + A(1+i) + A \\ &= A[(1+i)^{n-1} + (1+i)^{n-2} + \cdots + (1+i) + 1] \\ &= A[(1+i)^{n-1} + (1+i)^{n-2} + \cdots + (1+i) + (1+i)^0] \end{aligned}$$

根据等比数列和的公式,有:

$$F = A\frac{(1+i)^{n-1} - (1+i)^0 \times (1+i)^{-1}}{1-(1+i)^{-1}}$$

分子分母同乘$(1+i)$,有:

$$F = A\frac{(1+i)^{n-1}(1+i) - (1+i)^0 \times (1+i)^{-1}(1+i)}{1\times(1+i)-(1+i)^{-1}\times(1+i)}$$

化简得:

$$F = A\frac{(1+i)^n - (1+i)^0 \times (1+i)^0}{1+i-(1+i)^0}$$

$$= A\frac{(1+i)^n - 1\times 1}{1+i-1}$$

$$= A\frac{(1+i)^n - 1}{i}$$

式中,$\frac{(1+i)^n-1}{i}$称为等额支付系列复本利和系数,记为$(F/A,i,n)$,则:

$$F = A\frac{(1+i)^n-1}{i} = A(F/A,i,n) \tag{2-8}$$

**【例 2-5】** 某投资项目在 3 年内每年年末均等地投资 500 万元,按年利率 10% 计算,问 3 年后累计的总投资为多少?

**解**:这是一个已知年金求终值的问题,其现金流量图见图 2-7。

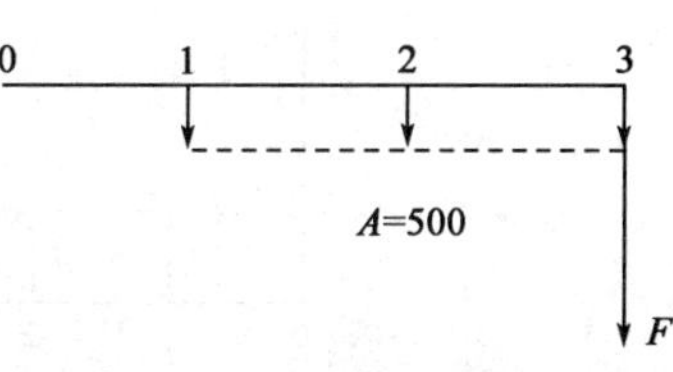

图 2-7 【例 2-5】图

根据计算公式可求得:

$$F = A\frac{(1+i)^n-1}{i} = 500\frac{(1+0.1)^3-1}{0.1} = 500\times 3.31 = 1\,655(\text{万元})$$

或查年金终值系数表可得:

$$(F/A,10\%,3) = 3.310$$

所以:

$$F = A(F/A,i,n) = 500(F/A,10\%,3) = 500\times 3.310 = 1\,655(\text{万元})$$

即 3 年后累计的总投资为 1 655 万元。

(2)偿债基金公式

已知终值 $F$,复利利率为 $i$,计息期数为 $n$,求等额值 $A$。

由式(2-8)的逆式得:

$$A = F\frac{i}{(1+i)^n-1} = F(A/F,i,n) \tag{2-9}$$

式中,$\frac{i}{(1+i)^n-1}$称为偿债基金系数,记为$(A/F,i,n)$。

**【例 2-6】** 某人希望在 10 年后得到一笔 4 000 元的资金,在年利率 5% 的条件下,他每年应等额存入多少钱?

**解**:这是一个已知终值求年金的问题,其现金流量图见图2-8。

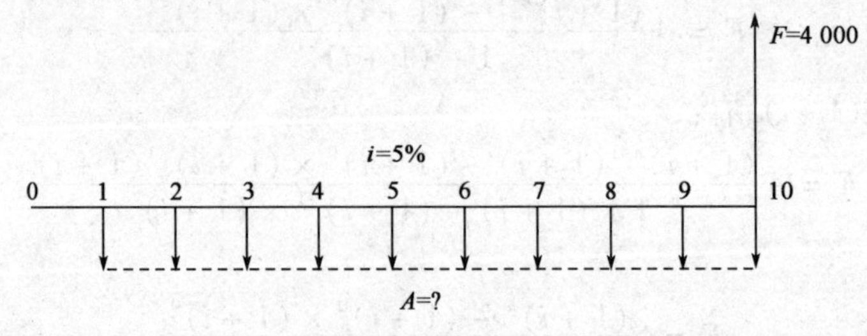


图2-8 【例2-6】图(单位:万元)

根据计算公式可求得:

$$A = F\frac{i}{(1+i)^n - 1} = 4\,000 \times \frac{0.05}{(1+0.05)^{10} - 1} = 4\,000 \times 0.079\,5 = 318.02(\text{元})$$

即他每年应存入318.02元。

(3)年金现值公式

已知等额值$A$,复利利率为$i$,计息期数为$n$,求现值$P$。

通常$P$在0期期初,而$A$在每期期末,等额支付值中$A$与现值$P$的关系如图2-9所示。

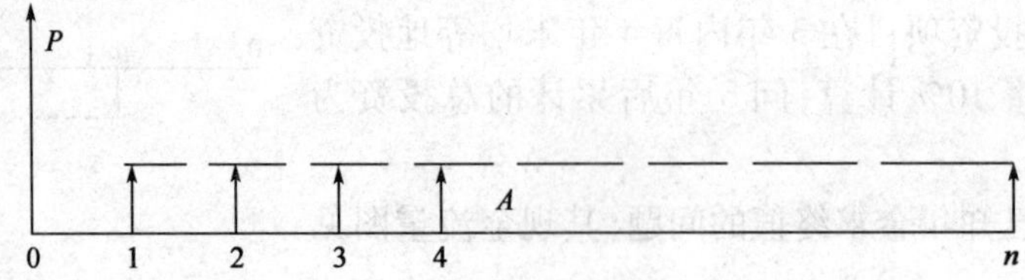


图2-9 $A$与$P$的关系图

根据$P$与$F$关系,由式(2-6)整理可得:

$$P = A\frac{(1+i)^n - 1}{i(1+i)^n} = A(P/A,i,n) \tag{2-10}$$

式中,$\frac{(1+i)^n - 1}{i(1+i)^n}$称为等额支付系列现值因子,记为$(P/A,i,n)$。

**【例2-7】** 某收费公路,2010年年底开始建设,2012年年底完工交付使用,2013年开始收益,连续使用至2022年。这10年内的年平均收费效益为800万元,年利率为5%,问将全部收益折算至2010年末的现值为多少?

**解**:这是一个已知年金求现值的问题,其现金流量图见图2-10。

根据图2-10可知,因已知$A$求$P$,其$P$的位置应在等额支付系列中第一个$A$的前一期,因此解决本题可以分两步,第一步先根据$A$求$P$,即图2-10中的$P'$,第二步把$P'$看成$P$往前求2010年的期初值即可。

①根据公式计算等额收益的现值$P'$:

$$P' = A(P/A,i,n) = 800(P/A,5\%,10) = 800 \times 7.722 = 6\,177.6(\text{万元})$$

②然后再根据公式将$P'$折算至2010年年底时的现值$P$,即:

$$P = P'(P/F,i,n) = 6\,177.6(P/F,5\%,2) = 6\,177.6 \times 0.907 = 5\,603.08(\text{万元})$$

即折算到2010年年底的现值为5 603.08万元。

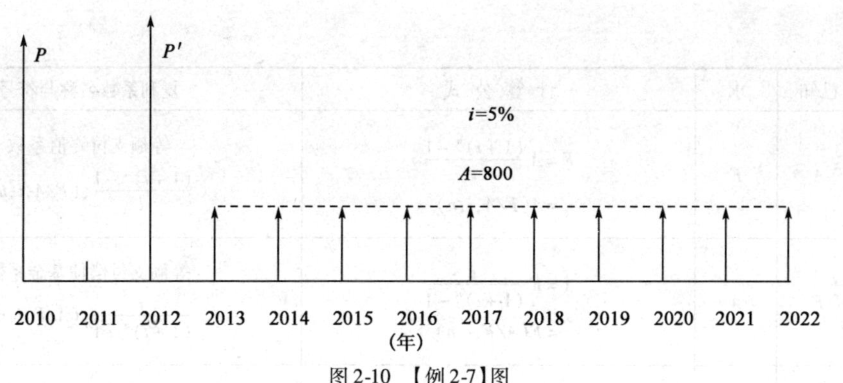

图 2-10 【例 2-7】图

(4)资金回收公式

已知现值 $P$,复利利率为 $i$,计息期数为 $n$,求等额值 $A$。

由式(2-10)的逆式得:

$$A = P\frac{i(1+i)^n}{(1+i)^n-1} = P(A/P,i,n) \tag{2-11}$$

式中,$\frac{i(1+i)^n}{(1+i)^n-1}$称为资本回收系数,记为$(A/P,i,n)$。

**【例 2-8】** 某投资一次投入 100 万元,年利率为 10%,拟分 5 年在每年年末等额收回,问每年末应收回的金额为多少?

**解**:这是一个已知现值求年金的问题,其现金流量图见图 2-11。

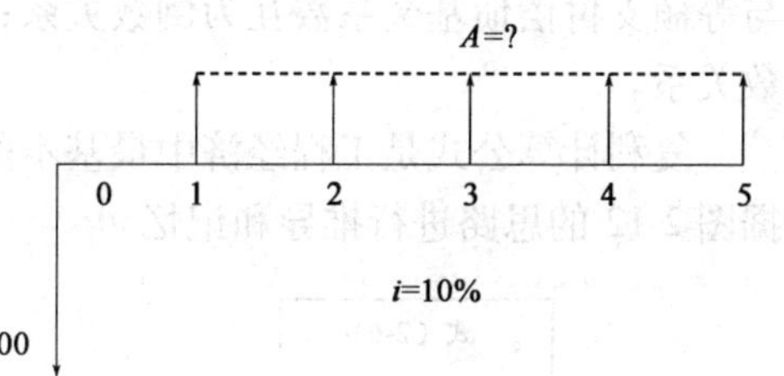

图 2-11 【例 2-8】图

根据计算公式可求得:

$$A = P\frac{i(1+i)^n}{(1+i)^n-1} = 100\times\frac{0.1\times(1+0.1)^5}{(1+0.1)^5-1}$$

$$=100\times0.2638 = 26.38(\text{万元})$$

即每年年末应收回 26.38 万元,在 5 年年末才能将 100 万元投资连本带利全部收回。

3. 复利公式小结

为了便于对复利公式的比较、分析和查阅,将主要公式的类型、已知条件、应求的未知量、计算公式、复利系数及其符号等汇总为表 2-5。

**复利公式汇总表** 表 2-5

| 类别 | | 已知 | 求 | 计 算 公 式 | 复利系数名称与符号 |
|---|---|---|---|---|---|
| 一次性支付 | 终值公式 | $P$ | $F$ | $F=P(1+i)^n=P(F/P,i,n)$ | 一次性支付终值系数<br>$(1+i)^n,(F/P,i,n)$ |
| | 现值公式 | $F$ | $P$ | $P=F\frac{1}{(1+i)^n}=F(P/F,i,n)$ | 一次性支付现值系数<br>$\frac{1}{(1+i)^n},(P/F,i,n)$ |

续上表

| 类别 | | 已知 | 求 | 计算公式 | 复利系数名称与符号 |
|---|---|---|---|---|---|
| 等额支付 | 年金终值公式 | $A$ | $F$ | $F=A\dfrac{(1+i)^n-1}{i}$<br>$=A(F/A,i,n)$ | 等额支付终值系数<br>$\dfrac{(1+i)^n-1}{i}$,$(F/A,i,n)$ |
| | 偿债基金公式 | $F$ | $A$ | $A=F\dfrac{i}{(1+i)^n-1}$<br>$=F(A/F,i,n)$ | 等额支付偿债基金系数<br>$\dfrac{i}{(1+i)^n-1}$,$(A/F,i,n)$ |
| | 资金回收公式 | $P$ | $A$ | $A=P\dfrac{i(1+i)^n}{(1+i)^n-1}$<br>$=P(A/P,i,n)$ | 等额支付资本回收系数<br>$\dfrac{i(1+i)^n}{(1+i)^n-1}$,$(A/P,i,n)$ |
| | 年金现值公式 | $A$ | $P$ | $P=A\dfrac{(1+i)^n-1}{i(1+i)^n}$<br>$=A(P/A,i,n)$ | 等额支付现值系数<br>$\dfrac{(1+i)^n-1}{i(1+i)^n}$,$(P/A,i,n)$ |

由表2-5可知:一次支付终值系数与一次支付现值系数互为倒数关系;等额支付终值系数与等额支付偿债基金系数互为倒数关系;等额支付现值系数与等额支付资本回收系数互为倒数关系。

复利计算公式是工程经济中最基本的公式。为了很好地掌握公式,同时又便于记忆,可根据图2-12的思路进行推导和记忆。

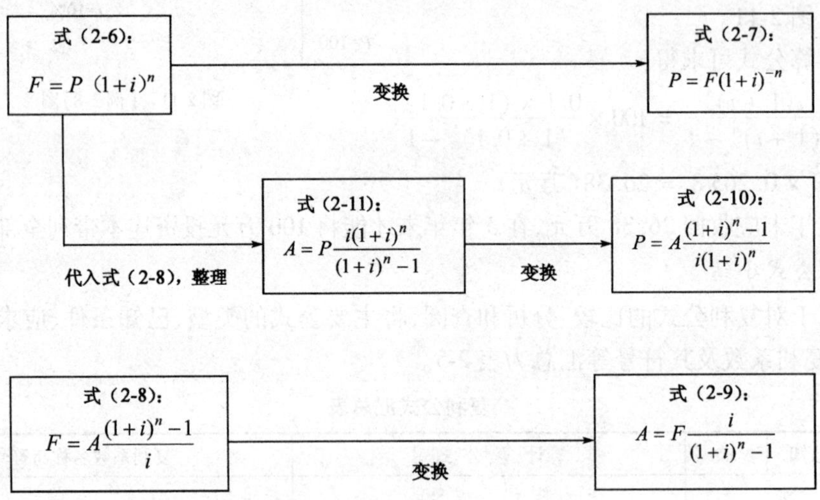


图2-12 复利计算公式间的关系图示

由图2-12可以看出,只需掌握式(2-6)和式(2-8)的推导过程,记住式(2-6)和式(2-8),则能很快推出其余公式。

**(三)有效利率、名义利率和实际利率**

在资金时间价值的计算公式应用中,必须选择合适的收益率或折现率,为此要注意区分以下几组概念。

1. 利率周期与计息周期

利率是指在一定时期内,利息与原投入资金的比率。这个“一定时期”就是利率周期。如年利率对应的利率周期是年,月利率对应的利率周期是月,如此等等。计息周期是指计算复利的时间期限,一个计息周期就是计算一次复利的时间期限。

按照国际惯例,如没有特别说明,利率应是指年利率,因此,利率周期就是年。但是,计息周期不一定是年,例如可能是半年、一个季度或一个月等。这样,当利率周期与计息周期不一致时,就会产生名义利率和实际利率的问题。

2. 名义利率与实际利率

(1)有效利率($i'$)。有效利率是指资金在计息周期所发生的时间利率。如每半年计息一次,每半年计息期的利率为5%。这个5%是实际计息用的利率,也是资金在计息期所发生的实际利率,称为有效利率。可见,有效利率都是指计息期的利率。当计息期为1年时,此时的有效利率为年有效利率。

(2)(年)名义利率($r$)。名义利率是指计息期的有效利率乘以一年中计息的次数。名义利率都是以年为单位。在实际计息中不用这个利率,它只是习惯上的表示形式。通常所说的年利率都是指名义利率。

(3)(年)实际利率($i$)。它是以计息周期利率为基数,在利率周期(1年)内的复利有效利率。也就是说,如果1年中计息多次,根据计息期的有效利率,并考虑利息部分的时间价值,此时计算的年利率称为(年)实际利率。一般也是以年为单位。

**【例2-9】** 现有本金$P=10$元,年利率为10%,每半年计息一次,求年末本利和及年实际利率。

**解:**根据式(2-6),年复本利和为:

$$F=P(1+i)^n=10(1+5\%)^2=11.025(\text{元})$$

$$\text{利息额}=F-P=11.025-10=1.025(\text{元})$$

$$\text{年实际利率}=\frac{\text{利息额}}{\text{本金}}\times100\%=\frac{1.025}{10}\times100\%=10.25\%$$

可见,当一年计息多次时,名义利率和年实际利率两者是不同的,由此,我们可得到年实际利率的计算公式。

设本金为$P$,$r$为名义利率,$m$为一年内的计息次数,则计息期的实际利率即有效利率为$r/m$。一年内$P$经过$m$次计息其复本利和为:

$$F=P\left(1+\frac{r}{m}\right)^m$$

$$\text{利息额}=F-P=P\left(1+\frac{r}{m}\right)^m-P=P\left[\left(1+\frac{r}{m}\right)^m-1\right]$$

$$\text{年实际利率}\ i=\frac{\text{利息额}}{\text{本金}}\times100\%=\frac{P\left[\left(1+\frac{r}{m}\right)^m-1\right]}{P}\times100\%=\left(1+\frac{r}{m}\right)^m-1$$

当按年、半年、季、月、日计息时,年实际利率见表2-6。

**年实际利率表** 表 2-6

| 计息期 | 每年计息次数 $m$ | 计息期实际利率<br>即有效利率 $r/m$ | 年实际利率 $i$ | 名义利率 $r$ |
|---|---|---|---|---|
| 年 | 1 | 10% | 10% | 10% |
| 半年 | 2 | 5% | 10.25% | 10% |
| 季 | 4 | 2.5% | 10.35% | 10% |
| 月 | 12 | 0.833% | 10.46% | 10% |
| 日 | 365 | 0.027 4% | 10.51% | 10% |

从表 2-6 可以看出，当每年的计息次数越多，年实际利率与名义利率相差越大。因此，在评价方案时，当各方案的名义利率相同，但计息期不同时，就不能简单地用名义利率来进行评价，而应将名义利率换算成年实际利率再进行评价。

**【例 2-10】** 某公司拟从银行取得贷款，若从甲银行取得贷款，其年利率为 16%，按年计息；若从乙银行取得贷款，年利率为 15%，按月计息。试问从哪家银行取得贷款较为有利？

**解**：根据题意可知，从甲银行取得贷款的其年实际利率为 16%；若从乙银行取得贷款，其名义利率为 15%，则其实际利率为：

$$i_{实} = \left(1 + \frac{i_{名}}{m}\right)^{m} - 1 = \left(1 + \frac{0.15}{12}\right)^{12} - 1 = 16.075\%$$

从计算结果可知，乙银行的实际利率高于甲银行的实际利率，因此向甲银行贷款较有利。

## 第二节 投资方案效益评价

### 一、经济效益评价

#### （一）经济效益评价指标体系

经济效益评价是对投资方案计算期内有关技术经济要素和方案投入与产出的有关财务、经济资料数据进行调查、分析、预测，对方案的经济效益进行计算、评价，分析比较各方案的优劣，从而确定和推荐最佳方案。

经济效益评价应对投资方案盈利能力、清偿能力、抗风险能力进行分析评价。盈利能力反映投资方案计算期的盈利能力和盈利水平；清偿能力反映投资方案偿还贷款的能力和投资的回收能力；抗风险能力反映投资方案承受各种投资风险的能力。

经济效益评价是通过计算投资方案的一系列经济指标来判断投资方案的优劣。经济指标是投资方案经济效益的定量化及其直观的表现形式，它通常是通过对投资方案所涉及的费用和效益的量化和比较来确定的。反映投资方案经济效益的指标是多种多样的，但每一个指标只是反映评价对象的某一个或几个方面，故仅凭单一指标对评价对象难以做出全面客观的评价。在对投资方案经济效益进行评价时，可以根据不同的评价目的和深度要求、可以获得资料的多少及评价对象本身所处的条件，选用不同的指标及其组合（即指标体系）进行评价。

评价指标按照其所考虑的因素及使用方法的不同，可进行不同的分类，其中常用的分类方法是按照是否考虑资金的时间价值，将评价指标分为静态评价指标和动态评价指标。投资方案经济评价指标体系见图 2-13。

只有正确地理解和恰当地应用评价指标，才能对投资方案进行有效的经济分析，才能做出正确的投资决策。

投资方案经济评价指标
- 静态评价指标
  - 投资收益率
  - 静态投资回收期
  - 利息备付率
  - 偿债备付率
  - 资产负债率
- 动态评价指标
  - 净现值
  - 净现值率
  - 净年值
  - 内部收益率
  - 动态投资回收期
  - 效益费用比

图 2-13 投资方案经济评价指标体系

1. 静态评价指标

在工程经济分析中，把不考虑资金时间价值的经济效益评价指标称为静态评价指标。此类指标的特点是简单易算。

(1)投资收益率

投资收益率是指在项目建成达到设计生产能力后，正常生产年份的净收益与项目全部投资的比率，是考察项目单位投资盈利能力的指标。其表达式为：

$$\text{投资收益率}=\frac{\text{年净收益}}{\text{项目全部投资}}\times 100\% \tag{2-12}$$

当项目在正常生产年份内各年收益情况变化幅度较大时，也可采用下式进行计算：

$$\text{投资收益率}=\frac{\text{年平均净收益}}{\text{项目全部投资}}\times 100\% \tag{2-13}$$

采用投资收益率对项目进行经济评价时，是将计算出的项目投资收益率与行业的平均投资收益率进行比较。若高于或等于行业平均投资收益率则项目可行，若低于行业平均投资收益率则项目不可行。

投资收益率是一个综合性的指标，可具体分为：投资利润率、投资利税率、资本金利润率等，其中最常用的是投资利润率。

投资利润率是项目在正常生产年份内所获得的年利润总额或年平均利润额与项目全部投资的比率，其表达式为：

$$\text{投资利润率}=\frac{\text{年利润总额或年平均利润额}}{\text{项目全部投资}}\times 100\% \tag{2-14}$$

**【例 2-11】** 某项目投资与收益情况如表 2-7 所示，试计算其投资利润率。

**某项目投资收益情况** 表 2-7

| 年序 | 0 | 1 | 2 | 3 | 4 | 5 | 6 |
|---|---|---|---|---|---|---|---|
| 投资(万元) | -100 | | | | | | |
| 利润(万元) | | 10 | 12 | 12 | 12 | 12 | 14 |

**解**：根据计算公式则有：

$$\text{投资利润率}=\frac{(10+12+12+12+12+14)\div 6}{100}\times 100\%=12\%$$

投资利润率反映了项目在正常生产年份的单位投资所带来的年利润，如上例中的项目，其投资利润率为 12%，则说明该项目在建成投产后，其每百元投资每年所产生的利润为 12 元。

投资收益率指标计算简便，能直观地衡量项目的经济成果，可适用于各种投资规模，但由于没有考虑时间因素，忽视了资金的时间价值，因此，以投资收益率指标作为主要的决策依据不太可靠。

(2)静态投资回收期

静态投资回收期是指以项目每年的净收益回收项目全部投资所需要的时间,是考察项目财务上投资回收能力的重要指标。这里所说的全部投资既包括固定资产投资,也包括流动资金投资,其表达式为:

$$\sum_{t=0}^{P_t}(\mathrm{CI}-\mathrm{CO})_t=0 \tag{2-15}$$

式中: $P_t$——静态投资回收期;

CI——现金流入量;

CO——现金流出量;

$(\mathrm{CI}-\mathrm{CO})_t$——第 $t$ 年的净现金流量。

静态投资回收期一般以"年"为单位。投资回收期宜自项目建设开始年算起,若自项目建成投产年算起,应予以特别注明。

在具体计算静态投资回收期时,又分为以下两种情况。

①项目建成投产后各年的净收益(即净现金流量)均相同,则静态投资回收期的计算公式为:

$$P_t=\frac{K}{R} \tag{2-16}$$

式中:$K$——全部总投资;

$R$——每年的净收益。

**【例2-12】** 某投资方案一次性投资500万元,估计投产后各年的平均净收益为80万元,问该方案的静态投资回收期为多少?

**解**:根据式(2-16)有:

$$P_t=\frac{K}{R}=\frac{500}{80}=6.25(\text{年})$$

②项目建成投产后各年的净收益(即净现金流量)不相同,则静态投资回收期可根据累计净现金流量求得,其计算公式为:

$$P_t=[\text{累计净现金流量开始出现正值的年份}-1]+\frac{\text{上年累计净现金流量绝对值}}{\text{当年净现金流量}} \tag{2-17}$$

**【例2-13】** 某投资方案的净现金流量如图2-14所示,试计算其静态投资回收期。

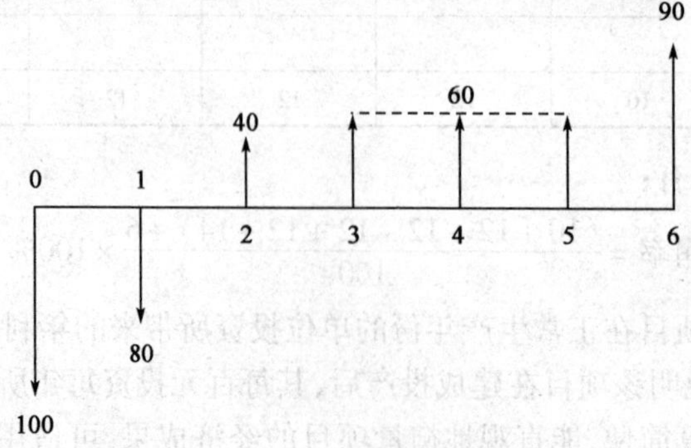


图2-14 【例2-13】图(单位:万元)

**解**:计算该投资方案的累计净现金流量,见表2-8。

**某投资方案累计净现金流量**(单位:万元) 表2-8

| 年 序 | 0 | 1 | 2 | 3 | 4 | 5 | 6 |
|---|---|---|---|---|---|---|---|
| 净现金流量 | -100 | -80 | 40 | 60 | 60 | 60 | 90 |
| 累计净现金流量 | -100 | -180 | -140 | -80 | -20 | 40 | 130 |

根据式(2-17)计算可得:

$$P_t = 5 - 1 + \frac{|-20|}{60} = 4.33(\text{年})$$

采用静态投资回收期对投资方案进行评价时,其基本步骤为:

①确定基准投资回收期($P_c$)。基准投资回收期是根据国民经济各部门、各地区、各行业的具体经济条件和特点,结合财务会计上的有关制度和规定而颁布,并不定期地进行修订的建设项目经济评价参数,是对投资方案进行经济评价的重要标准。

②计算项目的静态投资回收期($P_t$)。

③比较 $P_t$ 与 $P_c$:

若 $P_t \leqslant P_c$,则项目可以考虑接受;

若 $P_t > P_c$,则项目是不可接受的。

静态投资回收期其优点是经济意义明确、直观,计算简便,在一定程度上反映了投资效果的优劣,但该指标不能反映回收投资之后的情况,也未考虑资金的时间价值,因此具有一定的局限性。

(3)利息备付率(ICR)

利息备付率(ICR)、偿债备付率(DSCR)和资产负债率(LOAR)等指标是反映投资项目财务主体的偿债能力指标。

利息备付率是指在借款偿还期内的息税前利润(EBIT)与应付利息(PI)的比值,它从付息资金来源的充裕性角度反映项目偿付债务利息的保障程度,按下式计算:

$$\text{ICR} = \frac{\text{EBIT}}{\text{PI}} \tag{2-18}$$

式中:EBIT——息税前利润;

PI——计入总成本费用的应付利息。

利息备付率应分年计算。利息备付率高,表明利息偿付的保障程度高。利息备付率应当大于1,并结合债权人的要求确定。

(4)偿债备付率(DSCR)

偿债备付率是指在借款偿还期内,用于计算还本付息的资金(EBITDA $- T_{AX}$)与应还本付息金额(PD)的比值,它表示可用于还本付息的资金偿还借款本息的保障程度,按下式计算:

$$\text{DSCR} = \frac{\text{EBITAD} - T_{AX}}{\text{PD}} \tag{2-19}$$

式中:DSCR——偿债备付率;

EBITDA——息税前利润加折旧和摊销;

$T_{AX}$——企业所得税;

PD——应还本付息金额,包括还本金额和计入总成本费用的全部利息;融资租赁费用可视同借款偿还,运营期内的短期借款本息也应纳入计算。

如果项目在运行期内有维持运营的投资,可用于还本付息的资金应扣除维持运营的投资。

偿债备付率应分年计算,偿债备付率高,表明可用于还本付息的资金保障程度高。偿债备付率应大于1,并结合债权人的要求确定。

(5)资产负债率(LOAR)

资产负债率是指各期末负债总额(TL)同资产总额(TA)的比率,应按下式计算:

$$LOAR = \frac{TL}{TA} \times 100\% \tag{2-20}$$

式中:LOAR——资产负债率;

TL——期末负债总额;

TA——期末资产总额。

适度的资产负债率,表明企业经营安全、稳健,具有较强的筹资能力,也表明企业和债权人的风险较小。对该指标的分析,应结合国家宏观经济状况、行业发展趋势、企业所处竞争环境等具体条件判定。项目财务分析中,在长期债务还清后,可不再计算资产负债率。

2.动态评价指标

动态评价指标是指在指标的计算时考虑了资金时间价值。与静态评价指标相比,动态评价指标更加注重考察投资方案在其计算期内各年现金流量的具体情况,也就能够更加客观地反映投资方案的经济效益,所以它的应用也就比静态评价指标更加广泛。在经济评价时一般是以动态评价指标作为主要指标,以静态评价指标作为辅助指标。

(1)净现值(NPV)

①净现值的含义及计算公式

净现值指标是动态评价最重要的指标之一。它不仅考虑了资金的时间价值,而且考察了项目在整个寿命期内的全部现金流入和现金流出。具体地说,净现值是指把方案在计算期内各年的净现金流量,按照一个给定的标准折现率(通常按基准收益率)折算到某一基准期(通常是建设期初即项目计算期第一年年初)的现值之和。

净现值计算公式为:

$$NPV = \sum_{t=0}^{n} (CI_t - CO_t)(1 + i_0)^{-t} \tag{2-21}$$

式中:NPV——净现值;

$CI_t$——第$t$年的现金流入;

$CO_t$——第$t$年的现金流出;

$n$——项目寿命年限;

$i_0$——基准收益率。

②净现值的判别准则

当NPV≥0时,说明方案能满足基准收益率要求的水平,方案可行;当NPV=0时,表明其盈利能力能达到所期望的最低盈利水平;当NPV<0时,说明方案不能满足基准收益率要求的水平,方案不可行。

【例2-14】 某投资方案的各年现金流量如表2-9所示,基准收益率 $i_0$ 为15%,试用净现值指标判别方案的经济性。

某投资方案的各年现金流量(单位:万元) 表2-9

| 年 序 | 0 | 1 | 2 | 3 | 4~19 | 20 |
|---|---|---|---|---|---|---|
| 投资支出(万元) | 40 | 10 | | | | |
| 经营成本(万元) | | | 17 | 17 | 17 | 17 |
| 收入(万元) | | | 25 | 25 | 30 | 50 |
| 净现金流量(万元) | -40 | -10 | 8 | 8 | 13 | 33 |

**解**:将表中各年的净现金流量代入计算公式,得:

$$\begin{aligned}NPV &= (-40)+(-10)(P/F,15\%,1)+8(P/F,15\%,2)+8(P/F,15\%,3)+13(P/A,\\&\quad 15\%,16)(P/F,15\%,3)+33(P/F,15\%,20)\\&= -40-10\times0.8696+8\times0.7561+8\times0.6575+13\times5.954\times0.6575+33\times0.0611\\&=15.52(\text{万元})>0\end{aligned}$$

由于NPV>0,故此项目在经济效果上是可以接受的。

③基准收益率

在NPV的计算中,涉及一个重要的参数,即基准收益率。

基准收益率的确定一般以行业的平均收益率为基础,同时综合考虑资金成本、投资风险、通货膨胀以及资金限制等影响因素。对于国家投资项目,进行经济评价时使用的基准收益率是由国家组织测定并发布的行业基准收益率,非国家投资项目可参照行业基准收益率,由投资者自行确定。

④净现值的优点与缺点

优点:考虑了资金的时间价值,并全面考虑了项目在寿命期内的经济状况;经济意义明确直观,能够直接以货币额表示项目的净收益;能直接说明项目投资额与资金成本之间的关系。

缺点:须首先确定一个符合经济现实的基准收益率,而基准收益率的确定往往比较困难;不能直接说明在项目运营期间各年的经营成果;不能真正反映投入资金的利用率。

【例2-15】 某项目现拟定一个技术方案,需投资3200万元,项目投产后年收益为600万元,若使用期为10年,收益率为15%,方案是否可行?

**解**:由净现值的计算公式,该方案的净现值为:

$$\begin{aligned}NPV &= -3200+600(P/A,15\%,10)\\&= -3200+600\times5.0188\\&= -188.72(\text{万元})\end{aligned}$$

因为NPV<0,故方案不可行,应放弃。

【例2-16】 某建设项目有两个技术方案,其现金流量值如表2-10所示,若基准收益率 $i_0=10\%$,用净现值法对该方案进行比较。

某建设项目现金流量(单位:万元)　　表2-10

| 方　　案 | 1年 | 2年 | 3~9年 |
|---|---|---|---|
| 方案1 | −1 000 | −1 000 | 900 |
| 方案2 | −2 000 | −2 000 | 1 400 |

$$\begin{aligned}NPV_1 &= -1\,000(P/A,10\%,2)+900(P/A,10\%,7)(P/F,10\%,2)\\&= -1\,000\times1.735\,5+900\times4.868\,4\times0.826\,5\\&=1\,885.6(\text{万元})\end{aligned}$$

$$\begin{aligned}NPV_2 &= -2\,000(P/A,10\%,2)+1\,400(P/A,10\%,7)(P/F,10\%,2)\\&= -2\,000\times1.735\,5+1\,400\times4.868\,4\times0.826\,5\\&=2161.8(\text{万元})\end{aligned}$$

由净现值的比较知:$NPV_2 > NPV_1 > 0$,故方案2为优。

(2)净现值指数(NPVI)

由于净现值只表示项目的方案在使用期内的盈利总额,而没有说明投入资金的利用率。为此,可以采用净现值指数作为净现值指标的辅助指标来评价方案。净现值指数是技术方案的净现值与其投资总额现值之比,其经济含义是单位投资现值所能带来的净现值。

净现值指数的计算公式为:

$$NPVI=\frac{NPV}{K_P}=\frac{\sum_{t=0}^{n}(CI_t-CO_t)(1+i_0)^{-t}}{\sum_{t=0}^{n}K_t(1+i_0)^{-t}} \tag{2-22}$$

式中:NPVI——净现值指数;

$K_P$——项目总投资现值;

其他符号的意义同式(2-21)。

对于单一项目而言,若 NPV≥0,则 NPVI≥0;若 NPV<0,则 NPVI<0。故用净现值指数评价单一项目经济效果时,判别准则与净现值相同。

多方案比选时,如果被选方案的投资额相近,则净现值指数最大的就表明其投资的收益大,该方案即为最佳方案。

值得注意的是,在进行多方案比选时,以净现值指数最大为准则,通常有利于投资偏小的项目。所以NPVI指标仅适用于投资额相近或者资金总额受限制的多方案比选。

**【例2-17】**　某企业拟购买一台设备,其购置费用为35 000元,使用寿命为4年,第4年末的残值为3 000元,在使用期内,每年的收入为19 000元,经营成本为6 500元,若基准收益率为10%,试计算该设备购置方案的净现值指数。

**解**:现金流量情况如图2-15所示。

$$\begin{aligned}NPV &= -35\,000+(19\,000-6\,500)(P/A,10\%,4)+3\,000\times(P/F,10\%,4)\\&=6\,672.75(\text{元})\end{aligned}$$

根据式可求出其净现值指数为:$NPVI=\frac{NPV}{K_P}=\frac{6\,672.75}{35\,000}=0.190\,7$

(3)净年值(NAV)

净年值是指按给定的基准收益率,通过等值换算将方案计算期内各个不同时点的净现金

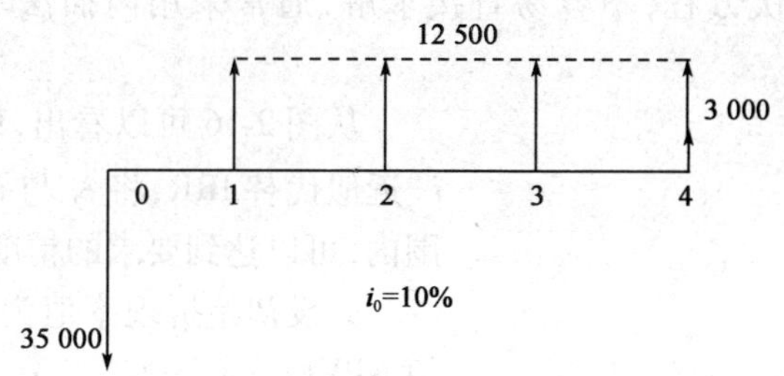


图 2-15 设备购置方案现金流量图(单位:元)

流量分摊到计算期内各年的等额年值。

计算公式为:

$$NAV = [\sum_{t=0}^{n}(CI_t - CO_t)(1+i_0)^{-t}](A/P, i_0, n) = NPV(A/P, i_0, n) \tag{2-23}$$

式中:NAV——净年值;

$(A/P, i_0, n)$——资本回收系数;

其余符号意义同式(2-21)。

对单一项目方案而言,若 NAV≥0,则方案在经济效果上可以接受;若 NAV<0,则方案在经济效果上不可接受。

多方案比选时,净年值越大的方案越优(净年值最大准则)。

将净年值的计算公式及判别准则与净现值的进行比较可知,由于系数$(A/P, i_0, n)>0$,故净年值与净现值在项目评价的结论上总是一致的。因此,就方案的评价结论而言,净年值与净现值是等效评价指标。净现值给出的信息是方案在整个寿命期内获取的超出最低期望盈利的超额收益的现值,而净年值给出的信息是寿命期内每年的等额超额收益。

**【例 2-18】** 根据上例中的数据用净年值指标分析投资的可行性。

**解**:根据计算公式可得:

$$\begin{aligned} NAV &= (-35\,000)(A/P, 10\%, 4) + 19\,000 - 6\,500 + 3\,000(A/F, 10\%, 4) \\ &= -35\,000 \times 0.315\,5 + 12\,500 + 3\,000 \times 0.215\,5 \\ &= 2104(\text{元}) \end{aligned}$$

由于 NAV>0,故此项投资是行的。

(4)内部收益率(IRR)

①内部收益率的概念

内部收益率是指使方案在寿命期内的净现值为零时的折现率。由净现值函数可知,一个投资方案的净现值与折现率的大小有关,随着折现率的不断增大,净现值不断减小。一般而言,内部收益率是净现值函数曲线与横坐标交点处对应的折现率。

②内部收益率的计算方法

按照内部收益率的定义,其表达式为:

$$NPV(IRR) = \sum_{t=0}^{n}(CI_t - CO_t)(1+IRR)^{-t} = 0 \tag{2-24}$$

式中:IRR——内部收益率;

其他符号意义同式(2-21)。

式(2-24)是一个高次方程,不容易直接求解,通常采用内插法求其近似解,其原理如图2-16所示。

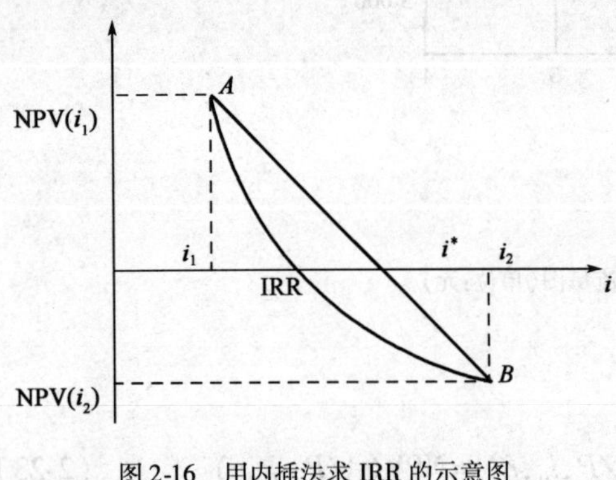


图2-16　用内插法求IRR的示意图

从图2-16可以看出,IRR在$i_1$与$i_2$之间,用$i^*$近似代替IRR,将$i_2$与$i_1$的距离控制在一定范围内,可以达到要求的精度。具体计算步骤如下:

a.设初始折现率值为$i_1$,并计算对应的净现值NPV($i_1$)。

b.若NPV($i_1$)≠0,则根据NPV($i_1$)是否大于零,再设$i_2$。若NPV($i_1$)>0,则设$i_2>i_1$。若NPV($i_1$)<0,则设$i_2<i_1$。$i_2$与$i_1$的差额取决于NPV($i_1$)绝对值的大小,较大的绝对值可以取较大的差额;反之,取较小的差额,计算对应的NPV($i_2$)。

c.重复步骤b,直到出现NPV($i_1$)>0,NPV($i_2$)<0,用线性内插法求得IRR近似值,即:

$$\text{IRR} \approx i^* = i_1 + \frac{\text{NPV}(i_1)}{\text{NPV}(i_1) + |\text{NPV}(i_2)|}(i_2 - i_1) \tag{2-25}$$

式中:$i^*$——近似的内部收益率;

$i_1$——试算用的较低折现率;

$i_2$——试算用的较高折现率;

NPV($i_1$)——用较低折现率计算的净现值(应为正值);

NPV($i_2$)——用较高折现率计算的净现值(应为负值)。

应当指出,用线性内插法计算式(2-25)的误差($i^*$-IRR)与估计选用的两个折现率的差额($i_2-i_1$)的大小有直接关系。为了控制误差,试算用的两个折现率之差($i_2-i_1$)一般以等于2%为宜,最大不应超过5%。

式(2-25)可利用图2-16证明如下。

在图2-16中,当$i_2-i_1$足够小时,可以将曲线段$AB$近似看成直线段$AB$,$AB$与横坐标交点处的折现率$i^*$即为IRR的近似值。因为三角形$Ai^*i_1$相似于三角形$Bi^*i_2$,故有:

$$\frac{\text{NPV}(i_1)}{|\text{NPV}(i_2)|} = \frac{i^* - i_1}{i_2 - i^*}$$

解得:

$$i^* = i_1 + \frac{\text{NPV}(i_1)}{\text{NPV}(i_1) + |\text{NPV}(i_2)|}(i_2 - i_1) \tag{2-26}$$

**【例2-19】**　某项工程方案的现金流量如表2-11所列,设其行业基准收益率为10%。试用内部收益率法分析判断该方案是否可行。

**某项工程方案现金流量表**(单位:万元)　　表2-11

| 年份(年末) | 0 | 1 | 2 | 3 | 4 | 5 |
|---|---|---|---|---|---|---|
| 现金流量 | -2 000 | 300 | 500 | 500 | 500 | 1 200 |

**解**:该方案的净现值表达式为:

$$NPV=-2\,000+300(P/F,i,1)+500(P/A,i,3)(P/F,i,1)+1\,200(P/F,i,5)$$

第一次试算,取 $i_1=12\%$ 代入上式求得:

$$\begin{aligned}NPV(i_1)&=-2\,000+300(P/F,12\%,1)+500(P/A,12\%,3)(P/F,12\%,1)\\&\quad+1\,200(P/F,12\%,5)\\&=21(\text{万元})>0\end{aligned}$$

第二次试算,取 $i_2=14\%$ 代入上式求得:

$$\begin{aligned}NPV(i_2)&=-2\,000+300(P/F,14\%,1)+500(P/A,14\%,3)(P/F,14\%,1)\\&\quad+1\,200(P/F,14\%,5)\\&=-91(\text{万元})<0\end{aligned}$$

可见,内部收益率必然在 12% ~14% 之间,代入线性内插法计算式(2-25)可求得:

$$IRR=i_1+\frac{NPV(i_1)}{NPV(i_1)+|NPV(i_2)|}=12\%+\frac{21}{21+91}\times(14\%-12\%)=12.4\%$$

因为 $IRR=12.4\%>i_0=10\%$,所以该方案可行,可以考虑接受。

③内部收益率的评价选择标准

对单方案来说,设基准收益率为 $i_0$,若 $i^*\geqslant i_0$,则方案可行;若 $i^*<i_0$,则方案不可行。对于单方案来说,内部收益率与净现值标准是一致的。其内部收益率 $i^*$ 的几何意义及其与净现值标准的一致性如图 2-17 所示。对于单方案来说,用净现值标准和内部收益率标准对方案进行评价的结论是一致的。

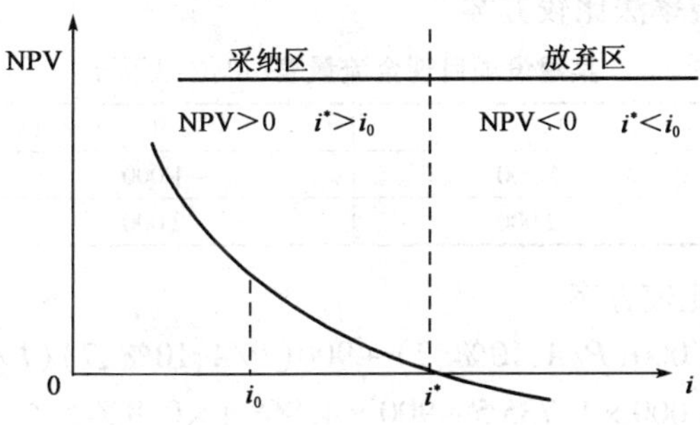


图 2-17 内部收益率标准与净现值标准的一致性

在多方案评价中,用净现值标准和内部收益率标准对方案做出评价选择,其结论有时不一致,因为内部收益率是使方案净现值等于零时的折现率,也就是使方案的现金流入的现值等于现金流出的现值的利率。这个利率不是表示初期投资收益的利率,它是根据随时间变化的未回收投资余额得出的利率,这个利率使得方案在使用期满投资刚好完全回收(投资余额为零)。一个项目的技术方案的内部收益率,只表示这个项目方案的现金流在各个时期出现的回收投资余额应当采用的利率,它与项目方案的绝对投资规模无关。对于多个技术方案,若不考虑投资规模,会有排错方案优劣次序的可能,因此,不能用技术方案的内部收益率来排列两个或多个技术方案的优劣次序。

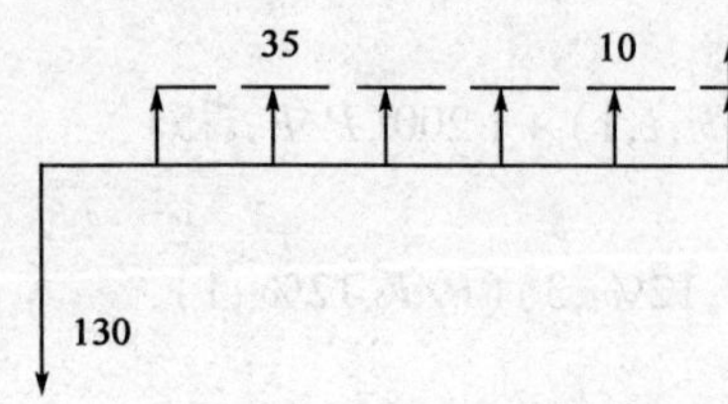

图 2-18 【例 2-20】图(单位:万元)

【例 2-20】 有一投资方案,投资需 130 万元,每年销售收入 100 万元,年经营费 50 万元,年税金 15 万元,使用寿命为 6 年,届时可收回残值 10 万元。若借款利率为 15%,用内部收益率法评价方案,并用净现值法检验看其结论是否一致。

**解**:计算各年现金流量值并作现金流量图,如图 2-18 所示。

由内部收益率的计算公式有:

$$-130+35(P/A,i^*,6)+10(P/F,i^*,6)=0$$

由试算确定 $i^*$ 值,令 $i_1^*=15\%$,有:

$$\begin{aligned}NPV_1&=-130+35(P/A,15\%,6)+10(P/F,15\%,6)\\&=-130+35\times5.7845+10\times0.4323\\&=6.78\end{aligned}$$

令 $i_2^*=17\%$,有:

$$\begin{aligned}NPV_2&=-130+35(P/A,17\%,6)+10(P/F,17\%,6)\\&=-130+35\times3.5892+10\times0.3898\\&=-0.48\end{aligned}$$

内插有 $i^*=16.9\%>i_0=15\%$,故方案可行。

用净现值法,由上可知净现值等于 6.78,大于零,故其结论与内部收益率法一致。

【例 2-21】 某建设项目有两个技术方案,其现金流量如表 2-12 所示,若基准收益率 $i_0=10\%$,用净现值、内部收益率法比较方案。

**某建设项目现金流量表**(单位:万元) 表 2-12

| 方案 | 1 年 | 2 年 | 3~9 年 |
|---|---|---|---|
| 方案Ⅰ | -1 000 | -1 000 | 900 |
| 方案Ⅱ | -2 000 | -2 000 | 1 400 |

**解**:(1)用净现值法比较方案

$$\begin{aligned}NPV_1&=-1000(P/A,10\%,2)+900(P/A,10\%,7)(P/F,10\%,2)\\&=-1000\times1.7355+900\times4.8684\times0.8265\\&=1885.6(\text{万元})\end{aligned}$$

$$\begin{aligned}NPV_2&=-2000(P/A,10\%,2)+1400(P/A,10\%,7)(P/F,10\%,2)\\&=-2000\times1.7355+1400\times4.8684\times0.8265\\&=2161.8(\text{万元})\end{aligned}$$

由净现值的比较知:$NPV_2>NPV_1>0$,故方案 2 为优。

(2)用内部收益率法比较方案

方案Ⅰ的内部收益率为:

$$NPV_1=-1000(P/A,i_1^*,2)+900(P/A,i_1^*,7)(P/F,i_1^*,2)=0$$

令 $i'^*_1=30\%$,有:

$$NPV'_1=-1000(P/A,30\%,2)+900(P/A,30\%,7)(P/F,30\%,2)$$

$$= -1\,000 \times 1.360\,9 + 900 \times 2.802\,1 \times 0.591\,7$$
$$= 131.3$$

令 $i_1^{*\prime\prime} = 35\%$，有：

$$\text{NPV}''_1 = -1\,000(P/A,35\%,2) + 900(P/A,35\%,7)(P/F,35\%,2)$$
$$= -1\,000 \times 1.289\,4 + 900 \times 2.507\,5 \times 0.548\,7$$
$$= -54.12$$

由此可知，$i_1^*$ 在 30% ~35%之间，内插有：

$$i_1^* = 33.6\% > i_0$$

方案Ⅱ的内部收益率为：

$$\text{NPV}_2 = -1\,000(P/A,i_2^*,2) + 900(P/A,i_2^*,7)(P/F,i_2^*,2) = 0$$

内插有：

$$i_2^* = 24.45\% > i_0$$

内部收益的评价标准有：$i_1^* > i_2^* > i_0$，故方案Ⅰ为优。

用净现值和内部收益率两种方法其结论相反。可见，不能用技术方案的内部收益率来排列两个或多个技术方案的优劣次序。

④内部收益率的经济含义

内部收益率的经济含义是，在项目的整个寿命期内，如果按利率 $i$ = IRR 计算各年的净现金流量时，会始终存在着未能收回的投资，只有到了寿命期末时投资才能被全部收回，此时的净现金流量刚好等于零。换句话说，在寿命期内各时点，项目始终处于"偿还"未被收回投资的状态，只有到了寿命期结束的时点，才偿还完全部的投资。

在【例 2-19】中，已经计算出其内部收益率为 12.4%，且是唯一的。下面按此利率计算收回全部投资的过程，如表 2-13 所示。

**以 IRR = 12.4%收回全部投资过程计算表**(单位：万元)　　表 2-13

| 项目 / 年份 | 净现金流量（年末） | 年初未收回的投资 | 年初未收回的投资到年末的金额 | 年末尚未收回的投资 |
|---|---|---|---|---|
| | ① | ② | ③ = ② × (1 + IRR) | ④ = ③ - ① |
| 0 | -2 000 | | | |
| 1 | 300 | 2 000 | 2 248 | 1 948 |
| 2 | 500 | 1 948 | 2 189 | 1 689 |
| 3 | 500 | 1 689 | 1 897 | 1 397 |
| 4 | 500 | 1 397 | 1 569 | 1 069 |
| 5 | 1 200 | 1 069 | 1 200 | 0 |

由表 2-13 可以看到，从第 0 年末直到第 5 年末的整个寿命期内，每年均有尚未收回的投资，只有到了第 5 年末即寿命期结束时，才全部收回了投资。

为了更清楚、更直观地考察和了解内部收益率的经济含义，将表 2-13 收回全部投资过程的现金流量变化状况表示为图 2-19。可见用利率 $i$ = IRR = 12.4% 收回全部投资，符合内部收益率的经济含义。所以 12.4% 是该方案的内部收益率。

一般地讲，根据内部收益率方程式(2-24)求得的使方案净现值为零的折现率，只有当它符合内部收益率的经济含义时才是方案的内部收益率,否则将不是方案的内部收益率。

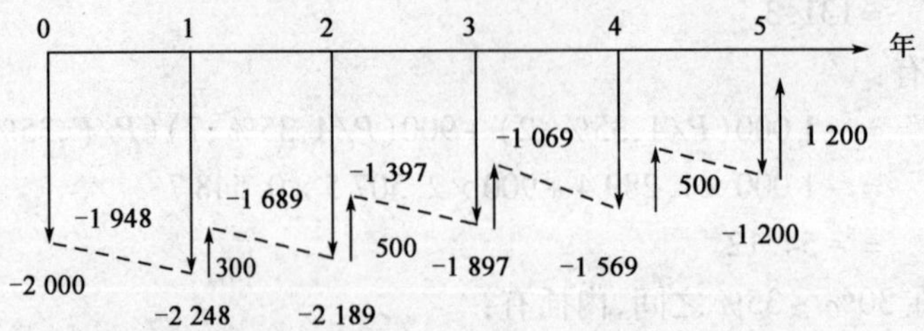


图 2-19 以利率 $i$ = IRR 收回全部投资过程的现金流量图(单位:万元)

⑤内部收益率指标的优点与缺点

优点:考虑了资金的时间价值以及方案在寿命期内的经济状况;能衡量方案真正的投资收益率;不需要事先确定一个基准收益率,而只需要知道基准收益率的大致范围即可。

缺点:需要大量与投资方案有关的数据,计算比较繁琐;对于具有非常规现金流量的方案来讲,其内部收益率往往不是唯一的,在某些情况下甚至是不存在的。

(5)动态投资回收期

①动态投资回收期的概念及计算

动态投资回收期是指在考虑了资金的时间价值的情况下,以项目方案的净收益回收方案全部投资所需要的时间。动态投资回收期的表达式为:

$$\sum_{t=0}^{P_t'}(\mathrm{CI}-\mathrm{CO})_t(1+i_0)^{-t}=0 \tag{2-27}$$

式中:$P_t'$——动态投资回收期。

采用上式计算 $P_t'$ 一般比较繁琐,因此在实际应用中往往是根据方案的现金流量表,用下列近似公式计算:

$$P_t'=[\text{累计净现金流量现值开始出现正值的年份}-1]+\frac{\text{上年累计净现金流量现值的绝对值}}{\text{当年净现金流量现值}} \tag{2-28}$$

②动态投资回收期的评价标准

设基准投资回收期为 $P_c$,若 $P_t \leqslant P_c$,则方案可以考虑接受;若 $P_t > P_c$,则方案是不可接受的。

**【例 2-22】** 有一项投资 1 300 万元,投产后前 5 年的经营收入分别为 500、1 000、2 000、2 500、2 000 万元,经营成本分别为 400、750、1 400、1 750、1 400 万元,投产后第三年开始交税金,第三、第四、第五年上缴的税金分别为 68、195、136 万元,设利率为 8%,标准投资回收期为 5 年,试用投资回收期法进行评价。

**解**:用列表的方法计算,见表 2-14。

某项目投资经营收益表(单位:万元) 表 2-14

| 年 份 | 0 | 1 | 2 | 3 | 4 | 5 |
|---|---|---|---|---|---|---|
| 投资(−) | 1 300 | | | | | |
| 经营收入(+) | | 500 | 1 000 | 2 000 | 2 500 | 2 000 |

续上表

| 年　份 | 0 | 1 | 2 | 3 | 4 | 5 |
|---|---|---|---|---|---|---|
| 经营成本(-) | | 400 | 750 | 1 400 | 1 750 | 1 400 |
| 税金(-) | | | | 68 | 195 | 136 |
| 净现金流量 | -1 300 | 100 | 250 | 532 | 555 | 464 |
| 折现系数 | 1 | 0.925 9 | 0.857 3 | 0.793 8 | 0.730 0 | 0.680 6 |
| 净现金流量现值 | -1 300 | 93 | 214 | 422 | 408 | 316 |
| 累计净现金流量现值 | -1 300 | -1 207 | -993 | -571 | -163 | 153 |

$$\text{动态投资回收期} = (\text{累计现金流量现值出现正值的年份} - 1) + \frac{|\text{累计现金流量出现正值的上年累计现值}|}{\text{当年现值}}$$

$$= (5-1) + \frac{|-163|}{316}$$

$$= 4.52(\text{年})$$

因动态投资回收期小于标准投资回收期,故方案可行。

(6)效益费用比

①效益费用比的含义及计算

效益费用比也是一种常用的经济分析指标,特别是在对方案进行宏观分析和国民经济评价时,效益费用比是主要指标之一。

效益费用比所反映的经济关系就是投资方案的总收益与其总费用的关系。用 $B$ 表示效益,用 $C$ 表示费用,BCR 表示效益费用比,也就是指一个方案的总效益现值与总费用现值之比;或者是方案的效益年值与费用年值之比。其表达式为:

$$\text{BCR} = \frac{B}{C} = \frac{\sum_{t=0}^{n}\text{CI}(1+i_c)^{-t}}{\sum_{t=0}^{n}\text{CO}(1+i_c)^{-t}} = \frac{\sum_{t=0}^{n}\text{CI}(1+i_c)^{-t}(A/P,i_c,n)}{\sum_{t=0}^{n}\text{CO}(1+i_c)^{-t}(A/P,i_c,n)} \tag{2-29}$$

②效益费用比的判别准则

效益费用比的判别准则是:当 BCR >1 时,方案是经济的;当 BCR =1 时,方案可考虑接受;当 BCR <1 时,方案不可行。

**【例 2-23】** 假定有一公路,经多年统计每年由于车祸而造成的财产损失平均为 90 万元。现考虑拓宽增加一个车道,估计改建后车祸可减少一半。增加一个车道的投资约 180 万元,使用寿命 30 年,每年保养费为原投资的 3%。假定 $i_0 = 7\%$,试用效益费用比指标对该方案做出评价。

**解:**该工程的效益是减少车祸,用年值计算 BCR。

$$C = 180(A/P,7\%,30) + 180\times3\% = 180\times(0.080\,6+0.03) = 19.91(\text{万元})$$

$$B = 90\times50\% = 45(\text{万元})$$

$$\text{BCR} = \frac{B}{C} = \frac{45}{19.91} = 2.26 > 1$$

因此,该工程是可行的。

## (二)投资方案经济效益评价方法

投资方案经济效益评价包括单方案评价和多方案评价。

单方案评价很简单,根据方案收益与费用情况,直接计算其经济评价指标,就可确定方案的可行性。单方案评价的主要步骤为:

(1)确定方案的现金流量情况,编制方案现金流量表或绘制现金流量图。

(2)根据公式计算方案的经济评价指标,如 NPV、NAV、IRR、$P_t$ 等。

(3)根据计算出的经济评价指标值及相应的判别准则,如 NPV≥0、NAV≥0、IRR≥$i_c$、$P_t \leq P_c$ 等便可确定方案的可行性。

与单方案评价相比,对多方案的评价更为复杂。多方案的评价所涉及的影响因素多,要考虑的问题也就多,当然评价的方法也就不同。各备选方案之间的关系,是决定所采用的评价方法的重要因素。一般来讲,方案之间存在着以下三种关系。

独立关系:指各个投资方案的现金流量是独立的,不具相关性,其中任一方案的采用与否与其自身的可行性有关,而与其他方案是否采用无关。

互斥关系:指各个方案之间存在着互不相容、互相排斥的关系,进行方案比选时,在多个备选方案中只能选择一个,其余的均必须放弃,不能同时存在。

相关关系:指在各个投资方案之间,其中某一方案的采用与否会对其他方案的现金流量带来一定的影响,进而影响其他方案的采用或放弃。

### 1.独立方案的经济效益评价

独立方案的采用与否,只取决于方案自身的经济性,即只需检验它们是否能够通过评价指标的评价标准。因此,多个独立方案与单一方案的评价方法是相同的。

用经济效益评价标准(如 NPV≥0,NAV≥0,IRR≥$i_0$)检验方案自身的经济性,叫绝对经济效果检验。凡通过绝对效果检验的方案,就认为它在经济效果上是可以接受的,否则就应予以拒绝。

对于独立方案而言,经济上是否可行的判别依据是其绝对经济效果指标是否达到一定的检验标准。所以,不论采用净现值、净年值和内部收益率等评价指标均可。

**【例2-24】** 两个独立方案 A、B 的现金流如表2-15所示,试对其经济效果进行评价($i_0$=10%)。

**独立方案 A、B 的净现金流量**(单位:万元) 表2-15

| 年末 / 方案 | 0 | 1~10 |
|---|---|---|
| A | -500 | 100 |
| B | -500 | 70 |

**解:**A、B 方案为独立方案,可首先计算方案自身的绝对效果指标——净现值、净年值或内部收益率,然后根据各指标的判别准则决定取舍。

(1)用净现值指标评价

$$NPV_A = -500 + 100(P/A,10\%,10) = 114.4(万元)$$

$$NPV_B = -500 + 70(P/A,10\%,10) = -69.92(万元)$$

由于 $NPV_A>0$,$NPV_B<0$,根据净现值判别准则,A 方案可行,B 方案不可行。

(2)用净年值指标评价

$$NAV_A=-500(A/P,10\%,10)+100=18.625(万元)$$

$$NAV_B=-500(A/P,10\%,10)+70=-11.375(万元)$$

由于 $NAV_A>0$,$NAV_B<0$,根据净年值判别准则,A 方案可行,B 方案不可行。

(3)用内部收益率指标评价

$$A 方案:-500+100(P/A,IRR_A,10)=0$$

$$B 方案:-500+70(P/A,IRR_B,10)=0$$

可求得 $IRR_A=15\%$,$IRR_B=6.65\%$,由于 $IRR_A>i_0=10\%$,$IRR_B<i_0=10\%$,所以 A 方案可行,B 方案不可行。

2.互斥方案的经济效益评价

互斥方案是指由于技术或经济的原因,接受某一方案就必须放弃其他方案,即在多个方案比选时,只能选其中之一,从决策角度来看,这些方案是相互排斥的。

互斥方案的经济效益评价包含了两部分内容:一是考察各个方案自身的经济效益,即进行绝对经济效益检验;二是要对这些方案进行优劣排序,称相对经济效果检验。两种检验的目的和作用不同,缺一不可。

互斥方案经济效益评价的特点是要进行方案比选。参加比选的方案应具有可比性,主要应注意:考察时间段及计算期的可比性;收益与费用的性质及计算范围的可比性;方案风险水平的可比性和评价所使用假定的合理性等。

(1)绝对经济效果分析

对于互斥方案,我们可以利用上节介绍的净现值、净年值等指标,首先分别计算各互斥方案的绝对效果,衡量各自的经济效果,然后根据判别准则进行比较。

下面通过例子来说明绝对效果分析方法。

**【例 2-25】** 方案 A、B 是互斥方案,其各年的现金流如表 2-16 所示,试评价选择方案($i_0=10\%$)。

**互斥方案 A、B 现金流量及经济效果评价指标**(单位:万元) 表 2-16

| 年末<br>方案 | 0 | 1~10 | NPV | NAV |
|---|---|---|---|---|
| A | -400 | 80 | 91.52 | 14.89 |
| B | -300 | 56 | 44.06 | 7.18 |
| 增量净现金流 | -100 | 24 | 47.46 | |

**解:**分别计算 A、B 方案的净现值或净年值指标

$$NPV_A=-400+80(P/A,10\%,10)=91.52(万元)$$

$$NPV_B=-300+56(P/A,10\%,10)=44.06(万元)$$

$$NAV_A=-400(A/P,10\%,10)+80=14.89(万元)$$

$$NAV_B=-300(A/P,10\%,10)+56=7.18(万元)$$

因为 $NPV_A>NPV_B$,$NAV_A>NAV_B$ 且均大于零,所以 A、B 两方案均可行,且 A 方案优于 B 方案。

(2)相对经济效果分析

相对效果分析方法通常是用增量效果分析方法。投资额不等的互斥方案比选的实质是判断增量投资(或称差额投资)的经济合理性,即投资大的方案相对于投资小的方案多投入的资金能否带来满意的增量收益。如果增量投资能够带来满意的增量收益,则投资额大的方案优于投资额小的方案,若增量投资不能带来满意的增量收益,则投资额小的方案优于投资额大的方案。增量效果分析方法就是通过计算增量净现金流量评价增量投资经济效果的方法。净现值、净年值、投资回收期、内部收益率等评价指标都可用于增量分析。

①增量净现值

所谓增量净现值(亦称差额净现值),是指在给定的基准收益率下,将两方案在寿命期内各年净现金流量的差额折现到某一基准期的现值和。增量净现值指标,只能反映增量现金流的经济性(即相对经济效果),不能反映各方案自身的经济性(即绝对经济效果),故增量净现值只能用于方案间的比较(即相对效果检验),不能仅根据ΔNPV的大小判断方案的取舍。

设A、B为投资额不等的两互斥方案,A方案比B方案投资大,两方案的增量净现值可由下式求出:

$$\begin{aligned}\Delta NPV_{A-B} &= \sum_{t=0}^{n}[(CI_{tA}-CO_{tA})-(CI_{tB}-CO_{tB})](1+i_0)^{-t}\\ &= \sum_{t=0}^{n}(CI_{tA}-CO_{tA})(1+i_0)^{-t}-\sum_{t=0}^{n}(CI_{tB}-CO_{tB})(1+i_0)^{-t}\\ &= NPV_A - NPV_B \end{aligned} \tag{2-30}$$

式中:$\Delta NPV_{A-B}$——增量净现值;

$(CI_{tA}-CO_{tA})$——方案A第$t$年的净现金流;

$(CI_{tB}-CO_{tB})$——方案B第$t$年的净现金流;

$NPV_A$、$NPV_B$——分别为方案A与方案B的净现值。

从式(2-30)可见,增量净现值等于两个方案的净现值之差。

用增量分析法进行互斥方案比选时,若A方案比B方案投资大,当$\Delta NPV_{A-B}>0$,表明增加投资可以接受,即投资大的方案较投资小的方案优;当$\Delta NPV_{A-B}<0$,表明增加投资不可接受,即投资小的方案较投资大的方案优。

**【例2-26】** 用增量净现值指标对【例2-25】中的A、B互斥方案进行评价选择。

**解:**A、B互斥方案的增量净现金流如表2-16所示。

$$\Delta NPV_{A-B} = -100+24(P/A,10\%,10)=47.46(\text{万元})$$

或者 $\Delta NPV_{A-B}=NPV_A-NPV_B=91.52-44.06=47.46$(万元)

由于$\Delta NPV_{A-B}>0$,所以A方案优于B方案。

显然,用增量分析法计算两方案的增量净现值进行互斥方案比选,与分别计算两方案的净现值根据净现值最大准则进行互斥方案比选结论是一致的。因此,实际工作中应根据具体情况选择比较方便的比选方法。当有多个互斥方案时,直接用净现值最大准则选择最优方案比两两比较的增量分析更为简便。

②增量内部收益率

增量内部收益率(亦称差额内部收益率),简单地说是两方案增量净现值等于零时的折现率。设A、B为投资额不等的两互斥方案,A方案比B方案投资大,增量内部收益率的计算表达式为：

$$\Delta NPV_{A-B}=\sum_{t=0}^{n}[(CI_{tA}-CO_{tA})-(CI_{tB}-CO_{tB})](1+\Delta IRR_{A-B})^{-t}=0 \qquad (2\text{-}31)$$

式中：$\Delta NPV_{A-B}$——增量净现值；

$(CI_{tA}-CO_{tA})$——方案 A 第 $t$ 年的净现金流；

$(CI_{tB}-CO_{tB})$——方案 B 第 $t$ 年的净现金流；

$\Delta IRR_{A-B}$——差额内部收益率。

将式(2-31)变换，即得：

$$\sum_{t=0}^{n}(CI_{tA}-CO_{tA})(1+\Delta IRR)^{-t}=\sum_{t=0}^{n}(CI_{tB}-CO_{tB})(1+\Delta IRR)^{-t}$$

即：

$$NPV_A(\Delta IRR)=NPV_B(\Delta IRR) \qquad (2\text{-}32)$$

式中：$NPV_A$——方案 A 的净现值；

$NPV_B$——方案 B 的净现值。

因此，增量内部收益率的另一种解释是：使两个方案净现值(或净年值)相等时的折现率。

采用增量内部收益率法比较方案时，相比较的方案必须寿命期相等或具有相同的计算期。由于增量内部收益率法计算式(2-31)或式(2-32)也是高次方程，不易直接求解，故仍采用与求内部收益率相同的方法，即线性内插法求解。

计算求得的增量内部收益率 $\Delta IRR_{A-B}$ 与基准收益率 $i_0$ 相比较，当 $\Delta IRR_{A-B}>i_0$ 时，则投资大的 A 方案优；反之，当 $\Delta IRR_{A-B}<i_0$ 时，则投资小的 B 方案优。

**【例 2-27】**　设有两个互斥方案，其使用寿命相同，有关资料如表 2-17 所列，$i_0=15\%$。试用增量内部收益率法比较和选择最优可行方案。

**方案 1 和 2 的有关资料**(单位：万元)　　表 2-17

| 项目 / 方案 | 投资 $K$(0 年末发生) | 年收入 CI | 年支出 CO | 净残值 $S_V$ | 使用寿命(年) |
|---|---|---|---|---|---|
| 方案 1 | 5 000 | 1 600 | 400 | 200 | 10 |
| 方案 2 | 6 000 | 2 000 | 600 | 0 | 10 |

**解**：$\Delta NPV_{2-1}=-1\,000+200(P/A,i,10)-200(P/F,i,10)$

设 $i_1=12\%$，则：

$$\Delta NPV_{2-1}(i_1)=-1\,000+200(P/A,12\%,10)-200(P/F,12\%,10)=66(\text{万元})$$

设 $i_2=14\%$，则：

$$\Delta NPV_{2-1}(i_2)=-1\,000+200(P/A,14\%,10)-200(P/F,14\%,10)=-10(\text{万元})$$

用线性内插法计算求得增量投资内部收益率为：

$$\Delta IRR_{2-1}=i_1+\frac{\Delta NPV(i_1)}{\Delta NPV(i_1)+|\Delta NPV(i_2)|}(i_2-i_1)$$

$$=12\%+\frac{66}{66+10}(14\%-12\%)$$

$$=13.7\%$$

因为 $\Delta IRR=13.7\%<i_0=15\%$，所以投资小的方案 1 为优。此结果与净现值法评价结果

一致。

③增量投资回收期

增量投资回收期亦称追差额投资回收期,是指一个方案比另一个方案多追加的投资,用年费用的节约额或超额的年收益去补偿增量投资所需要的时间。

设 A、B 为投资额不等的两互斥方案,A 方案比 B 方案投资大,增量投资回收期的计算表达式为:

$$\sum_{t=1}^{\Delta T_{A-B}} (\Delta CI_{A-B} - \Delta CO_{A-B})_t (1+i_0)^{-t} = 0 \tag{2-33}$$

式中: $\Delta CI_{A-B}$——差额现金流入量,$\Delta CI_{A-B} = CI_A - CI_B$;

$\Delta CO_{A-B}$——差额现金流出量,$\Delta CO_{A-B} = CO_A - CO_B$;

$(\Delta CI_{A-B} - \Delta CO_{A-B})_t$——第 $t$ 年的差额净现金流量;

$\Delta T_{A-B}$——增量投资回收期。

$i_0$——基准收益率。

动态投资回收期也可以根据方案财务分析的现金流量表计算,其公式为:

$$\Delta T_{A-B} = (\text{累计现金流量现值出现正值的年份} - 1) + \frac{|\text{累计现金流量出现正值的上年累计现值}|}{\text{当年现值}} \tag{2-34}$$

若 $\Delta T_{A-B} < T_b$(标准投资回收期),则投资大的 A 方案较优;反之,投资小的 B 方案较优。因为 $\Delta T_{A-B} < T_b$,说明投资大的 A 方案追加的投资通过年费用的节约(或年收益的增加)在标准的年限内可全部收回,其经济效果好,所以投资大的 A 方案较优;反之,亦然。

**【例 2-28】** 某项目有两个技术方案,它们的年销售收入都相同,但投资和年经营成本各不相同,各方案的基本数据如表 2-18 所示,假如行业基准投资回收期 $P_b = 5$ 年。试采用追加投资回收期法比较两个方案的优劣。已知 $i_0 = 10\%$。

**某项目技术方案**(单位:万元) 表 2-18

| 方案 | 投资 | 年经营成本 |
|---|---|---|
| 1 | 100 | 30 |
| 2 | 132 | 22 |

**解:**用列表的方法计算,见表 2-19。

**某项目技术方案比较**(单位:万元) 表 2-19

| 年份 | 0 | 1 | 2 | 3 | 4 | 5 | 6 | 7 | 8 |
|---|---|---|---|---|---|---|---|---|---|
| 正增量投资(2-1) | 32 | | | | | | | | |
| 正增量收益(2-1) | | 8 | 8 | 8 | 8 | 8 | 8 | 8 | 8 |
| 净现金流量 | −32 | 8 | 8 | 8 | 8 | 8 | 8 | 8 | 8 |
| 折现系数 | 1.0 | 0.909 | 0.826 | 0.751 | 0.683 | 0.621 | 0.564 | 0.513 | 0.467 |
| 净现金流量现值 | −32.0 | 7.273 | 6.612 | 6.011 | 5.464 | 4.967 | 4.516 | 4.105 | 3.732 |
| 累计净现金流量现值 | −32.0 | −24.7 | −18.1 | −12.1 | −6.6 | −1.7 | 2.8 | 6.9 | 10.7 |

$$\Delta T_{2-1}=(\text{累计现金流量现值出现正值的年份}-1)+\frac{|\text{累计现金流量出现正值的上年累计现值}|}{\text{当年现值}}$$

$$=(6-1)+\frac{|-1.7|}{4.516}=5.37(\text{年})$$

因 $\Delta T_{2-1}=5.37$ 年,大于行业基准投资回收期 5 年,所以投资小的 1 方案优。

④增量效益费用比

a. 增量效益费用比

设 A、B 为投资额不等的两互斥方案,A 方案比 B 方案投资大,增量效益费用比的计算表达式为:

$$(\Delta B/\Delta C)_{A-B}=\frac{\sum_{t=1}^{n}(B_{At}-B_{Bt})(1+i)^{-t}}{\sum_{t=0}^{n}(C_{At}-C_{Bt})(1+i)^{-t}}>1 \tag{2-35}$$

式中:$(\Delta B/\Delta C)_{A-B}$——增量效益费用比;

$B_{At}$——方案 A 在 $t$ 年的效益,$B_{At}>B_{Bt}$;

$B_{Bt}$——方案 B 在 $t$ 年的效益;

$C_{At}$——方案 A 在 $t$ 年的费用;

$C_{Bt}$——方案 B 在 $t$ 年的费用,$C_{Bt}>C_{At}$。

b. 增量投资净效益

增量投资净效益可表示为:

$$\Delta B_{A-B}=\sum_{t=1}^{n}[(B_{At}-B_{Bt})(1+i)^{-t}]-\sum[(C_{At}-C_{Bt})(1+i)^{-t}]>0 \tag{2-36}$$

式中:$\Delta B_{A-B}$——增量投资净效益;

其余符号意义同前。

**【例 2-29】** 现有 6 个使用期长达 20 年的互斥投资方案,如表 2-20 所示,若利率为 6%,应选择哪个方案?

**互斥投资方案**(单位:万元) 表 2-20

| 方 案 | A | B | C | D | E | F |
|---|---|---|---|---|---|---|
| 初投资 | 4 000 | 2 000 | 6 000 | 1 000 | 9 000 | 10 000 |
| 年收益 | 639 | 410 | 761 | 117 | 785 | 795 |

**解:**由于各方案的投入和产出均不等,从而选用增量效益费用比 $\Delta B/\Delta C$ 分析方法。

(1)绝对经济效果的评价

各方案的效益现值分别为:

$$B_A=A(P/A,i,n)=639(P/A,6\%,20)=7\,330(\text{万元})$$

$$B_B=B(P/A,i,n)=410(P/A,6\%,20)=4\,700(\text{万元})$$

$$B_C=C(P/A,i,n)=761(P/A,6\%,20)=8\,730(\text{万元})$$

$$B_D=D(P/A,i,n)=117(P/A,6\%,20)=1\,340(\text{万元})$$

$$B_E = E(P/A,i,n) = 785(P/A,6\%,20) = 9\,000(\text{万元})$$

$$B_F = F(P/A,i,n) = 795(P/A,6\%,20) = 9\,500(\text{万元})$$

所以各方案的效益费用比 $B/C$ 值见表 2-21。

各方案 $B/C$ 值(单位:万元)　　表 2-21

| 方　案 | A | B | C | D | E | F |
|---|---|---|---|---|---|---|
| 初投资(费用现值)$C$ | 4 000 | 2 000 | 6 000 | 1 000 | 9 000 | 10 000 |
| 收益现值 $B$ | 7 330 | 4 700 | 8 730 | 1 340 | 9 000 | 9 500 |
| $B/C$ | 1.83 | 2.35 | 1.46 | 1.34 | 1.00 | 0.95 |

显然,应淘汰 $B/C<1$ 的 F 方案。

(2)相对经济效果的评价

根据表 2-21,对剩下的方案按费用现值从小到大排序为:D→B→A→C→E。

依次计算两个方案间的增量 $\Delta B$ 和 $\Delta C$,并求 $\Delta B/\Delta C$ 值:

由于(B－D)增量的 $(\Delta B/\Delta C)_{B-D}=3.36>1$,故 B 方案优于 D 方案;

又因(A－B)增量的 $(\Delta B/\Delta C)_{A-B}=1.32>1$,故 A 方案优于 B 方案;

而(C－A)增量的 $(\Delta B/\Delta C)_{C-A}=0.70<1$,所以 C 方案追加投资不值得,应舍弃。

再将 E 方案和 A 方案进行比较,得 $(\Delta B/\Delta C)_{E-A}=\frac{1\,670}{5\,000}=0.33<1$,E 方案也应该淘汰。

综上,A 方案最优。

3. 相关方案的经济效果评价

相关方案是指各方案的现金流量之间相互影响,如果接受或拒绝某一方案,就会对其他方案的现金流量产生一定的影响,进而会影响其他方案的接受或拒绝。

对一般相关方案进行比选的方法很多,本教材仅介绍常用的组合互斥方案法,其基本步骤为:

(1)确定方案之间的相关性,对其现金流量之间的相互影响做出准确估计。

(2)根据方案之间的关系,把方案组合成互斥的组合方案。

(3)按互斥方案的评价方法对组合方案进行比选。

**【例 2-30】** 为满足运输要求,有关部门分别提出要在某两地之间修建一条铁路和(或)公路。只上一个项目时的净现金流量如表 2-22 所示。若两个项目都上,由于分流的影响,两项目均将减少净收益,其净现金流量如表 2-23 所示。假定 $i_0=10\%$,应如何决策?

只上一个项目时的净现金流量(单位:百万元)　　表 2-22

| 方案＼年份 | 0 | 1 | 2 | 3～32 |
|---|---|---|---|---|
| 铁路(A) | －200 | －200 | －200 | 100 |
| 公路(B) | －100 | －100 | －100 | 60 |

两个项目都上时的净现金流量(单位:百万元)　　表 2-23

| 方案＼年份 | 0 | 1 | 2 | 3~32 |
|---|---|---|---|---|
| 铁路(A) | -200 | -200 | -200 | 80 |
| 公路(B) | -100 | -100 | -100 | 35 |
| 两项目合计(A+B) | -300 | -300 | -300 | 115 |

**解**:先将两个相关方案组合成三个互斥方案,再分别计算其净现值,结果如表 2-24 所示。

组合方案及其净现值(单位:百万元)　　表 2-24

| 方案＼年份 | 0 | 1 | 2 | 3~32 | NPV |
|---|---|---|---|---|---|
| 铁路(A) | -200 | -200 | -200 | 100 | 281.65 |
| 公路(B) | -100 | -100 | -100 | 60 | 218.73 |
| 两项目合计(A+B) | -300 | -300 | -300 | 115 | 149.80 |

根据净现值最大的评价标准,在三个互斥方案中,$NPV_A > NPV_B > NPV_{A+B} > 0$,故方案 A 为最佳方案。

4. *寿命不同的互斥方案的评价*

以上分析互斥方案的评价方法,都是假设各方案寿命期相同。这样,评价各方案的经济效果在时间上具有可比性。当各方案的寿命不等时,要采用合理的评价指标或办法,使之在时间上具有可比性。

(1)最小公倍数法(又称方案重复法)

最小公倍数法是以不同方案使用寿命的最小公倍数作为共同的计算期,并假定每一方案在这一期间内反复实施,据此算出计算期内各方案的评价指标进行评价。

**【例 2-31】**　假定基准收益率 $i_0 = 15\%$,试用最小公倍数法选择不同型号的两种设备购置方案。其基本数据如表 2-25 所示。

A、B 两方案的现金流量表　　表 2-25

| 设 备 型 号 | A | B |
|---|---|---|
| 一次投资(元) | 11 000 | 18 000 |
| 年经营费(元) | 3 500 | 3 100 |
| 残值(元) | 1 000 | 2 000 |
| 寿命(年) | 6 | 9 |

**解**:因为两种设备的寿命不等,所以按最小公倍数法换算成相同的计算期 18 年,A、B 两个方案的现金流量图如图 2-20 和图 2-21 所示。

根据计算公式得:

$$NPV_A = (-11\,000) + (-11\,000 + 1\,000)(P/F,15\%,6) + (-11\,000 + 1\,000)(P/F,15\%,12) + 1\,000(P/F,15\%,18) + (-3\,500)(P/A,15\%,18) = -38\,557(\text{万元})$$

$$NPV_B = (-18\,000) + (-18\,000 + 2\,000)(P/F,15\%,9) + 2\,000(P/F,15\%,18) + (-3\,100) \times (P/A,15\%,18) = -41\,379(\text{万元})$$

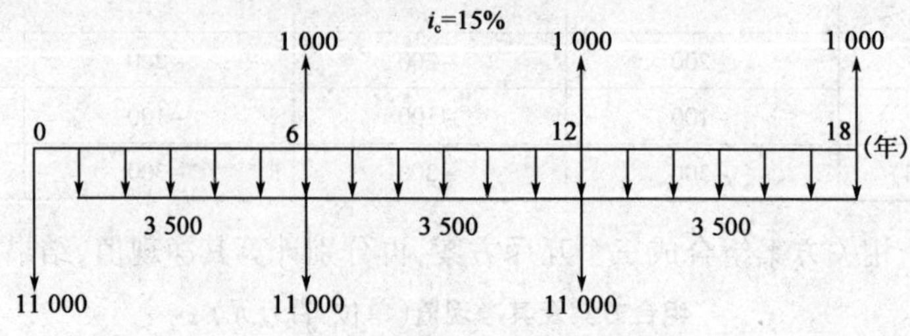


图 2-20　方案 A 的现金流量图

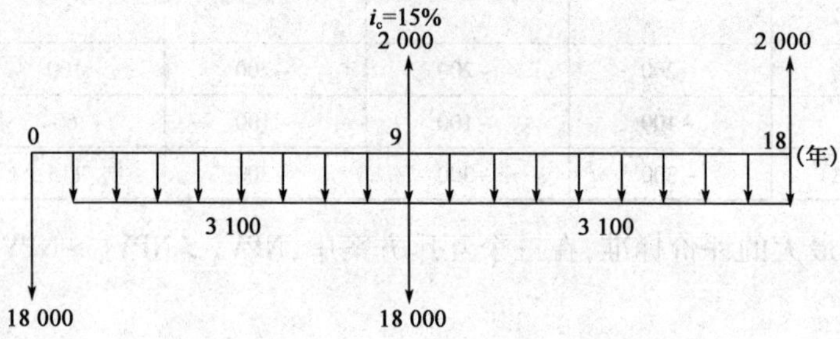


图 2-21　方案 B 的现金流量图

由于 $NPV_A > NPV_B$,所以应选购方案 A 设备。

最小公倍数法适合于被比较方案寿命的最小公倍数较小,且各方案在重复过程中现金流量不会发生太大变化的情况,否则就可能得出不正确的结论。

(2)研究期分析法

最小公倍数法是以延长投资方案寿命期来达到可比性要求的,一般被认为是合理可行的,但在实际投资项目中,上述重复假设往往不尽合理。这些方案在各自寿命期末不可能重复。对这类寿命不同的互斥方案的评价,需要按实际需要确定一个适宜的分析研究期。显然,以各投资方案中寿命期最短者为分析研究期计算最为简便,而且可以避免方案重复假设。

**【例 2-32】**　有 A、B 两个方案的净现金流量情况如表 2-26 所示,假定基准收益率为 10%,试用研究期法对方案进行比选。

**A、B 两方案的现金流量**(单位:万元)　　表 2-26

| 方案 \ 年序 | 1 | 2 | 3~7 | 8 | 9 | 10 |
|---|---|---|---|---|---|---|
| A | -550 | -350 | 380 | 430 | | |
| B | -1 200 | -850 | 750 | 750 | 750 | 900 |

**解:**取 A、B 两个方案中较短的寿命为共同的研究期,即 $n = 8$ 年,分别计算当计算期为 8 年时两个方案的净现值。计算 $NPV_B$ 时,先计算在其寿命期内的净现值,然后再计算在共同计算期内的净现值。

$$NPV_A = (-550)(P/F,10\%,1) + (-350)(P/F,10\%,2) + 380(P/A,10\%,5)(P/F,10\%,2) + 430 \times (P/F,10\%,8)$$

$$=601.89(万元)$$

$$NPV_B=[(-1\,200)(P/F,10\%,1)+(-850)(P/F,10\%,2)+750(P/A,10\%,7)(P/F,10\%,2)+900(P/F,10\%,10)](A/P,10\%,10)(P/A,10\%,8)$$

$$=1\,364.79(万元)$$

由于 $NPV_B>NPV_A$ 且 $NPV_A$、$NPV_B$ 均大于零,所以方案 B 为最佳方案。

(3)年值法

在对寿命不同的互斥方案进行比选时,年值法是最为简便的方法,尤其是当参加比选的方案数目众多时。年值法通过分别计算各备选方案净现金流量的等额年值(AW)并进行比较,以 AW≥0,且 AW 最大者为最优方案。其中,年值(AW)的表达式为:

$$AW=[\sum_{t=0}^{n}(CI_t-CO_t)(1+i_0)^{-t}](A/P,i_0,n)=NPV(A/P,i_0,n) \tag{2-37}$$

**【例 2-33】** 某建设项目有 A、B 两个方案,其净现金流量情况见表 2-27,假定 $i_c=10\%$,试用年值法对方案进行比选。

**A、B 两方案的净现金流量**(单位:万元) 表 2-27

| 方案 \ 年序 | 1 | 2~5 | 6~9 | 10 |
|---|---|---|---|---|
| A | -300 | 80 | 80 | 100 |
| B | -100 | 50 | — | — |

**解:**先计算出 A、B 两个方案的净现值为:

$$NPV_A=(-300)(P/F,10\%,1)+80(P/A,10\%,8)(P/F,10\%,1)+100(P/F,10\%,10)=153.83(万元)$$

$$NPV_B=(-100)(P/F,10\%,1)+50(P/A,10\%,4)(P/F,10\%,1)=53.18(万元)$$

根据年值的计算公式,可得两个方案的等额年值为:

$$AW_A=NPV_A(A/P,10\%,10)=25.04(万元)$$

$$AW_B=NPV_B(A/P,10\%,5)=14.03(万元)$$

由于 $AW_A>AW_B$ 且 $AW_A$、$AW_B$ 均大于零,所以方案 A 为最佳方案。

## 二、社会效益评价

### (一)社会效益评价概述

社会效益评价是指该项目为实现社会发展目标产生的影响及所做的贡献,或者说,是对该项目为实现社会发展目标所做贡献与所付出代价的评价。工程项目的社会效益评价通常包含三层意思:一是社会生活领域的发展目标,包括社会经济、政治、文化、艺术和教育等各个社会生活领域的发展目标;二是对社会发展目标所做的贡献,指由于项目的存在对整个社会的益处;三是项目对社会发展目标的影响,包括自然影响(对生态环境影响)和社会影响(对社会人口、劳动形式、劳动组织和社会文化艺术的影响)。

20 世纪 50 ~ 60 年代,工程项目着重于财务评价,70 年代开始重视从经济评价来选择项目;70 年代以后,工业社会发展带来的社会不良后果日趋严重,受到各国的普遍重视,人们认识到在工程项目的可行性研究预测评估中,仅从财务与经济方面分析评价,不足以对项目做出全面的最佳选择,还必须从国家的社会发展目标来分析评价项目的利弊得失,选择社会效益好的工程项目以提高投资效益。近几年来,世界银行对发展中国家的开发性投资项目中,就十分重视项目的社会评价,以解决项目本身与各方面社会关系的相互协调。可以说,对于社会影响的评价,是人类文明与工业发展的必然趋向,它与原来的过分强调经济影响评价的导向是大有区别的,甚至是截然不同的。因此,开展工程建设项目的社会评价,特别是大型工程项目,已越来越成为人们关注的中心。

目前,在我国对于工程项目的经济效益评价已有一套方法,环境效益评价也正按有关法规规定的技术经济指标进行对比评价。对于社会效益评价,国家计委制定的《关于建设项目可行性研究试行管理办法》中也明确提出要进行社会效益评价,并已把它列为可行性研究报告的十项内容之一,对此,一些部门和单位进行了研究与探索。但迄今为止,仍处在探索阶段,还没有一套可操作的社会效益评价方法。

按国际通行做法,对于超大型项目来说,工程项目的社会评价至少应包括下述几项内容。

1. 社会发展目标

社会发展目标主要是指除去经济指标以外的社会发展目标,如人口、生态环境、自然资源、科技进步、劳动就业、卫生保健、居民收入和消费、住房与生活服务、教育、文化生活、体育,以及社会保障、社会福利、社会公平、社会稳定、安全、民族团结等。

评价社会发展目标效益的主要问题是如何划分经济效益和社会效益。有三个原则可供参考:第一,项目的直接经济效益与一次性间接经济效益列入经济效益范畴,不列入社会评价;第二,项目的社会经济效益即宏观经济效益和间接经济效益,如项目对全社会经济效益的影响,对国民经济发展远景的影响,对部门经济的影响,对其他部门经济效益、地区经济效益的影响等也应属经济评价范围,而不列入社会评价(当然有些工程项目以提供社会效益为主的公共事业项目,通常以其他部门的经济效益反映其社会效益,如交通和城市基础设施建设项目等,均应根据各行各业具体情况来划定);第三,经济效益与社会效益难以划分清楚的列入社会效益评价范围。

2. 项目的分配效益

评价项目的分配效益,根本在于分配是否公平。这不仅是一个经济问题,也是一个社会问题。对这一原则主要有两种观点:一种观点认为应增强社会公平分配方面的评价指标,如结合实际计算项目收益中对中央、地方财政收入和职工收入的分配效益,并给予相应的权重等;另一种观点认为政府可以采取直接的行政与财政手段来解决收入的公平分配问题,不必在项目社会评价中考虑收入分配指标。

3. 项目与社会生态环境的协调程度

项目与社会生态环境协调程度的评价是极其重要的。在一个地区,建设项目特别是大型和超大型项目,项目所在地区的各种社会因素,如当地的文化水平、风俗习惯、人口结构、卫生、生产的社会组织、家庭结构、劳动力状况、各种资源的取得与控制等,都将对项目的设计与实施产生不同程度的影响。根据国际经验,项目社会分析的主要目的是使项目适合于“人”,适应于所处的社会环境和生态环境,即与所在地区的社会、生态和环境相适应,并促使地区社会经济的进步与变革,以适应该项目的生存与发展。因此,这种项目的社会动态分析应与项目的技术、财务和经济等分析放在一个系统内,处于同等重要的位置,并贯穿项目立项直到实施完成的整个项目周期中。

4.项目与社会相互适应性分析

以分析项目与当地社区的相互适应性为主,但大中型项目则还有适应国家、地方(省、市)发展重点的问题。这部分适应性分析的目的是:使项目与社会相适应,以防止发生社会风险,保证项目生存的持续性;促使社会适应项目的生存与发展,以促进社会进步与发展。项目与社会相互适应性分析一般可包括以下内容:

(1)项目是否适应国家、地方(省、市)发展的重点。

(2)项目的文化与技术的可接受性。分析项目是否适应当地人民的需求,当地人民在文化与技术上能否接受此项目,有无更好的成本低、效益高,更易为当地人民接受的方案等。

(3)项目存在社会风险的程度。项目有无社会风险,严重程度如何,干部与群众对项目有何反应,对项目的态度如何,有无不满或反对的,特别是项目是否为贫困户、妇女与受损群众所接受,是否存在不满;采取什么措施防止社会风险。

(4)受损群众的补偿问题。分析项目使谁受益,谁受损,特别是有无脆弱群体受损;分析影响受益与受损的因素,研究如何防止效益流失与减少受损群众的数量以及如何补偿的措施等。

(5)项目的参与水平。分析研究社区干部、群众参与项目各项活动的态度、要求,可能的参与水平,提出参与规划。

(6)项目承担机构能力的适应性。分析项目承担机构的能力,是否需要采取措施提高其能力以适应项目的持续性,研究是否要建立非政府组织以协助项目承担机构的工作,以及组织机构的发展等问题。

(7)项目的持续性。主要是通过分析研究项目与社会的各种适应性,存在的社会风险等问题,研究项目能否持续实施,并持续发挥效益的问题。对影响项目持续性的各种社会因素,研究采取措施解决,以保证项目生存的持续性。

**(二)社会评价方法**

对社会效益或社会成本的评价远比对经济效益或成本的评价要复杂和困难得多,原因是:社会效益或成本有很多是难以用市场价格或货币单位计量的。社会效益或成本往往不是直接地体现出来,有些影响不是有形而是无形的;社会效益或成本往往是一个长期过程,甚至有些项目的影响要到下一代或更长的时间才能体现出来;不同的项目有不同的短期和长期利益,从理论上可以证明或找到一个各方都认为是最优的方案,但却很难使人相信有一种各方都承认的全面准确的计算口径与实施办法。因此,社会评价的困难在于它比经济评价更难摆脱主观判断带来的片面性,还包括不同价值标准带来的各类矛盾。这体现在社会评价计算范围的定界划限的难度上。无论评价内容的取舍,还是时间的限定,都需要按照具体情况权衡。当然,社会评价的“价值倾向”也是不可忽视的,它不仅涉及评价内容和利益主体,还涉及法律道德和民习民俗。

社会评价的具体方法,目前普遍采用成本效益分析法。投资项目的经济性投入和经济性产出、非经济性产出不仅客观存在,而且有时是大量交叉存在着。在现实经济活动中,由于经济性投入带来经济性产出是天经地义的,但是也可能获得非经济性产出,或者获得部分经济性与部分非经济性产出。而非经济性产出往往又是无法定量计算的,或无法用价值形式表达的,只能进行定性评价,或进行比较性描述,或用指标与指标体系进行描述。据此,可以把社会评价的方法分为三大类:第一类是借用技术经济分析方法,把费用—效益分析方法扩大到社会评价的某些内容中,即将经济性投入和经济性产出进行比较;第二类则借用指标与指标体系进行评价,主要用于非经济性产出;第三类是同时用费用—效益分析法与指标法,即定量与比性相结合进行评价。

1.社会评价指标设置原则

设置社会评价指标应遵循下述四项基本原则:

(1)科学性原则,即有科学内涵,概念清楚,符合经济学与社会学原理。

(2)可比性原则,即建立的指标有比较性基础,并可用相同方法进行比较。

(3)实用性原则,既可用来评价过去,也可用来评价现在和未来。

(4)通用性原则,即有普遍性意义,既可纵向应用,也能横向应用。

按照上述原则,充分运用指标与指标体系的比较功能、评价功能、评选功能和控制功能,才能使项目的社会评价真正成为决策者的参考依据。

2.社会效益的定量评价

深入社会评价有一定的难度,但社会评价在某些方面仍然可以采用定量评价指标。结合我国的实际及其未来发展方向,以下几个方面的指标是非常重要的。

(1)就业效果指标

目前就业问题比较突出,实现社会充分就业已成为社会发展的重要目标,从这个目标考察项目的社会效果是必要的。就业效果可以采用单位投资就业效果与单位投资非熟练劳动力就业效果两项指标。其计算如下:

$$\text{单位投资总就业效果} = \frac{\text{新增总就业人数(包括本项目与相关项目)}}{\text{项目总投资(包括直接投资和间接投资)}} \tag{2-38}$$

总就业效果可分为直接投资所产生的直接就业效果和与该项目直接相关的项目投资产生的间接就业效果,即可由国家根据该地区人均国民收入或消费水平与全国人均国民收入或消费水平之比,结合国家投资长远计划的地区布局原则加以确定,一般应大于1。

(2)节能效果指标

节能效果指标描述项目的综合能耗水平。节约能源既是近期也是长期的重要政策目标,因而有必要设置节约能源效果指标考察项目能源消耗是否达到国家规定的节约要求。

$$\text{项目的综合能耗水平} = \frac{\text{项目的综合能耗}}{\text{项目的净产值}} \tag{2-39}$$

各种能耗可以折合成"吨标煤消耗/万元"计算。

(3)节约用地效果

一种是设置土地占用量指标,另一种是设置节约用地效果,即:

$$\text{单位投资占地} = \frac{\text{项目土地占用量}}{\text{项目总投资}} \quad (\text{m}^2/\text{百万元}) \tag{2-40}$$

(4)节约水资源效果

节约用水是全社会的长期任务,特别是工农业用水占总耗水量比重很大,有的地区往往与生活用水相矛盾。节约水资源效果指标,可以促进全国和各地加速研究制定节约用水定额。设立项目人均耗水量指标与国家和地区规定的定额相比较,以考察项目是否达到要求的定额。其计算公式为:

$$\text{项目人均耗水量}=\frac{\text{项目总耗水量}}{\text{项目设计总人数}}\quad [m^3/(\text{人}\cdot\text{日})] \tag{2-41}$$

生产性项目应分别计算单位生产用水与项目人均生活耗水量,单位产品耗水应按行业规定的定额考核。

(5)节约时间效果

节约时间效果指交通运输项目、邮政通信、商业项目和社会饮食服务业等投资的社会效益,能使人们由于利用这些项目的服务节约时间,从而提高劳动生产率或增加休息和文体活动时间,从而增进健康,提高文化素质。这种时间节约对社会经济发展、提高人民文化水平、提高寿命等社会发展目标都是有利的。

3.社会效益的定性分析

项目的社会效益范围很广,许多社会效益不能定量,只能进行定性分析。通常社会效益的定性评价包括以下内容:

(1)对环境保护与生态平衡的影响。

(2)对提高国家、部门、地区科学技术水平的影响。

(3)对普及科学知识,提高人民科学水平的影响。

(4)对国防安全的影响。

(5)对民族政策、风俗习惯、民族团结的影响。

(6)对提高人民教育水平的影响(如普及义务教育,增加大学、中专以上学历的人数,降低文盲、半文盲人数等)。

(7)对繁荣当地文化生活,提高人民文化水平的影响。

(8)对增进人民健康,延长寿命的影响(如增加医院病床床位,增加营养品的供以,增加防疫保健设施,增加文化娱乐体育设施等)。

(9)对美化环境,提高森林覆盖率的影响。

(10)受益对象、程度与受益方式。

(11)受损对象与补偿方式。

(12)监测项目寿命期内对人民生活影响的措施。

(13)迁移或重新安置的必要性与措施。

(14)对当地劳动力状况的调查。

(15)项目对当地现有资源分配和居民家庭内部收入支出的影响。

(16)项目对当地土地使用上的影响(如大坝、人工湖、灌溉规划、新建城镇、高速公路、机场、铁路、矿山、工厂建设等)及其补偿。

(17)项目的取水方案(包括供水量与水质)对当地水资源和人民生活的影响,及其解决措施。

(18)项目对人群与动物健康、卫生习惯的影响,及其解决措施等。

需要说明的是,定性分析与定量分析的区分不是绝对的,定性分析往往也需要数量指标说明。例如,在评价项目对卫生水平的影响时,就可采用卫生部门的标准指标,如医生比例、病床床位和某些疾病的发病率等。如果需分析项目对某些地区人们卫生习惯的影响,还要采取更具体的指标来说明。这一切都取决于要评价项目的环境特点。

## 第三节　价 值 工 程

### 一、价值工程的基本概念

价值工程(Value Engineering,简称VE)是着重功能分析,力求以最低的寿命周期成本,可靠地实现对象的必要功能的有组织的创造性活动。价值工程的定义包括以下三个内容:

(1)价值工程以提高产品的价值为目标,从满足消费者的需要出发,以最低寿命周期成本来保证实现产品必要的功能。

(2)价值工程以功能分析为核心。它不是单纯地通过减少原材料费、人工费、管理费等一般性措施降低产品的成本,而是通过对各种功能的系统分析,找出其中存在的问题,剔除不必要的功能,用更好的办法保证主要功能的实现,从而达到降低成本和提高价值的目的。

(3)VE的组织特性是依靠集体智慧进行有组织的创造性活动。VE活动涉及企业生产经营的各个部门、各个环节,需要依靠由各方面人员组织起来的智慧和力量,依据各方面的专家和有经验的人员,运用多种学科的知识和经验,进行有组织的共同努力才能获得成功。

### 二、价值工程的工作程序

VE的工作程序,按一般的决策过程划分为四个阶段12个具体步骤,见表2-28。

**VE的阶段、步骤与提问**　　表2-28

<table>
<tr><th colspan="2">阶　段</th><th>具 体 步 骤</th><th>VE提问</th></tr>
<tr><td rowspan="6">发现和分析问题的阶段</td><td rowspan="3">准备阶段</td><td>选择对象</td><td>VE对象是什么?</td></tr>
<tr><td>组成价值工程工作小组</td><td rowspan="2">围绕VE对象需要做哪些准备工作?</td></tr>
<tr><td>制订工作计划</td></tr>
<tr><td rowspan="3">分析阶段</td><td>收集整理信息资料</td><td rowspan="3">VE对象的功能是什么?<br>VE对象的成本是多少?<br>VE对象的价值是多少?</td></tr>
<tr><td>功能系统分析</td></tr>
<tr><td>功能评价</td></tr>
<tr><td rowspan="6">解决问题的阶段</td><td rowspan="3">创新阶段</td><td>方案创造</td><td rowspan="3">有无其他方法实现同样的功能?<br>新方案的成本是多少?<br>新方案能满足功能要求吗?</td></tr>
<tr><td>方案评价</td></tr>
<tr><td>提案编写</td></tr>
<tr><td rowspan="3">实施阶段</td><td>审批</td><td rowspan="2">怎样保证新方案的实施?</td></tr>
<tr><td>实施与检查</td></tr>
<tr><td>成果鉴定</td><td>VE活动的效果有多大?</td></tr>
</table>

## 三、功能分析

功能分析是价值工程的核心，是价值工程的重要手段，通过功能分析可以对VE对象应具备的功能加以确定，并加深理解和搞清各类功能之间的关系，适当调整功能比重，使产品的功能结构更加合理。

### (一)功能定义

功能定义是指用简明准确的语言来描述产品或作业的功能或作用。定义的过程，就是对功能认识不断深化的过程，其目的是为了限定功能概念的内容，明确功能概念所包含的本质，与其他功能相区别，以便实现功能评价，为以后提出改进方案提供依据。

### (二)功能整理

功能整理，就是按照一定的逻辑关系，把产品各构成要素的功能相互连接起来，组成一个体系，编制出功能系统图。

根据"目的—手段"，把产品零部件之间的关系系统化，并把上位功能放在左边，下位功能放在右边，按各项功能的相互关系依次排列，并用线段连接起来，就构成了功能系统图，如图2-22所示。

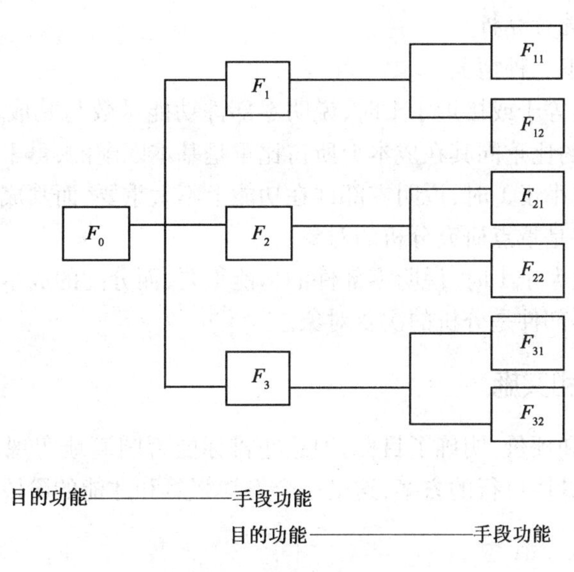


图2-22 功能系统示意图

图中，$F_0$是产品的基本功能，即最上位功能；$F_1$、$F_2$、$F_3$是实现功能$F_0$的手段，是$F_0$的下位功能，但它们又是$F_{11}$、$F_{12}$、$F_{21}$、$F_{22}$、$F_{31}$、$F_{32}$的上位功能，通过这样的关系可以把产品的设计意图用功能系统图表示出来。

## 四、功能评价

功能评价就是采取一定的方法，对功能分析所确定的功能或功能区域进行定量分析，用一个数值来表示功能的大小或重要程度，其目的是探讨功能的价值，根据功能与成本的对比关系，确定功能价值，找出低价值的功能或功能区域，明确改进功能的具体范围，根据目标成本，确定价值工程的重点项目和经济指标。功能评价的方法主要有功能评价系数法和功能成本法。

功能评价系数法步骤如下。

1. 求功能评价系数

功能评价系数的大小说明零部件功能的重要程度。其计算公式为：

$$功能评价系数=\frac{某一零部件的功能分数}{全部零部件的功能分数之和} \tag{2-42}$$

2. 求成本系数

查找出每个零部件的现实成本(即近期的实际成本)，除以全部零部件现实成本之和，得到每个零部件的成本系数。其计算公式如下：

$$成本系数=\frac{某一零部件的现实成本}{全部零部件的现实成本之和} \tag{2-43}$$

3. 求价值系数

零部件功能评价系数同其成本系数之比，称为该零部件的价值系数，即：

$$价值系数=\frac{功能评价系数}{成本系数} \tag{2-44}$$

4. 根据价值系数进行分析

价值系数出现以下三种情况：

第一种，价值系数等于或接近于1时，说明零部件功能系数与其成本系数相同或接近，即零部件在功能上所占的比重同其在成本上所占比重是基本匹配的，可不作为重点分析对象。

第二种，价值系数小于1时，说明零部件在功能上不太重要，而其成本所占比重大，应该降低其成本，这些零部件是重点研究分析的对象。

第三种，价值系数大于1时，说明零部件的功能重要，而分配的成本较低，应该检查分析是否有过剩功能，这些零部件是分析的次要对象。

## 五、方案的创新和实施

经过前面的分析和评价，明确了目标，但这些目标能否圆满地实现，还要看在制订方案阶段能否创造出理想而具体可行的方案，这是一个发挥智慧和才能的阶段，是价值工程活动中的关键环节。

### (一)方案的创造

方案创造阶段是价值工程活动进入解决问题的阶段。方案创造是针对价值工程的具体对象，依据已建立的功能系统图和确定的目标成本，通过创造性的思维活动，提出各种不同的实现功能的方案，以供优选之用。方案创造要有创新精神，要集思广益，应优先考虑上位功能和价值低的功能区域，使提出的方案在技术上先进、经济上合理、管理上可行。

### (二)方案的评价和选择

方案评价的目的，是从许多设想的方案中根据要求选出最优方案，方案评价可分为概略评价和详细评价，如图2-23所示。

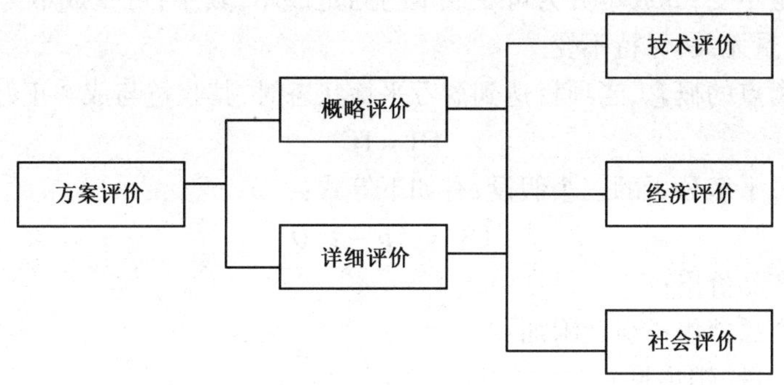


图 2-23 方案评价示意图

### (三)价值工程活动成果评价

经过方案评价选出的最优方案,作为正式改进方案,在经有关部门审批同意后,即可实施。在方案实施过程中,应该对方案的实施情况进行检查,发现问题及时解决。方案实施完成后,要进行总结评价,通常包括经济效果评价、技术成果评价、社会效益评价和 VE 工作总结。

## 第四节 不确定性分析

不确定性分析包括盈亏平衡分析、敏感性分析和概率分析。

### 一、盈亏平衡分析

盈亏平衡分析又称为损益平衡分析或平衡点分析。它是根据项目正常生产年份的产品产量(或销售量)、可变成本、固定成本、产品价格和销售税金等数据,确定项目的盈亏平衡点(盈利到亏损的临界点即盈利为零的点),并通过盈亏平衡点来分析项目成本与收益的平衡关系的一种方法。

#### (一)盈亏平衡点及其确定

所谓盈亏平衡点是项目盈利与亏损的分界点,它标志着项目不亏不盈的生产经营临界水平,反映了在达到一定的生产经营水平时该项目的收益与成本的平衡关系。盈亏平衡点通常用产量表示,也可以用生产能力利用率、销售收入、产品单价等来表示。

盈亏平衡点的确定主要根据其定义来进行。即在盈亏平衡点处,项目处于不亏不盈的状态,项目的收益与成本相等,可用下式表示:

$$TR = TC \tag{2-45}$$

式中:TR——项目的总收益;

TC——项目的总成本。

由于 TR 和 TC 都是产品产量的函数,因此从上式出发即可求出项目在盈亏平衡点处的产量,即盈亏平衡产量。

#### (二)线性盈亏平衡分析

线性盈亏平衡分析一般是基于以下假设条件:①产品的产量与销售量是一致的;②单位产

品的价格保持稳定不变;③成本分为可变成本与固定成本,其中,可变成本与产量成正比例关系,固定成本与产量无关,保持不变。

根据盈亏平衡点的概念,当项目达到盈亏平衡状态时,其收益与成本正好相等,即:

$$TR = TC$$

根据线性盈亏平衡分析的三个假设,有如下等式:

$$TR = (p - t)Q \tag{2-46}$$

式中:$p$——单位产品价格;

$t$——单位产品销售税金及附加;

$Q$——产品产量(销售量)。

$$TC = F + VQ \tag{2-47}$$

式中:$F$——固定成本;

$V$——单位产品可变成本。

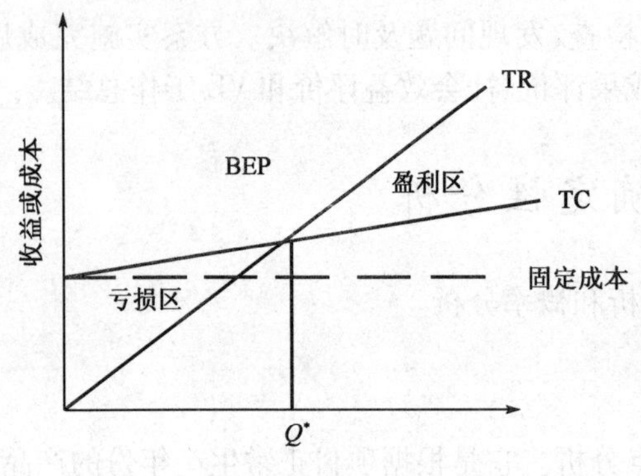


图2-24　盈亏平衡图

设盈亏平衡产量为 $Q^*$,则当 $Q = Q^*$ 时,有 TR = TC,即 $(p-t)Q^* = F + VQ^*$,可解得:

$$Q^* = F/(P - t - V) \tag{2-48}$$

线性盈亏平衡分析见图2-24。

从图2-24中可看出,当产量水平低于盈亏平衡产量 $Q^*$ 时,TR线在TC线的下方,项目是亏损的;当产量水平高于盈亏平衡产量 $Q^*$ 时,TR线在TC线的上方,项目是盈利的。盈亏平衡点越低,项目的盈利机会就越大,亏损的风险就越小。

### (三)非线性盈亏平衡分析

在实际生产经营过程中,产品的销售收入与销售量之间,成本费用与产量之间,并不一定呈线性关系。比如,当项目的产量在市场中占有较大份额时,其产量的高低可能会明显影响市场的供求关系,从而使市场价格发生变化;再比如,根据报酬递减规律,变动成本随着生产规模的不同而与产量呈非线性的关系,在生产中还有一些辅助性的生产费用(通常称为半变动成本)随着产量的变化而呈梯形分布。由于这些原因,造成产品的销售收入、总成本与产量之间存在着非线性关系,在这种情况下进行的盈亏平衡分析,称为非线性盈亏平衡分析。

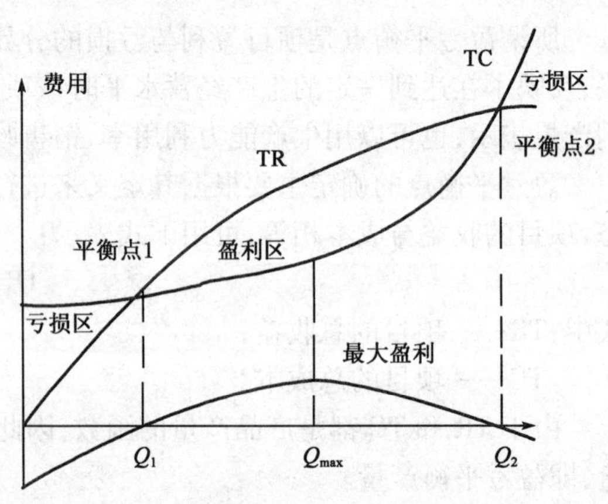


图2-25　非线性盈亏平衡分析

非线性盈亏分析的基本过程如图2-25所示。在图2-25中,当产量小于 $Q_1$ 或大于时,项目都处于亏损状态,只有当产量处于 $Q_1 \leqslant Q \leqslant Q_2$ 时,项目才处在盈利区域。因此,$Q_1$ 和

$Q_2$ 是项目的两个盈亏平衡点,其解法如下。

假设产品的产量等于其销售量,均为 $Q$,则产品的销售收益、总成本与产量的关系可表示如下:

$$TR(Q) = a_1Q^2 + b_1Q + c_1$$
$$TC(Q) = a_2Q^2 + b_2Q + c_2 \qquad (2\text{-}49)$$

式中,$a_1$、$b_1$、$c_1$、$a_2$、$b_2$、$c_2$ 均为系数。

根据盈亏平衡点的定义:

$$TR(Q) = TC(Q)$$

代入整理后得到:

$$(a_1 - a_2)Q^2 + (b_1 - b_2)Q + (c_1 - c_2) = 0$$

解此一元二次方程,得到两个解分别为 $Q_1$ 和 $Q_2$,也即求出了项目盈亏平衡点的产量。

另外,根据利润的表达式:

$$\text{利润} = \text{收益} - \text{成本} = TR - TC$$

通过对上式的产量求一阶导数并令其等于零,即:

$$d[TR - TC]/dQ = 0$$

还可以求出使得利润为最大的产量水平 $Q_{max}$,$Q_{max}$ 又称为最大盈利点。

## 二、敏感性分析

敏感性分析是经济决策中最常用的一种不确定性分析方法,它是通过分析、预测项目主要影响因素发生变化时对项目经济评价指标(如 NPV、IRR 等)的影响,从中找出敏感因素,并确定其影响程度。

### (一)敏感性分析的一般步骤

1. 确定敏感性分析指标

所谓敏感性分析指标,是指敏感性分析的具体对象。理论上,经济效果评价中的一系列指标都可以作为敏感性分析的指标,但实际上,不可能也不需要对每一经济效果指标都作敏感性分析,应根据经济效果评价的深度和具体要求,选择一种或两种评价指标作为敏感性分析的指标。无论选用何种指标,都应与确定性分析中的经济效果指标相一致。

2. 选择对评价指标有影响的不确定因素,并设定其变动范围

不确定因素的选择一般是从两个方面考虑:第一方面是预计这些因素在可能的变化范围内,对投资效果影响较大;第二方面是这些因素发生变化的可能性较大。

3. 计算各个不确定因素对经济评价指标的影响程度

通常可以计算以下指标来判别不确定因素对经济评价指标的影响程度。

(1)敏感度系数($S_{AF}$)

敏感度系数是指项目评价指标变化率与不确定性因素变化率之比,可按下式计算:

$$S_{AF} = \frac{\Delta A/A}{\Delta F/F} \qquad (2\text{-}50)$$

式中:$\Delta F/F$——不确定性因素 $F$ 的变化率;

$\Delta A/A$——不确定性因素 $F$ 发生 $\Delta F$ 变化时,评价指标 $A$ 的相应变化率。

(2)临界点

临界点系指不确定性因素的变化使项目由可行变为不可行的临界数值,一般采用不确定性因素相对基本方案的变化率或其对应的具体数值表示。临界点可通过敏感性分析图得到近似值,也可采用试算法求解。

4. 绘制敏感性分析图,并对方案进行综合分析,制定控制和弥补措施

敏感性分析结果通常汇总编制成敏感性分析表。根据分析表,以某个评价指标为纵坐标,以不确定因素的变化率为横坐标作敏感分析图,确定敏感因素,这样决策者可结合不确定因素变化的可能性和预测这些因素变化对项目带来的风险,制定相应的控制和弥补措施。

**(二)敏感性分析方法**

敏感性分析通常采用因素替换法,又称逐项替换法,它是将方案中的变动因素每次替换其中的一个,以求得该因素敏感性的一种方法。计算时,只变动某个因素而令其他因素固定不变,观察变动的因素对方案经济效果的影响程度,从而确定其是否为敏感因素;然后逐次替换其他因素,计算出其他各影响因素的敏感性,直到得出方案全部影响因素的敏感性为止。

**【例2-34】** 某投资方案设计年生产能力为10万台,计划总投资为1 200万元,期初一次性投入,预计产品价格为35元/台,年经营成本为140万元,方案寿命期为10年,到期时预计残值收入为80万元,基准收益率为10%,试就投资额、单位产品价格、经营成本等影响因素对该投资方案做敏感性分析。

**解:**(1)方案评价

根据净现值的计算公式,可计算出项目在初始条件下的净现值,即:

$$NPV_0 = (-1\ 200) + (35 \times 10 - 140)(P/A,10\%,10) + 80(P/F,10\%,10) = 121.21(\text{万元})$$

由于 $NPV_0 > 0$,该项目是可行的。

(2)不确定性分析

选择净现值为敏感性分析指标,取投资额、产品价格、经营成本三个因素为不确定因素,然后令其逐一在初始值的基础上按±10%、±20%的变化幅度变动,并分别计算相对应的净现值的变化情况。计算结果反映了这几个因素的敏感性,如表2-29和图2-26所示。

**敏感性分析表**(单位:万元)　　表2-29

| 变化幅度 / 项目 | -20% | -10% | 0 | +10% | +20% | 平均+1% | 平均-1% |
|---|---|---|---|---|---|---|---|
| 投资额 | 361.21 | 241.21 | 121.21 | 1.21 | -118.79 | -9.90% | 9.90% |
| 产品价格 | -308.91 | -93.85 | 121.21 | 336.28 | 551.34 | 17.75% | -17.75% |
| 经营成本 | 293.26 | 207.24 | 121.21 | 35.19 | -50.83 | -7.10% | 7.10% |

由表2-29和图2-26可以看出,在各个变量因素变化率相同的情况下:

①产品价格的变动对净现值的影响程度最大,当其他因素均不变化时,产品价格每下降1%,净现值下降17.75%,并且还可以看出,当产品价格下降幅度超过5.64%时,净现值将由正变负,即项目由可行变为不可行。

②其次,对净现值影响大的因素是投资额,当其他因素均不变化时,投资额每增加1%,净现值下降9.90%,当投资额增加幅度超过10.10%时,净现值将由正变负,项目变为不可行。

③对净现值影响最小的因素是经营成本,在其他因素均不变化时,经营成本每上升1%,净现值下降7.10%,当经营成本上升幅度超过14.09%时,净现值将由正变负,项目变为不可行。

由此可见,按各个因素对净现值的敏感程度来排序,依次为:产品价格、投资额、经营成本,最敏感的因素是产品价格。从方案决策的角度来讲,应该对产品价格进行进一步的、更准确的测算,因为从项目风险角度来讲,如果未来产品价格发生变化的可能性较大,则意味着该投资项目的风险性亦较大。

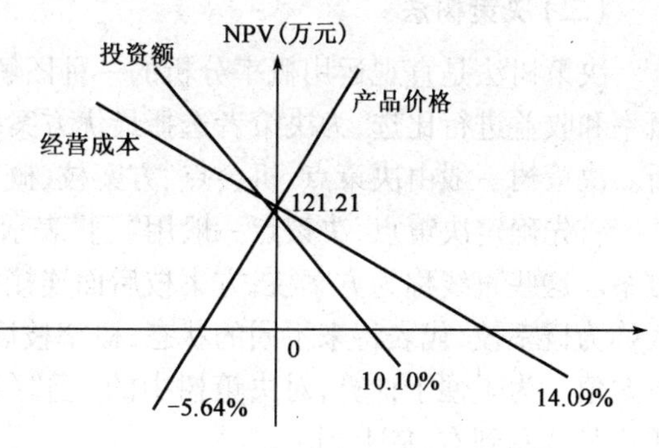


图2-26 敏感性分析图

## 三、概率分析

概率分析也称为风险分析,是利用概率来研究和预测不确定因素对项目经济评价指标影响的一种定量分析方法。概率分析的目的在于确定影响方案投资效果的关键因素及其可能的变动范围,并确定关键因素在此变动范围内的概率,然后进行概率期望值的计算,得出定量分析的结果。

概率分析的方法很多,这些方法大多是以项目经济评价指标(主要是NPV)的期望值的计算过程和计算结果为基础的。

### (一)净现值的期望值

期望值是用来描述随机变量的一个主要参数,反映随机变量取值的平均值,但这个平均值绝不是一般意义上的算术平均值,而是以随机变量各种取值的概率为权重的加权平均值。一般来讲,期望值的计算公式为:

$$E(X) = \sum_{i=1}^{n} x_i \times p_i \tag{2-51}$$

式中:$E(X)$——随机变量$x$的期望值;

$x_i$——随机变量$x$的各种取值;

$p_i$——$X$取值为$x_i$时所对应的概率值。

根据期望值的计算公式,可以很容易地推导出项目净现值的期望值计算公式为:

$$E(\mathrm{NPV}) = \sum_{i=1}^{n} \mathrm{NPV}_i \times P_i \tag{2-52}$$

式中:$E(\mathrm{NPV})$——NPV的期望值;

$\mathrm{NPV}_i$——各种现金流量情况下的净现值;

$P_i$——对应于各种现金流量情况的概率值。

净现值的期望值在概率分析中是一个非常重要的指标。一般都要计算项目净现值的期望值及净现值大于或等于零时的累计概率,其累计概率越大,表明项目承担的风险越小。

**（二）决策树法**

决策树法是直观运用概率分析的一种图解方法。它主要是用于对各个投资方案的状态、概率和收益进行比选，为决策者选择最优方案提供依据。决策树法特别适用于多阶段决策分析。决策树一般由决策点、机会点、方案枝、概率枝等组成，其绘制方法如下。

首先确定决策点，决策点一般用“□”表示；然后从决策点引出若干条直线，代表各个备选方案。这些直线称为方案枝；方案枝后面连接一个“○”，称为机会点；从机会点画出的各条直线称为概率枝，代表将来不同的状态，概率枝后面的数值代表不同方案在不同状态下可获得的收益值。为了便于计算，对决策树中的“□”（决策点）和“○”（机会点）均进行编号。编号的顺序是从左到右，从上到下。

画出决策树后，就可以很容易地计算出各个方案的期望值并进行比选。

决策树法也可用于一般的概率分析，即用于判断项目的可行性及所承担风险的大小。

## 第五节　工程寿命周期成本分析

### 一、工程寿命周期成本及其构成

工程寿命周期是指工程产品从研究开发、设计、建造、使用直到报废所经历的全部时间。工程寿命周期成本是指工程产品在寿命期内所花费的全部费用。在工程寿命周期成本中，不仅包括经济意义上的成本，还包括环境成本和社会成本。

工程寿命周期成本是工程产品在开发、设计、建造、使用、维修和报废等过程中发生的费用，即工程产品在其寿命周期内需支付的研究开发费、制造安装费、运行维修费、报废回收费等费用的总和。图2-27为工程项目寿命周期成本构成。

### 二、工程寿命周期成本分析

工程寿命周期成本分析又称为寿命周期成本评价，它是指为了从各可行性方案中筛选出最佳方案以有效利用稀缺资源，对项目方案进行系统分析的过程和活动，换言之，寿命周期成本评价是为了使用户所用系统具有经济寿命周期成本，在系统的开发阶段将寿命周期成本作为设计参数，而对系统进行彻底的分析比较后做出决策的方法。

在通常情况下，从追求寿命周期成本最低的立场出发，首先是确定寿命周期成本的各要素，将各要素的成本降低到普通水平；其次是将设置费和维持费两者进行权衡，以便确定研究的侧重点，从而使总费用更为经济；第三，再从寿命周期成本和系统效率的关系角度进行研究。此外，由于寿命周期成本是在长时期内发生的，对费用发生的时间顺序必须加以掌握。材料费和劳务费用的价格一般都会发生波动，在估算时要对此加以考虑。同时，在寿命周期成本分析中必须考虑资金的时间价值。

常用的寿命周期成本评价方法有费用效率（CE）法、固定效率法和固定费用法、权衡分析法等。

1.费用效率（CE）法

费用效率（CE）是指工程系统效率（SE）与工程寿命周期成本（LCC）的比值。其计算公式

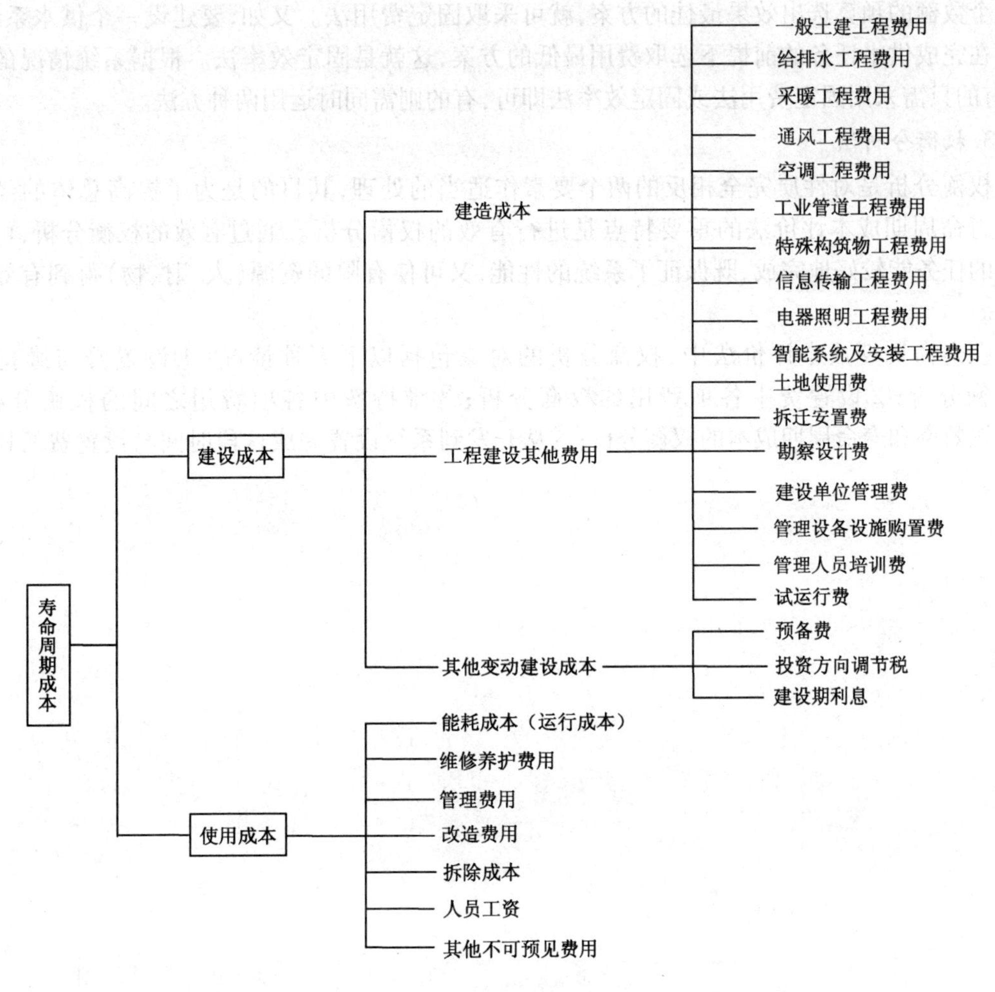


图 2-27 寿命周期成本构成体系

如下：

$$CE = \frac{SE}{LCC} = \frac{SE}{IC + SC} \tag{2-53}$$

式中：CE——费用效率；

SE——工程系统效率；

LCC——工程寿命周期成本；

IC——设置费；

SC——维持费。

2. 固定效率法和固定费用法

所谓固定费用法，是将费用值固定下来，然后选出能得到最佳效率的方案。反之，固定效率法是将效率值固定下来，然后选取能达到这个效率而费用最低的方案。

各种方案都可用这两种评价法进行比较。例如，住宅的预算只有一个规定的数额。要根据这个数额的预算选出效果最佳的方案,就可采取固定费用法。又如,要建设一个供水系统,可以在完成供水任务的前提下选取费用最低的方案,这就是固定效率法。根据系统情况的不同,有的只需采用固定费用法或固定效率法即可,有的则需同时运用两种方法。

3.权衡分析法

权衡分析是对性质完全相反的两个要素作适当的处理,其目的是为了提高总体的经济性。寿命周期成本评价法的重要特点是进行有效的权衡分析。通过有效的权衡分析,可使系统的任务能较好地完成,既保证了系统的性能,又可使有限的资源(人、财、物)得到有效的利用。

在寿命周期成本评价法中,权衡分析的对象包括以下五种情况:①设置费与维持费的权衡分析;②设置费中各项费用的权衡分析;③维持费中各项费用之间的权衡分析;④系统效率和寿命周期成本的权衡分析;⑤从开发到系统设置完成这段时间与设置费的权衡分析。

# 第三章 工程财务

## 第一节 建设项目资本金与资本金筹措

### 一、公路项目资本金制度

《国务院关于调整固定资产投资项目资本金比例的通知》(国发[2009]27 号)规定,各种经营性固定资产投资项目必须实行资本金制度,该制度既是宏观调控、促进结构调整的手段,也是建立控制企业投资风险、防范金融风险的有效机制。所谓投资项目资本金,是指在投资项目总投资中由投资者认缴的出资额,对投资项目来说属于非债务性资金,项目法人不承担这部分资金的任何利息和债务。投资者可按其出资的比例依法享有所有者权益,也可以转让其出资,但不得以任何方式抽回。

1. 项目资本金制度的实施范围

各种经营性固定资产投资项目,包括国有单位的基本建设、技术改造、房地产项目和集体投资项目,都必须首先落实资本金才能进行建设。主要用财政预算内资金投资建设的公益性项目不实行资本金制度。

实行资本金制度的投资项目,在可行性研究报告中要就资本金筹措情况做出详细说明,包括出资方、出资方式、资本金来源及数额、资本金认缴进度等有关内容。上报可行性研究报告时需附有各出资方承诺出资的文件,以实物、工业产权、非专利技术、土地使用权作价出资的,还需附有资产评估证明等有关材料。

计算资本金基数的总投资,是指投资项目的固定资产投资与铺底流动资金之和。投资项目资金占总投资的比例,根据不同行业和项目的经济效益等因素确定,现行规定如下:

(1)钢铁、电解铝项目,最低资本金比例为 40%。

(2)水泥项目,最低资本金比例为 35%。

(3)煤炭、电石、铁合金、烧碱、焦炭、黄磷、玉米深加工、机场、港口、沿海及内河航运项目,最低资本金比例为 30%。

(4)铁路、公路、城市轨道交通、化肥(钾肥除外)项目,最低资本金比例为 25%。

(5)保障性住房和普通商品住房项目的最低资本金比例为 20%,其他房地产开发项目的最低资本金比例为 30%。

(6)其他项目的最低资本金比例为 20%。

投资项目资本金的具体比例,由项目审批(或核准)单位根据投资项目的经济效益、社会效益、环境效益以及银行贷款意愿和评估意见等情况,在审批可行性研究报告时(或核准项目申请报告)核定。经国务院批准,对个别情况特殊的国家重点建设项目,可以适当降低资本金比例。属于国家支持的中小企业自主创新、高新技术投资项目,最低资本金比例可以适当降低。外商投资项目按现行有关法规执行。

2.项目资本金来源

项目资本金可以用货币出资,也可以用实物、工业产权、非专利技术、土地使用权、资源开采权作价出资,但除国家对采用高新技术成果有特别规定的外,其比例不得超过投资项目资本金总额的20%。

投资者以货币方式缴的资本金,其资金来源有:

(1)各级人民政府的财政预算内资金、国家批准的各种专项建设基金、经营性基本建设基金回收的本息、土地批租收入、国有企业产权转让收入、地方人民政府按国家有关规定收取的各种规费及其他预算外资金。

(2)国家授权的投资机构及企业法人的所有者权益、企业折旧资金以及投资者按照国家规定从资金市场上筹措的资金。

(3)社会个人合法所有的资金。

(4)国家规定的其他可以用作投资项目资本金的资金。

对某些投资回报率稳定、收益可靠的基础设施、基础产业投资项目,以及经济效益好的竞争性投资项目,经国务院批准,可以试行通过可转换债券或组建股份制公司发行股票方式筹措资本金。

为扶持不发达地区的经济发展,国家主要通过在投资项目资本金中适当增加国家投资比重,在信贷资金中适当增加政策性贷款比重以及适当延长政策性贷款的还款期等措施增强其投融资能力。

## 二、资本金筹措方式

筹集项目资金时,应满足下列基本要求:①合理确定资金需要量,力求提高筹资效果;②认真选择资金来源,力求降低资金成本;③适时取得资金,保证资金投放需要;④适当维持自有资金比例,正确安排举债经营。

从总体上看,项目的资金来源可分为投入资金和借入资金,前者形成项目的资本金,后者形成项目的负债。

### (一)项目资本金

根据出资方的不同,项目资本金分为国家出资、法人出资、个人出资和外商出资。建设项目可通过政府投资、股东直接投资、发行股票、利用外资直接投资等多种方式来筹集资本金。

1.政府投资

政府投资资金,包括:各级政府的财政预算内资金、国家批准的各种专项建设基金、统借国外贷款、土地批租收入、地方政府按规定收取的各种费用及其他预算外资金等。政府投资主要用于关系国家安全和市场不能有效配置资源的经济和社会领域。国家根据资金来源、项目性质和调控需要,分别采取直接投资、资本金注入、投资补助、转贷和贷款贴息等方式,并按项目安排政府投资。

2.股东直接投资

股东直接投资,包括:政府授权投资机构入股资金、国内外企业入股资金、社会团体和个人入股资金以及基金投资公司入股的资金,分别构成国家资本金、法人资本金、个人资本金和外商资本金。

对于既有法人融资项目,股东直接投资表现为扩充既有企业的资本金,包括原有股东增资扩股和吸收新股东投资。对于新设法人融资项目,股东直接投资表现为项目投资者为项目提供资本金。

### 3. 发行股票

股票是股份公司发放给股东作为已投资入股的证书和索取股息的凭证,是可作为买卖对象或质押品的有价证券。发行股票融资可以采取公募与私募两种形式。

股票的种类:按股东承担风险和享有权益的大小,股票可分为普通股和优先股。

(1)优先股:在公司利润分配方面较普通股有优先权的股份。优先股的股东按一定的比例取得固定股息;企业清算时,能优先得到剩下的可分配给股东的财产。

(2)普通股:在公司利润分配方面享有普通权利的股份。普通股股东除能分得股息外,还可在公司盈利较多时再分享红利。因此,普通股获利水平与公司盈亏息息相关。股票持有人不仅可据此分配股息和获得胜票涨价时的利益,且有选举该公司董事、监事的机会,有参与公司管理的权利,股东大会的选举权根据普通股持有额计票。

### 4. 吸收国外资本直接投资

吸收国外资本直接投资的方式主要包括与外商合资经营、合作经营、合作开发及外商独资经营等形式,国外资本直接投资方式的特点是:不发生债权债务关系,但要让出一部分管理权,并且要支付一部分利润。

(1)合资经营(股权式经营)。合资经营是外国公司、企业或个人经我国政府批准,同我国的公司在我国境内举办合营企业。合资经营企业由合营各方出资认股组成,各方出资额由双方协商确定,但外方出资不得低于一定比例。合资企业各方的出资方式可以是现金、实物,也可以是工业产权和专有技术,但不能超出其出资额的一定比例,合营各方按照其出资比例对企业实施控制权、分享收益和承担风险。

(2)合作经营(契约式经营)。这种经营方式是一种无股权的契约式经济组织,一般情况下是由中方提供土地、厂房、劳动力,由国外合作方提供资金、技术或设备而共同兴办的企业。合作经营企业的合作双方权利、责任、义务由双方协商并用协议或合同加以规定。

(3)合作开发。主要指对海上石油和其他资源的合作勘探开发,合作方式与合作经营类似。合作勘探开发,双方应按合同规定分享产品或利润。

(4)外资独营。外资独营是由外国投资者独自投资和经营的企业形式。按我国规定,外国投资者可以在经济特区、开发区及其他经我国政府批准的地区开办独资企业,企业的产、供、销由外国投资者自行规定。外资独营企业的一切活动应遵守我国的法律、法规和我国政府的有关规定,并照章纳税。纳税后的利润,可通过中国银行按外汇管理条例汇往国外。

国务院批准自2012年1月30日起施行的《外商投资产业指导目录(2011年修订)》明确规定,铁路干线路网、民用机场、综合水利枢纽等项目必须中方控股。

## (二)负债筹资

项目负债筹资一般包括银行贷款、发行债券、设备租赁和借入国外资金等方式。

1. 银行贷款

银行贷款是银行利用信贷资金所发放的投资性贷款。银行贷款因其性质不同可分为政策性银行贷款和商业银行贷款。商业银行贷款是我国建设项目获得短期、中长期贷款的重要渠道,国内商业银行贷款手续简单,成本较低,适用于有偿债能力的建设项目;政策性银行贷款一般期限较长,利率较低,是为配合国家产业政策等的实施,对有关的政策性项目提供的贷款。我国政策性银行有国家开发银行、中国进出口银行和中国农业发展银行。

2. 发行债券

债券是借款单位为筹集资金而发行的一种信用凭证,它证明持券人有权按期取得固定利息并到期收回本金。我国发行的债券又分为国家债券、地方政府债券、企业债券和金融债券等,其中作为项目资金筹资渠道的主要是企业债券。

目前,我国企业债券的发行需纳入国家信贷计划;申请发行企业债券必须经过严格的审核,只有实力强、资信好的企业才有可能被批准发行企业债券,还必须有实力很强的第三方提供担保。

一般来说,当企业预测未来市场销售情况良好、盈利稳定、预计未来物价上涨较快、企业负债比率不高时,可以考虑以发行债券的方式进行筹资。

3. 设备租赁

设备租赁是指出租人和承租人之间订立契约,由出租人应承租人的要求购买其所需的设备,在一定时期内供其使用,并按期收取租金。租赁期间设备的产权属出租人,承租人只有使用权,且不得中途解约。期满后,承租人可以从以下的处理方法中选择:将所租设备退还出租人、延长租期、作价购进所租设备、要求出租人更新设备,另订租约。

设备租赁的方式可分为:融资租赁、经营租赁和服务出租等方式。

(1)融资租赁。融资租赁是设备租赁的重要形式,它将贷款、贸易与出租三者有机地结合在一起。其出租过程为:先由承租人选定制造厂家,并就设备的型号、技术、价格、交货期等与制造厂家商定;再与租赁公司就租金、租期、租金支付方式等达成协议,签订租赁合同;然后由租赁公司通过向银行借款等方式筹措资金,按照承租人与制造厂家商定的条件将设备买下;最后根据合同出租给承租人。融资租赁是一种融资与融物相结合的筹资方式,有利于及时引进设备,加速技术改造。但融资租赁的成本相对较高。

(2)经营出租。出租人将自己经营的出租设备进行反复出租,直至设备报废或淘汰为止的租赁业务。

(3)服务出租。主要用于车辆的租赁,即租赁公司向用户出租车辆时,还提供保养、维修、检车、事故处理等业务。

4. 借用国外资金

借用国外资金大致可分为以下几种途径:

(1)外国政府贷款。这种贷款的特点是利率较低(年利率一般为2%～4%),期限较长(一般为20～30年,最长可达50年),但数额有限。因此,这种贷款比较适合用于建设周期长、金额较大的工程建设项目,如发电站、港口、铁路及能源开发等项目。

(2)国际金融组织贷款。目前与我国关系最为密切的国际金融组织是国际货币基金组织、世界银行和亚洲开发银行。

(3)国外商业银行贷款，包括国外开发银行、投资银行、长期信用银行以及开发金融公司对我国提供的贷款。建设项目投资贷款主要是向国外银行筹措中长期资金，一般通过中国银行、国际信托投资公司办理。这种贷款的特点是可以较快筹集大额资金，借得资金可由借款人自由支配，但利息和费用负担较重。

(4)在国外金融市场上发行债券。债券的偿付期限较长，一般在7年以上；发行金额一次在1亿美元以上，筹得的款项可以自由运用。但债券发行手续比较繁琐，且发行费用较高，同时还要求发行人有较高的信誉，精通国际金融业务。由此可见，这种筹资方式适用于资金运用要求自由、投资回报率较高的项目。

(5)吸收外国银行、企业和个人存款。吸收国外的存款主要是通过我国的金融机构，特别是设在经济特区、开发区和海外的金融机构，广泛吸收包括私人客户外汇存款、同业银行存款、企业外汇存款在内的各类外汇存款。这类存款的特点是分散、流动性大，但成本低、风险小。若安排得当，不失为利用外资的一种好方式。

(6)利用出口信贷。出口信贷是西方国家政府为了鼓励资本和商品输出而设置的专门信贷。这种贷款的特点是利息率较低，期限一般为10～15年，借方所借款项只能用于购买出口信贷国的设备。

## 第二节　项目资金成本

### 一、资金成本的概念、性质和作用

#### 1. 资金成本及其组成

资金成本是指企业为筹集和使用资金而付出的代价。广义地讲，企业筹集和使用任何资金，不论是短期的还是长期的，都要付出代价。狭义的资金成本仅指筹集和使用长期资金(包括自有资金和借入长期资金)的成本。由于长期资金也被称为资本，所以，长期资金的成本也可称为资本成本。在这里所说的资金成本主要是指资本成本。资金成本一般包括资金筹集成本和资金使用成本两部分。

(1)资金筹集成本。资金筹集成本是指在资金筹措过程中支付的各项费用，如发行股票或债券支付的印刷费、发行手续费、律师费、资信评估费、公证费、担保费、广告费等。资金筹集成本一般属于一次性费用，筹资次数越多，资金筹集成本也就越大。

(2)资金使用成本。资金使用成本又称资金的占用费，是指占用资金而支付的费用，它主要包括支付给股东的各种股息和红利、向债权人支付的贷款利息以及支付给其他债权人的各种利息费用等。资金使用成本一般与所筹集资金的多少以及使用时间的长短有关，具有经常性、定期性的特征，是资金成本的主要内容。

#### 2. 资金成本的性质

资金成本是在商品经济社会中由于资金所有权与资金使用权相分离而产生的。

(1)资金成本是资金使用者向资金所有者和中介机构支付的占用费和筹资费，作为资金的所有者，它绝不会将资金无偿让渡给资金使用者去使用；而作为资金的使用者，也不能无偿地占用他人的资金。

(2)资金成本与资金的时间价值既有联系,又有区别。资金的时间价值反映了资金随着其运动时间的不断延续而不断增值,是一种时间函数,而资金成本除了可以看做是时间函数外,还表现为资金占用额的函数。

(3)资金成本具有一般产品成本的基本属性。资金成本是企业的耗费,企业要为占用资金而付出代价、支付费用,而且这些代价或费用最终也要作为收益的扣除额来得到补偿。资金成本中只有一部分具有产品成本的性质,这一部分耗费计入产品成本,而另一部分作为利润的分配,不能列入产品成本。

3. 资金成本的作用

分析资金成本有助于企业选择筹资方案,确定筹资结构以及最大限度地提高筹资的效益。资金成本主要有以下几点作用。

(1)资金成本是选择资金来源、筹资方式的重要依据

不同的筹资方式,其个别的资金成本也不尽相同。企业挑选最小的资金成本作为选择筹资方式的重要依据。但是,不能把资金成本作为选择筹资的唯一依据。

(2)资金成本是企业进行资金结构决策的基本依据

企业的资金结构一般由借入资金与自有资金组合而成,这种组合有多种方案,如何寻求两者之间的最佳组合,一般可通过计算综合资金成本作为企业决策的依据。

(3)资金成本是比较追加筹资方案的重要依据

企业为了扩大生产经营规模,增加所需资金,往往以边际资金成本作为依据。

(4)资金成本是评价各种投资项目是否可行的一个重要尺度

如果投资项目的预期投资收益率高于其资金成本,则是可行的;反之,如果预期投资收益率低于其资金成本,则是不可行的。

(5)资金成本也是衡量企业整个经营业绩的一项重要标准

资金成本是企业从事生产经营活动必须挣得的最低收益率。若利润率高于资金成本,可以认为经营良好;反之,企业经营欠佳,应该加强和改善生产经营管理,进一步提高经济效益。

## 二、资金成本计算

1. 资金成本计算的一般形式

资金成本可用绝对数表示,也可用相对数表示。为便于分析比较,资金成本一般用相对数表示,称之为资金成本率。其一般计算公式为:

$$K=\frac{D}{P-F}$$

或

$$K=\frac{D}{P(1-f)} \tag{3-1}$$

式中:$K$——资金成本率(一般通称为资金成本);

$D$——使用费;

$P$——筹集资金总额;

$F$——筹资费；

$f$——筹资费费率（即筹资费占筹集资金总额的比率）。

资金成本是选择资金来源、拟定筹资方案的主要依据，也是评价投资项目可行性的主要经济指标。

2. 各种资金来源的资金成本

1）权益融资成本

（1）优先股成本。公司发行优先股股票筹资，需支付的筹资费有注册费、代销费等，其股息也要定期支付，但它是公司用税后利润来支付的，不会减少公司应上缴的所得税。优先股资金成本率可按下式计算：

$$K_P = \frac{D_P}{P(1-f)}$$

或

$$K_P = \frac{P_0 i}{P_0(1-f)} = \frac{i}{1-f} \tag{3-2}$$

式中：$K_P$——优先股成本率；

$D_P$——优先股每年股息；

$P_0$——优先股票面值；

$i$——股息率；

$f$——筹资费费率（即筹资费占筹集资金总额的比率）。

**【例3-1】** 某公司发行优先股股票，票面额按正常市价计算为200万元，筹资费费率为4%，股息年利率为14%，则其资金成本率为：

$$K_P = \frac{200 \times 14\%}{200 \times (1-4\%)} = \frac{14\%}{1-4\%} = 14.58\%$$

（2）普通股成本。确定普通股资金成本的方法有股利增长模型法、税前债务成本加风险溢价法和资本资产定价模型法。

①股利增长模型法。普通股的股利往往不是固定的，通常有逐年上升的趋势。如果假定每年股利增长率为$g$，第一年的股利为$D_1$，则第二年为$D_1(1+g)$，第三年为$D_1(1+g)^2$，…，第$n$年为$D_1(1+g)^{n-1}$。因此，计算普通股成本率的公式为：

$$K_C = \frac{D_P}{P_0(1-f)} + g = \frac{i}{1-f} + g \tag{3-3}$$

式中：$K_C$——普通股成本率；

$D_P$——每年固定股利总额；

$P_0$——普通股票总面值或市场发行总额；

$i$——固定股利率；

$g$——每年股利增长率；

$f$——筹资费费率（即筹资费占筹集资金总额的比率）。

**【例3-2】** 某公司发行普通股正常市价为56元，估计年增长率为12%，第一年预计发放

股利 2 元,筹资费用率为股票市价的 10%,则新发行普通股的成本为:

$$K_C = \frac{2}{56 \times (1 - 10\%)} + 12\% = 15.97\%$$

②税前债务成本加风险溢价法。这种方法是以债务资金成本为基数计算普通股成本的方法,由于股东承担的风险超过债权人所承担的风险,因此,会在债务资金成本的基础上要求更多的预期回报。在这种前提下,普通股资金成本的计算公式为:

$$K_S = K_b + RP_C \tag{3-4}$$

式中:$K_S$——普通股资金成本;

$K_b$——所得税的债务资金成本;

$RP_C$——投资者比债务人承担更大风险所要求的风险溢价。

③资本资产定价模型法。这是一种根据投资者对股票的期望收益来确定资金成本的方法。在这种前提下,普通股资金成本的计算公式为:

$$K_S = R_f + \beta(R_m - R_f) \tag{3-5}$$

式中:$K_S$——普通股资金成本;

$R_f$——社会无风险投资收益率;

$\beta$——股票的投资风险系数;

$R_m$——市场投资组合预期收益率。

**【例 3-3】** 某期间市场无风险报酬率为 10%,平均风险股票必要报酬率为 14%,某公司普通股 $\beta$ 值为 1.2。普通股的资金成本为:

$$K_S = 10\% + 1.2(14\% - 10\%) = 14.8\%$$

(3)保留盈余成本。保留盈余又称为留存收益,其所有权属于股东,是企业资金的一种重要来源。企业保留盈余,等于股东对企业进行追加投资。股东对这部分投资与以前缴给企业的股本一样,也要求有一定的报酬,所以,保留盈余也有资金成本。它的资金成本是股东失去向外投资的机会成本,股与普通股成本的计算基本相同,只是不考虑筹资费用。其计算公式为:

$$K_R = \frac{D_C}{P_C} + g = i + g \tag{3-6}$$

式中:$K_R$——保留盈余成本率;

$D_C$——普通股预计年股利额;

$P_C$——普通股票面价值;

$i$——固定股利率;

$g$——每年股利增长率。

2)负债融资成本

(1)债券成本。企业发行债券后,所支付的债券利息列入企业的费用开支,因而使企业少缴一部分所得税,两者抵销后,实际上企业支付的债券利息仅为:债券利息 ×(1 - 所得税税率)。因此,债券成本率可以按下式计算:

$$K_B = \frac{I_t(1 - T)}{B(1 - f)}$$

或

$$K_B = i_b \cdot \frac{1-T}{1-f} \tag{3-7}$$

式中：$K_B$——债券成本率；

$B$——债券筹资额；

$I_t$——债券年利息；

$i_b$——债券年利息利率；

$T$——公司所得税税率；

$f$——筹资费费率（即筹资费占筹集资金总额的比率）。

**【例 3-4】** 某公司发行总面额为 500 万元的 10 年期债券，票面利率为 12%，发行费用率为 5%，公司所得税税率为 25%。该债券的成本为：

$$K_B = \frac{500 \times 12\% \times (1-25\%)}{500 \times (1-5\%)} = 9.47\%$$

若债券溢价或折价发行，为更精确地计算资金成本，应以实际发行价格作为债券筹资额。

**【例 3-5】** 假定上述公司发行面额为 500 万元的 10 年期债券，票面利率为 12%，发行费用率为 5%，发行价格为 600 万元，公司所得税率为 25%。则该债券成本为：

$$K_B = \frac{500 \times 12\% \times (1-25\%)}{600 \times (1-5\%)} = 7.89\%$$

（2）银行借款成本。向银行借款，企业所支付的利息和费用一般可作企业的费用开支，相应减少部分利润，会使企业少缴一部分所得税，因而使企业的实际支出相应减少。

对每年年末支付利息、贷款期末一次全部还本的借款，其借款成本率为：

$$K_g = \frac{I_t(1-T)}{G-F} = i_g \frac{1-T}{1-f} \tag{3-8}$$

式中：$K_g$——借款成本率；

$G$——贷款总额；

$I_t$——贷款年利息；

$i_g$——贷款年利率；

$F$——贷款费用；

$f$——筹资费费率（即筹资费占筹集资金总额的比）。

（3）租赁成本。企业租入某项资产，获得其使用权，要定期支付租金，并且租金列入企业成本，可以减少应付所得税。因此，其租金成本率为：

$$K_L = \frac{E}{P_L}(1-T) \tag{3-9}$$

式中：$K_L$——租赁成本率；

$P_L$——租赁资产价值；

$E$——年租金额。

（4）考虑时间价值的负债融资成本计算。上述负债融资成本计算公式假设各期所支付的利息是相同的，并且没有考虑不同时期所支付利息的时间价值，同时也没有考虑还本付息的方式。如综合考虑这些因素，负债融资成本的表达式为：

$$P_0(1-f)^t=\sum_{i=1}^{n}\frac{P_t+I_t(1-T)}{(1+K_d)^t} \tag{3-10}$$

式中：$P_0$——债券发行额或长期借款金额，即债务现值；

$f$——债务资金筹资费用率；

$I_t$——约定的第 $t$ 期末支付的债务利息；

$P_t$——约定的第 $t$ 期末偿还的债务本金；

$K_d$——所得税后债务资金成本；

$n$——债务期限，通常以年表示。

式(3-10)中，等号左边是债务人的实际现金流入；等号右边为债务引起的未来现金流出的现值总额。使用该公式时，应根据项目具体情况确定债务年限内各年的利息是否应乘以 $(1-T)$，如：在项目的建设期内不应乘以 $(1-T)$，在项目运营期内的所得税免征年份也不应乘以 $(1-T)$。

3. 加权平均资金成本

企业不可能只使用某种单一的筹资方式，往往需要通过多种方式筹集所需资金。为进行筹资决策，就要计算确定企业长期资金的总成本——加权平均资金成本。加权平均资金成本一般是以各种资本占全部资本的比重为权重，对各类资金成本进行加权平均确定的。其计算公式如下：

$$K_W=\sum_{i=1}^{n}w_iK_i \tag{3-11}$$

式中：$K_W$——加权平均资金成本；

$K_i$——第 $i$ 种筹资方式的资金成本；

$w_i$——第 $i$ 种筹资方式的资本占全部资本的比重。

【例 3-6】 某公司账面反映的长期资金共 500 万元，其中长期借款 100 万元，应付长期债券 50 万元，普通股 250 万元，保留盈余 100 万元，其资金成本分别为 6.7%，9.17%，11.26%，11%。该企业的加权平均资金成本为：

$$6.7\%\times\frac{100}{500}+9.17\%\times\frac{50}{500}+11.26\%\frac{250}{500}+11\%\times\frac{100}{500}=10.09\%$$

## 三、资本结构与风险

资本结构是指企业各种资本的价值构成及其比例。广义的资本结构是指企业全部资本价值的构成及其比例关系。狭义的资本结构是指企业各种长期资本价值的构成及其比例关系，尤其是指长期的股权资本与债权资本的构成及其比例关系。

最佳的筹资方案是指即使企业达到最佳资本结构、筹资成本最低，又使企业所面临的筹资风险最小的筹资方案。因此，在进行筹资决策时，应同时考虑资金成本与筹资风险对项目的影响。

1. 资本结构与风险

(1)融资的每股收益分析

资本结构是否合理，通常需要分析每股收益的变化来衡量，能提高每股收益的资本结构是合理的;反之则不够合理。每股收益分析是利用每股收益的无差别点进行的。所谓每股收益的无差别点,是指每股收益不受融资方式影响的销售水平。根据每股收益无差别点,可以分析判断不同销售水平下适用的资本结构。每股收益 EPS 的计算式如下:

$$\mathrm{EPS}=\frac{(S-\mathrm{VC}-F-I)(1-T)}{N}=\frac{(\mathrm{EBIT}-I)(1-T)}{N} \tag{3-12}$$

式中:EPS——每股收益 EPS;

$S$——销售额;

VC——变动成本;

$F$——固定成本;

$I$——债务利息;

$N$——流通在外的普通股股数;

EBIT——息税前盈余;

$T$——所得税率。

在每股收益无差别点上,无论是采用负债融资,还是采用权益融资,每股收益都是相等的。若以 $\mathrm{EPS}_1$ 表示负债融资,以 $\mathrm{EPS}_2$ 表示权益融资,有:

$$\mathrm{EPS}_1=\mathrm{EPS}_2$$

$$\frac{(S_1-\mathrm{VC}_1-F_1-I_1)(1-T)}{N_1}=\frac{(S_2-\mathrm{VC}_2-F_2-I_2)(1-T)}{N_2} \tag{3-13}$$

在每股收益无差别点上,$S_1=S_2$,则:

$$\frac{(S-\mathrm{VC}_1-F_1-I_1)(1-T)}{N_1}=\frac{(S-\mathrm{VC}_2-F_2-I_2)(1-T)}{N_2} \tag{3-14}$$

能使得上述公式成立的销售额 $S$ 即为每股收益无差别点销售额。

**【例 3-7】** 某公司原有资本 700 万元,其中债务资本 200 万元(每年负担利息 24 万元),普通股资本 500 万元(发行普通股 10 万股,每股面值 50 元)。由于扩大业务,需追加筹资 3 000万元,其筹资方式有二种:

方式一,全部发行普通股,增发 6 万股,每股面值 50 元;

方式二,全部筹借长期债务,债务利率仍为 12%,利息 36 万元。

公司的变动成本率为 60%,固定成本为 180 万元,所得税率为 25%。

将上述资料中的有关数据代入条件公式:

$$\frac{(S-0.6S-180-24)\times(1-25\%)}{10+6}=\frac{(S-0.6S-180-24-36)(1-25\%)}{10}$$

$$S=750(\text{万元})$$

此时的每股收益额为:

$$\frac{(750-0.6\times750-180-24)\times(1-25\%)}{10+6}=4.5(\text{元})$$

分析表明,当销售额高于 750 万元(每股收益无差别点的销售额)时,运用负债筹资可获得较高的每股收益;当销售额低于 750 万元时,运用权益筹资可获得较高的每股收益。

(2)负债比率分析

假如企业有负债,须按期还本付息,但由于企业资金利润率不确定,导致其资金利润率可能高于或低于借款利息率,从而造成企业自有资金利润率的升高或降低,使企业自有资金的风险增加。这种因借款而增加的风险,即资金筹集决策而产生的风险,称为筹资风险。

借入资金后,企业的自有资金利润率可按下式计算:

$$i = [i_j + (i_j - i_0) \cdot r](1 - T) \tag{3-15}$$

式中:$i$——自有资金利润率(税后利润与自有资金之比);

$i_j$——息前税前资金利润率(支付利息和缴纳所得税以前的利润与资金总额之比);

$i_0$——借入资金利息率;

$r$——负债比例(借入资金与自有资金之比);

$T$——所得税率。

从式(3-15)可以看出,如果企业的息前税前资金利润率越高,借入资金利息率越低,负债比率越大,则企业自有资金利润率就越高。

利用借入资金提高自有资金利润率,是一种有效的财务手段。人们通常把借入资金的影响称为财务杠杆,其含义为自有资金收益率随息前税前盈余变动而变动的程度,用下式表示:

$$\text{DFL} = \frac{\Delta\text{RCL}/\text{RCL}}{\Delta\text{EBIT}/\text{EBIT}}$$

或

$$\text{DFL} = \frac{\text{EBIT}}{\text{EBIT} - I} \tag{3-16}$$

式中:DFL——财务杠杆系数;

RCL——自有资金收益率;

EBIT——息前税前盈余;

$I$——借入资金的利息。

式(3-16)说明,在息前税前盈余相同的情况下,负债比率越高,财务杠杆系数越大,筹资风险越大;若企业整体资金利润率大于利息率,企业的自有资金收益率也就越大。

在进行筹资决策时,企业可通过合理安排资本结构,适度负债,使财务杠杆利益抵消风险增大带来的不利影响。

(3)最佳资本结构

从根本上讲,财务管理的目标在于追求公司价值的最大化或股价最大化。然而只有在风险不变的情况下,每股收益的增长才会直接导致股价的上升,实际上经常是随着每股收益的增长,风险也加大。如果每股收益的增长不足以补偿风险增加所需的报酬,尽管每股的收益增加,股价仍然会下降。所以,公司的最佳资本结构应当是使公司的总价值最高,而不一定是每股收益最大的资本结构。同时,公司总价值最大的资本结构下,公司的资金成本也是最低的。

公司的市场总价值 $V$ 应该等于其股票的总价值 $S$ 加上债券的价值 $B$,即:

$$V = S + B \tag{3-17}$$

式中:$V$——公司的市场总价值;

$S$——公司股票总价值;

$B$——债券价值。

为简化起见,假设债券的市场价值等于它的面值。股票的市场价值则可用下式计算:

$$S = \frac{(\text{EBIT} - I)(1 - T)}{K_S} \tag{3-18}$$

式中：$K_S$——权益资本成本。

此时，$K_S$ 可采用式(3-5)所示的资本资产定价模型计算。公司的资金成本，则应用加权平均资金成本($K_W$)来计算：

$$K_W = K_B\left(\frac{B}{V}\right)(1 - T) + K_S\left(\frac{S}{V}\right) \tag{3-19}$$

式中：$K_B$——税前的债务资本成本。

**【例 3-8】** 某公司年息税前盈余为 500 万元，资金全部由普通股成本组成，股票账面价值 2 000万元，公司所提税率 25%。该公司认为目前的资本结构不合理，准备用发行债券购回部分股票的办法予以调整。经咨询调查，目前的债务利率和权益资本的成本情况见表 3-1。

**不同债务水平对公司债务资本成本和权益资本成本的影响** 表 3-1

| 债务的市场价值 $B$(百万元) | 税前债务资成本 $K_B$ | 股票 $\beta$ 值 | 无风险报酬率 $R_F$ | 平均风险股票必要报酬 $R_M$ | 权益资本成本 $K_S$ |
|---|---|---|---|---|---|
| 0 | — | 1.20 | 10% | 14% | 14.8% |
| 2 | 10% | 1.25 | 10% | 14% | 15.0% |
| 4 | 10% | 1.30 | 10% | 14% | 15.2% |
| 6 | 12% | 1.40 | 10% | 14% | 15.6% |
| 8 | 14% | 1.55 | 10% | 14% | 16.2% |
| 10 | 16% | 2.10 | 10% | 14% | 18.4% |

根据表 3-1 的资料，运用式(3-17)~式(3-19)即可计算出承担不同金额的债务时公司的价值和资金成本(表 3-2)。

**公司市场价值和资本成本** 表 3-2

| 债券的市场价值 $B$(百万元) | 股票的市场价值 $S$(百万元) | 公司的市场价值(百万元) | 税前债务资本成本 $K_B$ | 权益资本 $K_S$ | 加权平均资本成本 $K_W$ |
|---|---|---|---|---|---|
| 0 | 25.34 | 25.34 | — | 14.8% | 14.80% |
| 2 | 24.00 | 26.00 | 10% | 15% | 14.42% |
| 4 | 22.70 | 26.70 | 10% | 15.2% | 14.05% |
| 6 | 20.58 | 26.58 | 12% | 15.6% | 14.11% |
| 8 | 17.96 | 25.96 | 14% | 16.2% | 14.44% |
| 10 | 13.86 | 23.86 | 16% | 18.4% | 15.72% |

从表 3-2 中可以看出，在没有债务的情况下，公司的总价值就是其原有股票的市场价值。当公司用债务资本部分地替换权益资本时，一开始公司总价值上升，加权平均资金成本下降；当债务达到 400 万元时，公司总价值最高，加权平均资金成本最低；债务超过 400 万元后，公司总价值下降，加权平均资金成本上升。因此，债务为 400 万元时的资本结构是该公司的最佳资本结构。

2. 经营风险和财务风险

(1)经营风险。经营风险指企业因经营原因而导致利润变动的风险。影响企业经营风险的因素很多,主要有:产品需求、产品售价、产品成本、调整价格的能力、固定成本的比重。在上述影响因素中,固定成本比重的影响非常重要。在企业全部成本中,固定成本所占比重较大时,单位产品分摊的固定本额就多。若产品量发生变动,单位产品分摊的固定成本会随之变动,最后导致利润更大幅度地变动,经营风险就大;反之,经营风险就小。

(2)财务风险。财务风险是指全部资本中债务资本率变化带来的风险。当债务资本比率较高时,投资者将负担较多的债务成本,并经受较多的负债作用所引起的收益变动的冲击,从而加大财务风险;反之,当债务资本比率较低时,财务风险就小。

## 第三节　公路项目融资

### 一、项目融资程序

1. 项目融资及其特点

融资指为项目投资而实行的资金筹措行为。从广义上理解,所有的筹资行为都是融资,包括前已述及的各种方式。但从狭义上理解,项目融资是指以项目的资产、收益作抵押来融资。与传统的贷款方式相比,项目融资具有以下特点:

(1)项目导向。资金来源主要依赖于项目的现金流量而不是依赖于项目的投资者或发起人的资信。

(2)有限追索。作为有限追索的项目融资,贷款人可以在贷款的某个特定阶段对项目借款人实行追索,或者在一个规定的范围内对项目借款人实行追索。除此之外,无论项目出现任何问题,贷款人均不能追索到项目借款人除该项目资产、现金流量以及所承担义务之外的任何形式的资产。

(3)风险共担。为实现项目融资的有限追索,对于与项目有关的各种风险要素,需要以某种形式在项目投资者(借款人)、与项目开发有直接或间接利益关系的其他参与者和贷款人之间进行分担。将原来由借款人承担的风险部分地转移给贷款人,由借贷双方共担项目风险。

(4)非公司负债型融资。根据项目融资风险分担的原则,贷款人对于项目的债务追索权主要被限制在项目公司的资产和现金流量上,借款人所承担的是有限责任,因而有条件使融资被称为一种不需要进入借款人资产负债表的贷款形式。

(5)信用结构多样化。在项目融资中,用于支持贷款的信用结构、融资结构、资金结构和信用保证结构。

(6)融资成本较高。项目融资涉及面广、结构复杂,需要做好大量有关风险分担、税收结构、资产抵押等一系列技术性的工作,需要几十个甚至上百个法律文件才能解决问题。因此,与传统的资金筹措方式相比,项目融资存在的一个主要问题,是融资成本相对较高,组织融资所需要的时间较长。

2. 项目融资阶段与程序

从项目的投资决策至选择项目融资方式,最后到完成项目融资为止,项目融资大致可分为五个阶段,即投资决策分析、融资决策分析、融资结构分析、融资谈判和项目融资的执行,如图3-1所示。

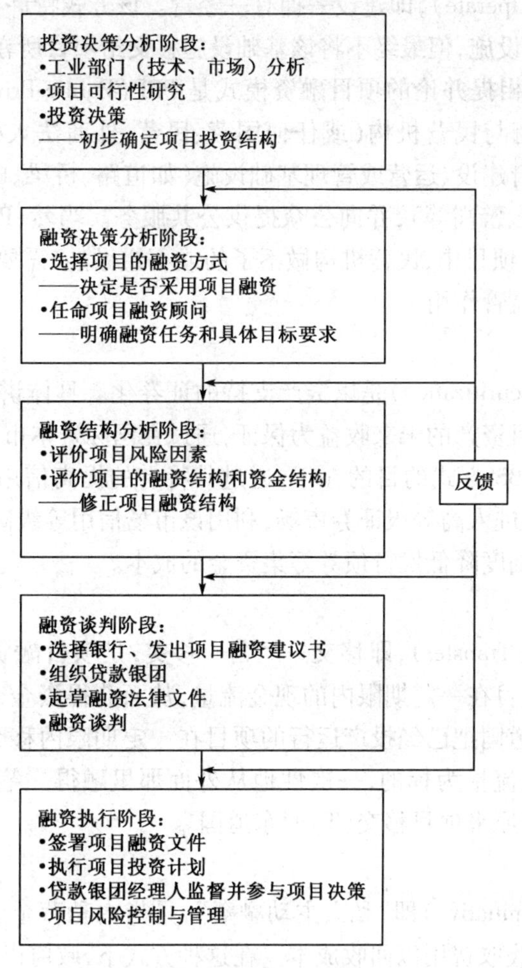


图3-1　项目融资的阶段与程序

## 二、融资方式

项目融资可以采用很多方式,如产品支付、远期购买以及融资租赁等。经过近几年的发展,除了BOT方式逐渐成熟与丰富之外,还同时诞生了几种不同的融资方式,并且伴随着不同的融资方式有不同的融资结构和融资过程。

1. BOT方式

通常所说的BOT主要包括以下三种基本形式:

(1)标准BOT(Build-Operate-Transfer),即建设—经营—移交。投资财团愿意自己融资建设某项基础设施,并在项目所在国政府授予的特许期内经营该公共设施,以经营收入抵偿建设投资并获得收益,经营期满后将此设施转让给项目所在国政府。

(2)BOOT(Build-Own-Operate-Transfer),即建设—拥有—经营—移交。BOOT与BOT的区

别在于:BOOT在特许期内既拥有经营权,又拥有所有权。此外,BOOT的特许期要比BOT的长一些。

(3)BOO(Build-Own-Operate),即建设—拥有—经营。该方式特许项目公司根据政府的特许权建设并拥有某项基础设施,但最终不将该基础设施移交给项目所在国政府。

近年来,经常与BOT相提并论的项目融资模式是PPP(Public-Private-Partnership)。所谓PPP(公私合作),是指政府与民营机构(或任何国营、民营、外商法人机构)签订长期合作协议,授权民营机构代替政府建设、运营或管理基础设施(如道路、桥梁、电厂、水厂等)或其他公共服务设施(如医院、学校、警岗等),并向公众提供公共服务。当然,PPP与BOT在细节上也有一些差异。例如在PPP项目中,民营机构做不了的或不愿做的,需要由政府来做;其余全由民营机构来做,政府只起监管作用。

2. ABS方式

ABS(Asset-Backed-Securitization)是以资产支持的证券化。具体讲,它是以目标项目所拥有的资产为基础,以该项目资产的未来收益为保证,通过在国际资本市场上发行债券筹集资金的一种项目融资方式。ABS方式的目的在于,通过其特有的提高信用等级方式,使原本信用等级较低的项目照样可以进入高等级证券市场,利用该市场信用等级高、债券安全性和流动性高、债券利率低的特点大幅度降低发行债券筹集资金的成本。

3. TOT方式

TOT(Transfer-Operate-Transfer),即移交—经营—移交,是项目融资的一种新兴方式。它是指通过出售现有投产项目在一定期限内的现金流量,从而获得资金来建设新项目的一种融资方式。具体说来,是东道国把已经投产运行的项目在一定期限内移交给(T)外资经营(O),以项目在该期限内的现金流量为标的,一次性地从外商那里融得一笔资金,用于建设新的项目;外资经营期满后,再把原来项目移交(T)回东道国。

4. PFI方式

PFI(Private Finance Initiative)即"私人主动融资",是指由私营企业进行项目的建设与运营,从政府或接受服务方收取费用以回收成本。在这种方式下,政府以不同于传统的由政府负责提供公共项目产出方式,而采取促进私人部门有机会参与基础设施和公共物品的生产和提供公共服务的一种全新公共项目产出方式。该方式是政府和私人部门合作,由私营部门承担部分政府公共物品的生产或提供公共服务,政府购买私营部门提供的产品或服务,或给予私营部门以收费特许权,或政府与私营部门以合伙方式共同营运等方式,来实现政府公共物品产出中的资源配置最优化、效率和产出最大化。

## 第四节　工程项目成本管理

### 一、成本管理体系

1. 工程项目成本与承包企业成本

1)工程项目成本

工程项目成本即指围绕工程项目建设全过程而发生的资源消耗的货币体现。其所涵盖的内容与整个工程项目投资基本一致,但二者的侧重点有所不同。投资通常强调资金付出的目标,即以提高投资经济效益为目的;成本则强调付出本身,以节约投资为目标。

工程项目是由不同的参与方共同建设完成,参建各方所站的角度不同、参与工程建设的阶段和内容不同,工程项目的成本范围也有所不同,项目的成本范围主要取决于参建方参与工程建设的阶段和内容。

业主作为工程项目建设的组织者,其面对的是工程项目建设(包括决策、设计、招标、施工、竣工验收等)全过程,其所理解的工程项目成本是最为完整的。它包括征地拆迁、前期工作费用、建设管理费用、支付给施工单位的费用(主要是建安工程费用)、设备购置、建设期贷款利息等费用,其含义与整个工程项目投资基本一致。

对于总承包企业而言,其承包工程的范围可以包括工程项目的勘察、设计,材料设备的采购以及工程项目的施工、试运行和交工验收的若干阶段或全过程。这样,总承包企业所理解的工程项目成本会包括其实施承包范围内工程所支付的全部成本。对于其他参建方,如设计单位、咨询单位、施工单位和材料设备供应单位,如果只是参与工程项目建设的某个阶段或某些工作,则其所理解的工程项目成本仅包括其实施设计、咨询、施工和材料设备供应等工作所需支付的成本。

施工项目成本是施工单位为完成工程项目建筑安装工程任务而耗费的各种生产费用总和,是施工中各种物化劳动和活劳动的货币表现。它是建筑工程造价中的主要部分,包括工程造价构成中的直接费和间接费两部分。

2)施工项目成本分类

施工项目成本包括预算成本、计划成本和实际成本。

预算成本是根据全国或地区制订的预算定额并按编制方法计算的工程成本。

计划成本是在预算成本的控制下,根据施工单位的生产技术、施工条件和生产经营管理水平,根据有关资料预测计划期内成本,对于预算成本中可能节约和可能漏算的情况,都要明确地计算清楚确定成本降低措施后的计划成本额。

实际成本是施工项目在报告期内实际发生的各项生产费用的总和,是项目部成本管理的实际成果。实际成本同计划成本对比,可以反映项目部的成本控制水平。

3)承包企业成本

(1)承包企业项目成本是指工程承包企业以工程项目为成本核算对象,在实施其承包范围内工程的过程中消耗资源的货币体现。即在狭义上是指承包企业对承包工程项目付出的成本。

(2)承包企业成本是指工程承包企业以整个企业为成本核算对象,为保证企业正常经营所付出的成本。

承包企业项目成本是承包企业经济核算体系的基础,是承包企业成本中不可缺少的有机组成部分,两者具有密不可分的联系。但是,不能据此简单地将承包企业成本理解为承包企业项目成本的数据叠加,或者认为承包企业项目成本是企业成本的直接分解。

### 2. 工程项目成本管理体系

项目成本管理一般是指承包企业为使项目成本控制在计划目标之内所进行的预测、计划、控制、核算、分析和考核等管理工作。承包企业应成立健全项目成本管理责任体系,明确管理业务分工和责任关系,将项目成本管理的目标分解与渗透到各项工作中去。承包企业的项目成本管理体系应该包括两个不同层次的管理职能。

(1)企业管理层的成本管理

企业管理层应是项目成本管理的决策与计划中心,确定项目投标报价和合同价格;确定项目成本目标和成本计划,通过项目管理目标责任书确定项目管理层的成本目标。

(2)项目管理层的成本管理

项目管理层应是项目生产成本的控制中心,负责执行企业对项目提出的成本管理目标,在企业授权范围内实施可控责任成本的控制。

## 二、成本管理流程

工程项目成本管理是一个有机联系与相互制约的系统过程,承包企业应按照其形成的特点和规律,建立文件化的工程项目成本管理流程,规范和指导工程项目成本管理的实施。工程项目成本管理流程分为两类:

一是总体工作流程。承包企业应从项目投标报价开始至项目竣工结算为止,确定项目成本管理工作的展开等程序及各阶段的衔接关系。

二是单项业务流程。承包企业应明确总体工作流程中各项具体业务活动的过程、步骤和工作标准。

工程项目成本管理流程如图3-2所示。在工程项目成本管理流程中,每个环节都是相互联系和相互作用的。成本预测是成本计划的编制基础,成本计划是开展成本控制和核算的基础;成本控制能对成本计划的实施进行监督,保证成本计划的实现;而成本核算又是成本计划是否实现的最后检查,它所提供的成本信息又是成本预测、成本计划、成本控制和成本考核等的依据;成本分析为成本考核提供依据,也为未来的成本预测与编制成本计划指明方向;成本考核是实现成本目标责任制的保证和手段。

## 三、成本管理方法

1.成本预测

项目成本预测是指承包企业及其项目经理部有关人员凭借历史数据和工程经验,运用一定方法对工程项目未来的成本水平及其可能的发展趋势做出科学估计。项目成本预测是项目成本计划的依据。预测时,通常是对项目计划工期内影响成本的因素进行分析,比照近期已完工程项目或将完工程项目的成本(单位成本),预测这些因素对工程成本的影响程度,估算出工程的单位成本或总成本。成本预测的方法可分为定性预测和定量预测两大类。

2.成本计划

成本计划是在成本预测的基础上,承包企业及其项目经理部对计划期内项目的成本水平所做的筹划。承包企业项目成本计划是以货币形式编制的项目在计划期内的生产费用、成本水平及为降低成本采取的主要措施和规划的具体方案。成本计划是目标成本的一种表达形式,是建立项目成本管理责任制、开展成本控制和核算的基础,是进行成本费用控制的主要依据。

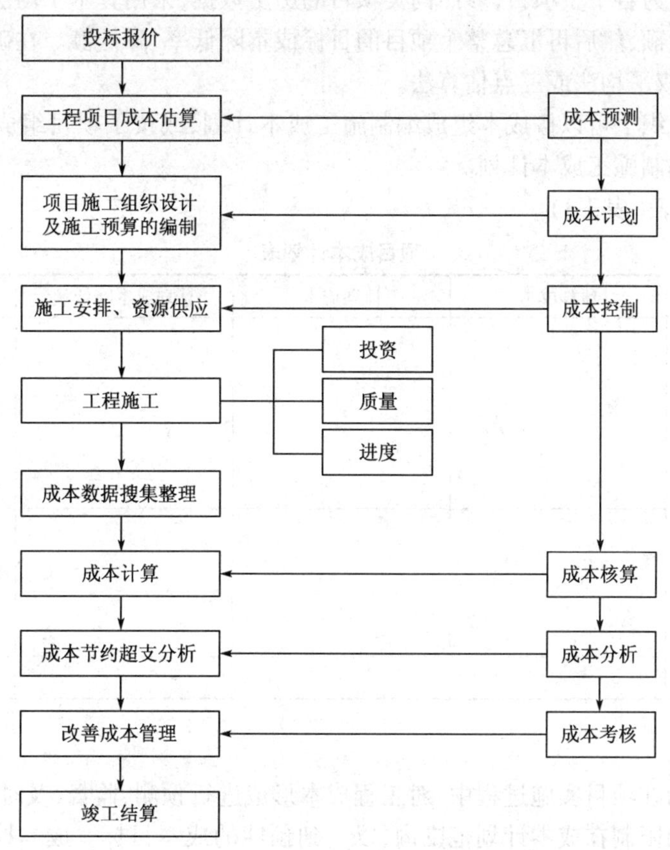


图3-2　工程项目成本管理流程图

(1)成本计划的编制方法

①目标利润法:是根据项目的合同价格扣除目标利润后得到目标成本的方法。在采用正确的投标策略和方法以最理想的合同价中标后,项目经理部从标价中减去预期利润、税金、应上缴的管理费等,之后的余额即为项目实施中所能支出的最大限额。

②技术进步法:是以项目计划采取的技术组织措施和节约措施所能取得的经济效果为项目成本降低额的目标成本计划方法,即:

项目目标成本 = 项目成本估算值 - 技术节约措施计划节约额(或降低成本额)　(3-20)

③按实计算法:是以项目的实际资源消耗测算为基础,根据所需资源的实际价格,详细计算各项活动或各项成本组成的目标成本。

人工费 = Σ各类人员计划用工量 × 实际工资标准　(3-21)

材料费 = Σ各类材料的计划用量 × 实际材料基价　(3-22)

施工机械使用费 = Σ各类机械的计划台班量 × 实际台班单价　(3-23)

在此基础上,由项目经理部生产和财务管理人员结合施工技术和管理方案等测算措施费、项目经理部的管理费等,最后构成项目的目标成本。

④定率估算法(历史资料法):当项目非常庞大和复杂而需要分为几个部分时采用的方

法。首先将项目分为若干子项目,参照同类项目的历史数据,采用算术平均法计算子项目目标成本降低率和降低额,然后再汇总整个项目的目标成本降低率、降低额。在确定子项目成本降低率时,可采用加权平均法或三点估算法。

编制内容的组织上可以按成本组成编制施工成本计划,或按子项目组成编制施工成本计划或按工程进度编制施工成本计划。

(2)成本计划表(表3-3)

**项目成本计划表** 表3-3

| 项　目 | 预算成本 | 计划成本 | 计划成本降低额 | 计划成本降低率 |
|---|---|---|---|---|
| 1. 直接费用<br>人工费<br>材料费<br>机械费<br>其他工程费用 | | | | |
| 2. 间接费<br>企业管理费<br>规费 | | | | |
| 合计 | | | | |

3. 成本控制

成本控制是指在项目实施过程中,对工程成本形成进行预测、监督,及时纠正发生的偏差,使工程的成本支出限制在成本计划范围内,以达到预期的成本目标。成本控制应贯穿于项目建设的各个阶段,是项目成本管理的核心内容,也是项目成本管理中不确定因素最多、最复杂、最基础的管理内容。成本控制应该遵循效益原则、全面性原则、责权利相结合的原则和目标管理的原则。项目成本控制的主要方法如下。

①项目成本分析表法:是指利用项目中的各种表格进行成本分析和控制的方法。应用成本分析表法可以清晰地进行成本比较研究。常见的成本分析表有月成本分析表、成本日报或周报表、月成本计算及最终预测报告表。

②工期—成本同步分析法:成本控制与进度控制之间有着必然的同步关系。因为成本是伴随着工程进展而发生的。如果成本与进度不对应,说明项目进展中出现虚盈或虚亏的不正常现象。

施工成本的实际开支与计划不相符,往往是由两个因素引起的:一是在某道工序上的成本开支超出计划;二是某道工序的施工进度与计划不符。因此,想要找出成本变化的真正原因,实施良好、有效的成本控制措施,必须与进度计划的适时更新相结合。

③挣值分析法:挣值分析法是对工程项目成本/进度进行综合控制的一种分析方法。通过比较已完工程预算成本 BCWP(Budget Cost of the Work Performed)与已完工程实际成本 ACWP(Actual Cost of the Work Performed)之间的差值:成本偏差 = 已完工作预算成本 BCWP - 已完工作实际费用 ACWP,可以分析由于实际价格的变化而引起的累计成本偏差;通过比较已完工程预算成本(BCWP)与拟完工程预算成本 BCWS(Budget Cost of the Work Scheduled)之间的差

值:进度偏差=已完工作预算成本 BCWP-计划工作预算成本 BCWS,可以分析由于进度偏差引起的累计成本偏差,并通过计算后续未完工程的计划成本余额,预测其尚需的成本数额,从而为后续工程施工的成本、进度控制及寻求降低成本挖潜途径指明方向。

④价值工程方法:价值工程方法是对项目进行事前成本控制的重要方法,在项目的设计阶段,研究工程设计的技术合理性,探索有无改进的可能性,在提高功能的条件下,降低成本。在项目的施工阶段,也可以通过价值工程活动,进行施工方案的技术经济分析,确定最佳施工方案,降低施工成本。

4. 成本核算

成本核算是承包企业利用会计核算体系,对项目建设工程中所发生的各项费用进行归集,统计其实际发生额,并计算项目总成本和单位工程成本的管理工作。项目成本核算是承包企业成本管理最基础的工作,它所提供的各种信息,是成本预测、成本计划、成本控制和成本考核等的依据。成本核算包括两个基本环节:一是按照规定的成本开支范围对项目成本进行归集和分配,计算出项目成本的实际发生额;二是根据成本核算对象,采用适当的方法,计算出该项目的总成本和单位成本。

(1)项目成本核算方法

①表格核算法:是建立在内部各项成本核算基础上,由各要素部门和核算单位定期采集信息,按有关规定填制一系列的表格,完成数据比较、考核和简单的核算,形成项目施工成本核算体系,作为支撑项目施工成本核算的平台。表格核算法需要依靠众多部门和单位支持,专业性要求不高。

②会计核算法:是指建立在会计核算基础上,利用会计核算所独有的借贷记账法和收支全面核算的综合特点,按项目施工成本内容和收支范围,组织项目施工成本的核算。不仅核算项目施工直接成本,而且还要核算项目在施工生产过程中出现的债权债务,项目为施工生产而自购的工具、器具摊销,向业主的报量和收款,分包工程和分包付款等。

(2)项目成本费用的归集与分配

根据《施工企业会计核算办法》(财务〔2003〕27 号)的规定,工程项目成本包括直接成本和间接成本。按照《企业会计准则》的规定,会计核算应当以实际发生的经济业务为依据,如实反映财务状况和经营成果;会计核算应当符合国家宏观经济管理的要求。满足有关各方了解企业财务状况和经营成果的需要,满足企业加强内部经营管理的需要,各施工企业在成本核算时,在符合《企业会计制度》和《企业会计准则》的前提下,根据企业经营管理的需要划分成本、费用的类型。例如,在工程项目的成本核算中,可根据《建筑安装工程费用项目组成》(建标〔2003〕206 号文件)规定,将直接费的组成内容,即人工费、材料费、施工机械使用费和其他工程费计入直接成本;将间接费组成内容中的管理费支出计入间接成本。在进行成本核算时,能够直接计入有关成本核算对象的,直接计入;不能直接计入的,采用一定的分配方法分配计入各成本核算对象成本,然后计算出各施工项目的实际成本。

①人工费。人工费计入成本的方法,一般应根据企业实行的具体工资制度而定。在实行计件工资制度时,所支付的工资一般能分清受益对象,应根据"工程任务单"和"工资计算汇总表"将归集的工资直接计入成本核算对象的人工费成本项目中。实行计时工资制度时,在只存在一个成本核算对象或者所发生的工资能分清是服务于哪个成本核算对象时,方可将之直

接计入;否则,就需要将所发生的工资在各个成本核算对象之间进行分配,再分别计入。一般采用实用工时比例或定额工时比例进行分配,计算公式为:

$$工资分配率=\frac{建筑安装工人工资总额}{各项目实用工时(或定额工时)总和} \tag{3-24}$$

**【例3-9】** 某项目经理部有A、B、C三个单位工程,它们各为独立的成本核算对象。其中A工程和B工程实行计时工资,本月共分配工资600 000元,耗用工日10 000个,其中,A工程耗用6 000工日,B工程耗用4 000工日。C工程按计件工资,本月共发计件工资180 000元。

根据上述资料,工作分配率为60元/工日,编制施工人员工资分配表(表3-4)。

**某项目施工人工资分配表** 表3-4

| 成本核算对象 | 计件工资 | 计时工资 | | | 应分配工资合计(元) |
|---|---|---|---|---|---|
| | | 实际用工数 | 日平均工资 | 应分配的人工费 | |
| A工程 | | 6 000 | 60 | 360 000 | 360 000 |
| B工程 | | 4 000 | 60 | 240 000 | 240 000 |
| C工程 | 180 000 | | | | 180 000 |
| 合计(元) | 180 000 | | | | 780 000 |

②材料费。材料费的核算是根据"限额领料单"、"退料单"、"报损报耗单"、"大堆材料耗用计算单"等,从财务核算出发,进行核算的会计处理。将材料采购、储备、购置固定资产过程中所发生的全部可控成本(包括采购材料人员的工资,货物的买价、运费、装卸费,材料的定额与非定额损耗,采购差旅费等)进行核算。凡领料时能点清数量、分清成本核算对象的,应在有关领料凭证(如限额领料单)上注明成本核算对象名称。领料时不能点清数量、分清成本核算对象的,由材料管理人员或施工现场保管员保管,月末实地盘点结存数量,结合材料耗用定额,编制"大堆材料耗用计算表"。工程竣工后的剩余材料,应填写"退料单",据以办理材料退库手续,同时冲减相关成本核算对象的材料费。施工中的残次材料和包装物,应尽量回收再用,以冲减工程成本的材料费。

③施工机械使用费。按自有机械和租赁机械分别加以核算。从外单位或企业内部独立核算的机械站租入施工机械支付的租赁费,以租赁费形式反映其消耗情况,按"谁租用谁负担"的原则核算其项目成本,直接计入成本核算对象的机械使用费。如租入的机械是为两个或两个以上的工程服务,应以租入机械所服务的各个工程受益对象提供的作业台班数量为基数进行分配,计算公式如下:

$$平均台班租赁费=\frac{支付的租赁费总额}{租入机械作业总台班数} \tag{3-25}$$

自有机械费用应按各个成本核算对象实际使用的机械台班数,则核算对象应分配的机械使用费=某机械台班单价×该核算对象实际使用的台班数,计算所分摊的机械使用费,分别计入不同的成本核算对象成本中。

④其他工程费。凡能分清受益对象的,应直接计入受益成本核算对象中。如与若干个成本核算对象有关的,可先归集到其他工程费总账中,月末再按适当的方法分配计入有关成本核算对象的其他工程费中。

⑤间接成本。项目发生的间接成本必须是自己可控制的,即要知道将发生什么耗费,有办

法控制并调节其耗费。凡能分清受益对象的间接成本,应直接介入受益成本核算对象中去;否则,先在项目"间接成本"总账中进行归集,月末再按一定的分配标准计入受益成本核算对象。分配的方法:土建工程是以实际成本中直接成本为分配依据,安装工程则以人工费为分配依据。计算公式如下:

$$土建(安装)工程间接成本分配率 = \frac{土建(安装)分配的间接成本总额}{全部土建工程直接成本(安装工程人工费)总额} \quad (3\text{-}26)$$

$$某土建(安装)分配的间接成本 = 该土建工程直接成本(安装工程人工费) \times 土建(安装工程间接成本分配率) \quad (3\text{-}27)$$

5. 成本分析

成本分析是揭示项目成本变化情况及其变化原因的过程。成本分析为成本考核提供依据,也为未来成本预测与成本计划编制指明方向。

项目成本的分析方法包括:比较法、因素分析法、差额计算法、比率法等。这里主要介绍因数分析法。

(1)因素分析法又称连环置换法。该方法可用来分析各项因素对成本的影响程度。首先要假定众多因素中的一个因素发生变化,其他因素则不变,在前一个因素变动的基础上分析第二个因素的变动,然后逐个替换,分别比较其计算结果,以确定各个因素的变化对成本的影响程度。并据此对企业的成本计划执行情况进行评价,并提出进一步的改进措施。因素分析法的计算步骤如下:

①以各个因素的计划数为基础,计算出一个总数。

②逐项以各个因素的实际数替换计划数。

③每次替换后,实际数就被保留下来,直到所有计划数都替换成实际数为止。

④每次替换后,都应求出新的计算结果。

⑤最后将每次替换所得结果,与其相邻的前一个计算结果比较,其差额即为替换的那个因素对总差异的影响程度。

**【例 3-10】** 某施工企业承包一工程,计划干砌片石工程量 1 200$m^3$,按预算定额要求:每 10$m^3$ 耗用片石 12.5$m^3$,每立方米片石计划价格为 40 元;而实际干砌片石工程量却达1 500$m^3$,每立方米实耗片石 12$m^3$,每立方米片石实际购入价为 50 元。试用连环代替法进行成本分析。

**解**:干砌片石工程的片石成本计算公式为:

$$片石成本 = 片石工程量 \times 每立方米片石消耗量 \times 片石价格$$

采用连环代替法就上述两个因素分别对片石成本的影响进行分析。计算过程和结果如表 3-5 所示。

以上分析结果表明,实际片石成本比计划超了 30 000 元,主要原因是由于工程量增加和片石价格提高引起的;在不考虑价格上涨时,由于节约片石消耗,使片石成本节约了 3 000 元。

(2)差额计算法。差额计算法是因素分析法的一种简化形式,它利用各个因素的目标值与实际值的差额来计算其对成本的影响程度。

干砌片石成本分析表 表 3-5

| 计算顺序 | 干砌片石工程量($m^3$) | 每 $m^3$ 片石消耗量($m^3$) | 片石价格(元) | 片石成本(元) | 差异数(元) | 差异原则 |
|---|---|---|---|---|---|---|
| (1) | (2) | (3) | (4) | (5) = (2) × (3) × (4) | (6) | (7) |
| 计划数 | 1 200 | 1.25 | 40 | 60 000 | | |
| 第一次代替 | 1 500 | 1.25 | 40 | 75 000 | 15 000 | 由于工程量增加 |
| 第二次代替 | 1 500 | 1.2 | 40 | 72 000 | -3 000 | 由于片石节约 |
| 第三次代替 | 1 500 | 1.2 | 50 | 90 000 | 18 000 | 由于价格提高 |
| 合计 | | | | | 30 000 | |

**【例 3-11】** 以【例 3-10】的成本分析资料为基础,利用差额计算法分析个因素对成本的影响程度。

工程量的增加对成本的影响额 = (1 500 - 1 200) ×1.25 ×40 = 15 000(元)

材料消耗量变动对成本的影响额 = 1 500 × (1.2 - 1.25) ×40 = -3 000(元)

材料单价变动对成本的影响额 = 1 500 ×1.2 × (50 - 40) = 18 000(元)

各个因素变动对材料费用的影响额 = 15 000 - 3 000 + 18 000 = 30 000(元)

6. 成本考核

成本考核是在工程项目建设过程中或项目完成后,定期对项目形成过程中的各级单位成本管理的成绩或失误进行总结与评价。通过成本考核,给予责任者相应的奖励或惩罚。承包企业应建立和健全项目成本考核制度,作为项目成本管理责任体系的组成部分。考核制度应对考核的目的、时间、范围、对象、方式、依据、指标、组织领导以及结论与奖惩原则做出明确规定。

1)项目成本考核内容

承包企业项目成本的考核,包括企业对项目成本的考核和企业对项目经理部可控责任成本的考核。企业对项目成本的考核包括对项目设计成本和施工成本目标(降低额)完成情况的考核和成本管理工作业绩的考核。企业对项目经理部可控责任成本考核包括:

①项目成本目标和阶段成本目标完成情况。

②建立以项目经理为核心的成本管理责任制的落实情况。

③成本计划的编制和落实情况。

④对各部门、各施工队和班组责任成本的检查和考核情况。

⑤在成本管理中贯彻责任权力相结合原则的执行情况。

除此之外,为层层落实项目成本管理工作,项目经理对所属各部门、各施工队和班组也要进行成本考核,主要考核其责任成本的完成情况。

2)项目成本考核指标

(1)企业的项目成本考核指标

①项目设计成本降低额和降低率:

项目设计成本降低额 = 项目设计合同成本 - 项目设计预算成本 (3-28)

$$项目设计成本降低率=\frac{项目设计成本降低额}{项目设计合同成本}\times100\% \quad (3\text{-}29)$$

②项目施工成本降低额和降低率：

$$项目施工成本降低额=项目施工合同成本-项目实际施工成本 \quad (3\text{-}30)$$

$$项目施工成本降低率=\frac{项目施工成本降低额}{项目施工合同成本}\times100\% \quad (3\text{-}31)$$

(2)项目经理部可控责任成本考核指标

①项目经理责任目标总成本降低额和降低率：

$$项目总成本降低额=项目经理责任目标总成本-项目竣工结算总成本 \quad (3\text{-}32)$$

$$目标总成本降低率=\frac{目标总成本降低额}{项目经理责任目标总成本}\times100\% \quad (3\text{-}33)$$

②施工责任目标成本实际降低额和降低率：

$$施工责任目标成本实际降低额=施工责任目标总成本-工程竣工结算总成本 \quad (3\text{-}34)$$

$$施工责任目标成本实际降低率=\frac{施工责任目标成本实际降低额}{施工责任目标总成本}\times100\% \quad (3\text{-}35)$$

③施工计划成本实际降低额和降低率：

$$施工计划成本实际降低额=施工计划总成本-工程竣工结算总成本 \quad (3\text{-}36)$$

$$施工计划成本实际降低率=\frac{施工计划成本实际降低额}{施工计划总成本}\times100\% \quad (3\text{-}37)$$

## 四、项目成本报表

项目成本报表是反映承包企业所承揽的工程项目成本及其降低情况，为企业管理部门提供成本信息的内部会计报表。项目成本报表主要包括工程成本表等，按期编制成本报表是成本分析和成本考核的依据，同时也能为不同类型工程、产品积累经济技术资料。

工程成本表用以反映在月度、季度或年度内已经向发包单位办理工程价款结算的工程成本的构成及其节约或超支情况，一般可按成本项目反映本期和本年累计已经办理工程价款结算的已完工程的目标成本、实际成本、成本降低额和降低率。

为了便于表格编制，对本期和本年已完工程各成本项目的实际成本，可在表3-6所示的工作底稿中先行计算。

**工程成本表工作底稿**(单位:元) 表3-6

| 项　　目 | 人工费 | 材料费 | 机械使用费 | 其他工程费用 | 直接费 | 间接费 | 工程成本合计 |
|---|---|---|---|---|---|---|---|
| 本期工程成本合计<br>加:期初未完工程成本合计<br>减:期末未完工程成本合计 | | | | | | | |
| 本期已完工程实际成本 | | | | | | | |
| 本年工程实际成本累计<br>加:年初未完工程成本合计<br>减:年末未完工程成本合计<br>本年以完工程实际成本 | | | | | | | |

工程成本表的格式见表3-7。

**工 程 成 本 表**(单位:元) 表3-7

编制单位: ××年度

| 成本项目 | 本期数 | | | | 本年累计数 | | | |
|---|---|---|---|---|---|---|---|---|
| | 目标成本 | 实际成本 | 降低额 | 降低率(%) | 目标成本 | 实际成本 | 降低额 | 降低率(%) |
| 人工费<br>材料费<br>机械使用费<br>其他工程费<br>间接费 | | | | | | | | |
| 工程成本合计 | | | | | | | | |

在表3-7中,"目标成本"栏反映本期和本年累计已完工程的目标成本;"实际成本"栏反映本期和本年累计已完工程的实际成本;"降低额"栏内数字,根据"目标成本"栏内数字减"实际成本"栏内数字填列。出现成本超支时,应以"-"号表示。"降低率"栏按本项目的降低额和目标成本计算填列。

$$降低率 = \frac{降低额}{目标成本} \times 100\% \tag{3-38}$$

# 第五节 公路项目资产评估

## 一、资产评估概念

资产评估是指通过对资产某一时点价值的估算,从而确定其价值的经济活动。资产评估可以分为对资产占有单位进行的整体评估和对其某一类(某一项)资产进行单项评估。单项资产评估又可分为机器设备评估、土地使用权评估、建筑物及在建工程评估、无形资产评估、长期投资及递延资产的评估、流动资产评估等类别。

按照国务院发布的《国有资产评估管理办法》的规定,国有资产占有单位有下列情形之一者,应当进行资产评估:①资产拍卖、转让;②企业兼并、出售、联营、股份经营;③与外国公司、企业和其他经济组织或个人开办中外合资经营企业或中外合作经营企业;④企业清算;⑤依照国家有关规定需要进行资产评估的其他情形。

此办法还规定,资产占有单位有下列情形之一,当事人认为需要的,可以进行资产评估:①资产抵押及其他担保;②企业租赁;③需要进行资产评估的其他情形。

以上应当进行资产评估的各项特定的资产业务,都是涉及产权变动的资产业务;以上可以进行资产评估的各项特定的资产业务,都是不涉及产权变动的资产业务。各项特定的资产业务,对资产评估的结果有不同的用途要求。满足特定资产业务对资产评估结果的不同用途要求是资产评估的特定目的。

## 二、土地使用权评估

1. 土地使用权评估的特点

土地使用权是一种无形资产，土地使用权评估属于无形资产评估。土地使用权评估通常与建筑物评估紧密结合在一起，统称房地产评估。土地使用权评估有以下一些特点：

(1)评估土地使用权的出让价格应以马克思关于土地价格的理论为指导。土地价格不是“土地价值”的货币表现，土地使用权价格的性质是地租的资本化。

(2)土地价格应以土地的效用作最有效发挥为前提。土地的收益与土地的用途紧密相连。评估土地使用权，应当以土地的最有效使用为前提。当然，土地的最有效使用，受到各种条件的限制，在评估时要充分考虑各种限制条件的影响。

(3)土地价格受供求法则的影响。土地面积的有限性和非再生性，使供求法则对土地价格有特别明显的影响。当地的经济发展越快，对土地的需求越大，土地的转让价格也就越高。土地使用权评估，必须考虑地块所处的地区及其经济发展水平。

2. 土地使用权评估的方法

土地使用权评估一般可采用如下方法：

(1)市场比较法：把被估土地与市场上已出让的相同或类似的土地作比较，调整其差异，确定被估土地的评估价值。

**【例 3-12】**　某块土地丙的面积为 1 000$m^2$，待出让。同时搜集到与土地丙具有可比性的土地甲、乙的土地使用权出让的资料(表 3-8)，求土地丙的价格。

**土地使用权出让资料**　　表 3-8

| 项目 | 甲 | 乙 | 丙 |
|---|---|---|---|
| 销售条件 | 市场 | 市场 | 市场 |
| 交易时间 | 2 年前 | 1 年前 | |
| 销售单价(元/$m^2$) | 90 | 115 | |

**解**：已知去年比前年地价上涨了 10%，今年比去年又上涨了 12%，按照市场法评估思路，先比较这三块土地，分别求出其综合评价系数，如表 3-9 所示。

**甲、乙、丙三块土地综合评价系表**　　表 3-9

| 比较指标 | 指标权重(%) | 理想分 | 甲 | 乙 | 丙 |
|---|---|---|---|---|---|
| 土地临路情况 | 125 | 10 | 8 | 7 | 7 |
| 土地使用情况 | 125 | 10 | 8 | 8 | 9 |
| 公共设施情况 | 125 | 10 | 8 | 8 | 8 |
| 社区服务状况 | 125 | 10 | 8 | 7 | 8 |
| 文化娱乐状况 | 125 | 10 | 7 | 6 | 8 |
| 周围环境 | 125 | 10 | 8 | 8 | 8 |
| 地区性不动产销售情况 | 125 | 10 | 9 | 8 | 10 |
| 其他 | 125 | 10 | 8 | 8 | 8 |
| 合计 | | 100 | 80 | 75 | 82.5 |

若以甲为依据,丙的每平方米出让价格为:

$$90\times(1+10\%)\times(1+12\%)\times 82.5\div 80=114.35(\text{元})$$

若以乙为依据,丙的每平方米出让价格为:

$$115\times(1+12\%)\times 82.5\div 75=141.68(\text{元})$$

若无其他特别因素的影响,丙的每平方米售价取上述两者的中值,则丙土地使用权的出让价格为:

$$(114.35+141.68)\div 2\times 1\,000=128\,015(\text{元})$$

(2)收益法,也称收益还原法,收益资本化法:是指通过估算被评估资产未来预期收益并折算成现值,借以确定被评估资产价值的一种资产评估方法。使用收益法评估土地使用权,是用土地的年纯收益额和适用资本化率推算土地价格。用公式表示为:

$$\text{地产评估值}=\frac{\text{土地年总收益额}-\text{土地年总费用}}{\text{适用资本化率}} \tag{3-39}$$

(3)成本法,也称重置成本法:是以取得和开发土地所耗费的各项费用之和为基础,再加上一定的利息、利润、税金和土地所有权收益等来确定土地价格的估价方法。其评估公式为:

$$\text{地产评估值}=\text{地产重置成本}-\text{各种贬值} \tag{3-40}$$

$$\text{地产重置成本}=\text{土地取得费用}+\text{土地开发费用}+\text{税费}+\text{利息}+\text{利润}+\text{土地所有权收益}$$

(4)假设开发法:是将评估对象预期开发后的价值,扣除预期的正常开发成本、销售税费、管理费用、利息以及开发利润,由此推算评估对象价值的一种估价方法。其评估公式为:

$$\text{地产评估值}=\text{卖楼价}-\text{建筑费}-\text{专业费用}-\text{投资利息}-\text{投资利润}-\text{税费} \tag{3-41}$$

其中,卖楼价是指对待评估地块按最佳利用方式进行开发设计,并预计完成开发后的建成物的价值。

(5)路线价评估法:通过制定标准地块的路线价为基准来评定相邻各地块价格的方法。具体来说,就是选取临接某一街道的一地段,以其临街深度为标准深度,求在该深度上数块有代表性的地块的平均单价,作为该临街地的路线价。根据路线价和深度指数(因临街深度的增加而产生的价格递减比率)推算出临接同一街道的其他所有地块的价格。可用公式表示为:

$$\text{地价}=\text{路线价}\times\text{深度指数}\times\text{地块面积} \tag{3-42}$$

**【例3-13】** 某路线价区段,标准深度为16.18m,路线价为1 200 元/$m^2$,待评地块为一临街矩形地块,临街宽度为20m,临街深度为17m。根据深度指数表的数据(表3-10),计算这块土地的价格。

**深度指数表** 表3-10

| 临街深度(m) | 小于4 | 4~8 | 8~12 | 12~16 | 16~18 |
|---|---|---|---|---|---|
| 深度指数(%) | 130 | 125 | 120 | 110 | 100 |

**解**:将这块土地按其临街深度划分为5块,分别计算各自的面积,再按上述公式计算土地价格。

$$\begin{aligned}\text{地价}&=1\,200\times(1.3\times 20\times 4+1.25\times 20\times 4+1.2\times 20\times 4+1.1\times 20\times 4+1\times 20\times 1)\\&=1\,200\times(104+100+96+88+20)\\&=489\,600(\text{元})\end{aligned}$$

## 三、建筑物评估

建筑物是指与土地组合的建设成果,总体上划分为房屋和构筑物两大类。房屋是指能够遮风避雨并供人们居住、工作、娱乐等进行各种活动的场所;构筑物通常不能直接在内进行生产和生活,如烟囱、水塔、道路、桥梁、隧道、水坝、围墙等。房屋建筑由基础、主体承重结构和屋顶及围护结构等组成。

### 1.建筑物评估程序

(1)明确评估目的。建筑物作为一类评估对象,其发生的经济行为多种多样,有所有权转让或使用权转让,有抵押、担保、拍卖、课税等。对于同一建筑物来说,在发生上述不同经济行为时,应根据特定情况,选择与其相适应的价值类型和评估方法。

(2)资料准备。在明确评估目的后,评估人员就可确定与此相适应的评估方法,并着手收集与评估方法相关的资产评估资料。

(3)准备有关文件。建筑物的评估涉及的政策性问题甚多,评估人员在到现场之前,必须准备好充足的有关文件及资料。

(4)资产评估明细表的准备。评估人员要制作合理的评估明细表。将"建筑物清查评估明细表"提供给委托方,由委托方认真填写。

(5)评定测算。如果能够搜集到几种评估方法所需的资料,亦可运用多种方法对该宗房产进行估价,并相互进行验证,最后确定评估结果。

(6)确定评估结果,撰写评估说明或评估报告。评估人员应当在充分分析论证的基础上给出评估的最终结果,并撰写评估说明或评估报告。

### 2.建筑物评估的原则

建筑物评估不仅要遵循资产评估的一般工作原则,因为建筑物价格本身的特点及产业性质,还必须遵循特定的经济性原则和专业性原则。

(1)替代原则。根据建筑物评估的替代原则,在对商品化建筑物进行评估时,可通过对同功能和同类型的建筑物市场价格比较进行,即采用市场法进行评估。

(2)最有效使用原则。在对建筑物进行评估时,要考虑建筑物是否具有功能变异性且是否能够实现功能转化,如果具备这样的条件,就可以按潜在的可能最有效利用途径来评估。但应当注意,应用这一原则时,必须符合国家法律、法规和政策的规定。

(3)供需原则。房屋建筑物在实现商品化后,如同其他商品一样,也要受价值规律的制约,其价格取决于需求与供给关系的均衡点。需求超过供给,价格随之提高;反之,供给超过需求,价格随之下降。

(4)房地合一原则。尽管房屋建筑物和土地是可以加以区别的评估对象,而且土地使用权可以独立于房屋建筑物而存在,但是,由于两者在使用价值上的相互依存和价格形成中的内在联系,在用市场法进行评估时,要把两者作为相互联系的综合体进行估价。

①房屋建筑物和土地相结合使房地产最终成为商品。对于建筑物来说,它总是依托于一定的土地,土地的开发成本往往隐含在房屋建筑物价值之中,土地使用价值此时可通过房产来反映。

②建筑物环境质量的区别是由土地产生的,它在很大程度上影响建筑物的价格。房地产

的总收益是土地和建筑物等因素共同作用的结果。

3. 建筑物评估的方法

（1）成本法

建筑物的成本法主要涉及四个基本要素，即建筑物的重置成本（重置全价）、实体性贬值、功能性贬值和经济性贬值。其确定待估建筑物价格的公式为：

待估建筑物的价格＝建筑物重置全价×实体成新率－功能性贬值－经济性贬值　（3-43）

建筑物重置成本＝前期工程费＋建筑安装工程费＋配套费＋建设期利息＋建设单位管理费＋税金＋开发商利润　（3-44）

建筑物实体性贬值是指建筑物由于使用磨损和自然损耗造成的贬值，一般以建筑物在实体形态上的保值程度的百分率——实体成新率进行反映。实体成新率的测算主要采用使用年限法和综合评分法。

建筑物功能性贬值是指建筑物由于建筑物用途、使用强度、结构、装修、设备配备等不合理造成的建筑物功能不足或浪费形成的价值损失。在确定建筑物功能性贬值时，是以该建筑物在现有占地面积和区位条件下能够发挥的最大效益为比较标准的，凡是由于上述不合理现象造成的效益损失或为达到最佳效益所需付出的额外成本费用，均应视作该建筑物的功能性贬值。

（2）收益还原法

该法主要适用于收益性房产的评估，并且要能合理地分解房产和地产各自归属的收益，此时可用建筑物残余法进行建筑物的估价。用公式表示即为：

$$B=\frac{A-Lr_1}{r_2}\left[1-\frac{1}{(1+r_2)^n}\right]$$

或

$$B=\frac{A-Lr_1}{r_2+d}\left[1-\frac{1}{(1+r_2+d)^n}\right] \tag{3-45}$$

式中：$A$——房地产纯收益；

$L$——根据收益还原法以外的方法确定的土地价格；

$r_1$——土地还原利率；

$r_2$——建筑物还原利率；

$d$——建筑物的折旧率；

$n$——建筑物与土地使用年限中较短的一个；

$B$——待估建筑物的价格。

（3）市场比较法

可根据下列公式确定待估房产的评估价格：

待估房产价格＝参照实例单位面积房价×交易情况修正率×交易日期修正率×一般因素修正率×微观因素修正率　（3-46）

（4）在建工程的评估

在建工程可分为已完工程和未完工程两大类，其具体评估方法是不同的。已完工在建工程是指已完成施工项目，具备相对完整的服务能力，但未进行竣工结算和交付使用的在建工程;未完工在建工程是指尚未完成施工项目的在建工程。

①已完工在建工程的评估

对于已完工在建工程,因其已形成相对独立完整的收益能力,因此宜采用收益法进行评估。

已完工在建工程价格 = 工程决算总支出额 ×(1 + 调整系数)

其中,工程决算总支出额主要是指列入工程决算范围内的工程直接费用和间接费用等;而调整系数则是反映工程材料差价、间接费用标准差异的综合修正系数。

②未完工在建工程的评估

对于未完工在建工程,由于其未形成相对独立完整的服务或收益能力,因此不宜选用收益法进行评估,而主要采用重置核算法和形象进度法进行评估。

重置核算法是根据实际已经发生的工程直接费用和间接费用按现行物价水平进行适当调整,再加上实际已经发生的不可预见费用和预算外费用的重置价值,得出未完工在建工程的重置成本的一种评估方法。用公式表示如下:

未完工在建工程重置成本 = Σ[(各项直接费用项目损耗 × 单位价格标准)×(1 + 相应的调整系数)] + Σ[应计提间接费的直接费用 × 适用间接费率 ×(1 + 相应的调整系数)] + 实际发生的不可预见费用和预算外费用 ×(1 + 相应的调整系数)  (3-47)

形象进度法,又称预算调整法,它是根据未完工工程的总预算及工程的形象进度,将未完工工程已发生的预算投入调整为重置成本,再加上根据未完工工程的预算与决算的差异所套算的预算外费用而得出未完工工程的重置成本的一种估价方法。

未完工在建工程价格 = 未完工工程造价总预算 × 工程形象进度 ×(1 + 预算调整系数) + 预算外费用  (3-48)

其中:

工程形象进度(%) = 实际完成工程量/总预算工程量 ×100%

或  工程形象进度(%) = 实际完成工程造价/工程总预算造价 ×100%

# 第六节 与工程造价有关的税收及保险的内容

## 一、与工程造价有关的税收规定

按照纳税对象的不同性质,税收可以划分为流转税类、资源税类、所得税类、特定目的税类、财产行为税类、农业税类和关税。在项目投资与建设过程中缴纳的主要税收包括营业税、所得税、城市维护建设税和教育费附加(可视作税收)。另外,针对其占有的财产和行为,还涉及房产税、土地使用税、土地增值税和契税等的征收。

## (一)营业税

### 1. 纳税对象

包括在我国境内提供应税劳务、转让无形资产或销售不动产三个方面。

(1)提供应税劳务:主要包括交通运输业、建筑业、金融保险业、邮电通信业、文化体育业、娱乐业和服务业七项。

(2)转让无形资产:是指转让无形资产的所有权或使用权,具体包括转让土地使用权、商标权、专利权、非专利技术、著作权和商誉等。

(3)销售不动产:是指有偿转让不动产所有权,具体包括销售建筑物或构筑物、销售其他土地附着物;单位将不动产无偿赠予他人,视同销售不动产;以不动产投资入股,在转让该项股权时,也视同销售不动产。

### 2. 计税依据和税率

(1)计税依据。我国营业税计税依据为计税营业额。营业税属于价内税,所谓价内税是指商品价值或价格内包含应纳的此项税金,因而作为计税依据的营业额为纳税人提供应税劳务、转让无形资产或者销售不动产时向对方收取的全部价款和价外费用(包括基金、集资款、手续费、代收代垫款项及其他各种性质的价外费用),价外费用均应依法并入营业额计算应纳税额。

(2)税率。营业税实行差别比例税率,对同一行业实行同一税率,对不同行业实行不同税率。营业税税目税率见表3-11。

**营业税税目税率表**　　表3-11

| 税　目 | 税　率 | 税　目 | 税　率 |
|---|---|---|---|
| 交通运输业 | 3% | 娱乐业 | 5% ~20% |
| 建筑业 | 3% | 服务业 | 5% |
| 金融保险业 | 5% | 转让无形资产 | 5% |
| 邮电通信业 | 3% | 销售不动产 | 5% |
| 文化体育业 | 3% | | |

### 3. 应纳税额计算

营业税应纳税额一般根据计税营业额和适用税率计算,基本计算公式为:

$$应纳税额 = 计税营业额 \times 适用税率 \tag{3-49}$$

纳税人兼有不同税目的,应当分别核算不同税目的营业额,未分别核算营业额的,从高适用税率。纳税人兼营应税劳务与货物或非应税劳务的,应分别核算应税劳务的营业额与货物或非应税劳务的销售额,不分别核算或不能准确核算的,其应税劳务与货物或非应税劳务一并征收增值税,不征收营业税。基本建设单位和从事建筑安装业务的企业附设的工厂、车间生产的水泥预制构件、其他构件或建筑材料,用于本单位或本企业的建筑工程的,应在移送使用时征收增值税。但对其在建筑现场制造的预制构件,凡直接用于本单位或本企业建筑工程的,征收营业税,不征收增值税。

## (二)所得税

所得税又称所得课税、收益税,是指国家对法人、自然人和其他经济组织在一定时期内的各种所得征收的一类税收。所得税主要包括企业所得税和个人所得税。

### 1. 纳税人和纳税对象

企业所得税的纳税人是指企业或其他取得收入的组织(以下统称企业),可分为居民企业和非居民企业。

(1)居民企业是指依法在中国境内成立,或者依照外国(地区)法律成立但实际管理机构在中国境内的企业。居民企业应当就其来源于中国境内、境外的所得缴纳企业所得税。

(2)非居民企业是指依照外国(地区)法律成立且实际管理机构不在中国境内,但在中国境内设立机构、场所的,或者在中国境内未设立机构、场所,但有来源于中国境内所得的企业。

### 2. 计税依据和税率

(1)计税依据。企业所得税的计税依据为应纳税所得额。即:企业每一纳税年度的收入总额,减除不征税收入、免税收入、各项扣除以及允许弥补的以前年度亏损后的余额。计算公式为:

$$应纳税所得额 = 收入总额 - 不征税收入 - 免税收入 - 各项扣除 - 弥补以前年度亏损 \tag{3-50}$$

(2)税率。企业所得税实行25%的比例税率。对于非居民企业取得的应税所得额,适用税率为20%。

符合条件的小型微利企业,减除20%的税率征收企业所得税。国家需要重点扶持的高新技术企业,减除15%的税率征收企业所得税。此外,企业的下列所得可以免征、减征企业所得税:从事农、林、牧、渔业项目的所得;从事国家重点扶持的公共基础设施项目投资经营的所得;从事符合条件的环境保护、节能节水项目的所得;符合条件的技术转让所得。

### 3. 应纳税额计算

企业的应纳税所得额乘以适用税率,减除有关税收优惠规定减免和抵免的税额后的余额,为应纳税额:

$$应纳税额 = 应纳税所得额 \times 所得税税率 - 减免和抵免的税额 \tag{3-51}$$

企业取得的下列所得已在境外缴纳的所得税税额,可以从其当期应纳税额中抵免,抵免限额为该项所得依照规定计算的应纳税额;超过抵免限额的部分,可以在以后5个年度内,用每年度抵免限额抵免当年应抵税额后的余额进行抵补:

(1)居民企业来源于中国境外的应税所得。

(2)非居民企业在中国境内设立机构、场所,取得发生在中国境外且与该机构、场所有实际联系的应税所得。

居民企业从其直接或者间接控制的外国企业分得的来源于中国境外的股息、红利等权益性投资收益,外国企业在境外实际缴纳的所得税税额中属于该项所得负担的部分,可以作为该居民企业的可抵免境外所得税税额,在规定的抵免限额内抵免。

### (三)城市维护建设税与教育费附加

1. 城市维护建设税

城市维护建设税以实际缴纳的增值税、消费税和营业税之和为计税依据,与增值税、消费税和营业税同时缴纳。城市维护建设税根据纳税人所在地的不同,分别规定不同的比例税率。纳税人所在地在市区的,税率为7%;纳税人所在地在县城或镇的,税率为5%;纳税人所在地不在市区、县城或镇的,税率为1%。施工企业、房地产开发企业应该以实际缴纳的营业税税额为计税依据,同时缴纳城市维护建设税。

2. 教育费附加

教育费附加的纳税人,是有义务缴纳增值税、消费税和营业税的单位和个人。教育费附加以实际缴纳的增值税、营业税、消费税的税额为计征依据,与增值税、消费税和营业税同时缴纳。财政部下发《关于统一地方教育附加政策有关问题的通知》(财综[2010]年98号)。根据文件要求,各地统一征收地方教育附加,地方教育附加征收标准为单位和个人实际缴纳增值税、营业税和消费税税额的2%。

### (四)城镇土地使用税

1. 纳税人

城镇土地使用税的纳税义务人,是指在城市、县城、建制镇、工矿区范围内使用土地的单位和个人。单位包括国有企业、集体企业、私营企业、股份制企业、外商投资企业、外国企业以及其他企业和事业单位、社会团体、国家机关、军队以及其他单位;个人包括个体工商户以及其他个人。

2. 纳税对象

城镇土地使用税的纳税对象包括在城市、县城、建制镇和工矿区内的国有和集体所有土地,但不包括农村土地。

3. 计税依据和税率

城镇土地使用税以纳税人实际占用的土地面积为计税依据。

纳税人实际占用的土地面积按下列办法确定:

(1)凡由省、自治区、直辖市人民政府确定的单位组织测定土地面积的,以测定的面积为准。

(2)尚未组织测量,但纳税人持有政府部门核发的土地使用证书的,以证书确认的土地面积为准。

(3)尚未核发出土地使用证书的,应由纳税人申报土地面积,据以纳税,待核发土地使用证后再作调整。

城镇土地使用税采用定额税率。

4. 应纳税额

城镇土地使用税应纳税额可通过纳税人实际占用的土地面积乘以该土地所在地段的适用税额求得。计算公式为:

$$全年应纳税额 = 实际占用应税土地面积(m^2) \times 适用税额 \tag{3-52}$$

## 二、与工程造价有关的保险规定

公路工程施工中涉及的保险种类很多,主要有工程一切险、第三方责任险、人身意外险、施工装备险。

1. 工程一切险

(1)投保范围

承包人应以业主和承包人双方的名义为本合同工程投保工程一切险和第三方责任险,保费在投标报价中单独列出,由业主负担。

所谓工程一切险,是一种综合性保险,是为永久工程、临时工程和设备及已运至施工工地用于永久工程的材料和设备所投的保险。该项投保从工程开始到竣工移交整个期间的已完工程、在建工程、到达现场的材料、临时工程、现场的其他财产等任何损失进行保险,也可对在缺陷责任期内由于施工原因造成的已完工程损失进行保险。

(2)保险费率的确定

保险费率同项目的性质(例如一般民用建筑、公路桥梁、工业建筑、化工装置、危险物品仓库等)和项目所在地的地理条件、自然条件以及工期的长短、免赔额的高低等因素有关,承包人可以就本项目的具体情况与保险公司协商一个合理的费率。建筑工程一切险为保险总金额的1.8‰~5‰,工艺复杂、地质条件较差的项目工程一切险可能达到6‰~7‰,安装工程一切险的保险费率为总额的2‰~5‰。工程一切险的保险额是按合同总价即工程完成时的价值计算,而赔偿金额只考虑实际损失数字。承包人可以要求保险公司在确定保险金费率时,充分考虑这一特点和因素。

(3)保险期限的确定

保险的期限要根据合同条件要求(包括全部施工期)确定,如果业主要求缺陷责任期内由于施工缺陷造成的损害也属于保险范围,则需在投保申请书中写明。确定保险期限时,实际保险期限应该比合同工期略长一些,这是考虑到可能工期拖长。

2. 第三方责任险

(1)投保范围

因为工程是在业主的工程土地范围内进行,如果任何事故造成工地和附近地段第三者人身伤亡和财产损失时,第三者可能要求业主赔偿或提出诉讼,业主为免除自己的责任而要求承包人投保这种责任险。在发生这种涉及第三方损失的责任时,保险公司将对承包人由此遭到的赔款和发生诉讼等费用进行赔偿。

(2)保险费率确定

FIDIC 合同条件第 23 条明确规定了第三方责任险保险金额的最低限额,限此保险金额至少应为投标书附件中所规定的数额。承包人可以按 FIDIC 合同条件的规定,与"工程一切险"合并在一起向保险公司投保。第三方责任险的赔偿限额由双方商定,费率为2.5‰~5.5‰。

3. 人身意外险

人身意外险是承包人对其施工人员进行人身意外事故保险,保费由承包人负责。凡是FIDIC 合同条件第 24 条鉴定的事故都属于此保险范围。对于每一职员造成的意外事故保险金额,要按工程所在国的劳工法和社会安全法来确定。有些国家对于承包人雇用的外籍职员和工人,允许在外国的保险公司投保,但对工程所在国籍雇员和工人,规定必须在当地保险公司投保。

中国人民保险公司办有团体人身意外伤害保险,一般以一年为期,也可投保短期险。保险额最低为1 000元,最高为10 000元,具体数额可由投保人选定。一般保险费为每人每年保险金额的2% ~7%不等,视工种和工作环境而定。我国在国外承包工程时,有两种办保险的方法:

①中方派出人员由中国人民保险公司承保,工人每人保险金额为人民币2万元,保险费率为1%;技术人员的保险金额较高,总工程师可达10万元。

②在工程所在地雇用当地人员,可按当地法律规定或习惯办理人身意外保险。

4. 施工装备险

施工装备险是承包人为进入施工现场的施工装备所投的保险,保险范围、保险金额及保险期限由承包人根据需要与保险公司协商确定。

## 第七节　建设项目财务分析

建设项目财务分析是在国家现行财税制度和价格体系的前提下,从项目的角度出发,计算项目范围内的财务效益和费用,分析项目的盈利能力和清偿能力,评价项目在财务上的可行性。

### 一、财务效益与费用估算

工程项目收益是项目建设及运营过程中所取得的财务效益与支出的财务费用之间比较的结果。财务效益与费用分析是财务分析的重要基础,其估算的准确性与可靠程度对项目财务分析影响巨大。财务效益和费用估算应遵循"有无对比"的原则,正确识别和估算"有项目"和"无项目"状态的财务效益和费用。财务效益与费用估算应反映行业特点,符合依据明确、价格合理、方法适宜和表格清晰的要求。

#### (一)财务效益估算

项目的财务效益是指项目实施后所获得的营业收入。对于适用增值税的经营性项目,除营业收入外,其可得到的增值税返还也应作为补贴收入计入财务收益;对于非经营性项目,财务效益应包括可能获得的各种补贴收入。

1. 营业收入的估算

(1)估算的基础数据,包括产品或服务的数量和价格,根据市场预测确定。

(2)工业项目评价中营业收入的估算基于一项重要假定,即当期商品产量等于当期销售量。主副产品的销售收入应全部计入营业收入,其中某些行业的产品成品率按行业习惯或规定;其他行业提供的不同类型服务收入也应同时计入营业收入。

(3)分年运营量可根据经验确定负荷后计算或通过制订销售(运营)计划确定。

①按照市场预测的结果和项目具体情况,根据经验直接判定分年的负荷率。

②根据市场预测结果,结合项目性质、产出特性和市场的开发程度制定分年运营计划,进而确定各年产出数量。

③运营计划或分年负荷的确定不应是固定的模式,应强调具体项目具体分析。一般开始投产时负荷较低,以后各年逐步提高,提高的幅度取决于上述因素的分析结果。有些项目的产出寿命期较短、更新快,达到一定负荷后,在适当的年份开始减少产量,甚至适时终止生产。

2. 补贴收入的估算

某些项目还应按有关规定估算企业可能得到的补贴收入(仅包括与收益相关的政府补助,与资产相关的政府补助不在此处核算,与资产相关的政府补助是指企业取得的、用于构建或以其他方式形成长期资产的政府补助),包括先征后返的增值税、按销量或工作量等依据国家规定的补助定额计算并按期给予的定额补贴,以及属于财政扶持而给予的其他形式的补贴等。以上几类补贴收入,应根据财政、税务部门的规定,分别计入或不计入应税收入。

### (二)财务费用估算

项目所支出的财务费用主要包括投资、成本费用和税金等。

1. 投资

投资主要包括建设投资、建设期贷款利息和流动资金三部分。

(1)建设投资。建设投资是项目费用的重要组成部分,是项目财务分析的基础数据,可根据项目前期研究的不同阶段、对投资估算精度的要求及相关规定选用估算方法,从而在给定的建设规模、产品方案和工程技术方案的基础上,估算项目建设所需要的费用。建设投资的构成可按概算分类法或按形成资产法分类。

①按概算法分类。建设投资由工程费用、工程建设其他费用和预备费三部分构成。其中工程费用又由建筑工程费、设备购置费(含工器具及生产家具购置费)和安装工程费构成;工程建设其他费用内容较多,且随行业和项目的不同而有所区别。预备费包括基本预备费和涨价预备费。

②按形成资产法分类。建设投资由形成固定资产的费用、形成无形资产的费用、形成其他资产的费用和预备费四部分组成。

固定资产费用是指项目投产时直接形成固定资产的建设投资,包括工程费用和工程建设其他费用中按规定将形成固定资产的费用,后者被称为固定资产其他费用,主要包括建设单位管理费、可行性研究费、研究试验费、勘察设计费、环境影响评价费、场地准备及临时设施费、引进技术和进口设备其他费、工程保险费、联合试运转费、特殊设备安全监督检测费和市政公用设施建设及绿化费等。

无形资产费用是指将直接形成无形资产的建设投资,主要是专利权、非专利技术、商标权、土地使用权和商誉等。

其他资产费用是指建设投资中除形成固定资产和无形资产以外的部分,如生产准备及开办费等。

(2)建设期贷款利息。建设期贷款利息是指筹措债务资金时在建设期内发生并按规定允许在投产后计入固定资产原值的利息,即资本化利息。

(3)流动资金。流动资金是指运营期内长期占用并周转使用的营运资金,不包括运营中需要的临时性营运资金。

2. 成本费用

成本费用是指项目生产运营支出的各种费用。成本估算应与营业收入的计算口径一致,各项费用应划分清楚,防止重复计算或者低估费用支出。按财务评价的特定要求,分为总成本费用和经营成本。

1)总成本费用估算

总成本费用是指在运营期内为生产产品或提供劳务所发生的全部费用。总成本费用估算的行业性很强,估算应注意反映行业特点,或从行业规定。以下所述的总成本费用估算法与注意事项适用于工业项目,在折旧、摊销、利息和某些费用计算方面也基本适用于其他行业。

(1)生产要素法估算法

$$\text{总成本费用} = \text{外购原材料、燃料和动力费} + \text{工资及福利费} + \text{折旧费} + \text{摊销费} + \text{修理费} + \text{财务费用(利息支出)} + \text{其他费用} \quad (3\text{-}53)$$

式中:

①外购原材料、燃料和动力费估算,该价格应按入库价格计,即到厂价格并考虑途库损耗。采用的价格时点和价格体系应与营业收入的估算一致。

②工资及福利费估算。通常包括职工工资、奖金、津贴和补贴,职工福利费。医疗保险费、养老保险费、失业保险费、工伤保险费、生育保险费等社会保险费和住房公积金中由企业缴付的部分,应按规定计入其他管理费用。

③固定资产原值及折旧费的估算,固定资产原值按照建设项目总投资中形成固定资产的费用计算。

④固定资产修理费的估算。修理费是指为保持固定资产的正常运转和使用,充分发挥使用效能,对其进行必要修理所发生的费用,按照修理范围的大小和修理时间间隔的长短可以分为大修理和中小修理。

修理费允许直接在成本中列支,如果当期发生的修理费用数额较大,可采用预提或摊销的办法。

⑤无形资产和其他资产原值及摊销费用估算。按照有关规定,无形资产从开始之日起,在有效使用期限内平均摊入成本。无形资产的摊销一般采用平均年限法,不计残值。

其他资产的摊销可以采用平均年限法,不计残值,摊销年限应注意符合税法要求。

⑥其他费用估算。其他费用包括其他制造费用、其他管理费用和其他营业费用这三项费用,系指由制造费用、管理费用和营业费用中分别扣除工资及福利费、折旧费、摊销费、修理费以后的其余部分。产品出口退税和减免税项目按规定不能抵扣的进项税额也包括在内。

a. 其他制造费用。制造费用包括生产单位管理人员工资和福利费,折旧费、修理费(生产单位和管理用房屋、建筑物、设备)、办公费、水电费、机物料消耗、劳动保护费,季节性和修理期间的停工损失等,但不包括企业行政管理部门为组织和管理生产经营活动而发生的管理费用。

为了简化计算常将制造费用归类为管理人员工资及福利费、折旧费、修理费和其他制造费用几部分。

其他制造费用是指由制造费用中扣除生产单位管理人员工资及福利费、折旧费、修理费后其余的部分。项目评价中常见的估算方法有:按固定资产原值(扣除所含的建设期利息)的百分数估算;按人员定额估算。具体估算方法可依从行业规定。

b.其他管理费用。管理费用是指企业为管理和组织生产经营活动所发生的各项费用,包括公司经费、工会经费、职工教育经费,劳动保险费、待业保险费、董事会费、咨询费、聘请中介机构费,诉讼费、业务招待费、排污费、房产税、车船使用税、土地使用税、印花税、矿产资源补偿费、技术转让费、研究与开发费、无形资产与其他资产摊销、职工教育经费、计提的坏账准备和存货跌价准备等。

为简化计算,项目评价中可将管理费用归类为管理人员工资及福利费、折旧费、无形资产和其他资产摊销费、修理费、其他管理费用几个部分。

其他管理费用是指由管理费用中扣除工资及福利费、折旧费、摊销费、修理费后的其余部分。

项目评价中常见的估算方法是按人员定额或取工资及福利费总额的百分数计算。

c.其他营业费用。营业费用是指企业在销售商品过程中发生的各项费用以及专设销售机构的各项经费,包括应由企业负担的运输费、装卸费、包装费、保险费、广告费、展览费以及专设销售机构人员工资及福利费、类似工资性质的费用、业务费等经营费用。

为了简化计算,项目评价中将营业费用归为销售人员工资及福利费、折旧费、修理费和其他营养费用几部分。其他营业费用是指由营业费用中扣除工资及福利费、折旧费、修理费后的其余部分。

项目评价中常见的估算方法是按营业收入的百分数估算。

d.不能抵扣的进项税额。对于产品出口项目和产品国内销售的增值税减免税项目,应将不能抵扣的进项税额计入总成本费用的其他费用或单独列项。

⑦利息支出。按照会计法规,企业为筹集所需资金而发生的费用称为借款费用,又称财务费用,包括利息支出(减利息收入)、汇总损失(减汇总收益)以及相关的手续费等。在大多数项目的财务分析中,通常只考虑利息支出。利息支出的估算包括长期借款利息、流动资金借款利息和短期借款利息三部分。

(2)生产(服务)成本加期间费用估算法

$$总成本费用=生产成本+期间费用 \tag{3-54}$$

$$生产成本=直接材料费+直接燃料和动力费+直接工资+其他直接支出+制造费用 \tag{3-55}$$

$$期间费用=管理费用+营业费用+财务费用 \tag{3-56}$$

当会计制度与税收制度的相关规定有矛盾时,应按税收原则处理。

(3)固定成本和可变成本

根据成本费用与产量的关系可以将总成本费用分解为可变成本、固定成本和半可变(半固定)成本。长期借款利息应视为固定成本,流动资金借款和短期借款利息可能部分与产品产量有关,其利息可视为半可变半固定成本,为简化计算,一般也将其作为固定成本。

2)经营成本估算

经营成本是指财务分析的现金流量分析中所使用的特定概念,作为项目现金流量表运营期现金流出的主体部分,应得到充分的重视。经营成本是指总成本费用扣除固定资产折旧费、摊销费和财务费用后的成本费用。其计算公式为:

$$经营成本=总成本费用-折旧费-摊销费-财务费用 \tag{3-57}$$

或:

$$经营成本=外购原材料、燃料和动力费+工资及福利费+修理费+其他费用 \tag{3-58}$$

3. 税金

项目财务分析中所涉及的税金主要包括关税、增值税、营业税、消费税、所得税、资源税、城市维护建设税和教育费附加等,有些行业还包括土地增值税。税种和税率的选择,应根据相关税法和项目的具体情况确定。如有减免税优惠,应说明依据及减免方式并按相关规定估算。

在进行项目收益计算时,营业税、消费税、土地增值税、资源税和城市维护建设税、教育费附加均可包含在营业税金及附加中。

### (三)利润的形成及分配

1. 利润的计算

利润是工程项目收益的主要表现形式之一,是在财务收益和费用估算的基础上,反映一定时期内所取得的财务成果。其基本计算公式为:

$$利润总额=营业收入-总成本费用-营业税金及附加 \tag{3-59}$$

2. 利润的分配

企业实现的利润总额,按照国家规定做相应的调整后,依法缴纳所得税。企业缴纳所得税后形成的净利润,除国家另有规定外,按照下列顺序分配:

(1)弥补企业以前年度亏损。企业发生的年度亏损,在连续5年内未能用税前利润弥补的,应用税后利润弥补。

(2)提取法定公积金。法定公积金按照税后利润扣除弥补亏损后余额的10%提取,法定公积金达到注册资本的50%时可不再提取。法定公积金可用于弥补亏损或用于转增资本金,转为资本时,所留存的该项公积金不得少于转增前公司注册资本的25%。

(3)提取任意公积金,提取法定公积金后,经股东会或者股东大会决议,还可以从税后利润中提取任意公积金。

(4)向投资者分配利润。企业当期实现的净利润,加上年初未分配利润扣除前三项的余额后,为可供投资者分配的利润。

## 二、项目盈利能力分析

### (一)主要的会计要素

项目的盈利能力分析往往与会计要素有关,根据《企业会计准则》,会计要素包括资产、负债、所有者权益、收入、费用和利润。其中,后三个要素前已述及,此处重点介绍前三个要素。

1. 资产

资产是指过去的交易、事项形成并由企业拥有或控制的资源,该资源预期会给企业带来经济效益。资产按其流动性可以分为流动资产、长期投资、固定资产、无形资产和其他资产。

(1)流动资产,是指可以在1年或者超过1年的一个营业周期内变现或耗用的资产,主要包括货币资金(现金、银行存款等)、短期投资、应收及预付款项(即结算债权)、待摊费用和存货等。

①货币资金,包括库存现金(简称现金)、银行存款和其他货币资金(包括外埠存款、银行汇票存款、银行本票存款、信用卡存款等)。

②短期投资,是指能够随时变现并且持有时间不准备超过1年(含1年)的投资,一般包括股票、债券、基金等。

③应收及预付款项或称结算债权,是指企业在日常生产经营过程中发生的各项债权,主要包括应收款项(包括应收账款、应收票据、应收股利、应收利息、其他应收款)和预付账款等。

④待摊费用,是指企业已经支出、但应当由本期和以后各期分别负担的,分摊期在1年以内(含1年)的各项费用,主要包括低值易耗品摊销、预付保险费、一次性购买印花税票、一次性支付固定资产中小修理费用、需要在年度内分月摊销的金额等。

⑤存货。施工企业的存货主要包括原材料、在途存货、委托加工物资、低值易耗品、周转材料、未完施工和已完施工、在产品和产成品等。

(2)长期投资。长期投资是指除短期投资以外的投资,包括持有时间准备超过1年(不含1年)的各种股权性质的投资,不能变现或不准备随时变现的债券、长期债权投资和其他长期投资。

(3)固定资产,是指为生产商品、提供劳务、出租或经营管理而持有的、使用寿命超过一个会计期间、单位价值在规定的限额以上并能够可靠地计量且长期使用保持其原有实物形态的劳动资料。

不属于生产经营主要设备的物品,但单位价值在2 000元以上,并且使用年限超过2年的,也应当作固定资产。

(4)无形资产,包括专利权、非专利技术、商标权、著作权、土地使用权等。

2. 负债

负债是指过去的交易、事项形成的现实义务,履行该义务预期会导致经济利益流出企业。企业的负债按其流动性(即负债的偿付期限的长短),分为流动负债和长期负债。

(1)流动负债,是指在1年(含1年)或者超过1年的一个营业周期内偿还的债务,包括短期借款、应付票据、应付账款、预收账款、应付工资、应付福利费、应付股利,应交税金、其他暂收应付款项、预提费用和1年内到期的长期借款等。

(2)长期负债,是指偿还期在1年或者超过1年的一个营业周期以上的负债,包括长期借款、应付债券、长期应付款等。

长期应付款主要包括应付补偿贸易引进设备款、应付融资租赁款等长期债务。

3. 所有者权益

所有者权益是指所有者在企业资产中享有的经济利益,其金额为资产减去负债后的余额。所有者权益包括投入资本(或者股本)、直接计入所有者权益的利得和损失、盈余公积和未分配利润。

(1)投入资本(股本),是指投资者按照企业章程,或合同、协议的约定,实际投入企业的资本。我国实行的是注册资本制,因而,在投资者足额缴纳资本之后,企业的投入资本应该等于企业的注册资本。

(2)直接计入所有者权益的利得和损失,是指由于资本溢价、接受捐赠资产等原因导致的资本积累。其项目包括:

①资本(或股本)溢价,是指企业投资者投入的资金超过其在注册资本中所占份额的部分。

②接受非现金资产捐赠准备,是指企业因接受非现金资产捐赠而增加的资本公积。

③接受现金捐赠,是指企业因接受现金捐赠而增加的资本公积。

④股权投资准备,是指企业对被投资单位的长期股权投资采用权益法核算时,因被投资单位接受捐赠等原因增加的资本公积,企业按其持股比例计算而增加的资本公积。

⑤拨款转入,是指企业收到国家拨入的专门用于技术改造、技术研究等的拨款项目完成后,按规定转入资本公积的部分。

⑥外币资本折算差额,是指企业接受外币投资因所采用的汇率不同而产生的资本折算差额。

⑦其他,是指除上述各项资本公积以外所形成的资本积累,以及从资本积累各准备项目转入的金额。债权人豁免的债务也在本项目中反映。

(3)盈余公积。企业的盈余公积包括:

①法定公积金,是指企业按照规定的比例从净利润中提取的盈余公积。

②任意公积金,是指企业经股东大会或类似机构批准按照规定的比例从净利润中提取的盈余公积。

(4)未分配利润,是指企业利润经过分配程序后剩下的结余额。

**(二)项目盈利能力分析指标**

盈利能力分析的主要指标包括项目投资财务内部收益率和财务净现值、项目资本金财务内部收益率、投资回收期、总投资收益率、项目资本金净利润率等,可根据项目的特点及财务分析的目的、要求等选用。

1.财务内部收益率(FIRR)

财务内部收益率是指能使项目计算期内净现金流量现值累计等于零时的折现率,即FIRR作为折现率使下式成立:

$$\sum_{t=1}^{n}(CI-CO)_t(1+FIRR)^{-t}=0 \tag{3-60}$$

式中: CI——现金流入量;

CO——现金流出量;

$(CI-CO)_t$——第 $t$ 期的净现金流量值;

$n$——项目计算期。

项目财务内部收益率(FIRR)的判别依据,应采用行业发布或者评价人员设定的财务基准收益率($i_c$),当 FIRR≥$i_c$ 时,即认为项目的盈利能力满足要求。资本金和投资各方收益率应与出资方最低期望收益率对比,判断投资方收益水平。

2.财务净现值(FNPV)

财务净现值系指按设定的折现率(一般采用基准收益率 $i_c$)计算的项目计算期内净现金

流量的现值之和,可按下式计算:

$$FNPV = \sum_{t=1}^{n}(CI - CO)_t(1 + i_c)^{-t} \tag{3-61}$$

式中:$i_c$——设定的折现率(同基准收益率)。

财务净现值 FNPV≥0,表明项目的盈利能力达到或者超过按设定的折现率计算的盈利水平。

3. 项目投资回收期($P_t$)

项目投资回收期系指以项目的净收益回收项目投资所需要的时间,一般以年为单位。项目投资回收期宜从项目建设开始年算起,若从项目投产开始年计算,应予以特别注明。项目投资回收期可采用下式计算:

$$\sum_{t=1}^{Pt}(CI - CO)_t = 0 \tag{3-62}$$

项目投资回收期可以借助项目投资现金流量表计算。项目投资现金流量表中累计净现金流量由负值变为零的时点,即为项目的投资回收期。投资回收期应按下式计算:

$$P_t = T - 1 + \frac{\left|\sum_{i=1}^{T-1}(CI - CO)_i\right|}{(CI - CO)_T} \tag{3-63}$$

式中:$T$——各年累计净现金流量首次为正值或零值的年数。

项目投资回收期可根据项目投资现金流量表计算。项目投资回收期越短,表明项目的盈利能力和抗风险能力越好。投资回收期的判别标准是基准投资回收期,其取值可根据行业水平或者投资者的要求设定。

4. 总投资收益率(ROI)

总投资收益率表示总投资的盈利水平,系指项目达到设计能力后正常年份的年息税前利润或运营期内年平均息税前利润(EBIT)与项目总投资(TI)的比率。总投资收益率应按下式计算:

$$ROI = \frac{EBIT}{TI} \times 100\% \tag{3-64}$$

式中:EBIT——项目正常年份的年息税前利润或运营期内年平均息税前利润;

TI——项目总投资。

总投资收益率高于同行业的收益率参考值,表明用总投资收益率表示的盈利能力满足要求。

5. 项目资本金净利润率(ROE)

项目资本金净利润率表示项目资本金的盈利水平,系指项目达到设计能力后正常年份的年净利润或运营期内年平均净利润(NP)与项目资本金(EC)的比率。项目资本金净利润应按下式计算:

$$ROE = \frac{NP}{EC} \times 100\% \tag{3-65}$$

式中:NP——项目正常年份的年净利润或运营期内年平均净利润;

EC——项目资本金。

项目资本金净利润率高于同行业的净利润率参考值,表明用项目资本金净利润率表示的盈利能力满足要求。

## 三、项目清偿能力分析

项目清偿能力分析同样是项目财务分析的主要内容之一。偿债能力分析应通过计算利息备付率(ICR)、偿债备付率(DSCR)和资产负债率(LOAR)等指标,分析判断财务主体偿债能力。

1. 利息备付率(ICR)

利息备付率系指在借款偿还期内的息税前利润(EBIT)与应付利息(PI)的比值,它从付息资金来源的运行角度反映项目偿付债务利息的保障程度,应按下式计算:

$$ICR = \frac{EBIT}{PI} \tag{3-66}$$

式中:EBIT——息税前利润;

PI——计入总成本费用的应付利息。

利息备付率应当大于1,并结合债权人的要求确定。

2. 偿债备付率(DSCR)

偿债备付率系指在借款偿还期内,用于计算还本付息的资金(EBITDA-$T_{AX}$)与应还本息金额(PD)的比值,它表示可以用于还本付息的资金偿还借款本息的保证程度,应按下式计算:

$$DSCR = \frac{EBITDA - T_{AX}}{PD} \tag{3-67}$$

式中:EBITDA——息税前利润加折旧和摊销;

$T_{AX}$——企业所得税;

PD——应还本付息金额,包括还本金额和计入总成本费用的全部利息;融资租赁费用可视同借款偿还,运营期内的短期借款本息也应纳入计算。

如果项目在运营期内有维持运营的投资,可用于还本付息的资金应扣除维持运营的投资。

偿债备付率应分年计算,偿债备付率高,表明可用于还本付息的资金保障程度高。

偿债备付率应当大于1,并结合债权人的要求确定。

3. 资产负债率(LOAR)

资产负债率是各期末负债总额除以资产总额的百分比。资产负债率反映债权人所提供的资本占全部资本的比例。这个指标也被称为举债经营比率,也可以衡量企业在清算时保护债权人利益的程度;计算公式如下:

$$LOAR = \frac{TL}{TA} \times 100\% \tag{3-68}$$

式中:TL——期末负债总额;

TA——期末资产总额。

(1)一般情况下,资产负债率越小,表明企业长期偿债能力越强。保守的观点认为资产负债率不应高于50%,而国际上通常认为资产负债率为60%时较为适当。

(2)从债权人的角度看,他们最关心的是能否按期收回本金和利息。如果股东(或所有者)提供的资本与企业资本总额相比,只占较小的比例,则企业的风险将主要由债权人负担。因此,债权人希望企业债务比例越低越好,企业偿债有保证,贷款风险较小。

(3)从股东的角度看,在全部资本利润率高于借款利息率时,负债比例越大越好,否则反之。

(4)从经营者的角度看,如果举债超出债权人心理承受程度,企业就难以借到资金。如果企业不举债,则利用债权人资本进行经营活动的能力很差。从财务管理的角度来看,企业应当审时度势,全面考虑,在利用资产负债率制定借入资本决策时,必须充分估计预期的利润和增加的风险,在两个者之间权衡利害得失,做出正确决策。

## 四、项目财务报表

财务报表是反映企业财务状况和经营成果的总结性书面文件,包括资产负债表、损益表、现金流量表、有关附表及财务情况说明书。企业应当定期向投资者、债权人、有关的政府部门以及其他报表使用者提供财务报表。

1. 资产负债表

资产负债表是反映企业在某一特定日期财务状况的报表。资产负债表根据“资产 = 负债 + 所有者权益”这一会计公式,将日常核算工作中形成的有关账户的期末余值进行整理后编制,反映企业在某一特定日期的资产、负债、所有者权益的余额及其分布情况,是一种静态报表。资产负债表的项目,应当按资产、负债和所有者权益的类别分项列示。

资产负债表的格式有报告式和账户式两种。报告式的资产负债表将资产、负债和所有者权益项目按上下顺序排列,以“资产 - 负债 = 所有者权益”的关系式来表示企业的财务状况。账户式资产负债表将资产项目排列在表格的左方,将负债和所有者权益项目按上下顺序排列在表格的右方,以“资产 = 负债 + 所有者权益”的关系式来表示企业的财务状况。我国采用账户式资产负债表的格式。根据资产的流动性质,资产一方按照流动资产、长期投资、固定资产、无形资产及递延资产、其他资产的顺序排列。负债按流动负债和长期负债的顺序排列。所有者权益按照实收资本、资本公积金、盈余公积金和未分配利润的顺序排列。资产负债表采用年初和期末数对比的方式排列。

施工企业的账户式资产负债表一般格式如表3-12所示。

**资 产 负 债 表**(单位:元)　　表3-12

编制单位:　　　　年　　月　　日

| 资　　产 | 行次 | 年初数 | 期末数 | 负债及所有者权益 | 行次 | 年初数 | 期末数 |
|---|---|---|---|---|---|---|---|
| 流动资产: | | | | 流动负债: | | | |
| 货币资金 | | | | 短期借款 | | | |
| 短期投资 | | | | 应付票据 | | | |

续上表

| 资　　产 | 行次 | 年初数 | 期末数 | 负债及所有者权益 | 行次 | 年初数 | 期末数 |
|---|---|---|---|---|---|---|---|
| 应收票据 | | | | 应付账款 | | | |
| 应收账款 | | | | 预收账款 | | | |
| 减:坏账准备 | | | | 其他应付款 | | | |
| 预付账款 | | | | 应付工资 | | | |
| 其他应收款 | | | | 应付福利费 | | | |
| 待摊费用 | | | | 未交税金 | | | |
| 存货 | | | | 未付利润 | | | |
| 其中:在建工程 | | | | 其他未交款 | | | |
| 其他流动资产 | | | | 预提费用 | | | |
| 待处理流动资产损失 | | | | 其他流动负债 | | | |
| 一年内到期的长期债务投资 | | | | 一年内到期的长期负债 | | | |
| 流动资产合计 | | | | 流动负债合计 | | | |
| 长期投资: | | | | | | | |
| 长期投资 | | | | | | | |
| 固定资产: | | | | | | | |
| 固定资产原值 | | | | | | | |
| 减:累计折旧 | | | | | | | |
| 固定资产净值 | | | | 长期负债: | | | |
| 固定资产清理 | | | | 长期借款 | | | |
| 待处理固定资产损失 | | | | 应付债券 | | | |
| 固定资产合计 | | | | 长期应付款 | | | |
| 专项工程: | | | | 其他长期负债 | | | |
| 专项工程 | | | | 其中:住房周转金 | | | |
| 无形资产及递延资产: | | | | 专项应付款 | | | |
| 无形资产 | | | | 长期负债合计 | | | |
| 递延资产 | | | | | | | |
| 无形资产及递延资产合计 | | | | 递延税项: | | | |
| 其他资产: | | | | 递延税款贷项 | | | |
| 临时设施 | | | | 负债合计 | | | |
| 减:临时设施摊销 | | | | | | | |
| 临时设施净值 | | | | 所有者权益: | | | |
| 临时设施清理 | | | | 实收资本 | | | |
| 其他长期资产 | | | | 资本公积 | | | |
| 其他长期资产合计 | | | | 盈余公积 | | | |
| 递延税项: | | | | 未分配利润 | | | |
| 递延税借款项 | | | | 所有者权益合计 | | | |
| 资产总计 | | | | 负债及所有者权益总计 | | | |

补充资料:1. 已贴现的商业承兑汇票____元。

2. 已包括在固定资产原价内的融资租入固定资产原价____元。

2. 损益表及其附表

损益表是反映企业在一定期间内经营成果及其分配情况的报表。损益表的项目,应当按利润的构成和利润分配各项目分项列示。利润分配部分各项目也可另行编制利润分配表。按照我国现行规定,企业分别编制损益表和利润分配表。损益表根据“收入 - 费用 = 利润”这一会计等式,将企业根据权责发生制原则确认的某一会计期间的各项收入和费用的发生额进行整理后编制,反映企业在该会计期间内的利润形成过程,是一种动态报表。

1)损益表

损益表采用上下顺序排列的报告形式,一次反映出工程结算利润、营业利润、利润总额和净利润四个层次。施工企业的损益表如表3-13所示。

**损 益 表**(单位:元) 表3-13

编制单位: 年 月 日

| 项 目 | 行 次 | 本 月 数 | 本年累计数 |
|---|---|---|---|
| 一、工程结算收入 | | | |
| 减:工程结算成本 | | | |
| 工程结算税金及附加 | | | |
| 二、工程结算利润 | | | |
| 加:投资收益 | | | |
| 财务费用 | | | |
| 三、营业利润 | | | |
| 加:投资收益 | | | |
| 营业外收入 | | | |
| 减:营业外支出 | | | |
| 加:以前年度损益调整 | | | |
| 四、利润总额 | | | |
| 减:所得税 | | | |
| 五、净利润 | | | |

2)利润分配表

利润分配表是损益表的附表,是反映企业在一定期间内利润分配去向的报表,也是计算企业在会计期末的未分配利润数总额的报表。施工企业的利润分配表的格式如表3-14所示。

**利 润 分 配 表**(单位:元) 表3-14

编制单位: 年度

| 项 目 | 行 次 | 本 年 实 际 | 去 年 实 际 |
|---|---|---|---|
| 一、净利润 | | | |
| 加:年初未分配利润 | | | |
| 减:归还借款的利润 | | | |

续上表

| 项　　目 | 行　　次 | 本 年 实 际 | 去 年 实 际 |
|---|---|---|---|
| 二、可供分配的利润 | | | |
| 加:盈余公积补亏 | | | |
| 减:提取盈余公积 | | | |
| 应付利润 | | | |
| 转作奖金的利润 | | | |
| 三、年末未分配利润 | | | |

3. 现金流量表

现金流量表是反映在一定会计期间现金收入和支出情况的会计报表。编制现金流量表的目的,是为会计报表使用者提供企业一定会计期间内现金和现金等价物流入和流出的信息,以便于报表使用者了解和评价企业获取现金和现金等价物的能力,并据以预测企业未来现金流量。

1)现金流量的分类

现金流量是指企业现金和现金等价物的流入和流出。其中,现金是指企业库存现金及可以随时用于支付的存款,现金等价物是指企业持有的期限短、流动性强、易于转换为已知金额现金、价值变动风险很小的投资。现金流量应分为以下三类。

(1)经营活动产生的现金流量

经营活动是指企业投资活动和筹资活动以外的所有交易和事项。

(2)投资活动产生的现金流量

投资活动是指企业长期资产的购建和不包括在现金等价物范围内投资及其处置活动。

(3)筹资活动产生的现金流量

筹资活动是指导致企业资本及债务规模和构成发生变化的活动。

2)现金流量表的格式

现金流量表采用报告式的格式,分别以经营活动、投资活动和筹资活动报告企业的现金流量。每一部分活动,均分别列示导致现金流入和现金流出的项目,并计算出该部分活动产生的现金流入小计和现金流出小计。

现金流量表采用直接法报告经营活动的现金流量(即直接列示现金的流入和流出)。编制此表时,应根据企业的日常会计记录,或通过对有关项目进行调整来取得现金流量的信息。

现金流量表还要求填列补充资料。在补充资料中,要求反映不涉及现金收支的投资和筹资活动,并采用间接法报告经营活动的现金流量(即将净利润调节为经营活动的现金流量)。现金流量表的格式如表3-15所示。

**现金流量表**(单位:元)　　表3-15

编制单位:　　年度

| 项　　目 | 行次 | 金额 | 补 充 资 料 | 行次 | 金额 |
|---|---|---|---|---|---|
| 一、经营活动的现金流量 | | | 1. 不涉及现金收支的投资和筹资活动 | | |
| 销售商品、提供劳务收到的资金 | | | 以固定资产偿还债务 | | |
| 收到的租金 | | | 以投资偿还债务 | | |

续上表

| 项　目 | 行次 | 金额 | 补充资料 | 行次 | 金额 |
| --- | --- | --- | --- | --- | --- |
| 收到的增值税销项税和退回的增值税税款 | | | 以固定资产进行投资 | | |
| 收到的除增值税以外的其他税费退还 | | | 以存款偿还债务 | | |
| 收到的其他与经营活动有关的税金 | | | 2. 将净利润调节为经营活动的现金流量净利润 | | |
| 现金流入小计 | | | 加:提记的坏账准备或转销的坏账 | | |
| 购买商品、接受劳务支出的现金 | | | 固定资产折旧 | | |
| 支付给职工以及为职工支付的现金 | | | 无形资产摊销 | | |
| 支付的增值税款 | | | 处置固定资产、无形资产和其他长期资产的损失(减:收益) | | |
| 支付的所得税款 | | | | | |
| 支付的除增值税、所得税以外的其他税款 | | | 固定资产报废损失 | | |
| 支付的其他与经营活动有关的现金 | | | 财务费用 | | |
| 现金流出小计 | | | 投资损失(减:收益) | | |
| 经营活动产生的现金流量净额 | | | 递延税款贷项(减:借项) | | |
| 二、投资活动产生的现金流量 | | | 存货的减少(减:增加) | | |
| 收回投资所收到的现金 | | | 经营性应付项目的减少(减:减少) | | |
| 分得股利或林润所收到的现金 | | | 增值税增加净额(减:减少) | | |
| 处置固定资产、无形资产和其他长期资产所收到的现金净额 | | | 3. 现金及现金等价物净增加情况 | | |
| 收到的其他与投资活动有关的现金 | | | 现金的期末余额 | | |
| 现金流入小计 | | | 减:现金的期初余额 | | |
| 购建固定资产、无形资产和其他长期资产所支付的现金 | | | 加:现金等价物的期末余额<br>减:现金等价物的期初余额 | | |
| 权益性投资所支付的现金 | | | 现金及现金等价物净增加额 | | |
| 债权性投资所支付的现金 | | | | | |
| 支付的其他与投资活动有关的现金 | | | | | |
| 现金流出小计 | | | | | |
| 三、筹资活动产生的现金流量 | | | | | |
| 吸收权益性投资所收到的现金 | | | | | |
| 发行债券所收到的现金 | | | | | |
| 借款收到的现金 | | | | | |
| 收到的与其他筹资活动有关的现金 | | | | | |
| 现金流入小计 | | | | | |
| 偿还债务所支付的现金 | | | | | |
| 发生筹资费用所支付的现金 | | | | | |

续上表

| 项　目 | 行次 | 金额 | 补充资料 | 行次 | 金额 |
|---|---|---|---|---|---|
| 分配股利或利润所支付的现金 | | | | | |
| 偿还利息所支付的现金 | | | | | |
| 融资租赁所支付的现金 | | | | | |
| 减少注册资本所支付的现金 | | | | | |
| 支付的其他与筹资活动有关的现金 | | | | | |
| 现金流出小计 | | | | | |
| 筹资活动产生的现金流量净额 | | | | | |
| 四、汇率变动对现金的影响 | | | | | |
| 五、现金及现金等价物增加额 | | | | | |

项目投资现金流量表如表3-16所示。

**项目投资现金流量表**(人民币单位:万元)　表3-16

| 序号 | 项　目 | 合计 | 计算期 | | | | | |
|---|---|---|---|---|---|---|---|---|
| | | | 1 | 2 | 3 | 4 | … | $n$ |
| 1 | 现金流入 | | | | | | | |
| 1.1 | 营业收入 | | | | | | | |
| 1.2 | 补贴收入 | | | | | | | |
| 1.3 | 回收固定资产余值 | | | | | | | |
| 1.4 | 回收流动资金 | | | | | | | |
| 2 | 现金流出 | | | | | | | |
| 2.1 | 建设投资 | | | | | | | |
| 2.2 | 流动资金 | | | | | | | |
| 2.3 | 经营成本 | | | | | | | |
| 2.4 | 营业税金及附加 | | | | | | | |
| 2.5 | 维持运营投资 | | | | | | | |
| 3 | 所得税前净现金流量(1－2) | | | | | | | |
| 4 | 累计所得税前净现金流量 | | | | | | | |
| 5 | 调整所得税 | | | | | | | |
| 6 | 所得税后净现金流量(3－5) | | | | | | | |
| 7 | 累计所得税后净现金流量 | | | | | | | |

续上表

| 序号 | 项 目 | 合计 | 计 算 期 | | | | | |
|---|---|---|---|---|---|---|---|---|
| | | | 1 | 2 | 3 | 4 | … | $n$ |
| 计算指标：<br>项目投资财务内部收益率(%)(所得税前)<br>项目投资财务内部收益率(%)(所得税后)<br>项目投资财务净现值(所得税前)($i_c$=%)<br>项目投资财务净现值(所得税后)($i_c$=%)<br>项目投资回收期(年)(所得税前)<br>项目投资回收期(年)(所得税后) | | | | | | | | |

注:1. 本表适用于新设法人项目与既有法人项目的增量和“有项目”的现金流量分析。

2. 调整所得税为以息税前利润为基数计算的所得税,区别于“利润与利润分配表”、“项目资本金现金流量表”和“财务计划现金流量表”中的所得税。项目投资现金流量表中的“所得税”应根据息税前利润(EBIT)乘以所得税率计算,称为“调整所得税”。原则上,息税前利润的计算应完全不受融资方案变动的影响,即不受利息多少的影响,包括建设期利息对折旧的影响(因为这就使变化会对利润总额产生影响,进而影响息税前利润)。但如此将会出现两个折旧和两个息税前利润(用于计算融资前所得税息税前利润和利润表中的息税前利润)。为简化起见,当建设期利息占总投资比例不是很大时,也可按利润表中的息税前利润计算调整所得税。

# 第八节 与工程财务有关的基本知识和相关内容

## 一、企业财务通则

工程财务是指在工程项目实施过程中的财务活动,具体表现为与工程建设相关的企业和单位的资金运动,以及通过资金运动所体现的经济关系。工程财务包括建设单位财务、勘察设计单位财务和施工企业财务等。财务管理是指对财务活动所进行的计划、控制、核算、分析和考核等一系列管理活动。工程财务管理指对工程项目实施过程中的财务活动所进行的管理活动。工程财务管理包括建设单位财务管理、勘察设计单位财务管理和施工企业财务管理等。

企业财务与会计,是紧密联系又有区别的概念。企业财务是企业筹集、分配和使用资金的一种日常业务活动,企业会计则是利用价值指标对企业的各种业务活动进行核算和监督的管理活动。企业财务活动遵循企业财务通则规定的原则和规范。企业会计活动遵循企业会计准则规定的原则和要求。

### (一)企业财务通则的作用和内容

企业财务通则是设立在中华人民共和国境内的各类企业财务活动必须遵循的原则和规范。企业财务通则自1993年7月1日起施行,新的《企业财务通则》于2007年1月1日实施。

1. 企业财务通则的作用

(1)构成了企业财务制度体系的基本法规。企业财务通则规定了企业从事财务活动、实施财务管理的基本原则和规范,是国家进行财务管理的基本法规。

(2)统一了不同企业的财务活动规范。通则适用于中华人民共和国境内的所有企业,包括各种不同经济类型的企业和不同组织形式的企业。

(3)提供了制定分行业的企业财务制度的依据。在企业财务通则的统帅下,财政部还颁发了分行业的企业财务制度,具体包括工业、运输、邮电、流通、金融、农业、对外经济合作和建筑等11个行业的企业财务制度。通则的制度,不仅使不同行业有了共同遵循的财务活动规范,而且为制定不同行业各具特色的财务制度提供了依据。

2.企业财务通则的基本内容

企业财务通则包括总则、资金筹集、流动资产、固定资产、无形资产、递延资产和其他资产、对外投资、成本和费用、营业收入、利润及其分配、外币业务、企业清算、财务报告与财务评价、附则等十二章,共计四十六条内容。

### (二)企业会计准则

根据《中华人民共和国会计法》,财政部制定了企业会计准则,又称会计标准,是企业会计核算工作的基本规范。继1993年的会计标准之后,财政部制定了新的企业会计准则,新企业会计准则于2007年1月1日起实施,适用于设在中华人民共和国境内的所有企业。作为基本准则的企业会计准则,包括总则、一般原则、资产、负债、所有者权益、收入、费用、利润、财务报告和附则等十章,共计六十六条。其主要内容可分为会计核算的基本前提、一般原则、会计要素准则和财务报表基本内容四部分。

## 二、资产分类与管理

### (一)流动资产管理

流动资产是指可以在一年内或者超过一年的一个营业周期内变现或者耗用的资产,包括现金及各种存款、短期投资、存货、应收及预付款项等。企业流动资产的货币表现称为企业流动资金,即企业用于日常开支、用于购买、储存劳动对象以及占用在生产过程和流通过程中的那部分周转资金。

### (二)固定资产管理

固定资产是指使用期限超过一年的房屋及建筑物、机器设备、运输设备及其他与生产经营有关的设备、工具、器具等。其他与生产经营没有直接关系的主要设备和物品,单位价值在2 000元以上并且使用期限超过两年的,也应作为固定资产。

1.固定资产的分类

为了便于对固定资产的管理和核算,必须对固定资产进行正确分类。施工企业固定资产,按其经济用途和使用情况分为以下6类。

(1)生产用固定资产,指施工生产单位和为生产服务的行政管理部门使用的各种固定资产,包括房屋、建筑物、施工机械、运输设备、生产设备、仪器及试验设备及其他生产使用的固定资产。

(2)非生产用固定资产,指非生产单位使用的各种固定资产,如职工宿舍、医院、学校、幼儿园、托儿所、俱乐部、食堂、浴室等单位所使用的房屋、设备等固定资产。

(3)租出固定资产,指出租给外单位使用的多余、闲置的固定资产。

(4)未使用固定资产,指尚未使用的新增固定资产,调入尚待安装的固定资产,进行改建、扩建的固定资产,以及长期停止使用的固定资产。

(5)不需用固定资产,指本企业目前和今后都不需用,准备处理的固定资产。

(6)融资租入固定资产,指企业以融资租赁方式租入的施工机械、运输设备、生产设备等固定资产。

2. 固定资产折旧方法

(1)平均年限法,也称使用年限法。它是按照固定资产的预计使用年限平均分摊固定资产折旧额的方法。这种方法计算的折旧额在各个使用年(月)份都是相等的,折旧的累计额所绘出的图线是直线。因此,这种方法也称直线法。

平均年限法的固定资产折旧率和折旧额的计算公式如下:

$$年折旧率 = \frac{1 - 预计净残值率}{折旧年限} \times 100\% \tag{3-69}$$

$$月折旧率 = 年折旧率 \div 12 \tag{3-70}$$

$$月折旧额 = 固定资产原值 \times 月折旧率 \tag{3-71}$$

净残值率按照固定资产原值的3% ~5%确定,净残值率低于3%或高于5%的,由企业自主确定,报主管财政机关备案。

(2)工作量法,是按照固定资产生产经营过程中所完成的工作量计提其折旧的一种方法,是平均年限法派生出的方法,适用于各种时期使用程度不同的专业大型机械、设备。

采用工作量法计算固定资产折旧额公式如下。

按照行驶里程计算折旧的公式:

$$单位里程折旧额 = \frac{原值 \times (1 - 预计净残值率)}{规定的总行驶里程} \tag{3-72}$$

$$月折旧额 = 月实际行驶里程 \times 单位里程折旧额 \tag{3-73}$$

按台班计算折旧的公式:

$$每台班折旧额 = \frac{原值 \times (1 - 预计净残值率)}{规定的总工作台班} \tag{3-74}$$

$$月折旧额 = 月实际工作台班 \times 每台班折旧额 \tag{3-75}$$

(3)双倍余额递减法,是按照固定资产账面净值和固定的折旧率计算折旧的方法,是快速折旧法的一种。其年折旧率是平均年限法的2倍,并且在计算年折旧率时不考虑预计净残值率。计算月折旧额时,以固定资产账面净值(即固定资产原值减去已提折旧后的余额)为基数。采用这种方法时,折旧率是固定的,但计算基数逐年递减,因此计提的折旧额也逐年递减。

采用双倍余额递减法的固定资产折旧率和折旧额的计算公式如下:

$$年折旧率 = \frac{2}{折旧年限} \times 100\% \tag{3-76}$$

$$月折旧率 = 年折旧率 \div 12 \tag{3-77}$$

$$月折旧额 = 固定资产账面净值 \times 月折旧率 \tag{3-78}$$

实行双倍余额递减法的固定资产,应当在其固定资产折旧年限到期前两年内,将固定资产净值扣除预计净残值后的净额平均摊销。

(4)年数总和法,也称年数总额法,是以固定资产原值减去预计净残值后的余额为基数,按照逐年递减的折旧率计提折旧的一种方法,是加速折旧法的一种。其折旧率以该项固定资产预计尚可使用的年数(包括当年)作分子,而以逐年可使用年数之和作分母。分母是固定的，而分子逐年递减，所以折旧率也逐年递减。采用这种方法时，计算基数是固定的，但折旧率逐年递减，因此计提的折旧额也逐年递减。

采用年数总和法的固定资产折旧率和折旧额的计算公式如下：

$$年折旧率 = \frac{折旧年限 - 已使用年限}{折旧年限 \times (折旧年限 + 1) \div 2} \times 100\% \tag{3-79}$$

$$月折旧率 = 年折旧率 \div 12 \tag{3-80}$$

$$月折旧额 = (固定资产原值 - 预计净残值) \times 月折旧率 \tag{3-81}$$

3. 固定资产修理

(1)固定资产中小修理，也称“经常修理”，是指为保持固定资产正常工作效能所进行的经常修理，是固定资产计划预防修理制度的内容之一。中小修理的特点是：经常性、间隔时间短、修理范围小、费用支出少。中小修理一般在费用发生时，一次计入成本、费用。

(2)固定资产大修理，指为恢复固定资产原有生产效能和保持正常使用年限而对固定资产所做的全面、彻底修理。一般按技术规程规定，若干年进行一次。其特点是：间隔时间长、修理范围大、所需费用多，具有固定资产局部再生产性质。

对发生的固定资产大修理费用，可采用以下三种方式处理：

①类似固定资产中小修理费。把发生的大修理费用直接计入当期成本或有关费用。

②预提大修理费用。由于大修理具有间隔期长、修理范围大、费用支出多的特点，如按其发生的费用直接计入成本，就会引起成本和利润的波动。为此可通过对机器设备等固定资产在全部使用期间必须进行的若干次大修理费用的预测，求得每年(月)的平均数，预提大修理费用。

③待摊大修理费用。采用待摊的办法，即先据实支出发生的固定资产大修理费作为递延资产入账，然后再分摊到有关成本费用中。

**(三)无形资产管理**

无形资产是指企业长期使用但没有实物形态的资产，包括专利权、商标权、著作权、土地使用权、非专利技术、商誉等。无形资产通常代表企业所拥有的一种法定权或优先权，是企业所具有的高于一般水平的获利能力。

1. 无形资产的内容

(1)专利权，指对某一发明创造在一定期限内享有的专有权力。专利权受国家法律保护，有利于企业使其产品在市场独占优势而具有竞争力，或使其降低产品的制造成本。

(2)商标权。商标是用来辨认特定的商品或劳务的标记。商标权就是商标注册后，商标所有者依法享有的权益，它受到法律保障。未注册商标不受法律保护。商标在其市场和价格上具有较高的经济价值。如果某商标标明的商品具有良好的品质和性能，得到消费者的好感，就能形成强劲的市场竞争力。

(3)著作权。著作权即版权，是指公民、法人依法对文学、艺术和科学作品的制作和发行享有的专有权。这种专有权受国家法律保护，除法律另有规定外，未经著作人许可或转让，他人不得占有和行使。版权可以自创，可以购进，也可有偿转让。

(4)土地使用权，指企业对国有土地依法拥有的进行建筑、生产或其他活动的权利。在土地使用权续存期间,其他任何人,包括土地所有者,不得任意收回土地和非法干预使用权人的经营活动。使用人在法定范围内对土地实行占有、使用、收益和处分的权利。

(5)非专利技术,即专有技术或技术秘密、技术诀窍,指先进的、未公开的、未申请专利的,可带来经济效益的专门知识和特有经验。非专利技术并不是专利法的保护对象,专有技术所有人依靠自我保密的方式来维持其独占权,可以用于转让和投资。

(6)商誉,通常是指企业由于所处的地理位置优越;或由于信誉好而获得了客户的信任;或由于组织得当,生产经营效益好;或由于历史悠久,积累了丰富的从事本专业的经验,因此而形成的无形价值。商誉具体表现在企业的获利能力,超过了一般企业的获利能力和一般的获利水平。

2. 无形资产的计价和摊销

(1)无形资产的计价。无形资产按取得时的实际成本计价。

①投资者作为资本金或合作条件投入的,按照评估确认或合同、协议约定金额计价。

②购入的,按照实际支付价款计价。

③自行开发并依法申请取得的,按照开发过程中的实际支出计价。

④接受捐赠的,按照发票账单所列金额或同类无形资产市价计价。

⑤除企业合并外,商誉不得作价入账。

⑥非专利技术和商誉的计价,应当经法定评估机构评估确认。

(2)无形资产的摊销。无形资产从开始受益之日起,在有效使用期限内平均摊入管理费用。有效使用期限按照下列原则确定:

①法律和合同或企业申请书分别规定有法定有效期限和受益年限的,按照两者孰短的原则确定。

②法律没有规定有效期限,合同或企业申请书中规定有受益年限的,按照合同或企业申请书规定的受益年限确定。

③法律和合同或企业申请书均未规定有效期限或受益年限的,按照不少于10年的期限确定。

无形资产的每期摊销额采用直线法平均计算,没有残值,也没有清理费用。其计算公式如下:

$$\text{某项无形资产年摊销额}=\frac{\text{该项无形资产的账面价值}}{\text{该项无形资产的有效使用年限}} \tag{3-82}$$

$$\text{月摊销额}=\text{年摊销额}\div 12 \tag{3-83}$$

**(四)递延资产管理**

递延资产是指不能全部计入当年损益,应当在以后年度内分期摊销的各项费用,包括开办费、以经营租赁方式租入的固定资产的改良支出,摊销期在1年以上的固定资产修理支出以及其他待摊费用等。

1. 递延资产的内容

(1)开办费,指企业在筹建期间发生的费用,包括筹建期间人员工资、办公费、培训费、差旅费、印刷费、注册登记费,以及不计入固定资产和无形资产购建成本的汇兑损益和利息等支

出。企业发生的下列费用,不应计入开办费:

①应当由投资者负担的费用支出。

②为取得各项固定资产、无形资产所发生的支出。

③筹建期间应当计入资产价值的汇兑损益、利息支出等。

(2)以经营租赁方式租入的固定资产改良支出,指能增加以经营租赁方式租入的固定资产的效用或延长其使用寿命的改装、翻修、改建等支出。

(3)超过一年的待摊费用。生产经营期间,企业会发生一些待摊费用,一般情况下待摊费用的摊销期不超过1年,这类费用属于流动资产。生产经营期间发生的待摊费用,其摊销期限超过1年的属于递延资产。如企业固定资产的大修理费用,需要在两次大修理间隔期间分摊,属于递延资产。

2. 递延资产的摊销

递延资产的摊销方法与无形资产的摊摊销相同,采用直线法平均计算每期的摊销额,作为管理费用入账。

(1)开办费自企业开始生产经营月份的次月起,按不短于5年的期限分期摊入管理费。

企业发生的汇兑损失(应当计入资产价值的除外),筹建期间发生的(如为净损失),计入开办费,从企业开始生产经营月份的次月起,按照不短于5年的期限平均摊销;如为净收益,从企业开始生产经营月份的次月起,按照不短于5年的期限平均转销,或者留待弥补企业生产经营期间发生的亏损,或者留待并入企业的清算收益。

(2)以经营租赁方式租入的固定资产改良支出,在租赁有效期限内,分期摊入成本或管理费用。

(3)摊销期在1年以上的固定资产修理费用和其他待摊费用,在费用的受益期内平均摊销。

# 第四章 工程项目管理

## 第一节 工程项目管理概述

### 一、工程项目

#### (一)工程项目及其特点

项目是指在总体上符合如下条件且具有唯一性的任务:

①具有预定的目标。

②具有时间、财务、人力和其他限制条件。

③具有专门的组织。

工程项目是最为常见的、也是最为典型的项目类型,是项目管理的重点。工程项目具有如下特点。

(1)一次性

以前没有完全相同的项目出现过,现在的项目将来也不会完全重复。工程项目的一次性决定了工程项目管理的一次性,即对任何工程项目都有一个独立的管理过程,它的计划、控制、组织都是一次性的,没有标准的模式,只能单件设计、单件施工、单件管理。

(2)目标的确定性

每个工程项目都有明确的目标。工程项目目标通常表现为成果性目标、经济性目标和时间目标等。其中,成果性目标通常会通过工程产品的功能要求、实物工程量、质量目标等予以描述。

(3)资源和法律的约束性

项目管理中,资源有着广泛的内涵,泛指一切具有现实和潜在价值的对象。项目实施过程中通常受到资源的约束。时间、费用等是工程项目实施的主要约束条件。

人们对工程项目的需求有一定的时间限制,希望尽快地完成工程项目,尽早发挥工程项目的效益,没有时间限制的工程项目是不存在的。项目的时间限制通常由项目开始期、持续时间、结束期等构成。同时任何工程项目也不可能没有财力上的限制,必然存在着与目标相关的、匹配的费用预算。

另外,工程项目都是在一定的社会环境下实施的。工程项目必须遵守政府颁发的、与工程建设和运行相关的法律,例如:合同法、环境保护法、税法、招标投标法等。

(4)项目组织的特殊性

工程项目组织是一次性的,它随项目的确立而产生,随项目结束而消亡;工程项目参加主体之间主要靠合同作为纽带建立组织,同时以经济合同作为分配工作、划分责权利关系的依据;而项目参加主体之间在项目过程中的协调主要通过合同和项目管理规则等实现;项目组织是多变的、不稳定的。

(5)复杂性和系统性

现代工程项目规模日趋宏大,技术复杂。工程项目由相互联系和相互影响的若干子项目、子单元组成,且各子项目和子单元之间、工程项目与外部环境之间存在着资源、信息等的交流,因此工程项目通常又表现出复杂性和系统性。

**(二)工程项目的组成**

按系统工作程序,在具体的项目工作如设计、计划和实施之前,必须对这个系统作分析,确定它的构成及它与系统单元之间的内在联系。一个工程项目通常可分为一个或多个单项工程,一个单项工程通常可分为一个或多个单位工程,一个单位工程通常可分为一个或多个分部工程,一个分部工程通常可分为一个或多个分项工程。

(1)单项工程

单项工程是工程项目的组成部分,单项工程一般是指有独立设计文件,建成后可以独立发挥生产能力或效益的一组配套齐全的工程项目,如某公路建设中的独立大中桥,某隧道工程等。

(2)单位工程

单位工程是单项工程的组成部分,一般指不能独立发挥生产能力(或效益),但能单独进行设计、具备独立施工条件、能单独作为成本计算对象的工程,如某隧道单项工程可分为土建工程、照明工程和通风工程等单位工程;公路建设中的一条公路可分为路线工程、桥梁工程等单位工程。

(3)分部工程

分部工程是单位工程的组成部分,分部工程的划分应按建筑部位确定,如桥梁可分为基础工程、桥梁上部、桥梁下部。

(4)分项工程

分项工程是按照工程的不同结构、不同材料和不同施工方法等因素划分的,如基础工程可划分为围堰、挖基、砌筑基础、回填等分项工程。分项工程独立存在是没有意义的,它只是建安工程的一种基本构成要素,是为了组织施工以及为确定建安工程造价而设定的一种产品。

**(三)工程项目的分类**

为了加强基本建设项目管理,正确反映建设项目的内容及规模,建设项目可按不同的标准分类。

1.按建设性质分类

建设项目按其建设性质不同,可划分成基本建设项目和更新改造项目两大类。

(1)基本建设项目

基本建设项目是指投资建设用于进行以扩大生产能力或增加工程效益为主要目的的新建、扩建工程及有关工作,具体包括新建项目、扩建项目、迁建项目、恢复项目。

(2)更新改造项目

更新改造项目是指建设资金用于对企、事业单位原有设施进行技术改造或固定资产更新,以及相应配套的辅助性生产、生活福利等工程和有关工作。更新改造项目包括挖潜工程、节能工程、安全工程、环境工程。

2. 按投资作用分类

基本建设项目按其投资在国民经济各部门中的作用,分为生产性建设项目和非生产性建设项目。

生产性建设项目是指直接用于物质生产或直接为物质生产服务的建设项目,主要包括:工业建设项目、农业建设项目、基础设施项目、商业建设项目。非生产性建设项目指用于满足人民物质和文化、福利需要的建设和非物质生产部门的建设的项目。

3. 按照投资主体分类

按照投资主体的不同分类,可以将项目划分为政府投资项目、企业投资项目、非营利组织投资项目和个人投资项目。不同投资主体投资的项目按其投资动机、目的的不同,又可分为营利性项目与非营利性项目。营利性项目投资的目的和动机主要是为了获得经济效益,并辅之以社会效益和环境效益;而非营利性项目的宗旨是满足社会效益和环境效益。政府投资项目应为非营利性的,而企业投资项目一般以营利为目的。在国外,按照资金来源不同及项目社会效益的影响不同,习惯上将项目划分为公共项目和私人项目。

4. 按照项目属性分类

根据项目的属性,可以将项目划分为公益性项目、经营性项目和准公益性项目。

(1)公益性项目,如防洪工程、水土保持项目与环保工程等,具有外部经济性,单个成本与社会成本不对称,无法通过市场收费的机制来获得回报,因此公益性项目主要由政府投资供给。

(2)经营性项目,如收费高速公路、发电厂、房地产项目等,能够通过市场收费的机制来获得回报,主要由社会投资,如各种所有制的企业、非营利组织和个人等非政府投资主体的投资来实现。

(3)准公益性项目,如综合性水利工程等,部分产品或服务具有(纯)私人物品性质,而部分产品或服务具有(纯)公共物品性质,因此准公益性项目有现金流入,但其现金流入无法补偿所有项目资产的耗费,需要政府资金投入或给予政策优惠维持营运。有时亦将公益性项目和准公益性项目统称为非经营性项目。

## 二、工程项目管理

### (一)工程项目管理的概念及基本目标

1. 工程项目管理的概念

工程项目管理是通过计划、组织、控制等职能,设计和保持一种良好的环境,使项目参加者在项目组织中高效率地完成既定的项目任务。

2. 工程项目管理的基本目标

工程项目管理的目标有三个最主要的方面,即质量/功能目标,进度/工期目标,成本/投资目标,它们共同构成项目管理的目标体系。项目管理目标系统中,质量、进度、费用要素是互相联系,互相影响的,某一方面的变化必然引起另两个方面的变化,所以项目管理应追求它们三者之间的优化和平衡,保证三者结构关系的均衡性和合理性,任何强调最短工期、最高质量、最低成本都是片面的。在传统的以上三大目标的基础上,当今社会人们还强调项目的环境目标、安全目标。

### (二)工程项目管理的类型

按不同的划分标准工程项目管理有不同的类型。常见的工程项目管理的类型见表4-1。

工程项目管理的类型　　表4-1

<table>
<tr><th>分类标准</th><th colspan="2">项目管理类型</th></tr>
<tr><td rowspan="2">按管理层次划分</td><td colspan="2">宏观项目管理</td></tr>
<tr><td colspan="2">微观项目管理</td></tr>
<tr><td rowspan="2">按管理范围和内涵划分</td><td colspan="2">全生命期项目管理</td></tr>
<tr><td colspan="2">分阶段项目管理</td></tr>
<tr><td rowspan="8">按管理主体划分</td><td colspan="2">业主方项目管理</td></tr>
<tr><td rowspan="4">承包方项目管理</td><td>设计方项目管理</td></tr>
<tr><td>施工方项目管理</td></tr>
<tr><td>供应方项目管理</td></tr>
<tr><td>总承包方项目管理</td></tr>
<tr><td rowspan="3">咨询方项目管理</td><td>工程设计监理</td></tr>
<tr><td>工程施工监理</td></tr>
<tr><td>工程咨询服务</td></tr>
</table>

### (三)工程项目管理的任务

按管理主体划分项目管理可分为业主方项目管理、承包方项目管理、咨询方项目管理。不同管理模式下各参与方的项目管理任务不同。

1.业主方项目管理

业主方项目管理指由项目业主或其委托人对工程项目建设全过程所进行的管理,是业主为实现其预期目标,运用所有者的权力组织或委托有关单位对工程项目进行策划、计划、组织、协调、控制的过程。

业主的工程项目管理包括对项目全寿命周期的管理工作,即项目的决策阶段、实施阶段和使用阶段。业主方的项目管理任务包括投资管理、进度管理、质量管理、合同管理、信息管理、安全管理和组织协调等任务。

2.承包方项目管理

承包方项目管理包括设计方项目管理、施工方项目管理、供货方项目管理和总承包方项目管理。

(1)设计方项目管理

设计方的项目管理工作主要在设计阶段进行。设计方项目管理的任务包括:

①与设计有关的安全工作。

②设计成本控制和与设计工作有关的工程造价控制。

③设计进度控制。

④设计质量控制。

⑤设计合同管理。

⑥设计信息管理。

⑦与设计有关的组织协调。

(2)施工方项目管理

施工方的项目管理工作主要在施工阶段进行。施工方项目管理的任务包括：

①施工安全管理。

②施工成本控制。

③施工进度控制。

④施工质量控制。

⑤施工合同管理。

⑥施工信息管理。

⑦与施工有关的组织协调。

(3)供货方项目管理

供货方的项目管理工作主要在施工阶段进行。供货方项目管理的任务包括：

①供货的安全管理。

②供货方的成本控制。

③供货的进度控制。

④供货的质量控制。

⑤供货合同管理。

⑥供货信息管理。

⑦与供货有关的组织协调。

(4)总承包方项目管理

建设项目总承包方项目管理的任务包括：

①安全管理。

②投资控制和总承包方的成本控制。

③进度控制。

④质量控制。

⑤合同管理。

⑥信息管理。

⑦与建设项目总承包方有关的组织协调。

3. 咨询方项目管理

咨询方项目管理是指咨询单位受委托，对工程项目的某一个阶段或某一项内容进行管理，也可以就项目的若干阶段进行管理或承担全部管理工作。咨询方项目管理的目的是保障委托方实现工程项目的预期目标，同时按合同规定获得合法收入。咨询方项目管理任务根据合同约定，通常包括费用管理、进度管理、质量管理等项目管理任务。

以上不同类型的工程项目管理都是在特定的条件下,为实现工程项目的总目标,从不同角度、不同利益出发,对项目进行管理的一个子系统。但不同类型的项目管理,其管理主体、管理目标、管理方式、管理范围、管理内容和管理所涉及的时间范畴都有所不同。

不同类型的工程项目管理既相互联系,又相互制约,构成一个工程项目管理的完整体系。

工程项目的总目标受到不同类型项目管理目标的影响,不同类型的项目管理目标实现了,项目的总体目标就可以实现;否则,项目的总体目标就会受到影响。

## 第二节 工程项目的计划与控制

### 一、工程项目计划的种类

工程项目计划是指对实施过程进行各种计划、安排的总称,是对项目实施过程的设计。工程项目计划包括多种计划。为了对工程项目计划有全面清晰的认识,可根据不同的原则和方法对其进行科学的分类。

1.按照工程项目全生命周期的各阶段分类

(1)工程项目前期计划

工程项目前期计划包括目标设计、项目定义、可行性研究等。

工程项目的目标设计和项目定义可以说是一个总体的计划,包括项目规模、生产能力、建设期和运行期的预计,总投资及其相应的资金来源的安排等。尽管它是一个大的轮廓,但它是一个初步计划。

可行性研究中包含着较为详细的、全面的计划。它是研究计划,是项目定义的细化。可行性研究本身是对计划的论证,包括产品的销售计划、生产计划、项目建设计划、投资计划、筹资方案等,它不仅有总投资的估算,而且有各个子项的投资估算;不仅有总工期安排,而且有主要活动和重大事件的时间安排;同时还有费用—时间计划、现金流量计划等。对可行性研究的批准实质上是对计划的认可。

(2)工程项目设计阶段计划

在项目批准立项后,设计和计划是平行进行的。国内外的工程项目都有多阶段设计,如初步设计、技术设计、施工图设计。计划随着设计而不断深入、细化、具体化。每一步设计之后就有一个相应的计划,它作为项目设计过程中阶段决策的依据。同时工程项目结构分解不断细化,项目组织形式也逐渐完备,从而形成了一个多层次的控制和保证体系。

(3)工程项目实施阶段计划

在项目实施中一方面由于在计划期计划做得较粗,在具体实施中必须不断地采用滚动的方法详细地安排近期计划;另一方面随着情况的不断变化,每一个阶段如一个月、一周都必须研究、修改、调整原计划。

2.按照工程项目目标分类

(1)进度(工期)计划,包括项目结构多层次单元的持续时间的确定,以及各个工程活动开始和结束时间的安排,时差的分析。

(2)成本(投资)计划,包括各层次项目单元的计划成本、项目“时间—计划成本”曲线和项目成本模型、项目现金流量计划（包括支付计划和收入计划）、项目资金筹措计划。

（3）质量计划，包括项目质量管理计划、项目质量管理工作说明、项目质量的衡量标准、项目工作质量核检清单、项目过程的改进计划、项目质量的基线、各种项目计划的更新、项目管理的其他信息。

3. 按照资源范围分类

（1）劳动力的使用计划、招聘计划、培训计划。

（2）机械使用计划、采购计划、租赁计划、维修计划。

（3）物资供应计划、采购订货计划、运输计划等。

4. 按照工程项目参与主体分类

（1）业主的计划。

（2）设计方的计划。

（3）施工方的计划。

（4）供货方的计划。

5. 其他计划

如现场平面布置、后勤管理计划（如临时设施、水电供应、道路和通信等）、项目的运营准备计划等。

## 二、工程项目的计划体系

计划是项目管理系统的一个子系统。工程项目计划在时间上存在连续性：在工程项目的全生命周期的各阶段，有着一系列的计划，这些计划相互联系、相互影响，前期各计划对后期各计划起着指导和控制作用，后期各计划是对前期计划的细化和补充；工程项目计划在内容上存在综合性：工期、成本、质量、资源等计划之间互相影响，互相制约，存在着复杂的关系。

由于各种计划之间存在着有机的联系，它们相互联系、相互区别、相互补充、相互制约，从而形成了与工程项目全生命周期的各阶段工作深度相适应的、涉及项目目标、项目参与主体等项目要素的庞大复杂的工程项目计划体系。

对工程项目的不同参与主体来讲，其进度计划的内容、时间范围等是不同的，但它们又是相互联系和制约的，因此不同参与主体的进度计划应注意其联系，做好充分的衔接。

### （一）业主的计划体系

业主的计划体系包括工程项目前期工作计划、工程项目建设总进度计划和工程项目年度计划。

1. 工程项目前期工作计划

工程项目前期工作计划是指对可行性研究及初步设计的工作进度进行安排，通过这个计划，使建设前期的各项工作相互衔接，时间得到控制。前期工作计划由建设单位在预测的基础上进行编制。工程项目前期工作计划如表 4-2 所示。

2. 工程项目建设总进度计划

工程项目建设总进度计划指初步设计被批准后、编制上报年度计划以前，根据初步设计对工程项目从开始建设（设计、施工）准备至竣工投产（动用）全过程的统一部署，以安排各单项工程和单位工程的建设进度，合理分配年度投资，组织各方面的协作，它由以下几个部分组成。

工程项目前期工作计划表　　表4-2

| 项目名称 | 建设性质 | 建设规模 | 可行性研究 | | 项目评估 | |
|---|---|---|---|---|---|---|
| | | | 进度要求 | 负责单位<br>负责人 | 进度要求 | 负责单位<br>负责人 |
| | | | | | | |

(1)文字部分

文字部分包括工程项目的概况和特点,安排建设总进度的原则和依据,投资资金来源和年度安排情况,技术设计、施工图设计、设备交付和施工力量进场时间的安排,道路、供电、供水等方面的协作配合,进度的衔接,计划中存在的主要问题及采取的措施,需要上级及有关部门解决的重大问题等。

(2)工程项目一览表

该表把初步设计中确定的建设内容,按照单项工程、单位工程归类并编号,明确其建设内容和投资额,以便各部门按统一的口径确定工程项目控制投资和进行管理,工程项目一览表的格式如表4-3所示。

工程项目一览表　　表4-3

| 单项(或单位)工程名称 | 工程编号 | 工程内容 | 概算金额(元) | | | | | | 备注 |
|---|---|---|---|---|---|---|---|---|---|
| | | | 合计 | 建筑工程费 | 安装工程费 | 设备购置费 | 工器具购置费 | 工程建设其他费用 | |
| | | | | | | | | | |

(3)工程项目总进度计划

工程项目总进度计划是根据初步设计中确定的建设工期和工作,具体安排单项工程和单位工程的进度,一般用横道图编制,其格式如表4-4所示。

工程项目总进度计划表　　表4-4

| 工程编号 | 单项(或单位)工程名称 | 工程量 | | ××××年 | | | | ××××年 | | | | … |
|---|---|---|---|---|---|---|---|---|---|---|---|---|
| | | 单位 | 数量 | 一季 | 二季 | 三季 | 四季 | 一季 | 二季 | 三季 | 四季 | … |
| | | | | | | | | | | | | |

(4)投资计划年度分配表

该表根据工程项目总进度计划,安排各个年度的投资,以便预测各个年度的投资规模,筹集建设资金,规定年度用款计划,其格式如表4-5所示。

投资计划年度分配表　　表4-5

| 工程编号 | 单项工程名称 | 投资额 | 投资分配(元) | | | | |
|---|---|---|---|---|---|---|---|
| | | | ××××年 | ××××年 | ××××年 | ××××年 | ××××年 |
| | | | | | | | |
| | 合计:<br>其中:建安工程投资<br>设备投资<br>工器具投资<br>其他投资 | | | | | | |

(5)工程项目进度平衡表

工程项目进度平衡表用以明确各种设计文件交付日期，主要设备交货日期，施工单位进场日期和竣工日期，水、电、道路接通日期等，以保证建设中各个环节相互衔接，确保工程项目按期投产，其格式如表4-6所示。

**工程项目进度平衡表**　　表4-6

| 工程编号 | 单项工程或单位工程名称 | 开工日期 | 竣工日期 | 要求设计进度 | | | | 要求设备进度 | | | 要求施工进度 | | | 道路、水、电接通日期 | | | | |
|---|---|---|---|---|---|---|---|---|---|---|---|---|---|---|---|---|---|---|
| | | | | 交付日期 | | | 设计单位 | 数量 | 交货日期 | 供应单位 | 进场日期 | 竣工日期 | 施工单位 | 道路通行日期 | 供电 | | 供水 | |
| | | | | 技术设计 | 施工图 | 设备清单 | | | | | | | | | 数量 | 日期 | 数量 | 日期 |
| | | | | | | | | | | | | | | | | | | |

在此基础上，分别编制综合进度控制计划、设计工作进度计划、采购工作进度计划、施工进度计划、验收和投资进度计划等。

3. 工程项目年度计划

工程项目年度计划依据工程项目总进度计划由业主进行编制。该计划既要有项目总进度要求，又要与当年可能获得的资金、设备、材料、施工力量相适应。根据分批配套投产或交付使用的要求，合理安排年度建设工程项目。工程项目年度计划的内容如下。

(1)文字部分

文字部分说明编制年度计划的依据和原则，建设进度，本年度计划投资额，本年度计划完成工作量，施工图、设备、材料、施工力量等建设条件落实情况，动力资源情况，对外部协作配合项目建设进度的安排或要求，需要上级主管部门协助解决的问题，计划中存在的其他问题，为完成计划采取的各项措施等。

(2)表格部分

①年度计划项目表

对年度施工的项目确定投资额、年末形象进度、建设条件(图纸、设备、材料、施工力量)的落实情况等进行说明，其格式如表4-7所示。

**年度计划项目表**　　表4-7

| 工程编号 | 单项工程名称 | 开工日期 | 竣工日期 | 投资额 | 投资来源 | 年初已完 | | | 本年计划 | | | | | | | 建设条件落实情况 | | | |
|---|---|---|---|---|---|---|---|---|---|---|---|---|---|---|---|---|---|---|---|
| | | | | | | 投资额 | 其中建安工程投资 | 其中设备投资 | 投资 | | | 工作量 | | | 年末形象进度 | 施工图 | 材料 | 设备 | 施工力量 |
| | | | | | | | | | 合计 | 其中建安工程 | 其中设备投资 | 新开工 | 续建 | 竣工 | | | | | |
| | | | | | | | | | | | | | | | | | | | |

②年度竣工投产交付使用计划表

阐明单项工程的规模、投资额、新增固定资产、新增生产能力等的总规模和本年计划完成数量，并阐明竣工日期，其格式如表4-8所示。

**年度竣工投产交付使用计划表** 表4-8

| 工程编号 | 单位工程名称 | 总规模 | | | | | 年度计划完成 | | | |
|---|---|---|---|---|---|---|---|---|---|---|
| | | 建筑面积 | 投资 | 新增固定资产 | 新增生产能力 | 竣工日期 | 建筑面积 | 投资 | 新增固定资产 | 新增生产能力 |
| | | | | | | | | | | |

③年度建设资金平衡表

年度建设资金平衡表其格式如表4-9所示。

**年度建设资金平衡表** 表4-9

| 工程编号 | 单位工程名称 | 年度计划投资 | 动用内部资金 | 储备资金 | 年度计划需要资金 | 资金来源 | | | | |
|---|---|---|---|---|---|---|---|---|---|---|
| | | | | | | 预算拨款 | 自筹资金 | 基建贷款 | 国外贷款 | … |
| | | | | | | | | | | |

④年度设备平衡表

年度设备平衡表其格式如表4-10所示。

**年度设备平衡表** 表4-10

| 工程编号 | 单位工程名称 | 设备名称规格 | 要求到货 | | 利用库存 | 自制 | | 已到货 | | 采购数量 |
|---|---|---|---|---|---|---|---|---|---|---|
| | | | 数量 | 时间 | | 数量 | 完成时间 | 数量 | 到货时间 | |
| | | | | | | | | | | |

## (二)施工方的计划体系

该体系包括投标之前编制的项目管理规划大纲和签订合同之后编制的项目管理实施规划。

### 1.项目管理规划大纲

项目管理规划大纲是指由企业管理层在投标之前编制的,旨在作为投标依据、满足招标文件要求及签订合同要求的文件。项目管理大纲应包括如下内容:

(1)项目概况及实施条件分析。

(2)项目现场管理和施工平面图。

(3)项目投标活动及签订施工合同的策略。

(4)项目管理组织机构及其职责。

(5)项目管理目标。

(6)项目工期目标和施工总进度计划。

(7)项目质量目标和施工方案。

(8)项目成本目标及管理措施。

(9)项目风险预测和安全生产目标及措施。

(10)现场文明施工及环境保护措施。

2. 项目管理实施规划

项目管理实施规划是在开工前由施工项目经理主持编制的，旨在指导施工项目实施阶段管理的文件。项目管理实施规划所含内容如下。

(1)工程概况，包括工程特点、建设地理位置和环境特征、施工条件、项目管理特点和总体要求。

(2)施工部署，包括项目质量、进度、成本及安全目标、人力资源的投入计划、分包计划、施工程序及项目管理总体安排。

(3)施工方案，包括施工顺序、施工阶段划分、施工方法和施工机械的选择、安全施工设计和环境保护内容与方法。

(4)施工进度计划，包含有建设项目施工总进度计划和单位工程施工进度计划。

(5)资源供应计划，包括劳动力需求计划、主要材料和周转材料计划、机械设备需求计划、预制品订货和需求计划、大型工具、器具需求计划。

(6)施工准备工作计划，包括施工现场准备和时间安排、技术准备及编制质量计划、人员准备、物资准备。

(7)施工平面图，包括施工平面图说明、施工平面图、施工平面管理规划。

(8)技术组织措施计划，包括保证进度、质量、成本和安全目标的措施、保护环境等措施；还包括技术措施、组织措施、经济措施和合同措施。

(9)项目风险管理，包括项目风险识别一览表、风险出现的概率及损失度估计、风险评价分析和风险应对防范措施。

(10)信息管理，包括信息中心的建立规划、项目管理软件的选择与使用规划、信息管理实施规划。

(11)技术经济指标分析，包括规划的指标、规划指标水平高低的分析和评价、实施难点的对策。

## 三、工程项目成本计划

工程项目关于价值消耗方面的术语很多，从不同角度有不同的名称，如投资和投资计划、成本和成本计划、费用和费用计划。它们都是以工程项目的价值消耗为依据，在实质上具有统一性，无论从业主或从承包人角度，其计划和控制的方法是相同的，鉴于此本部分统一采用“成本”及“成本计划”。

1. 工程项目建设各阶段的成本计划

在项目实施进程中，成本计划有多种形式，它们分别在项目建议书、可行性研究、设计、实施、竣工结算中产生，形成一个不断修改、补充、调整、控制和反馈的过程。成本计划工作与项目各阶段的其他管理工作融为一体，它不仅是一项管理工作，而且是专业性很强的技术工作。

(1)项目建议书阶段的投资估算。在项目建议书阶段，业主期望能及早地、准确地给出投资范围，但这时对项目的工程技术要求、项目方案尚不清楚，所以无法精确计算，一般只能按照以往同类工程资料或估算指标大致估算。

(2)可行性研究阶段投资估算。由于这时主要进行工程技术方案确定，调查进一步深入，有了更详细的资料，则可以按总工期划分的几个阶段和总工程划分的几个部分分别估算投资，然后汇总。可行性研究经过批准后即作为项目确定的投资计划。

(3)预算成本。每一阶段设计,一般都有一套计划,都有一个预算成本。随着设计精度的深入和计划工作的细化,预算不断细化,计划成本的作用就越大,它对设计和计划的任何变更的反应就越灵敏。

业主在招标阶段的预算成本对于招标工作即为标底或招标控制价,而投标人相应的详细预算成本即为报价的基础。

(4)合同价。业主在分析多个投标人的投标书基础上最终与一个投标人确定的工程价格,并最终在双方签订的合同文件中确认,作为工程结算的依据。对承包人来说,合同价是通过报价竞争获得承包资格而确定的工程价格。

(5)在工程实施中一般有以下几个方面的成本计划:

①已完成或已支付成本。这是在实际工程上的成本消耗,它表示工程实际完成的进度。

②追加成本(费用)。这是由于工程变更、环境变化、合同条件变化所应追加的部分。

③剩余成本计划。即按当时的环境进行预测,要完成余下的工程还要投入的成本量。根据剩余成本计划可以对工程结束时成本状态、收益状态进行预测和控制。

(6)最终实际成本和结算价格。施工结束后必须按照统一成本分解规则对工程项目的成本状况进行统计分析,储存资料,作为以后工程成本计划的依据。

2. 成本计划的内容和表达方式

通常一个完整的项目成本计划包括以下几个方面的内容:

(1)各个成本对象的计划成本值。

(2)成本—时间关系曲线,即成本的强度计划曲线。

(3)成本—时间累计曲线,又称为项目的成本模型。

(4)相关的其他计划,例如,工程款收支计划、现金流量计划、融资计划等。

计划的表达形式有如下几种:

(1)表格形式,例如成本—时间表,各成本不同值之间的对比表等。

(2)曲线形式。直方图形式,如"成本—时间"图;累计曲线,如"累计成本—时间"曲线。

(3)其他形式,例如表达各成本要素份额的圆(柱)形图等。

3. 成本计划的对象

为了便于从各个方面、各个角度对项目成本进行精确的、全面的计划和有效的控制,必须多方位、多角度地划分成本项目,形成一个多维的严密体系。

(1)项目结构图中各层次项目单元。项目结构图中各层次项目单元首先必须作为成本的估算对象,这对后面项目成本模型的建立、成本责任的落实和成本控制有至关重要的作用。所以项目结构分解是成本计划不可缺少的前提条件。

(2)项目成本要素。将项目按成本要素进行分解,则能得到项目的成本结构,如公路工程成本要素,包括人工费、材料费、机械费、其他工程直接费、企业管理费等。

4. 工程项目成本模型

在网络分析的基础上,将计划成本分解落实到各个项目单元及各工程活动中,并将计划成本在相应工程活动的持续时间上平均分配,这样可以获得工期—计划成本累计曲线,即项目的成本模型。

利用成本模型可以进行不同工期方案、不同技术方案的对比,同时对实施目标控制也十分重要。按实际工程成本和实际工程进度还可以做出项目的实际成本模型,可以进行整个项目“计划—实际”成本以及进度的对比,这对把握整个工程进度,分析成本进度状况,预测成本趋向十分有用。

成本模型绘制方法如下:

(1)在经过网络分析后,按各个活动的最早时间输出横道图(有时也按最迟时间或最早最迟同时对比),并确定相应项目单元的工程成本。

(2)假设工程成本在相应工程活动的持续时间内平均分配,即在各活动上计划成本—时间关系是直线,则可得各活动的计划成本强度。

(3)按项目总工期将各期的各活动计划成本进行汇集,得各时间段成本强度。

(4)作成本—工期表(图)。

(5)计算各期期末的计划成本累计值,并作曲线。

**【例 4-1】** 某公路项目的各项工程活动计划成本见表 4-11,计划进度如图 4-1 所示,试绘制该工程项目的计划成本模型。

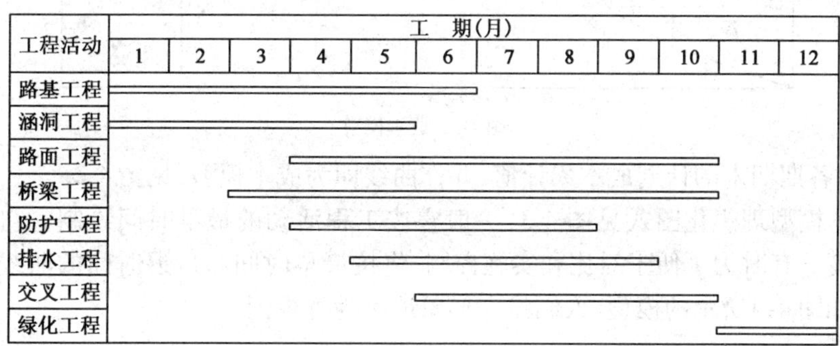


图 4-1 【例 4-1】图

**各项工程活动计划成本** 表 4-11

| 工 程 活 动 | 路基工程 | 涵洞工程 | 路面工程 | 桥梁工程 | 防护工程 | 排水工程 | 交叉工程 | 绿化工程 | 合计 |
|---|---|---|---|---|---|---|---|---|---|
| 持续时间(月) | 6 | 5 | 7 | 8 | 5 | 5 | 5 | 2 | 12 |
| 计划总成本(万元) | 360 | 50 | 840 | 400 | 30 | 20 | 50 | 10 | 1 760 |

**解:**(1)将工程成本在相应工程活动的持续时间内平均分配,则可得各活动的计划成本强度,见表 4-12。

**各活动的计划成本强度** 表 4-12

| 工程活动 | 路基工程 | 涵洞工程 | 路面工程 | 桥梁工程 | 防护工程 | 排水工程 | 交叉工程 | 绿化工程 | 合计 |
|---|---|---|---|---|---|---|---|---|---|
| 持续时间(月) | 6 | 5 | 7 | 8 | 5 | 5 | 5 | 2 | 12 |
| 计划总成本(万元) | 360 | 50 | 840 | 400 | 30 | 20 | 50 | 10 | 1 760 |
| 单位时间计划成本(万元) | 60 | 10 | 120 | 50 | 6 | 4 | 10 | 5 | |

(2)将各月实施的各项活动的计划成本进行汇集,得各月的成本强度。

(3)作成本—工期图,即图中的直方图形,见图4-2。

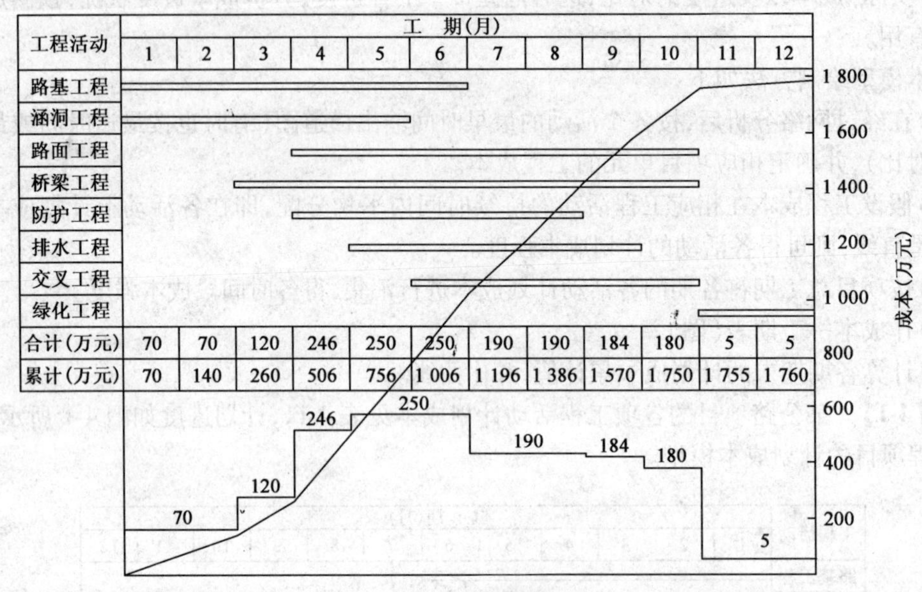


图4-2　成本模型

(4)计算各期期末的计划成本累计值,并作曲线即为成本模型,见图4-2。

项目成本模型理想化图式见图4-3,一般它按工程活动的最早时间绘制。它从成本方面反映工程进度。有时为了便于对比和实施控制,将按最早时间和最迟时间的曲线图作于同一张图上得到如图4-4所示的模型,人们将它形象地称为香蕉图。

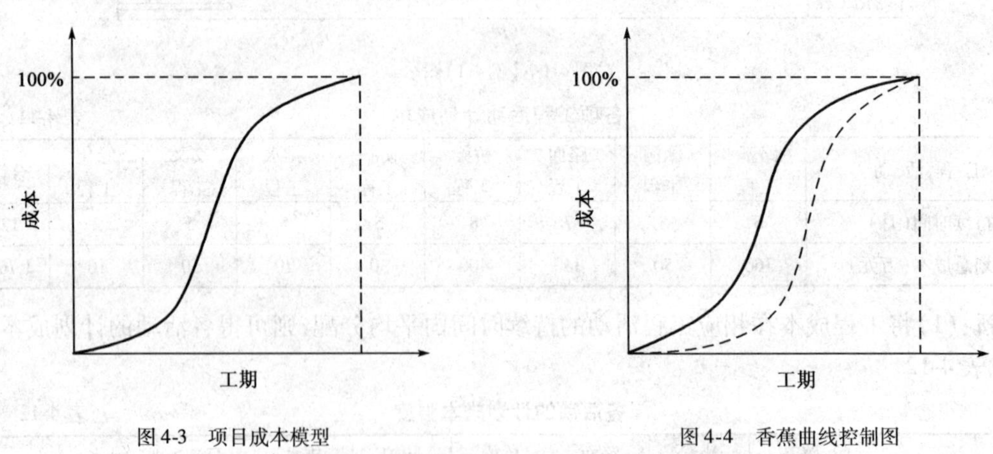


图4-3　项目成本模型　　　　图4-4　香蕉曲线控制图

## 四、工程项目目标控制

### (一)项目目标及投资控制措施

1.项目目标控制措施

项目目标控制措施包括组织措施、技术措施、经济措施和合同措施等。

(1)组织措施

组织是开展各项工作的保障。要完成控制的各项工作需要事先委任执行人员,授予相应职权,确定职责,制定工作考核标准,并力求使之一体化运行。除此之外,充实控制机构,挑选与其工作相称的人员;对工作进行考评,以便评估工作、改进工作、挖掘潜在工作能力、加强相互沟通;在控制过程中激励人们以调动和发挥他们实现目标的积极性、创造性;培训人员等,都是在控制中需要考虑采取的组织措施。采取适当的组织措施,保证目标控制的组织工作明确、完善,才能使目标控制取得好的效果。

(2)技术措施

实施有效控制,需要对多个技术方案作技术可行性分析;对各种技术数据进行审核、比较;确定设计方案评选原则;通过科学试验确定新材料、新工艺、新方法的适用性;对主要施工技术方案做必要的论证;对施工组织设计进行审查;在整个项目实施阶段寻求节约投资、保障工期和质量的技术措施等。

(3)经济措施

从项目的提出到项目的实现,始终贯穿着资金的筹集和使用工作。无论是对投资实施控制,还是对进度、质量实施控制,都离不开经济措施。在工程项目实施过程中,需要收集、加工、整理工程经济信息和数据;要对各种实现目标的计划进行资源、经济、财务诸方面的可行性分析;要对经常出现的各种设计变更和其他工程变更方案进行技术经济分析,以力求减少对计划目标实现的影响;要对工程经济文件进行审核;要编制资金使用计划;要对付款进行审查等。

(4)合同措施

工程项目建设中设计单位、施工单位、材料设备供应单位和监理单位与业主签订合同,明确其相互间的权利义务关系:设计单位应根据设计合同保障工程项目设计的安全可靠性,提高项目的适用性和经济性,并保证设计工期的要求;施工单位根据施工合同要保证实现规定的施工质量和工期。材料设备供应单位应根据供应合同保证按质、按量、按时供应工程所需的材料和设备。因此,合理拟订合同条款,正确处理合同执行过程中的问题,防止和处理索赔工作等,是重要的目标控制措施。

在对项目实施状况进行诊断时,必须综合分析成本、工期、质量、工作效率状况并做出综合评价。在考虑调整方案时也要综合地采取技术、经济、合同、组织、管理等措施,对工期、成本、质量进行综合调整。

2. 投资控制措施

要实现项目的投资目标,在项目的不同阶段都应采用上述措施。以下主要介绍从业主角度对项目实施各阶段进行投资控制的主要纠偏措施。

(1)设计准备阶段投资控制措施

设计准备阶段投资控制措施见表4-13。

(2)设计阶段投资控制措施

设计阶段投资控制措施见表4-14。

设计准备阶段投资控制措施 表4-13

| 投资控制措施 | 措施的主要内容 |
| --- | --- |
| 组织措施 | ①选用合适的项目管理组织结构;<br>②明确并落实项目管理班子中"投资控制者(部门)"的人员、任务及管理职能分工,检查落实情况;<br>③检查设计方案竞赛、设计招标的组织准备情况 |
| 管理(合同)措施 | ①分析比较各种承发包可能模式与投资控制的关系,采取合适的承发包模式;<br>②从投资控制角度考虑项目的合同结构,选择合适的合同结构;<br>③采用限额设计 |
| 经济措施 | ①对影响投资目标实现的风险进行分析,并采取风险管理措施;<br>②收集与控制投资有关的数据(包括类似项目的数据、市场信息等);<br>③编制设计准备阶段详细的费用支出计划,并控制其执行 |
| 技术措施 | ①对可能的主要技术方案进行初步技术经济比较论证;<br>②对设计任务书中的技术问题和技术数据进行技术经济分析或审核 |

设计阶段投资控制措施 表4-14

| 投资控制措施 | 措施的主要内容 |
| --- | --- |
| 组织措施 | ①从投资控制角度落实进行设计跟踪的人员、具体任务及管理职能分工,包括设计挖潜、设计审核;<br>②概、预算审核;<br>③付款复核(设计费复核);<br>④计划值与实际值比较及投资控制报表数据处理;<br>⑤聘请专家作技术经济比较、设计挖潜 |
| 管理(合同)措施 | ①参与设计合同谈判;<br>②向设计单位说明在给定的投资范围内进行设计的要求;<br>③以合同措施鼓励设计单位在广泛调研和科学论证基础上优化设计 |
| 经济措施 | ①对设计的进展进行投资跟踪(动态控制);<br>②编制设计阶段详细的费用支出计划,并控制其执行;<br>③定期提供投资控制报表,以反映投资计划值和投资实际值的比较结果、投资计划值和已发生的资金支出值 |
| 技术措施 | ①进行技术经济比较,通过比较寻求设计挖潜(节约投资)的可能;<br>②必要时组织专家论证,进行科学试验 |

(3)工程发包与设备材料采购阶段投资控制措施

工程发包与设备材料采购阶段投资控制措施见表4-15。

工程发包与设备材料采购阶段投资控制措施 表4-15

| 投资控制措施 | 措施的主要内容 |
| --- | --- |
| 组织措施 | 落实从投资控制角度参加招标工作、评标工作、合同谈判工作的人员、具体任务及管理职能分工 |
| 管理(合同)措施 | ①在合同谈判时,把握住合同价计算、合同价调整、付款方式等;<br>②分析合同条款的内容,着重分析和投资相关的合同条款 |
| 经济措施 | 审核招标文件中与投资有关的内容,包括工程量清单等 |
| 技术措施 | 对各投标文件中的主要施工技术方案作必要的技术经济比较论证 |

(4)施工阶段投资控制措施

施工阶段投资控制措施见表4-16。

施工阶段投资控制措施　　表4-16

| 投资控制措施 | 措施的主要内容 |
|---|---|
| 组织措施 | 在项目管理班子中落实从投资控制角度进行施工跟踪的人员、具体任务(包括工程计量、付款复核、设计挖潜、索赔管理、计划值与实际值比较及投资控制报表数据处理、资金使用计划的编制及执行管理等)及管理职能分工 |
| 管理(合同)措施 | ①进行索赔管理;<br>②视需要及时进行合同修改和补充工作,着重考虑它对投资控制的影响 |
| 经济措施 | ①进行工程计量(已完成的实物工程量)复核;<br>②审核工程付款账单;<br>③编制施工阶段详细的费用支出计划,并控制其执行 |
| 技术措施 | 对设计变更进行技术经济比较,寻求通过设计挖潜节约投资的可能 |

**(二)控制方法**

控制方法随控制目标的不同而不同,对建设项目进行控制可以采用现代的管理方法和手段,常用的方法有如下几种。

1.网络计划法

网络计划技术采用下述程序对进度进行控制:

(1)根据项目具体要求编制网络计划图。

(2)定期或阶段性地对网络图进行检查,主要检查实际进度与计划进度的差异。

(3)对出现差异的工序或工作,分析原因,采取措施,计算出新的工序或工作时间。

(4)调整项目网络图,重新进行时间参数计算,绘制调整后的网络图。

上述步骤循环进行,即可达到控制目的。

2.香蕉曲线控制图

香蕉曲线图如图4-5所示,可以用作投资控制和进度控制,横坐标为时间,纵坐标为工程数量或投资额。

控制程序如下:

(1)根据项目需要画出纵、横坐标。

(2)编制网络图,计算工序(工作)网络时间参数。

(3)画出最早开始时间曲线 $A$,最迟结束时间 $B$,形成香蕉图形。

(4)画出实际进度曲线 $C$。若 $C$ 曲线处在香蕉曲线圆形之内,则投资或进度在控制范围内;若 $C$ 曲线处在香蕉曲线之外,则要分析情况,采取措施进行调整,使其满足要求。

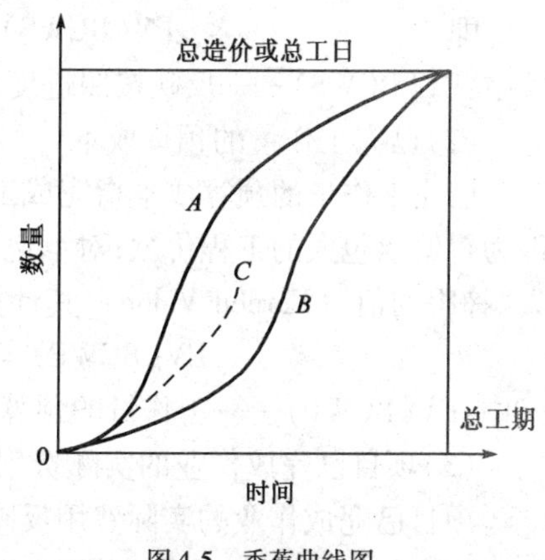


图4-5　香蕉曲线图

3. S 形曲线控制法

S 形曲线如图 4-6 所示,可以用作投资控制和进度控制,横坐标为时间,纵坐标为工程数量或投资(成本)。

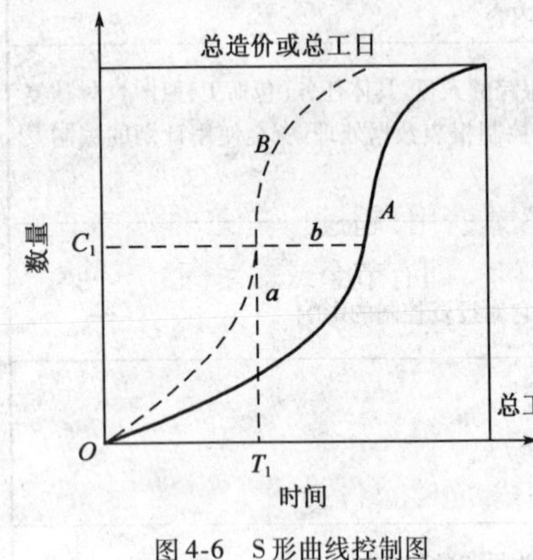


图 4-6　S 形曲线控制图

控制程序如下:

(1)根据项目需要画出纵、横坐标。

(2)根据计划完成的工程数量或投资额画出 S 形曲线 $A$。

(3)根据实际完成工程数量或投资额画出 S 形曲线 $B$。

(4)实际曲线值 $B$ 与计划曲线值 $A$ 进行比较,若两曲线接近说明实际值 $a$ 在控制范围内;若出现较大偏差,则要分析原因,采取措施进行调整。

(5)调整后绘制新的 B 曲线,再进行比较。

上述步骤重复进行,使实际值受到有效控制。

4. 挣值法

上述 S 形曲线对实际值与计划值的评价结论,通常只有在实施过程中完全按工程初期计划的顺序、计划的工作量施工,没有逻辑关系的变化,没有实施过程或次序的改变或工期的不正常推迟,才能从计划曲线和实际曲线的对比图上反映出成本差异的信息,才能反映成本本身的节约或超支。而这些条件在实际工作中很难保证。挣值法克服了 S 形曲线的局限性,考虑项目实际工程量完成情况对成本的影响。

1)挣值的概念

挣值是一个表示已完成作业量的计划价值,是一个中间变量,这一变量的计算见式(4-1):

$$项目挣值\ EV = 实际已完成作业量(WP) \times 其预算成本(BC) \tag{4-1}$$

2)挣值分析方法中的三个基本参数

(1)项目计划工作量的预算费用

项目计划工作量的预算费用指按照进度计划应当完成的工作量,其计算见式(4-2):

即
$$PV(BCWS) = 预算价格\ P_0 \times 计划工作量\ Q_0 \tag{4-2}$$

式中:PV(BCWS)——反映按照进度计划应当完成的工作量。

(2)已完工作量的预算成本

已完工作量的预算成本指完成工程预算费用或实现了的工程投资额,如果采用单价合同,即为付给承包人的工程价款;对承包人来说,即为有权能够从业主处获得的工程价款,即承包人"挣得的值"(Earned Value),其计算见式(4-3):

$$EV(BCWP) = 预算价格\ P_0 \times 实际完成工作量\ Q_1 \tag{4-3}$$

式中:EV(BCWP)——工作量的预算成本。

(3)项目已完成作业的实际费用

项目已完成作业的实际费用反映项目执行实际消耗的费用,其计算见式(4-4):

$$AC(ACWP) = 实际价格\ P_1 \times 实际完成工作量\ Q_1 \tag{4-4}$$

式中:AC(ACWP)——反映项目执行的实际消耗费用。

3)采用挣值分析方法进行目标控制

采用挣值分析方法可通过对费用偏差值和进度偏差值的计算值,评价偏差情况,进而对项目的费用目标和进度目标进行控制。

(1)费用偏差值(CV-Cost Variance)

①项目成本差异(Cost Variance,CV)

CV是指检查期间BCWP与ACWP之间的差异,其计算见式(4-5):

$$CV = EV(BCWP) - AC(ACWP) = (P_0 \times Q_1) - (P_1 \times Q_1) \tag{4-5}$$

当CV为负值时,表示执行效果不佳,即实际消耗人工(或费用)超过预算值,即超支。

当CV为正值时,表示实际消耗人工(或费用)低于预算值,即有节余或效率高。

当CV等于零时,表示实际消耗人工(或费用)等于预算值。

②成本绩效指数(Cost Performance Index,CPI)

CPI是指预算费用与实际费用值之比(或工时值之比),其计算见公式(4-6):

$$CPI = EV(BCWP)/AC(ACWP) = (P_0 \times Q_1)/(P_1 \times Q_1) \tag{4-6}$$

当 $CPI > 1$ 时,表示实际费用低于预算费用,说明效益好或效率高。

当 $CPI < 1$ 时,表示实际费用高于预算费用,说明效益差或效率低。

当 $CPI = 1$ 时,表示实际费用与预算费用正好吻合,说明效益或效率高达到预定目标。

(2)进度偏差分析

①项目进度偏差(Schedule Variance,SV)

SV是指检查日期BCWP与BCWS之间的差异,其计算见式(4-7):

$$SV = EV(BCWP) - PV(BCWS) = (P_0 \times Q_1) - (P_0 \times Q_0) \tag{4-7}$$

其值大于零,表示到前锋期,实际完成工作量多于计划应完成的工作量,进度提前。

其值小于零,表示未到前锋期,实际完成工作量小于计划应完成的工作量,进度延误。

其值等于零,表示实际进度与计划进度相吻合。

②工期绩效指数(Schedule Performance Index,SPI)

SPI是指项目挣得值与计划之比,其计算见式(4-8):

$$SPI = EV(BCWP)/PV(BCWS) = (P_0 \times Q_1)/(P_0 \times Q_0) \tag{4-8}$$

SPI大于1,进度提前。

SPI小于1,进度延误。

SPI等于1,表示实际进度与计划进度相吻合。

5. 项目责任控制图

项目责任控制图见图4-7。

该方法是将横道图与网络图相结合,建立反映工作责任的新方法,其步骤如下:

(1)画出纵横坐标图,横坐标为时间,纵坐标为负责一项或多项工作的部门或单位。

(2)项目各工作环节节点、环节长短用完成工作时间表示。

(3)用箭线表示各工作环节先后顺序及逻辑关系。

6. 直方图控制法

用直方图可以判断工序和生产过程质量是否存在问题,其控制程序如下:

(1)根据频数分布表中的统计数据,画出直方控制图。

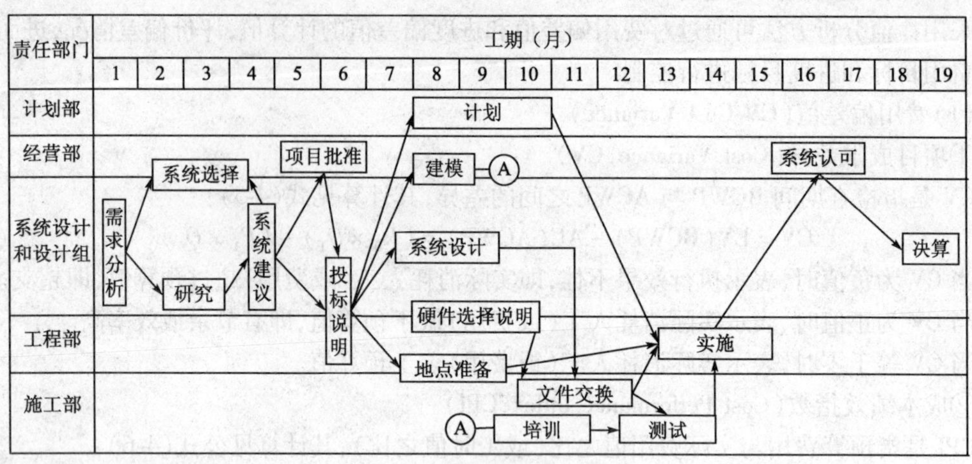


图4-7　某系统开发项目责任图

(2)通过对直方图分布状态的分析，可以判断生产过程是否正常，常见的直方图如图4-8所示。

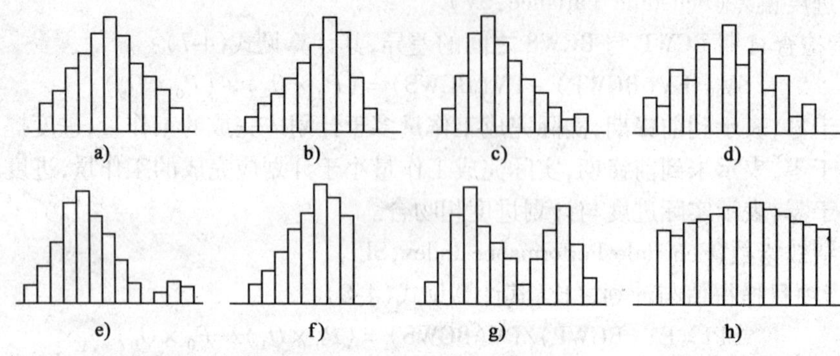


图4-8　常见的直方图

①对称分布(正态分布)，如图4-8a)所示，说明生产过程正常，质量稳定。

②偏态分布，如图4-8b)、c)所示。一般形位公差分布是偏态分布，此时，应属于正常生产情况。但是，由于技术上、习惯上的原因所出现的偏态分布，则应属于异常生产情况。

③锯齿分布，如图4-8d)所示。造成这种状态的原因可能是分组的组数不当、组距不是测量单位的整倍数，或测试时使用的方法和读数有问题。

④孤岛分布如图4-8e)所示。造成这种状态的原因往往是短期内不熟练的工人替班所造成的。

⑤陡壁分布，如图4-8f)所示。造成这种状态的原因往往是剔除不合格品、等外品或超差返修后造成的。

⑥双峰分布，如图4-8g)所示。它是两种不同的分布混在一起检查的结果，如把由两台设备或两个班组的数据混在一起就会出现这种情况。

⑦平峰分布,如图4-8h)所示。这是生产过程中有缓慢变化的因素起主导作用的结果。

(3)进一步用排列图、因果分析图、相关图、鱼骨刺图等寻找存在质量问题的原因。

(4)分析质量原因,采取措施,保证质量控制在有效范围内。

7. 控制图控制方法

该方法适用于判断生产过程和工序质量是否存在质量问题,以采取措施控制质量。控制程序如下。

(1)根据已知抽样数据,制作质量控制图,画出质量控制图的上限(UCL)、中限(CL)和下限(LCL)。

(2)分析控制图。分析控制图上的点同时满足下述条件时,认为生产过程处于统计控制状态:

①连续25点中没有一点在限外或连续35点中最多1点在限外或连续100点中最多2点在限外。

②控制界限内的点子的排列无下述异常现象:

a. 连续7点或更多点在中线一侧;

b. 连续7点或更多点呈上升或下降趋势;

c. 连续11点中至少有10点在中心线一侧;

d. 连续14点中至少有12点在中心线同一侧;

e. 连续17点中至少有14点在中心线同一侧;

f. 连续20点中至少有16点在中心线同一侧;

g. 连续3点中至少有2点和连续7点中至少有3点落在2倍标准偏差与3倍标准偏差控制界限之内;

h. 点呈周期性变化。

(3)若控制图出现异常,说明工序或生产过程存在质量问题。

(4)用排列图、因果分析图、相关图等进一步寻找质量原因。

(5)找出质量原因后采取措施,重新再画控制图,使质量控制在有效范围内。

项目控制根据控制目标的不同还可以有很多方法,如PDCA管理循环法、量本利法、价值工程法、目标管理法、偏差估计法、检查对比法、看板管理法、责任承担法、进度报告法、会议审查法、定额管理法等。

## 第三节 工程项目管理的组织

### 一、工程项目组织的基本概念

#### (一)组织的概念

组织有两种含义。第一种含义是指组织机构,即按一定的领导体制、部门设置、层次划分、职责分工等构成的有机整体,其目的是处理人和人、人和事、人和物的关系;第二种含义是指组织行为,即通过一定权力和影响力,为达到一定目标,对所需资源进行合理配置,处理人和人、人和事、人和物关系的行为。

## (二)工程项目组织

### 1.工程项目组织的定义

按照ISO 1006的定义,项目组织是指从事项目具体工作的组织,是项目的行为主体为完成特定的项目任务而成立的一次性临时组织。因此,“工程项目组织”是指为实现工程项目目标而完成各项工作的相关参与单位按照一定的规则构成的群体,通常包括业主、施工单位、设计单位、监理单位等。

### 2.工程项目组织的基本形式

在工程项目中,目标决定工作任务,工作任务决定承担者,由承担者形成组织。在工程项目全过程中,相关的管理工作可分为以下4个层次。

(1)战略决策层。该层是项目的投资者,它居于项目组织的最高层,在项目的前期策划和实施过程中开展战略决策和宏观控制工作。它的组成由项目的资本结构决定,但由于它通常不参与项目的具体实施和管理工作,所以一般不出现在项目组织中。

(2)战略管理层。投资者通常委托一个项目主持人或建设的负责人作为业主,以项目所有者的身份进行项目全过程的总体管理工作,包括工程项目重大的技术和实施方案的选择与批准、批准项目的设计文件、实施计划和它们的重大修改、确定项目组织策略等。

(3)项目管理层。通常由业主委托项目管理公司或咨询公司在项目实施过程中承担计划、协调、监督、控制等一系列具体的项目管理工作,在项目组织中是一个由项目经理领导的项目经理部,为业主提供有效的、独立的项目管理服务,主要责任是实现项目投资目的,保护业主利益,保证项目整体目标的实现。

(4)实施层的项目管理。指工程的设计、施工、供应等单位,为完成各自的项目任务,分别开展相应的项目管理工作,如质量管理、安全管理、成本管理、进度管理、信息管理等。

因此,工程项目组织的基本形式如图4-9所示。

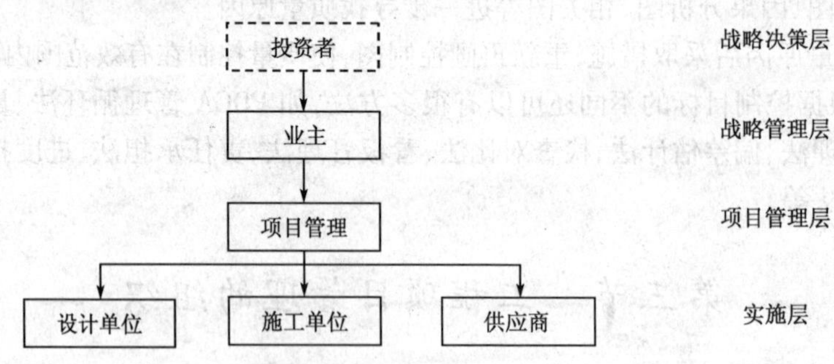


图4-9 工程项目组织的基本形式

## (三)工程项目管理组织

### 1.工程项目管理组织的概念

项目管理组织是指由完成项目管理工作的人、单位、部门组成的群体,一般以项目经理部等形式出现。

广义的项目管理组织是指在整个项目中从事各种项目管理工作的人、单位、部门组合起来的群体，包括业主的项目经理部、承包人的项目经理部等，它们相互联系，形成项目总体管理组织系统。

狭义的项目管理组织指业主委托或指定的负责整个工程项目管理的项目经理部，该项目经理部位于项目组织的中心位置，以一整个工程项目为对象，进行相关的管理工作。

2. 项目经理部

项目经理部是项目组织的核心。项目能否顺利实施，能否取得预期效果，实现目标，直接依赖项目经理部，特别是项目经理的水平、工作效率、能力和责任心。项目经理部一般按项目管理的职能设置职位(部门)，按照项目管理规程工作。项目经理部的组成和人员设置与所承担的项目管理任务相关。对中小型的工程项目，项目经理部(有时称为项目管理小组)通常有：项目经理、专业工程师、合同管理人员、成本管理人员、信息管理员、秘书等。有时还可能有负责采购、库存管理、安全管理、计划等方面的人员。对大型的、特大型的项目，常常必须设置一个管理集团如项目指挥部，项目经理下设各个部门，如计划部、技术部、合同部、财务部、供应部、办公室等。

项目经理部是一个团队。由于项目管理组织的特殊性，团队精神对项目经理部的运作有特殊的作用，是项目组织文化的具体体现。要取得工程项目的成功，必须最有效地使用项目经理部成员，化解矛盾，激发和调动项目经理部成员的积极性，使项目经理部高效率运作。一个成功的项目管理团队往往具有如下特征。

(1)有明确的共同目标

所有成员对目标应有共识。大家都知道项目的重要性，每个成员都追求项目的成功，项目初期就要激发项目经理部成员的工作使命感。

(2)有合理的分工和合作

项目经理部成员有不同的角色分配，对完成任务应有明确的承诺，接受项目组织规则，同时大家优势互补，形成合力。

(3)营造良好的工作环境

项目经理应创建一种工作环境，鼓励每个人积极参与，出色地工作，全身心地投入到项目管理工作中，与项目经理部内部和项目涉及的所有部门建立良好的工作关系，相互信任，互相尊重。

(4)公平公正地处理事务

在项目经理部中公平、公正处理事务。人们渴望公平，如果工作过程中出现明显不公平的情况，或有些成员感到不公平，就会产生消极情绪。

(5)有效地沟通

培养成员的团队意识，团队中有民主气氛，使沟通交流经常化。项目经理日常应注意关心成员，这常常比有目的的激励更有效。

(6)注重组织每个成员的发展

充分发挥项目组织成员的积极性，倡导创新精神，鼓励他们自我管理，努力改进项目管理工作，使学习和创新成为项目经理部经常性的活动。

## 二、工程项目中常见的组织结构形式

### (一)直线式项目组织形式

1. 直线式组织结构描述

直线式组织结构中,上层组织单元对其直接下属有直接职权,组织中每一下层组织单元只能向其直接上级报告,主管人员在其管辖范围内有绝对的职权。其组织结构模式见图4-10。

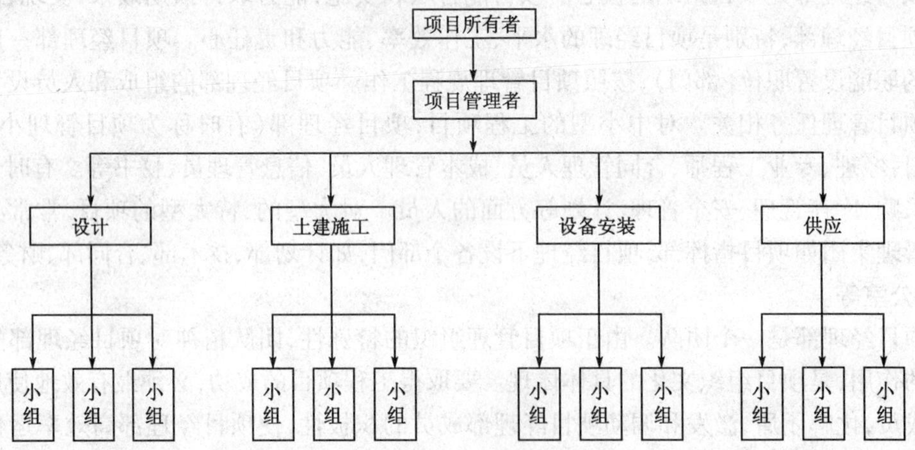


图4-10 项目线性组织结构模式

直线式组织形式适用于中小型的工程项目。

2. 直线式项目组织的优点

(1)保证单头领导,每个组织单元仅向一个上级负责,一个上级对下级直接行使管理和监督的权力,一般不能越级下达指令。项目参加者的工作任务、责任、权力明确,指令唯一,这样可以减少扯皮和纠纷,协调方便。

(2)项目经理有指令权,能直接控制资源。

(3)信息流通快,决策迅速,项目容易控制。

(4)组织结构形式与项目结构分解基本一致,使得目标分解和责任落实比较容易,不会遗漏项目工作,组织障碍较小,协调费用低。

(5)项目任务分配明确,责权利关系清楚。

3. 直线式项目组织的缺点

(1)当项目(或子项目)比较多、比较大时,每个项目(或子项目)都要对应一个完整的、独立的组织结构,使组织资源不能达到充分合理使用。

(2)项目经理责任较大,要求其能力强、知识全面、经验丰富。

(3)不能保证项目组织成员之间信息流通速度和质量,权力争执会使项目组织成员间合作困难。例如工程施工单位发现设计问题不直接找设计单位,必须先找项目经理再转达设计单位;设计变更后,先交项目经理,再到达施工单位。

(4)如果工程较大,专业化分工太细,会造成多级分包,进而造成组织层次的增加。

## (二)职能式项目组织形式

1. 职能式组织结构描述

职能式项目组织,是在项目经理下设的一些职能机构,分别从职能角度对基层进行业务管理,这些职能机构可以在项目经理授权范围内就其主要管理的业务范围,向下下达命令和指示。此种形式适用于项目地理位置上相对集中的项目。职能式项目组织结构模式如图4-11所示。

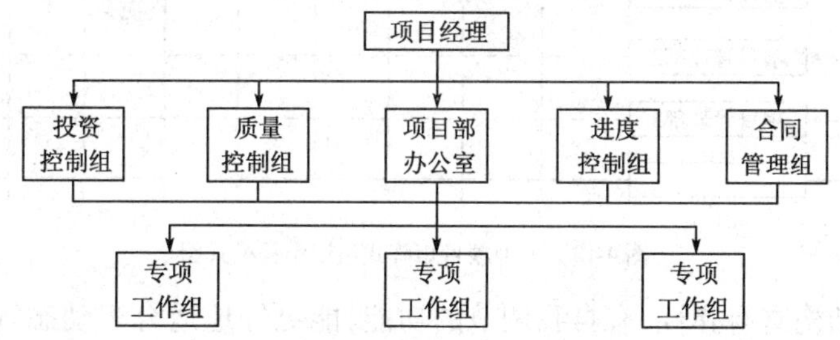


图4-11 职能式组织结构模式

2. 职能式项目组织的优点

职能制项目组织机构的主要优点是强调管理业务的专业化,注意发挥各类专家在项目管理中的作用。

3. 职能式项目组织的缺点

这种机构没有处理好职能机构和基层业务部门之间的关系,形成多头领导,下级执行者接受多人指令,容易造成职责不清。

## (三)矩阵式项目组织形式

1. 矩阵式项目组织结构描述

矩阵式项目组织结构既有按职能划分的垂直领导,又有按项目划分的横向领导,其结构模式如图4-12、图4-13所示。

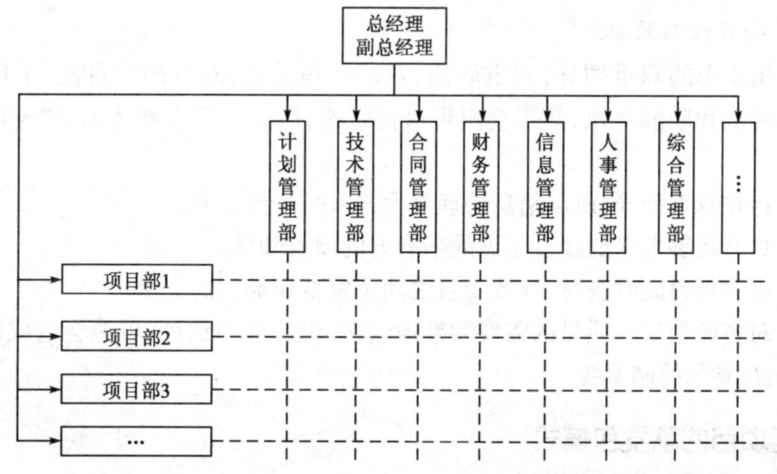


图4-12 施工企业矩阵式组织结构模式图

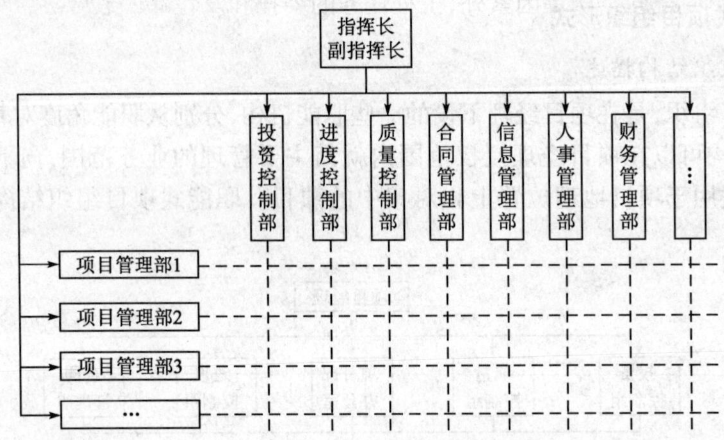


图 4-13　大型项目矩阵式组织结构模式图

矩阵式组织结构富有弹性,有自我调节的功能,能更好地适合于动态管理和优化组合,适合于时间和费用压力大的多项目和大型项目的管理。

2. 矩阵式项目组织的优点

(1)各种资源统一管理,能最有效地、均衡地、节约地、灵活地使用资源,特别是能最有效地利用企业的职能部门人员和专门人才。

(2)在矩阵式组织中,项目组成员仍归宿于一个职能部门,则不仅保证组织的稳定性和项目工作的稳定性,而且使得人们有机会在职能部门中通过参加各种项目,获得专业上的发展,并丰富阅历,积累经验。

(3)矩阵组织结构、权力与责任关系趋向于灵活,能在保证项目经理对项目最有力的控制前提下,充分发挥各专业职能部门的作用,保证有较短的协调、信息和指令的途径,决策层、职能部门、项目实施层之间的距离最小,沟通速度快。

(4)在这种组织形式中促进人们互相学习,交流知识和信息,促进良好的沟通。

(5)组织层次少,具有大跨度组织的优点。

3. 矩阵式项目组织的缺点

(1)存在组织上的双重领导,双重职能,双层汇报关系,双重的信息流、工作流和指令界面,极易产生混乱和职能争执,甚至会出现对抗状态,因此需要有熟练的、严密的组织规范和措施。

(2)由于存在双重领导,所以信息处理量大,会议多,报告多。

(3)必须具有足够数量的经过培训的强有力的项目领导。

(4)由于许多项目同时进行,导致项目之间竞争专业部门的资源。

(5)由于对资源数量与质量的需要频繁地变化,难以准确估计,可能会造成混乱、低效,因此需要很强的计划与控制系统。

## 三、工程项目的承发包模式

项目管理者在进行项目管理组织结构设计时,除应考虑工程项目的具体规模和特点、管理人员的能力和水平、合同结构等因素外,工程任务的委托和发包的模式亦对组织结构有着重要的影响。

在现代工程中,工程承包模式多种多样,各有优缺点。

### (一)平行承发包模式

业主将工程项目的设计、施工以及设备和材料采购任务分别发包给多个设计单位、施工单位和设备材料供应厂商,并分别与各承包人签订合同。各承包人与业主签订合同,对业主负责,各承包人之间的关系是平行的,其合同结构图如图 4-14 所示。

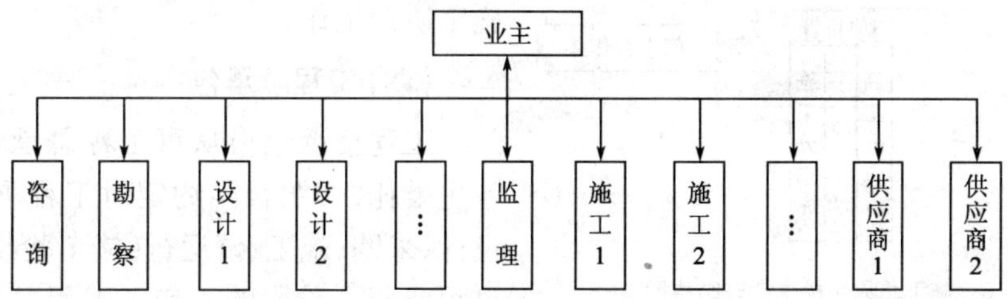


图 4-14 平行承包模式合同结构图

平行承发包模式的特点:

(1)有利于业主择优选择承包人。由于合同内容比较单一,合同价值小,风险小,对不具备总承包能力的中小承包人较为有利,使他们有可能参与竞争。业主可以在更大的范围内进行选择专业化的优秀承包人。

(2)有利于控制工程质量。整个工程经过分解分别发包给各承包人,合同约束与相互制约使每一部分能够较好地实现质量要求。

(3)组织管理和协调工作量大。由于合同数量多,使项目系统内结合部位数量增加,要求业主及其委托的监理单位具有较强的组织协调能力。

(4)工程造价控制难度大。一是由于总合同价不易短期确定,从而影响工程造价控制;二是由于工程招标任务量大,需控制多项合同价格,从而增加了工程造价控制的难度。

这种形式要求业主必须具备较强的项目管理能力,当然业主也可以委托项目管理公司进行工程管理。

### (二)设计总承包模式

业主通过招标的方式选择一家设计单位承担工程项目中的所有设计任务,该设计总承包单位可以自身承担全部设计任务,也可将一部分设计任务分包出去。设计总承包人可以是一家独立的设计企业,也可以是设计联合体或设计合作体,如图 4-15 所示。

设计总承包有利于设计的优化和设计项目总体目标的实现,简化了业主的设计协调工作。

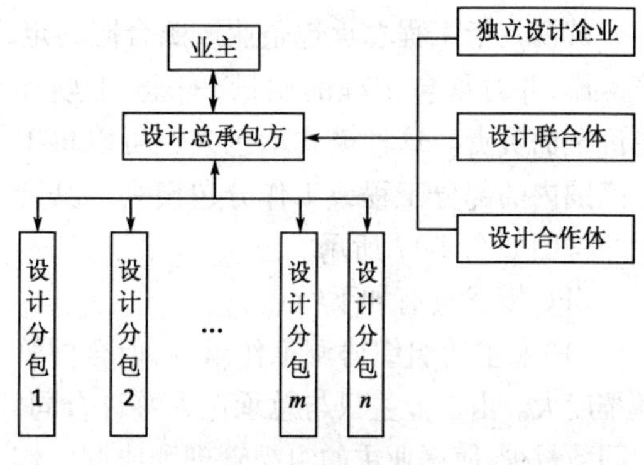


图 4-15 设计总承包模式合同结构图

### (三)施工总承包模式

业主通过招标方式选择一家施工单位承担工程项目的施工任务,该施工总承包单位可以独立承担所有的施工任务,也可以将部分施工任务分包出去。施工总承包商可以是一家独立的施工企业,也可以是施工联合体或施工合作体,如图4-16所示。

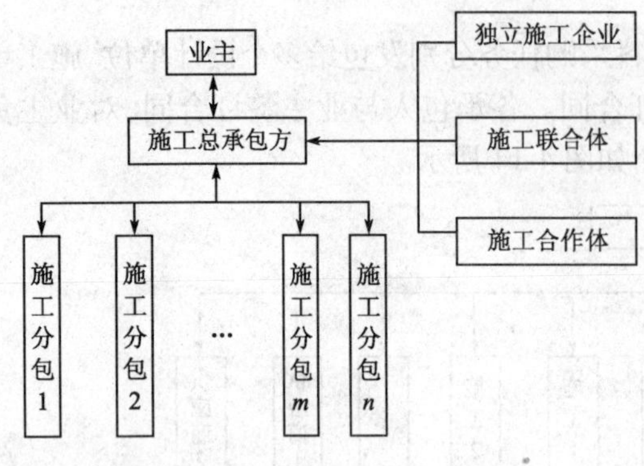


图4-16 施工总承包模式合同结构图

施工总承包模式有利于施工项目的系统管理和项目总体目标的最优实现,简化业主的施工协调工作。

### (四)工程总承包

工程总承包指从事工程总承包的企业受业主委托,按照合同约定对工程项目的勘察、设计、采购、施工、试运行(竣工验收)等实行全过程或若干阶段的承包。工程总承包企业按照合同约定对工程项目的质量、工期和造价等向业主负责。工程总承包企业可以依法将所承包工程中的部分工作发包给具有相应资质的分包企业;分包企业按照分包合同的约定对总承包企业负责,所有的设计、施工分包工作都由总承包对业主负责。

工程总承包有多种模式,如表4-17所示。

工程总承包模式　　表4-17

| 总承包模式 \ 项目程序 | 项目决策 | 初步设计 | 技术设计 | 施工图设计 | 材料设备采购 | 施工安装 | 试运行 |
|---|---|---|---|---|---|---|---|
| 设计—采购—施工 | | —— | —— | —— | —— | —— | —— |
| 交钥匙 | —— | —— | —— | —— | —— | —— | —— |
| 设计—施工 | | —— | —— | —— | | —— | |
| 设计—采购 | | —— | —— | —— | —— | | |
| 采购—施工 | | | | | —— | —— | |

1. 设计—采购—施工总承包模式,简称为EPC

试模式指工程总承包企业按照合同约定,承担工程项目的设计、采购、施工和试运行服务等工作,并对承包工程的质量、安全、工期和造价全面负责。这种模式承包人也可以将工程范围内的部分工程或工作分包出去。其合同结构图如图4-17所示。

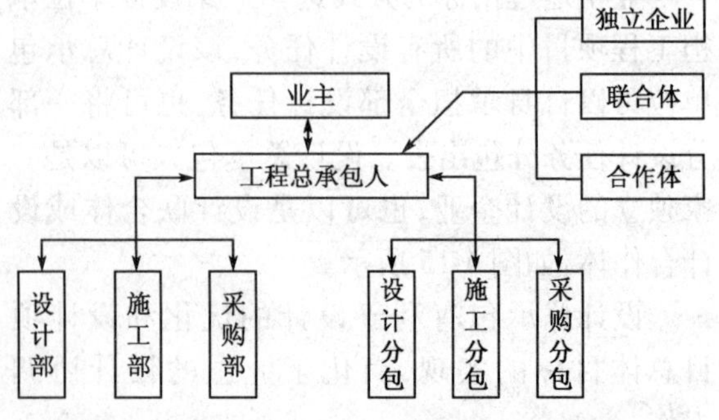


图4-17 设计、采购、施工总承包模式合同结构图

EPC模式具有如下特点:

(1)业主的组织协调工作量少,但合同管理难度大。由于业主只与总承包人签订合同,合同数量少,使得业主的组织管理和协调工作量小。但由于合同条款不易准确确定,容易造

成较多的合同纠纷,因而合同管理的难度一般较大。

(2)有利于控制工程造价。由于总承包合同价格可以较早确定,业主可以承担较少风险。

(3)有利于缩短建设工期。由于设计与施工由一个单位统筹安排,使两个阶段能够有机地融合,一般均能做到设计阶段与施工阶段的相互搭接。

(4)对总承包人而言,责任重、风险大,需要具有较高的管理水平和丰富的实践经验;当然,获得高额利润的潜力也较大。

总承包人的主要责任:

(1)按合同完成设计、采购、施工和试运行服务等工作。

(2)招标选择分包人。

(3)对工程进行管理、控制和协调。

(4)对合同实施效果负责,承担风险和经济责任。

业主的主要责任:

(1)选择业主代表或项目管理单位。

(2)提出业主要求。

(3)招标选择总承包人。

(4)审批分包人。

(5)监督和验收。

适用性:

(1)设计、施工、采购、试运行协调关系密切的项目。

(2)采购工作量大、周期长的项目。

(3)承包人拥有专利、专有技术或丰富经验的项目。

(4)业主缺乏项目管理经验,项目管理能力不足的项目。

2.交钥匙总承包模式(Turnkey)

该模式是设计—采购—施工工程总承包向两头扩展延伸而形成的业务和责任范围更广的总承包模式。其中,总承包人不仅承包工程项目的建设实施任务,而且提供建设项目前期工作和运营准备工作的综合服务。

交钥匙模式与EPC模式的主要不同点在于:承包范围更大,工期更稳定,合同总价更固定,承包人风险更大,合同价相对较高。

总承包人的主要责任与EPC模式的类似,此外还应承担以下责任:

(1)按合同约定完成工程总承包项目的可行性研究、项目立项、设计、采购、施工和试运行。

(2)按合同工期和固定的价格交付工程。

(3)完成对业主人员的培训等生产前的准备工作。

业主的主要责任。

(1)提出业主要求。

(2)选择交钥匙总承包人。

(3)检查验收。

交钥匙模式适用于以下几种情况:

(1)业主更加关注工程按期交付使用。

(2)业主只关心交付的成果,不想过多介入项目实施过程。

(3)业主希望承包人承担更多风险,而同时愿意支付更多风险费用。

(4)业主希望收到一个完整配套的工程项目。

3.设计—施工总承包模式,简称为 DB 模式

业主根据项目的要求和原则选定 DB 承包人,DB 承包人可以自行完成全部设计和施工任务,也可以竞争性招标方式选择分包人,完成设计和部分施工任务。其合同结构如图 4-18 所示。DB 模式的基本出发点是促进设计与施工的早期结合,以便有可能充分发挥设计和施工双方的优势,提高项目的经济性。

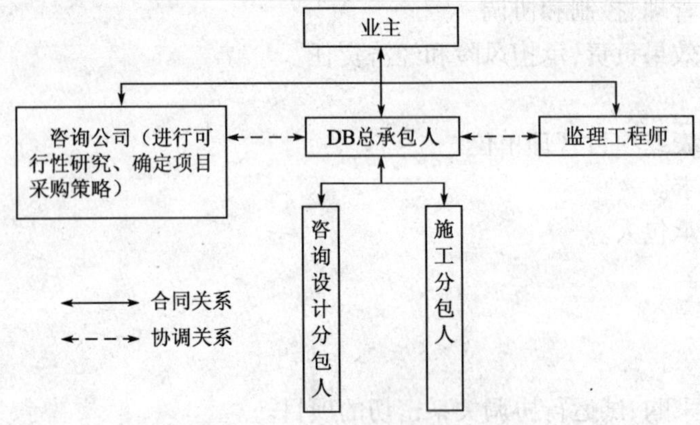


图 4-18　设计—施工模式合同结构图

DB 模式的优点:可有效避免设计与施工分离所产生的建设周期长、不利于设计优化、设计不考虑施工的可行性、施工者按图施工等弊端,有利于设计优化、节约成本和缩短工期。

根据承包起点时间不同,DB 模式可分为以下几种类型,如表 4-18 所示。DB 承包人承包的时间越早,承包人的风险越大;承包的时间越晚,设计与施工结合而产生的优势就越弱。

**DB 模式的类型**　　表 4-18

| 项目程序 / DB模式的类型 | 项目决策 | 方案设计 | 初步设计 | 技术设计 | 施工图设计 | 施工安装 | 竣工验收 |
|---|---|---|---|---|---|---|---|
| DB1 | | | | | | | |
| DB2 | | | | | | | |
| DB3 | | | | | | | |
| DB4 | | | | | | | |

4.设计—采购总承包模式,简称为 EP

EP 模式是将设计与采购结合,由 EP 总承包人承担设计和采购工作,其合同结构如图4-19 所示。

5.采购—施工总承包模式,简称为 PC

PC 模式是将采购与施工结合,由 PC 总承包人承担采购和施工任务,其合同结构如图4-20 所示。

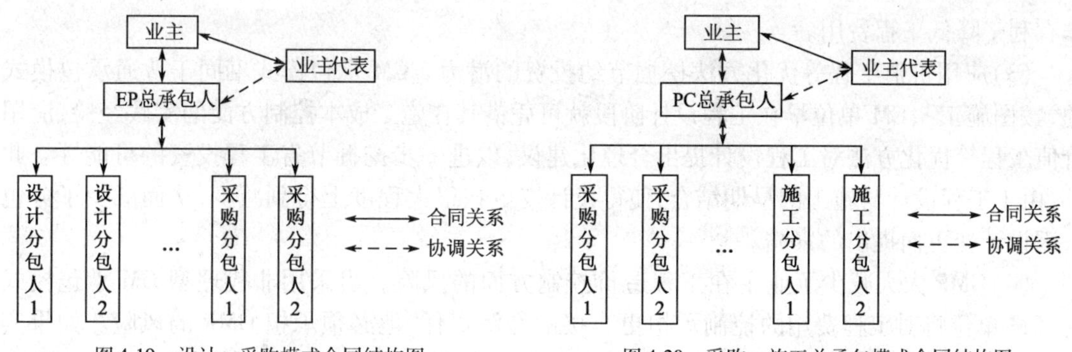


图4-19　设计—采购模式合同结构图　　　图4-20　采购—施工总承包模式合同结构图

### (五)CM承包模式

CM承包模式其全称为Fast-Track-Construction Management。它是由业主委托一家CM单位承担项目管理工作,该CM单位以承包人的身份进行施工管理,并在一定程度上影响工程设计活动,组织快速路径(Fast-Track)的生产方式,使工程项目实现有条件的“边设计、边施工”。

1.CM承包模式的特点

(1)采用快速路径法施工。即在工程设计尚未结束之前,当工程某些部分的施工图设计已经完成时,就开始进行该部分工程的施工招标,从而使这部分工程的施工提前到工程项目的设计阶段。

(2)CM单位有代理型(Agency)和非代理型(Non-Agency)两种。代理型的CM单位不负责工程分包的发包,与分包人的合同由业主直接签订。而非代理型的CM单位直接与分包人签订分包合同。

(3)CM合同采用成本加酬金方式。代理型和非代理型的CM合同是有区别的。由于代理型合同是业主与分包人直接签订,所以采用简单的成本加酬金合同形式。而非代理型合同由于CM合同总价是在CM合同签订之后,随着CM单位与各分包人签约而逐步形成的,因此采用保证最大工程费用加酬金的合同形式,以便业主控制工程总费用。

2.实施CM承包模式的价值

CM承包模式特别适用于那些实施周期长、工期要求紧迫的大型复杂建设工程。采用CM承包模式的基本指导思想是缩短工程项目的建设周期,但其价值远不止于此,它在工程质量、进度和造价控制方面都有很大的价值。其在工程造价控制方面的价值体现在:

(1)与施工总承包相比,采用CM承包模式合同价更具合理性。采用CM承包模式时,施工任务要进行多次分包,施工合同总价不是一次确定,而是有一部分完整施工图纸,就分包一部分,将施工合同总价化整为零。而且每次分包都通过招标展开竞争,每个分包合同价格都通过谈判进行详细的讨论,从而使各个分包合同价格汇总后形成的合同总价更具合理性。

(2)CM单位不赚取总包与分包之间的差价。与总分包模式相比,CM单位与分包人或供货商之间的合同价是公开的,业主可以参与所有分包工程或设备材料采购招标及分包合同或供货合同的谈判。CM单位不赚取总包与分包之间的差价,他在进行分包谈判时,会努力降低分包合同价。经谈判而降低合同价的节约部分全部归业主所有,CM单位可获得部分奖励,这样有利于降低工程费用。

(3)应用价值工程等优化方法挖掘节约投资的潜力。CM 承包模式不同于普通承包模式的“按图施工”,CM 单位早在工程设计阶段就可凭借其在施工成本控制方面的实践经验,应用价值工程等优化方法对工程设计提出合理化建议,以进一步挖掘节省工程投资的可能性。此外,由于工程设计与施工的早期结合,使得设计变更在很大程度上得到减少,从而减少了分包人因设计变更而提出的索赔。

(4)GMP 大大减少了业主在工程造价控制方面的风险。当采用非代理型 CM 承包模式时,CM 单位将对工程费用的控制承担更直接的经济责任,他必须承担 GMP 的风险。如果实际工程费用超过 GMP,超出部分将由 CM 单位承担;如果实际工程费用低于 GMP,节约部分全部归业主所有。由此可见,业主在工程造价控制方面的风险将大大减少。

(5)采用现代化管理方法和手段控制工程费用。与普通承包人相比,CM 单位不是单“为自己控制成本”,还要承担“为业主控制工程费用”的任务。CM 单位要制定和实施完整的工程费用计划和控制工作流程,并不断向业主报告工程费用情况。

## 第四节　工程项目风险管理

风险通常有以下两种定义:其一,风险就是与出现损失有关的不确定性;其二,风险就是在给定情况下和特定时间内,可能发生的结果与预期之间的差异。工程项目风险是指在项目决策和实施过程中,实际结果与预期目标的差异。

### 一、工程项目风险管理概述

#### (一)工程项目风险分类

1. 按项目行为主体划分

(1)业主的风险。

(2)承包人的风险。

(3)项目管理者(如监理工程师)的风险。

(4)其他方的风险。

2. 按项目目标划分

(1)工期风险。

(2)费用风险。

(3)质量风险。

3. 按管理的过程和要素分析

(1)高层战略风险。

(2)环境调查和预测的风险。

(3)决策风险。

(4)项目策划风险。

(5)技术设计风险。

(6)计划风险。

(7)实施控制中的风险。

(8)运营管理风险。

4. 按风险的来源划分

(1)政治风险。

(2)法律风险。

(3)经济风险。

(4)自然条件。

(5)社会风险。

(6)管理风险。

(7)组织风险。

**(二)工程项目风险管理的过程**

风险管理是一个识别、确定和度量风险,并制定、选择和实施风险处理方案的过程。工程项目风险管理在这一点上并无特殊性。风险管理应是一个系统的、完整的过程,包括风险识别、风险评价、风险对策决策、实施决策、检查与监控五方面内容。

1. 风险识别

风险识别是风险管理中的首要步骤,是指通过一定的方式,系统而全面地识别出影响建设工程目标实现的风险事件并加以适当归类的过程,必要时,还需对风险事件的后果做出定性的估计。

2. 风险评价

风险评价是将建设工程风险事件的发生可能性和损失后果进行定量化的过程。这个过程在系统地识别建设工程风险与合理地做出风险对策决策之间起着重要的桥梁作用。风险评价的结果主要在于确定各种风险事件发生的概率及其对建设工程目标影响的严重程度,如投资增加的数额、工期延误的天数等。

3. 风险对策决策

风险对策决策是确定建设工程风险事件最佳对策组合的过程。一般来说,风险管理中所运用的对策有以下四种:风险回避、损失控制、风险自留和风险转移。这些风险对策的适用对象各不相同,需要根据风险评价的结果,对不同的风险事件选择最适宜的风险对策,从而形成最佳的风险对策组合。

4. 实施决策

对风险对策所作出的决策还需要进一步落实到具体的计划和措施中,例如,制订预防计划、灾难计划、应急计划等;又如,在决定购买工程保险时,要选择保险公司,确定恰当的保险范围、免赔额、保险费等。这些都是实施风险对策决策的重要内容。

5. 检查与监控

在建设工程实施过程中,要对各项风险对策的执行情况不断地进行检查,并评价各项风险对策的执行效果;在工程实施条件发生变化时,要确定是否需要提出不同的风险处理方案。除此之外,还需要检查是否有被遗漏的工程风险或者发现新的工程风险,也就是进入新一轮的风险识别，开始新一轮的风险管理过程。

## 二、工程项目风险识别

风险识别指确定对项目影响的风险集合。

### (一)风险识别的原则

在风险识别过程中应遵循以下原则。

(1)由粗及细，由细及粗

由粗及细是指对风险因素进行全面分析，并通过多种途径对工程风险进行分解，逐渐细化，获得对工程风险的广泛认识，从而得到工程初始风险清单。而由细及粗是指从工程初始风险清单的众多风险中，根据同类建设工程的经验以及对拟建建设工程具体情况的分析和风险调查，确定那些对建设工程目标实现有较大影响的工程风险，作为主要风险，即作为风险评价以及风险对策决策的主要对象。

(2)严格界定风险内涵并考虑风险因素之间的相关性

对各种风险的内涵要严格加以界定，不要出现重复和交叉现象。另外，还要尽可能考虑各种风险因素之间的相关性，如主次关系、因果关系、互斥关系、正相关关系、负相关关系等。应当说，在风险识别阶段考虑风险因素之间的相关性有一定的难度，但至少要做到严格界定风险内涵。

(3)先怀疑，后排除

对于所遇到的问题都要考虑其是否存在不确定性，不要轻易否定或排除某些风险，要通过认真分析进行确认或排除。

(4)排除与确认并重

对于肯定可以排除和肯定可以确认的风险，应尽早予以排除和确认。对于一时既不能排除又不能确认的风险，再作进一步的分析，予以排除或确认。最后，对于肯定不能排除但又不能肯定予以确认的风险，按确认考虑。

(5)必要时，可做试验论证

对于某些按常规方式难以判定其是否存在，也难以确定其对建设工程目标影响程度的风险，尤其是技术方面的风险，必要时可做试验论证，如抗震试验、风洞试验等。这样做的结论可靠，但要以付出费用为代价。

### (二)风险识别的方法

1. 专家调查法

这种方法又有两种方式：一种是召集有关专家开会，让专家各抒己见，充分发表意见；另一种是采用问卷式调查，各专家完全根据自己的判断完成问卷，不受其他专家意见的影响。采用专家调查法时，所提出的问题应具有指导性和代表性，并具有一定的深度，还应尽可能具体些。专家所涉及的面应尽可能广泛些，有一定的代表性。对专家发表的意见要由风险管理人员加以归纳分类、整理分析，有时可能要排除个别专家的个别意见。

2. 财务报表法

财务报表有助于确定一个特定企业或特定的建设工程可能遭受哪些损失以及在何种情况

下遭受这些损失。通过分析资产负债表、现金流量表、营业报表及有关补充资料,可以识别企业当前的所有资产、责任及人身损失风险。将这些报表与财务预测、预算结合起来,可以发现企业或建设工程未来的风险。采用财务报表法进行风险识别,要对财务报表中所列的各项会计科目作深入的分析研究,并提出分析研究报告,以确定可能产生的损失,还应通过一些实地调查以及其他信息资料来补充财务记录。由于工程财务报表与企业财务报表不尽相同,因而需要结合工程财务报表的特点来识别建设工程风险。

3. 流程图法

将一项特定的生产或经营活动按步骤或阶段顺序以若干个模块形式组成一个流程图系列,在每个模块中都标出各种潜在的风险因素或风险事件,从而给决策者一个清晰的总体印象。一般来说,对流程图中各步骤或阶段的划分比较容易,关键在于找出各步骤或各阶段不同的风险因素或风险事件。由于流程图的篇幅限制,采用这种方法所得到的风险识别结果较粗。

4. 初始清单法

如果对每一个建设工程风险的识别都从头做起,至少有以下三方面缺陷:一是耗费时间和精力多,风险识别工作的效率低;二是由于风险识别的主观性,可能导致风险识别的随意性,其结果缺乏规范性;三是风险识别成果资料不便积累,对今后的风险识别工作缺乏指导作用。因此,为了避免以上缺陷,有必要建立初始风险清单。

建立建设工程的初始风险清单有两种途径。

(1)常规途径是采用保险公司或风险管理学会(或协会)公布的潜在损失一览表,即任何企业或工程都可能发生的所有损失一览表。以此为基础,风险管理人员再结合本企业或某项工程所面临的潜在损失对一览表中的损失予以具体化,从而建立特定工程的风险一览表。

(2)通过适当的风险分解方式来识别风险是建立建设工程初始风险清单的有效途径。对于大型、复杂的建设工程,首先将其按单项工程、单位工程分解,再对各单项工程、单位工程分别从时间维、目标维和因素维进行分解,可以较容易地识别出建设工程主要的、常见的风险。

初始风险清单只是为了便于人们较全面地认识风险的存在,而不至于遗漏重要的工程风险,但并不是风险识别的最终结论。在初始风险清单建立后,还需要结合特定建设工程的具体情况进一步识别风险,从而对初始风险清单作一些必要的补充和修正。为此,需要参照同类建设工程风险的经验数据,或针对具体建设工程的特点进行风险调查。

5. 经验数据法

经验数据法也称为统计资料法,即根据已建各类建设工程与风险有关的统计资料来识别拟建建设工程的风险。不同的风险管理主体都应有自己关于建设工程风险的经验数据或统计资料。在工程建设领域,可能有工程风险经验数据或统计资料的风险管理主体包括咨询公司、承包人、项目业主等。由于这些不同的风险管理主体其角度不同、数据或资料来源不同,各自的初始风险清单一般多少有些差异。但是,建设工程风险本身是客观事实,有客观的规律性,当经验数据或统计资料足够多时,这种差异性就会大大减小。况且风险识别只是对建设工程风险的初步认识,只是一种定性分析,因此,这种基于经验数据或统计资料的初始风险清单可以满足对建设工程风险识别的需要。

## 三、工程项目风险评价

风险评价的任务包括:确定单一风险因素发生的概率,分析单一风险因素的影响范围;分析各风险因素的风险后果,探讨这些风险因素对项目目标的影响程度;在单一风险因素量化分析的基础上,考虑多种因素对项目目标的综合影响,评估风险的程度并提出可能的措施作为管理决策的依据。

### (一)风险的度量

风险的度量就是定量确定风险事件发生的概率和风险事件造成损失的大小。

1.风险概率的衡量

衡量风险概率的方法常用概率分布法。一般而言,概率分布法的结果接近于客观概率,可以较为全面地衡量工程风险。因为通过确定潜在损失的概率分布,有助于确定在一定情况下的风险对策或最佳对策组合。

概率分布法的常见表现形式是建立概率分布表。为此,需参考外界资料和本企业历史资料。外界资料主要是保险公司、行业协会、统计部门等的资料。但是,这些资料通常反映的是平均数字,且综合了众多企业或众多建设工程的损失经历,因而在许多方面不一定与本企业或本建设工程的情况相吻合,运用时需作客观分析。本企业的历史资料虽然更有针对性,更能反映工程风险的个别性,但往往数量不够多,有时还缺乏连续性,不能满足概率分析的基本要求。另外,即使本企业历史资料的数量、连续性均满足要求,其反映的也只是本企业的平均水平,在运用时还应当充分考虑资料的背景和拟建建设工程的特点。由此可见,概率分布表中的数字可能因工程而异。

理论概率分布也是风险衡量中所经常采用的一种估计方法。即根据建设工程风险的性质分析大量的统计数据,当损失值符合一定的理论概率分布或与其近似吻合时,可由特定的几个参数来确定损失值的概率分布。

实际工作中根据风险事件发生的频繁程度,将风险事件发生概率分为5个等级,即经常、很可能、偶然、极小、不可能,见表4-19。等级的划分反映了一种主观判断。

**风险事件发生概率的指数** 表4-19

| 说明 | 简 单 描 述 | 等级指数 |
|---|---|---|
| 经常 | 很可能频繁地出现,在所关注的期间多次出现 | 4 |
| 很可能 | 在所关注的期间出现几次 | 3 |
| 偶然 | 在所关注的期间偶尔出现 | 2 |
| 极小 | 不太可能,但还有可能在所关注的期间出现 | 1 |
| 不可能 | 由于不太可能,所以假设他不会出现或不可能出现 | 0 |

2.风险后果的衡量

为了在采取控制措施时能分清轻重缓急,常常给风险划一个等级。通常按照风险事故发生后果的严重程度划分为5级，即灾难性的、关键的、严重的、次要的、可忽略的。风险后果的等级可以用表4-20表示。

风险后果的等级划分　表4-20

| 等级 | 简单描述 | 等级 |
|---|---|---|
| 灾难性的 | 人员死亡、项目失败、犯罪行为、破产 | 4 |
| 关键的 | 人员严重受伤、目标无法完全达到、超过风险准备费用 | 3 |
| 严重的 | 时间损失，耗费的以外费用，需要保险索赔 | 2 |
| 次要的 | 需要处理的损伤或疾病，能接受的工期拖延，需要部分以外费用或保险费过多 | 1 |
| 可忽略的 | 损失很小，或认为没有损失后果 | 0 |

### (二)风险评价

在风险衡量过程中，工程风险被量化为关于风险发生概率和损失严重性的函数，但在选择对策之前，还需要对建设工程风险量做出相对比较，以确定建设工程风险的相对重要性。实际中，常常将风险事件发生的概率指数和风险后果的等级相乘，根据相乘所得的数字对风险的重要性进行判断，如表4-21所示。

项目风险重要性评定　表4-21

| 可能性 | 后果 | 灾难性的 | 关键的 | 严重的 | 次重要的 | 可忽略的 |
|---|---|---|---|---|---|---|
| | 等级（后果）/ 等级（可能性） | 4 | 3 | 2 | 1 | 0 |
| 经常 | 4 | 16 | 12 | 8 | 4 | 0 |
| 很可能 | 3 | 12 | 3 | 6 | 3 | 0 |
| 偶然的 | 2 | 8 | 6 | 4 | 2 | 0 |
| 极小 | 1 | 4 | 3 | 2 | 1 | 0 |
| 不可能 | 0 | 0 | 0 | 0 | 0 | 0 |

根据项目风险重要性评定结果，可以进行项目风险可接受评定。一般情况下，项目风险重要性评分值在8分以上的风险因素表示风险重要性较高，是不可以接受的风险，需要给予重点关注。

## 四、工程项目风险应对策略

工程项目风险的应对策略包括风险回避、风险控制、风险自留和风险转移。

### (一)风险回避

风险回避就是以一定的方式中断风险源，使其不发生或不再发展，从而避免可能产生的潜在损失。例如，某建设工程的可行性研究报告表明，虽然从净现值、内部收益率指标来看是可行的，但敏感性分析的结论是对投资额、产品价格、经营成本均很敏感，这意味着该建设工程的风险很大，因而决定不投资建造该工程。

采用风险回避这一对策时,有时需要做出一些牺牲,但较之承担风险,这些牺牲比风险真正发生时可能造成的损失要小得多。

在采用风险回避对策时需要注意以下问题:

(1)回避一种风险可能产生另一种新的风险。在建设工程实施过程中,绝对没有风险的情况几乎不存在。就技术风险而言,即使是相当成熟的技术也存在一定的风险。例如,在地铁工程建设中,采用明挖法施工有支撑失败、顶板坍塌等风险。如果为回避这种风险而采用逆作法施工方案的话,又会产生地下连续墙失败等其他新的风险。

(2)回避风险的同时也失去了从风险中获益的可能性。由投机风险的特征可知,它具有损失和获益的两重性。

(3)回避风险可能不实际或不可能。这一点与工程风险的定义或分解有关。工程风险定义的范围越广或分解得越粗,回避风险就越不可能。例如,如果将建设工程的风险仅分解到风险因素这个层次,那么任何建设工程都必然会发生经济风险、自然风险和技术风险,根本无法回避。正因为如此,才需要其他不同的风险对策。

总之,虽然风险回避是一种必要的、有时甚至是最佳的风险对策,但应该承认这是种消极的风险对策。如果处处回避,事事回避,其结果只能是停止发展,直至停止生存。因此,应当勇敢地面对风险,这就需要适当运用风险回避以外的其他风险对策。

**(二)损失控制**

1. 损失控制的概念

损失控制是一种主动、积极的风险对策。损失控制可分为预防损失和减少损失两方面。预防损失措施的主要作用在于降低或消除损失发生的概率,而减少损失措施的作用在于降低损失的严重性或遏制损失的进一步发展,使损失最小化。一般来说,损失控制方案都应当是预防损失措施和减少损失措施的有机结合。

2. 制定损失控制措施的依据和采取损失控制措施的代价

制订损失控制措施必须以定量风险评价的结果为依据,才能确保损失控制措施具有针对性,取得预期的控制效果。风险评价时特别要注意间接损失和隐蔽损失。

采取损失控制措施还必须考虑其付出的代价,包括费用和时间两方面的代价,而时间方面的代价往往还会引起费用方面的代价。损失控制措施的最终确定,需要综合考虑损失控制措施的效果及其相应的代价。由此可见,损失控制措施的选择也应当进行多方案的技术经济分析和比较。

3. 损失控制计划系统

在采用损失控制这一风险对策时,所制定的损失控制措施应当形成一个周密的、完整的损失控制计划系统。就施工阶段而言,该计划系统一般应由预防计划、灾难计划和应急计划三部分组成。

(1)预防计划

预防计划的目的在于有针对性地预防损失的发生,其主要作用是降低损失发生的概率,在许多情况下也能在一定程度上降低损失的严重性。在损失控制计划系统中,预防计划的内容最广泛,具体措施最多,包括组织措施、管理措施、合同措施、技术措施。

组织措施的首要任务是明确各部门和人员在损失控制方面的职责分工,以使各方人员都能为实施预防计划而有效地配合;还需要建立相应的工作制度和会议制度;必要时,还应对有关人员(尤其是现场工人)进行安全培训等。

管理措施,既可采取风险分隔措施,将不同的风险单位分离间隔开来,将风险局限在尽可能小的范围内,以避免在某一风险发生时,产生连锁反应或互相牵连;也可采取风险分散措施,通过增加风险单位以减轻总体风险的压力,达到共同分摊总体风险的目的,如在涉外工程结算中采用多种货币组合的方式付款,从而分散汇率风险。

合同措施除了要保证整个建设工程总体合同结构合理、不同合同之间不出现矛盾之外,要注意合同具体条款的严密性,并做出与特定风险相应的规定,如要求承包人提供履约保证和预付款保证等。

技术措施是在建设工程施工过程中常用的预防损失措施,如地基加固、周围建筑物防护、材料检测等。与其他几方面措施相比,技术措施的显著特征是必须付出费用和时间两方面的代价,应当慎重比较后选择。

(2)灾难计划

灾难计划是一组事先编制好的、目的明确的工作程序和具体措施,为现场人员提供明确的行动指南,使其在各种严重的、恶性的紧急事件发生后不至于惊慌失措,也不需要临时讨论研究应对措施,可以从容不迫、及时、妥善地处理,从而减少人员伤亡以及财产和经济损失。

灾难计划是针对严重风险事件制订的,其内容应满足以下要求:

①安全撤离现场人员。

②援救及处理伤亡人员。

③控制事故的进一步发展,最大限度地减少资产和环境损害。

④保证受影响区域的安全,尽快恢复正常生产。

灾难计划在严重风险事件发生或即将发生时付诸实施。

(3)应急计划

应急计划是在风险损失基本确定后的处理计划,其宗旨是使因严重风险事件而中断的工程实施过程尽快全面恢复,并减少进一步的损失,使其影响程度减至最小。应急计划不仅要制订所要采取的相应措施,而且要规定不同工作部门相应的职责。

应急计划应包括的内容有:调整整个建设工程的施工进度计划,并要求各承包人相应调整各自的施工进度计划;调整材料、设备的采购计划,并及时与材料、设备供应商联系,必要时,可能要签订补充协议;准备保险索赔依据,确定保险索赔的额度,起草保险索赔报告;全面审查可使用的资金情况,必要时需调整筹资计划等。

**(三)风险自留**

风险自留就是将风险留给自己承担,是从企业内部财务的角度应对风险。风险自留与其他风险对策的根本区别在于,它不改变工程风险的客观性质,即既不改变工程风险的发生概率,也不改变工程风险潜在损失的严重性。

1. 风险自留的类型

风险自留可分为非计划性风险自留和计划性风险自留两种类型。

(1)非计划性风险自留

由于风险管理人员没意识到建设工程某些风险的存在,或者不曾有意识地采取有效措施,以致风险发生后只好由自己承担,这样的风险自留就是非计划性的和被动的。

事实上对于大型、复杂的建设工程来说,风险管理人员几乎不可能识别出所有的工程风险。从这个意义上讲,非计划性风险自留有时是无可厚非的,因而也是一种适用的风险处理策略。但是,风险管理人员应当尽量减少风险识别和风险评价的失误,要及时做出风险对策决策,并及时实施决策,从而避免被迫承担重大和较大的工程风险。总之,虽然非计划产生风险自留不可能不用,但应尽可能少用。

(2)计划性风险自留

计划性风险自留是主动的、有意识的、有计划的选择,是风险管理人员在经过正确的风险识别和风险评价后做出的风险对策决策,是整个建设工程风险对策计划的一个组成部分。也就是说,风险自留绝不可能单独运用,而应与其他风险对策结合使用。在实行风险自留时,应保证重大和较大的建设工程风险已经进行了工程保险或实施了损失控制计划。

计划性风险自留的计划性主要体现在风险自留水平和损失支付方式两方面。所谓风险自留水平,是指选择哪些风险事件作为风险自留的对象。确定风险自留水平可以从风险量数值大小的角度考虑,一般应选择风险量小或较小的风险事件作为风险自留的对象。计划性风险自留还应从费用、期望损失、机会成本、服务质量和税收等方面与工程保险比较后才能得出结论。

2.损失支付方式

损失支付方式指在风险事件发生后,对所造成的损失通过什么方式或渠道来支付。计划性风险自留应预先制订损失支付计划,常见的损失支付方式有以下几种。

(1)从现金净收入中支出。采用这种方式时,在财务上并不对自留风险作特别的安排,在损失发生后从现金净收入中支出,或将损失费用记入当期成本。实际上,非计划性风险自留通常都是采用这种方式。因此,这种方式不能体现计划性风险自留的"计划性"。

(2)建立非基金储备。这种方式是设立了一定数量的备用金,但其用途并不是专门针对自留的风险,其他原因引起的额外费用也在其中支出。

(3)自我保险。这种方式是设立一项专项基金(亦称为自我基金),专门用于自留风险所造成的损失。该基金的设立不是一次性的,而是每期支出,相当于定期支付保险费。因而称为自我保险。这种方式若用于建设工程风险自留,需作适当的变通,如将自我基金(或风险费)在施工前一次性设立。

(4)母公司保险。这种方式只适用于存在总公司与子公司关系的集团公司,往往是在难以投保或自保较为有利的情况下运用。从子公司的角度来看,与一般的投保无异,收支较为稳定,税赋可能得益(是否按保险处理,取决于该国的规定);从母公司的角度,可采用适当的方式进行资金运作,使这笔基金增值,也可再以母公司的名义向保险公司投保。对于建设工程风险自留来说,这种方式可用于特大型建设工程(有众多的单项工程和单位工程),或长期有较多建设工程的业主。

3.风险自留的适用条件

计划性风险自留至少要符合以下条件之一才应予以考虑。

(1)别无选择。有些风险既不能回避,又不可能预防,且没有转移的可能性,只能自留,这是一种无奈的选择。

(2)期望损失不严重。风险管理人员对期望损失的估计低于保险公司的估计,而且根据自己多年的经验和有关资料,风险管理人员确信自己的估计正确。

(3)损失可准确预测。在此,仅考虑风险的客观性。这一点实际上是要求建设工程有较多的单项工程和单位工程,满足概率分布的基本条件。

(4)企业有短期内承受最大潜在损失的能力。由于风险的不确定性,可能在短期内发生最大的潜在损失,这时,即使设立了自我基金或向母公司保险,已有的专项基金仍不足以弥补损失,需要企业从现金收入中支付。如果企业没有这种能力,可能因此而摧毁企业。对于建设工程的业主来说,与此相应的是要具有短期内筹措大笔资金的能力。

(5)投资机会很好(或机会成本很大)。如果市场投资前景很好,则保险费的机会成本就显得很大,不如采取风险自留,将保险费作为投资,以取得较多的投资回报。即使今后自留风险事件发生,也足以弥补其造成的损失。

**(四)风险转移**

风险转移是建设工程风险管理中非常重要而且广泛应用的一项对策,分为非保险转移和保险转移两种形式。根据风险管理的基本理论,建设工程的风险应由有关各方分担,而风险分担的原则是:任何一种风险都应由最适宜承担该风险或最有能力进行损失控制的一方承担。符合这一原则的风险转移是合理的,可以取得双赢或多赢的结果。例如,项目决策风险应由业主承担,设计风险应由设计方承担,而施工技术风险应由承包人承担;否则,风险转移就可能付出较高的代价。

1.非保险转移

非保险转移又称为合同转移,因为这种风险转移一般是通过签订合同的方式将工程风险转移给非保险人的对方当事人。建设工程风险最常见的非保险转移有以下三种情况。

(1)业主将公司责任和风险转移给对方当事人。在这种情况下,被转移者多数是承包人。例如,在合同条款中规定,业主对场地条件不承担责任;又如,采用固定总价合同将涨价风险转移给承包人。

(2)承包人进行合同转让或工程分包。承包人中标承接某工程后,可能由于资源安排出现困难而将合同转让给其他承包人,以避免由于自己无力按合同规定时间建成工程而遭受违约罚款;或将该工程中专业技术要求很强而自己缺乏相应技术的工程内容分包给专业分包人,从而更好地保证工程质量。

(3)第三方担保。合同当事人的一方要求另一方为其履约行为提供第三方担保。担保方所承担的风险仅限于合同责任,即由于委托方不履行或不适当履行合同以及违约所产生的责任。第三方担保的主要表现是业主要求承包人提供履约保证和预付款保证(在投标阶段还有投标保证)。我国施工合同(示范文本)有发包人和承包人互相提供履约担保的规定。

与其他的风险对策相比,非保险转移的优点主要体现在:一是可以转移某些不可保的潜在损失,如物价上涨、法规变化、设计变更等引起的投资增加;二是被转移者往往能较好地进行损失控制,如承包人相对于业主能更好地把握施工技术风险,专业分包人相对于总承包人能更好地完成专业性强的工程内容。但是,非保险转移的媒介是合同,这就可能因为双方当事人对合同条款的理解发生分歧而导致转移失效。另外,在某些情况下,可能因被转移者无力承担实际发生的重大损失而导致仍然由转移者来承担损失。例如,在采用固定总价合同的条件下,如果承包人报价中所考虑涨价风险费很低,而实际的通货膨胀率很高,从而导致承包人亏损破产,最终只得由业主自己来承担涨价造成的损失。还需指出的是,非保险转移一般都要付出一定的代价,有时转移代价可能超过实际发生的损失,从而对转移者不利。仍以固定总价合同为例,在这种情况下,如果实际涨价所造成的损失小于承包人报价中的涨价风险费,这两者的差额就成为承包人的额外利润,业主则因此遭受损失。

2. 保险转移

保险转移通常直接称为保险,对于建设工程风险来说,则为工程保险。通过购买保险,建设工程业主或承包人作为投保人将本应由自己承担的工程风险(包括第三方责任)转移给保险公司,从而使自己免受风险损失。

在进行工程保险的情况下,建设工程在发生重大损失后可以从保险公司及时得到赔偿,使建设工程实施能不中断地、稳定地进行,从而最终保证建设工程的进度和质量,也不致因重大损失而增加投资。通过保险还可以使决策者和风险管理人员对建设工程风险的担忧减少,从而可以集中精力研究和处理建设工程实施中的其他问题,提高目标控制的效果。而且,保险公司可向业主和承包人提供较为全面的风险管理服务,从而提高整个建设工程风险管理的水平。

保险这一风险对策的缺点首先表现在机会成本增加,这一点已如前述。其次,工程保险合同的内容较为复杂,保险费没有统一固定的费率,需根据特定建设工程的类型、建设地点的自然条件(包括气候、地质、水文等条件)、保险范围、免赔额的大小等加以综合考虑,因而保险合同谈判常常耗费较多的时间和精力。在进行工程保险后,投保人可能产生心理麻痹而疏于损失控制计划,以致增加实际损失和未投保损失。

需要说明的是,工程保险并不能转移建设工程的所有风险,一方面是因为存在不可保风险,另一方面则是因为有些风险不宜保险。因此,对于建设工程风险,应将工程保险与风险回避、损失控制和风险自留结合起来运用。对于不可保风险,必须采取损失控制措施。即使对于可保风险,也应当采取一定的损失控制措施,这有利于改变风险性质,达到降低风险量的目的,从而改善工程保险条件,节省保险费。

## 第五节 流水施工组织方法

### 一、工程施工作业方式

考虑工程项目的施工特点、工艺流程、资源利用、平面或空间布置等要求,施工方式可以采用依次、平行、流水等施工组织方式。

1. 依次施工

依次施工方式是将拟建工程项目中的每一个施工对象分解为若干个施工过程,按施工工艺要求依次完成每一个施工过程;当一个施工对象完成后,再按同样的顺序完成下一个施工对象，依次类推，直至完成所有施工对象。

例如，拟修建 4 座跨径 6.0m 的同类型钢筋混凝土矩形板桥，假定 4 座桥的同一工序工作量相等，每座小桥分 4 道工序，同时假定施工班组按完全相同的条件组成，因而在每座桥上每一工序所需的工作日数亦固定不变。如果按依次施工的作业方式，则 4 座桥按先后顺序逐个进行施工，后一座桥的施工必须待前座桥全部竣工后才能进行。工程进度横道图见图 4-21，可见施工总期限 64d，同时投入施工的劳动力（或其他资源）较少，最多 12 人，最少 3 人。

| 工程编号 | 施工项目 | 工程量（m³） | 工作日（d） | | | | | | | | | | | | | | | |
|---|---|---|---|---|---|---|---|---|---|---|---|---|---|---|---|---|---|---|
| | | | 4 | 8 | 12 | 16 | 20 | 24 | 28 | 32 | 36 | 40 | 44 | 48 | 52 | 56 | 60 | 64 |
| 甲桥 | 挖基坑 | 144 | ① | | | | | | | | | | | | | | | |
| | 砌基础 | 119 | | ② | | | | | | | | | | | | | | |
| | 砌桥台 | 185 | | | ③ | | | | | | | | | | | | | |
| | 矩形板 | 98 | | | | ④ | | | | | | | | | | | | |
| 乙桥 | 挖基坑 | 186 | | | | | ① | | | | | | | | | | | |
| | 砌基础 | 135 | | | | | | ② | | | | | | | | | | |
| | 砌桥台 | 163 | | | | | | | ③ | | | | | | | | | |
| | 矩形板 | 67 | | | | | | | | ④ | | | | | | | | |
| 丙桥 | 挖基坑 | 177 | | | | | | | | | ① | | | | | | | |
| | 砌基础 | 148 | | | | | | | | | | ② | | | | | | |
| | 砌桥台 | 189 | | | | | | | | | | | ③ | | | | | |
| | 矩形板 | 99 | | | | | | | | | | | | ④ | | | | |
| 丁桥 | 挖基坑 | 156 | | | | | | | | | | | | | ① | | | |
| | 砌基础 | 124 | | | | | | | | | | | | | | ② | | |
| | 砌桥台 | 201 | | | | | | | | | | | | | | | ③ | |
| | 矩形板 | 110 | | | | | | | | | | | | | | | | ④ |
| 劳动力需要量图（人） | | | 6 | 5 | 12 | 3 | 6 | 5 | 12 | 3 | 6 | 5 | 12 | 3 | 6 | 5 | 12 | 3 |

图 4-21　顺序作业工程进度横道图

从图 4-21 中可见，依次施工方式具有以下特点：

（1）没有充分地利用工作面进行施工，工期长。

（2）如果按专业成立工作队，则各专业队不能连续作业，有时间间歇，劳动力及施工机具等资源无法均衡使用。

（3）如果由一个工作队完成全部施工任务，则不能实现专业化施工，不利于提高劳动生产率和工程质量。

（4）单位时间内投入的劳动力、施工机具、材料等资源量较少，有利于资源供应的组织。

（5）施工现场的组织、管理比较简单。

2.平行施工

平行施工是组织几个劳动组织相同的工作队,在同一时间、不同的空间,按施工工艺要求完成各施工对象。

对上述4座桥梁,如果采用平行施工,则这4座桥同时开工,同时竣工,配以四组相等的劳动力和相关资源。虽施工总期限缩短为16d,但所需劳动力(资源数)却按施工对象即桥梁的座数成倍数增加,最多48人,最少12人,如图4-22所示。

| 工程编号 | 施工项目 | 工程量（m³） | 工作日（d） | | | |
|---|---|---|---|---|---|---|
| | | | 4 | 8 | 12 | 16 |
| 甲桥 | 挖基坑 | 144 | ① | | | |
| | 砌基础 | 119 | | ② | | |
| | 砌桥台 | 185 | | | ③ | |
| | 矩形板 | 98 | | | | ④ |
| 乙桥 | 挖基坑 | 186 | ① | | | |
| | 砌基础 | 135 | | ② | | |
| | 砌桥台 | 163 | | | ③ | |
| | 矩形板 | 67 | | | | ④ |
| 丙桥 | 挖基坑 | 177 | ① | | | |
| | 砌基础 | 148 | | ② | | |
| | 砌桥台 | 189 | | | ③ | |
| | 矩形板 | 99 | | | | ④ |
| 丁桥 | 挖基坑 | 156 | ① | | | |
| | 砌基础 | 124 | | ② | | |
| | 砌桥台 | 201 | | | ③ | |
| | 矩形板 | 110 | | | | ④ |
| 劳动力需要量图（人） | | | 24 | 20 | 48 | 12 |

图4-22 平行作业工程进度横道图

从图4-22中可见,平行施工方式具有以下特点:

(1)充分地利用工作面进行施工,工期短。

(2)如果每一个施工对象均按专业成立工作队,则各专业队不能连续作业,劳动力及施工机具等资源无法均衡使用。

(3)如果由一个工作队完成一个施工对象的全部施工任务,则不能实现专业化施工,不利于提高劳动生产率和工程质量。

(4)单位时间内投入的劳动力、施工机具、材料等资源量成倍增加,不利于资源供应的组织。

(5)施工现场的组织、管理比较复杂。

3. 流水施工

流水施工方式是将拟建工程项目中的每一个施工对象分解为若干个施工过程,并按照施工过程成立相应的专业工作队,各专业队按照施工顺序依次完成各个施工对象的施工过程,同时保证施工在时间和空间上连续、均衡和有节奏地进行,使相邻两专业队能最大限度地搭接作业。

对上述 4 座桥梁,如果采用流水施工,则各座桥的全部施工操作内容分 4 个独立的施工过程,即挖基坑、砌基础、砌桥台、安装矩形板,分别交由 4 个专业班组施工,此时专业班组按规定的先后顺序(流水方向)进入各桥,如图 4-23 所示。

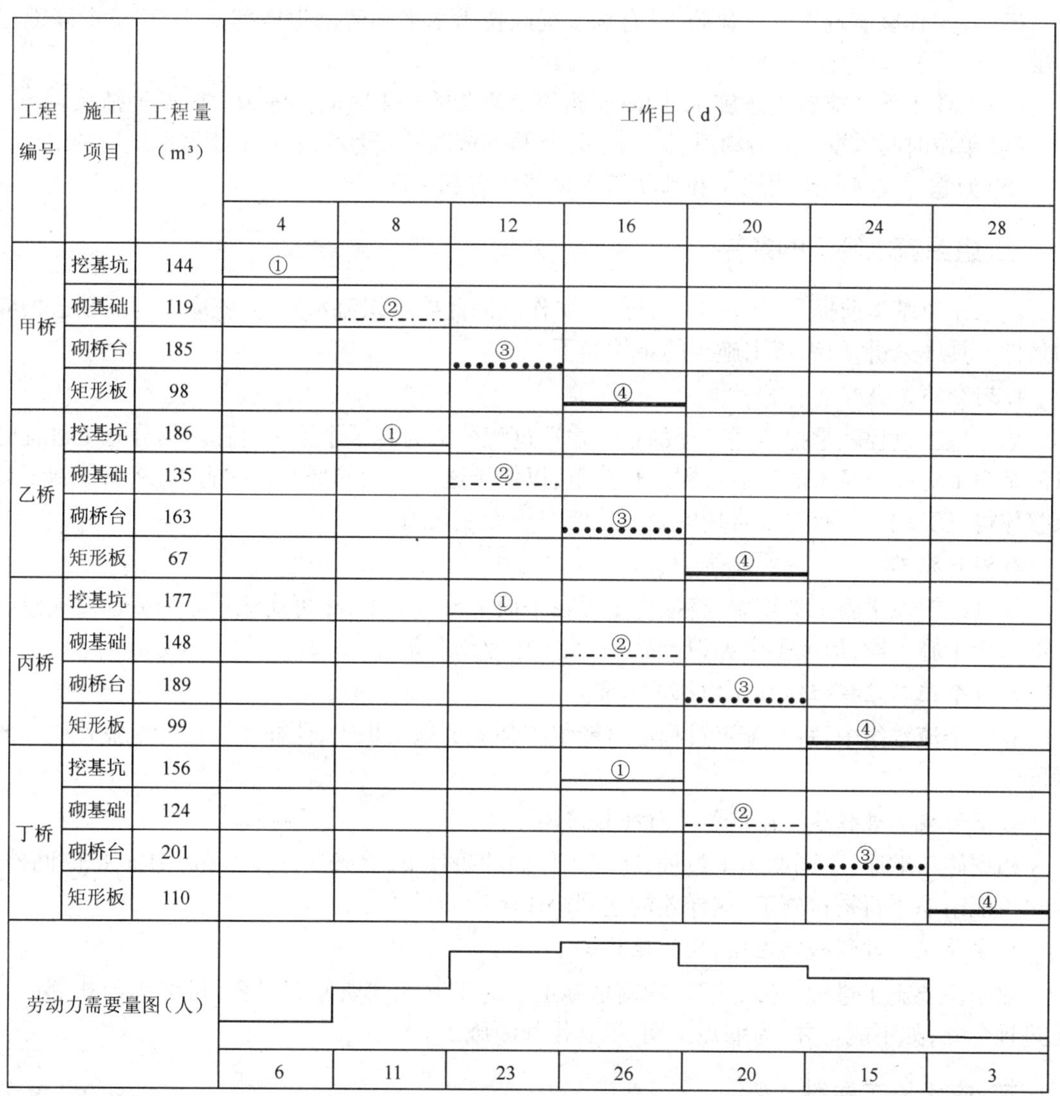


图 4-23　流水作业工程进度横道图

由图4-23可知:

(1)挖基坑专业班组由6人组成,最先在甲桥施工,再依次在乙、丙、丁三座桥施工,直到全部完成,共占用16个工作日。

(2)砌基础专业班组要等甲桥完成挖基坑任务后才能进入甲桥施工,并依次进入乙、丙、丁三座桥,每班5人同样亦占用16个工作日。

(3)砌基础专业班组在日程进度图上比挖基坑班组推迟4天开工,其他两个班组依次比前一班组推迟4天开工,以后在甲、乙、丙、丁四座桥上连续施工。

(4)本例用流水作业法施工时,总期限为28d。

从图4-23中可见,流水施工方式具有以下特点:

(1)尽可能地利用工作面进行施工,工期比较短。

(2)各工作队实现了专业化施工,有利于提高技术水平和劳动生产率,也有利于提高工程质量。

(3)专业工作队能够连续施工,同时使相邻专业队的开工时间能够最大限度地搭接。

(4)单位时间内投入的劳动力、施工机具、材料等资源量较为均衡,有利于资源供应的组织。

(5)为施工现场的文明施工和科学管理创造了有利条件。

## 二、组织流水施工的条件

流水作业基本前提是:批量生产、分工、协作。因此要组织流水施工,就应人为地创造相应的条件。具体来讲,组织流水施工的条件如下。

### 1.划分施工过程

划分施工过程就是把拟建工程的整个建造过程分解为若干个施工过程。划分施工过程的目的是为了对施工对象的建造过程进行分解,以便于逐一实现局部对象的施工,从而使施工对象整体得以实现。只有这种合理的分解才能组织专业化施工。

### 2.划分施工段

根据组织流水施工的需要,将拟建工程在平面上或空间上,尽可能地划分为劳动量大致相同的若干个施工段,形成多个虚拟产品,为流水作业创造条件。

### 3.每个施工过程组织独立的施工班组

在一个流水组中,每个施工过程尽可能组织独立的施工班组,这样才能达到专业化生产的目的。

### 4.不同施工过程尽可能组织平行搭接施工

根据施工顺序,不同的施工过程,在有工作面的条件下,除必要的技术和组织间歇时间外,应尽可能组织平行搭接施工,这样才能达到协作生产的目的。

### 5.主要施工过程必须连续、均衡地施工

对于主要施工过程,必须连续、均衡地施工。对于其他次要施工过程,可考虑与相邻的施工过程合并;如不能合并,为缩短工期,可安排间断施工。

## 三、流水施工参数

在组织流水施工时,用以表达流水施工在工艺流程、空间布置和时间排列方面开展状态的

参数,称为流水参数,包括工艺参数、空间参数和时间参数三类。

**(一)工艺参数**

工艺参数是指一组流水中施工过程的个数。施工过程可以根据计划的需要确定其粗细程度,因此施工过程可以是一个个工序,也可以是一项项分项工程,还可以是它们的组合。在划分施工过程时,只有那些对工程施工有直接影响的施工内容才予以考虑并组织在流水之中。

组入流水的施工过程如果各由一个专业队(组)施工,则施工过程数和专业队(组)数相等。有时由几个专业队(组)负责完成一个施工过程或一个专业队(组)完成几个施工过程,于是施工过程数与专业队(组)数便不相等。计算时可用 $N$ 表示施工过程数,用 $n$ 表示专业队(组)数。

对工期影响最大的,或对整个流水施工起决定性作用的施工过程,称为主导施工过程。划分施工过程以后,首先应找出主导施工过程,以便抓住流水作业的关键环节。

**(二)时间参数**

1.流水节拍

流水节拍是指某个专业队(或作业班组)在一个施工段上的施工作业持续时间,以 $t$ 表示。它的大小关系着投入的劳动力、机械和材料量的多少,决定着施工速度和施工节奏。通常有两种确定方法,一种是根据工期要求来确定;另一种是根据现有能投入的资源(劳动力、机械台班数和材料量)来确定。流水节拍 $t$ 按式(4-9)计算:

$$t = \frac{Q}{CR} = \frac{P}{R} \tag{4-9}$$

式中:$Q$——某施工段的工作量($i=1,2,3,\cdots,k$);

$C$——每一工日(或台班)的计划产量(产量定额);

$R$——施工人数(或机械台数);

$P$——某施工段所需要的劳动量(或机械台班量)。

确定流水节拍时应首先确定主导施工过程的流水节拍,并以它为依据确定其他施工过程的流水节拍。主导施工过程的流水节拍应是各施工过程流水节拍的最大值,应尽可能是有节奏的,以便组织节奏流水。

2.流水步距

流水步距是指两个相邻的施工队(组)先后进入流水作业的最小时间间隔,以符号 $K$ 表示。流水步距的长度,要根据需要及流水方式的类型经过计算确定。计算时应考虑的因素有以下几点:

(1)每个专业队连续施工的需要。流水步距的最小长度,必须使专业队进场以后不发生停工、窝工现象。

(2)技术间歇的需要。有些施工过程完成后,后续施工过程不能立即投入作业,必须有足够的时间间歇。这个间歇时间应尽量安排在专业队进场之前,不然便不能保证专业队工作的连续性。

(3)流水步距的长度应保证每个施工段的施工作业程序不乱,不发生前一施工过程尚未全部完成,而后一施工过程便开始施工的现象。有时为了缩短时间,某些次要的专业队可以提前插入,但必须在技术上可行,而且不影响前一个专业队的正常工作。提前插入的现象越少越好,多了会打乱节奏,影响均衡施工。

3. 工期

工期是指从第一个专业队投入流水作业开始,到最后一个专业队完成最后一个施工过程的最后一段工作退出流水作业为止的整个延续时间。由于一项工程往往由许多流水组组成,所以这里说的是流水组的工期,而非整个工程的总工期。

在安排流水施工之前,应有一个基本的工期目标,以便在总体上约束具体的流水作业组织。在进行流水作业安排以后,可以通过计算确定工期,并与目标工期比较,两者应相等或使计算工期小于目标工期。

### (三) 空间参数

空间参数是指单体工程划分的施工段或群体工程划分的施工区的个数,施工区、段可称为流水段。在划分施工段时,应考虑以下几点:

(1) 施工段的大小应保证工人有足够的工作面,由主要施工过程的工作需要确定。

(2) 在同一组流水中,各个施工过程原则上应采用相同的分段界限和相同的施工段数。

(3) 某些以施工机械负责主导施工过程施工的工程,施工段的划分必须满足施工机械(一般指大型施工机械)操作区间和操作能力的限制,以利于提高机械的使用效率和确保机械施工作业的安全。

(4) 划分施工段应保证结构不受施工缝的影响,应尽量利用结构的自然分界(温度缝、沉降缝和单元尺寸等)作为流水段的分界。

## 四、流水施工的类型

由于工程构造物的复杂程度不同,所处的具体位置多变以及工程性质各异等因素的影响,流水施工的组织按节奏性可分为有节奏流水和无节奏流水。其中有节奏流水又分为全等节拍流水、成倍节拍流水和分别流水。

### (一) 全等节拍流水

在组织流水施工时,如果各个施工过程在各个施工段上的流水节拍均相等,这种流水施工组织方式称为全等节拍流水,也称为等节拍流水或固定节拍流水。

1. 基本特点

(1) 流水节拍均相等,即:

$$t_1 = t_2 = \cdots = t_{n-1} = t_n = t(\text{常数})$$

(2) 流水步距相等,且等于流水节拍,即:

$$K_{1,2} = K_{2,3} = \cdots = K_{n-1,n} = K = t(\text{常数})$$

(3) 每个专业工作队都能够连续施工,施工段没有空闲时间;

(4) 专业工作队数 $n$ 等于施工过程数 $N$,即:

$$n = N$$

2. 施工工期

(1) 无间歇时间的全等节拍流水施工

指各施工过程之间没有技术和组织间歇时间，进行搭接施工，且流水节拍均相等的一种流水施工方式。

其流水施工工期 $T$ 可按式(4-10)计算：

$$T = (n-1)t + m \cdot t = (m+n-1)t \tag{4-10}$$

式中：$T$——流水施工工期；

$m$——施工段数；

$n$——施工专业队数。

其余符号含义同前。

(2)有间歇时间的全等节拍流水施工

指各施工过程之间有的需要技术或组织间歇时间，有的可搭接施工，且流水节拍均相等的一种流水施工方式。

其流水施工工期 $T$ 可按式(4-11)计算：

$$\begin{aligned} T &= (n-1)t + \sum Z + \sum G + \sum C + m \cdot t \\ &= (m+n-1)t + \sum Z + \sum G + \sum C \end{aligned} \tag{4-11}$$

式中：$T$——流水施工工期；

$\sum Z$——技术间歇时间总和；

$\sum G$——组织间歇时间总和；

$\sum C$——平行搭接时间总和；

其余符号含义同前。

因为全等节拍流水施工虽然是一种比较理想的流水施工方式，它能保证专业班组的工作连续，工作面充分利用，实现均衡施工。但由于它要求划分的各分部、分项工程都采相同的流水节拍，这对一个单位工程或建筑群来说，往往十分困难且不容易达到。因此，实际应用范围不是很广泛。

图4-24是一个全等节拍流水的例子。图中空间参数 $m=3$、工艺参数 $n=5$、时间参数流水节拍 $t$ 和流水步距 $K$ 均等于2。全等节拍流水总工期 $T$ 计算式(4-12)：

$$T = (n-1)K + m \cdot t = (m+n-1)t \tag{4-12}$$

**(二)成倍节拍流水**

当各施工过程的流水节拍彼此不相等，但又互成倍数的常数关系时，如仍按全等节拍流水组织施工，则会造成施工队窝工或作业面间歇，从而导致总工期延长。此时，为了使各施工队仍能继续、均衡地依次在各施工段上施工，应按成倍节拍流水组织施工。

1.基本特点

(1)同一施工过程在各个施工段的流水节拍均相等，不同施工过程的流水节拍不等，但其值为倍数关系。

(2)流水步距彼此相等，且等于流水节拍的最大公约数 $K$。

(3)每个专业工作队都够连续工作，施工段没有空闲时间。

(4)专业工作队总数 $\sum n$ 大于施工过程数 $N$。

2.成倍节拍流水步骤

(1)求各流水节拍的最大公约数 $K$，它相当于各施工过程都共同遵守的“公共流水步距”，

| 施工段 | 施工进度（d） | | | | | | | | | | | | | |
|---|---|---|---|---|---|---|---|---|---|---|---|---|---|---|
| | 1 | 2 | 3 | 4 | 5 | 6 | 7 | 8 | 9 | 10 | 11 | 12 | 13 | 14 |
| A | ① | | | ② | | ③ | | | | | | | | |
| B | | | | ① | | ② | | ③ | | | | | | |
| C | | | | | | ① | | ② | | ③ | | | | |
| D | | | | | | | | ① | | ② | | ③ | | |
| E | | | | | | | | | | ① | | ② | | ③ |

$t_0=(n-1)t$　　$t=m\cdot t$

a)

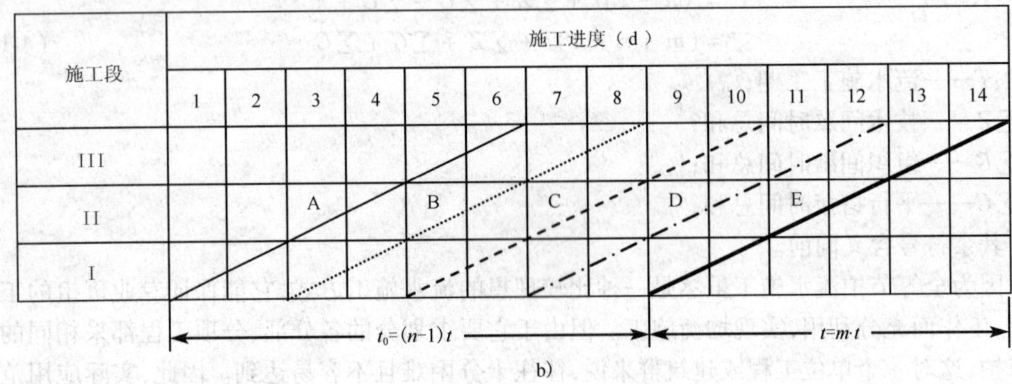


b)

图4-24　全等节拍流水

a)水平横道图；b)垂直图

为了使用方便和便于与其他流水作业法比较起见，称这个 $K$ 为流水步距。

(2)求各施工过程的专业施工队数目 $n$。每个施工过程的流水节拍 $t$ 是 $K$ 的几倍，就应相应安排几个施工队，才能保证均衡施工。同一施工项目的各个施工队依次相隔 $K$ 天投入流水施工，因此，施工队数目 $n$ 按式(4-13)计算：

$$n = t/K \tag{4-13}$$

(3)将专业施工队数目的总和 $\sum n$ 看成是施工过程数 $N$，将 $K$ 看成是流水步距后，按全等节拍流水的方法安排施工进度。

(4)计算总工期 $T$，由于 $N=\sum n$，因此总工期计算式(4-14)为：

$$T = (m + \sum n - 1)K \tag{4-14}$$

式中：$K$——各流水节拍的最大公约数。

图4-25为6座管涵按成倍节拍流水组织施工的一个例子。由于作业面受限制，只能容纳4人同时操作，因此每个专业施工队按4人组成时，挖槽需2d，做基础需4d，安管涵6d，洞口砌筑2d。它们的最大公约数 $K=2$，由公式计算得到的各施工过程数 $N$ 为：挖槽1个队；做基础2个队；安管涵3个队；洞口砌筑1个队。该例 $m=6$，$\sum n=1+2+3+1=7$，$K=2$，由公式计算得

到总工期：

$$T = (m + \sum n - 1)K = (6 + 7 - 1) \times 2 = 24(\mathrm{d})$$

| 施工段 | 工日数 | 专业对数 | 施工进度（d） | | | | | | | | | | | | | |
|---|---|---|---|---|---|---|---|---|---|---|---|---|---|---|---|---|
| | | | 2 | 4 | 6 | 8 | 10 | 12 | 14 | 16 | 18 | 20 | 22 | 24 | 26 | 28 |
| 挖槽 | | | ① | ② | ③ | ④ | ⑤ | ⑥ | | | | | | | | |
| 砌基础 | | | | | ① ② | | ③ | ④ | ⑤ | ⑥ | | | | | | |
| 交涵管 | | | | | | | ① | ② | ③ | ④ | ⑤ | ⑥ | | | | |
| 砌洞口 | | | | | | | | | ① | ② | ③ | ④ | ⑤ | ⑥ | | |

$t_0=(N-1)t$　　$t_0=m\cdot t$

a）

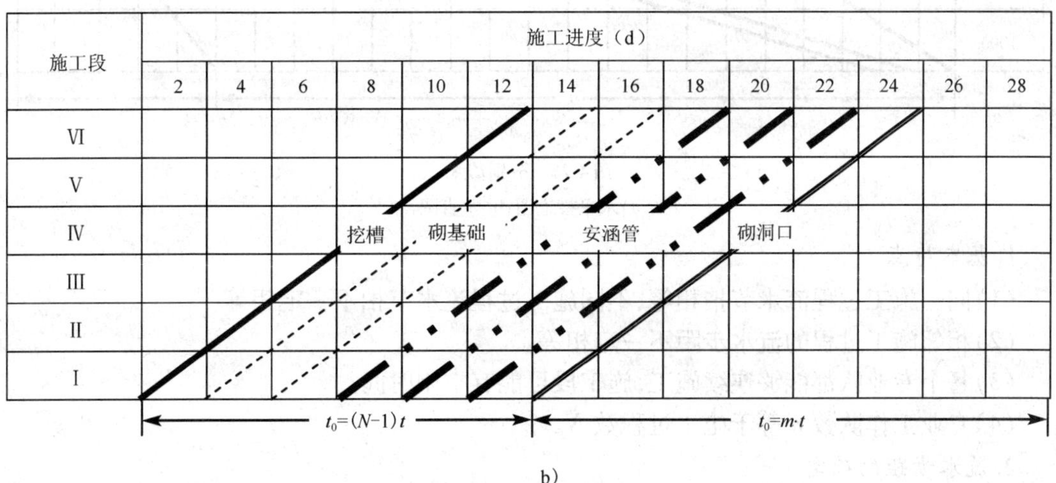


b）

图4-25　成倍节拍流水

a）水平横道图；b）垂直图

## （三）分别流水

所谓分别流水是指各施工过程的流水节拍各自保持不变（$t$＝常数），但不存在最大公约数，流水步距 $K$ 也是一个变数的流水作业。分别流水作业的组织方法见图4-26。

组织分别流水施工时，首先应保证各施工过程本身均衡而不间断地进行，然后将各施工过程彼此搭接协调。也就是说，既要避免各施工过程之间发生矛盾，也要尽可能减少作业面的间歇时间，使整个施工安排尽可能紧凑，以达到缩短工期的目的。

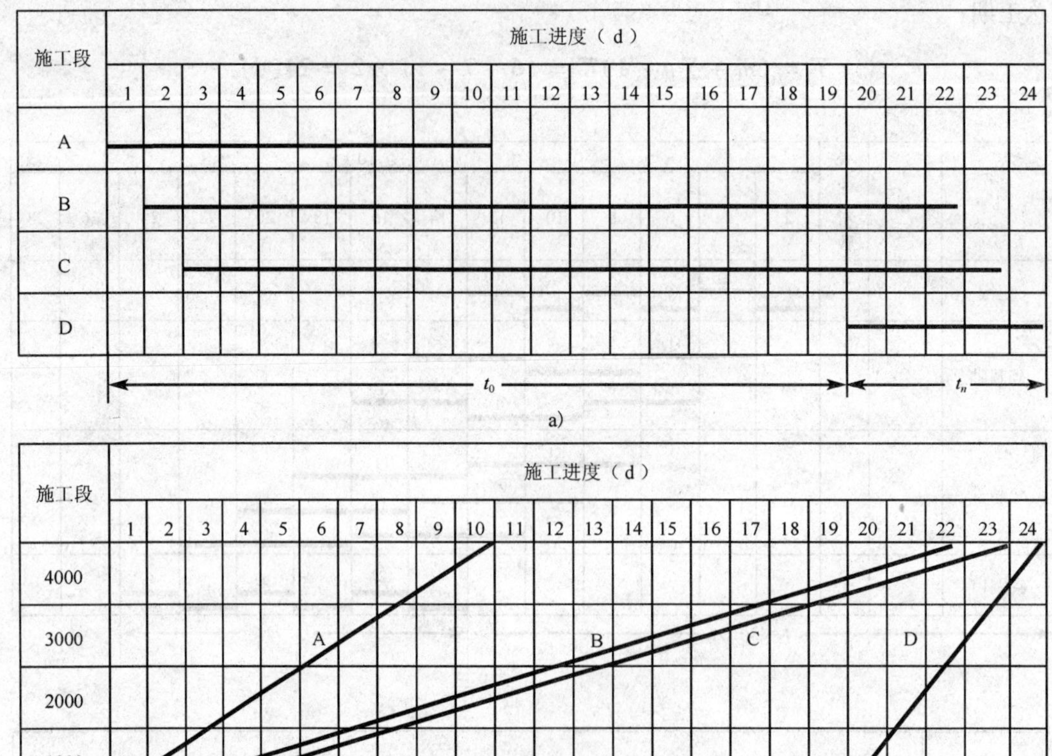


图 4-26　分别流水

a)水平横道图;b)垂直图

1. 基本特点

(1)同一施工过程流水节拍相等,不同施工过程流水节拍不一定相等。

(2)相邻施工过程的流水步距不一定相等。

(3)每个专业队都能够连续施工,施工段可能有空闲时间。

(4)专业工作队数 $n$ 等于施工过程数 $N$。

2. 流水步距的确定

由于流水步距是个变数,因此必须个别确定,这对各施工过程的相互配合和正确搭接是一个很重要的参数。下面用图 4-26 来说明流水步距的计算(注:下文中 $n+1$ 均代表项数):

(1)当 $t_{n+1} \geqslant t_n$ 时

$t_{n+1} \geqslant t_n$,即当后一个施工过程的作业持续时间($t_{n+1}$)等于或大于前一个施工过程的作业持续时间($t_n$)时,即意味着后一个施工过程的施工速度慢于前一个施工过程的施工速度,则流水步距根据前一个施工过程所要求的时间间隔(或足够的作业面)决定,即 $K_{n+1}=t_n$。如图 4-26 中的 A 与 B、B 与 C 之间的情形,图中要求间隔 1d。

(2)当 $t_{n+1} < t_n$ 时

$t_{n+1} < t_n$,即当后一个施工过程的作业持续时间($t_{n+1}$)小于前一个施工过程的作业持续时

间($t_n$)时,即意味着后一个施工过程的施工速度快于前一个施工过程的施工速度,则流水步距($K_{n+1}$)用式(4-15)计算:

$$K_{n+1} = t_n + t_a - t_{n+1} \tag{4-15}$$

式中:$t_a$——两个相邻施工过程之间必需的最小时间间隔;

其余符号意义同前。

当$t_n$和$t_{n+1}$已知,根据安全与技术要求即可决定$t_a$值,则$K_{n+1}$值就可以求得。$t_a$值一般不宜小于1d。在图中4-26中,C与D之间就属于这种情形。图中$t_n = t_c = 21$,$t_{n+1} = t_D = 1$,由式(4-15)计算流水步距为:

$$K_{n+1} = t_n + t_a - t_{n+1} = 21 + 1 - 5 = 17(\text{d})$$

3. 流水总工期的计算

分别流水的总工期用式(4-16)计算:

$$T = t_0 + t_n \tag{4-16}$$

式中:$t_n$——最后一个专业施工队的作业持续时间;

$t_0$——流水展开期,为最初施工过程开始至最后的施工过程开始之间的时间间隔。

在实际的道路工程施工中,对于一个专业施工队来说,它可以按固定的流水节拍(或不变的速度)前进。但从整个工程的流水作业组织来看,各专业施工队都按自己的流水节拍(或移动速度)前进,彼此不一定相同,也不一定成倍数关系,这主要是由于机械配备、施工条件、劳动生产率或其他外界因素影响所致。如果要求流水速度绝对统一,必然会使机械效率不能充分发挥或造成某些施工队窝工。为此,需要在统一的进度要求下,各专业队按照本身最合理、施工效率最高的流水速度进行作业。这是组织分别流水作业中应着重考虑且仔细解决的问题。道路工程的综合施工组织,大都属于这种情况。

**(四)无节奏流水**

无节奏流水施工是指各施工过程的流水节拍随施工段的不同而改变,不同施工过程之间的流水节拍也有很大的差异。有些工程由于结构比较复杂,平面轮廓不规则,不易划分劳动量大致相等的施工段,无法组织全等节拍、成倍节拍流水施工。在这种情况下,只能组织无节奏流水施工。无节奏流水施工本身没有规律性,只是在保持工作均匀和连续的基础上进行施工安排。无节奏流水施工方式是工程流水施工的普遍方式。

对于道路工程施工来说,沿线工程量的分布都是不均匀的,而大、中型桥梁或路基土石方的高填深挖,又为集中型工程,因此,实际上各专业施工队在机具和劳动力固定的条件下,流水作业速度不可能保持一致,即各施工段上同一施工过程的流水节拍无法相等。也就是说,在组织流水施工时,$t$不等于常数,$K$不等于常数,$t$不等于$K$,也非整数倍,如图4-27所示。对于以上情况,只能按照流水组织施工。基本的组织方法是:统一控制整个工程的总平均速度,再按分别流水的原则处理各施工过程的搭接关系。流水的各个参数以及总工期的确定,都必须通过对专业施工队逐个落实,反复调整,才能得到满意的结果。

1. 基本特点

(1)各施工过程在各施工段的流水节拍不全等。

(2)流水步距与流水节拍之间存在某种函数关系,流水步距也多数不相等。

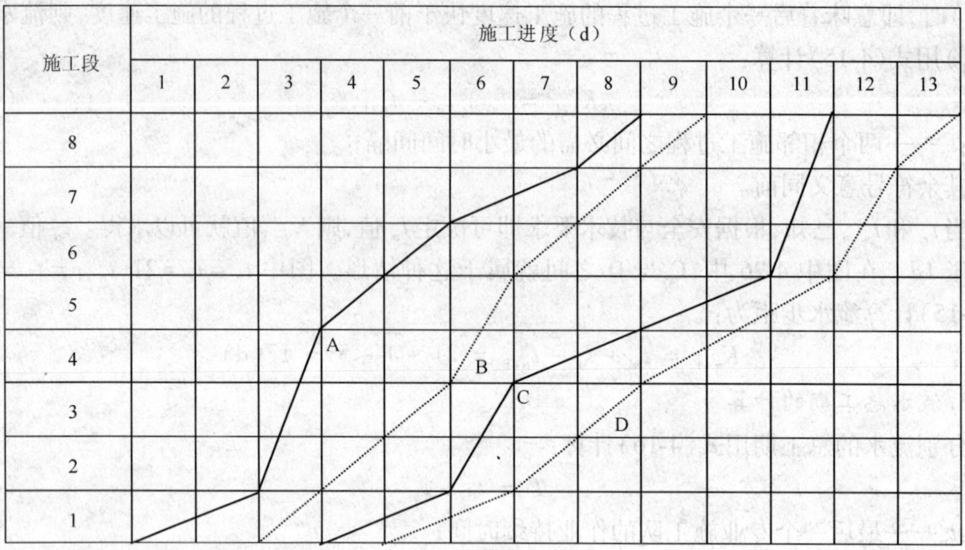

图 4-27 无节奏流水

(3)每个专业工作队都能够连续施工,施工段可能有间歇时间。

(4)专业工作队数等于施工过程数。

2. 流水步距的确定

流水步距的确定是无节奏流水组织的关键环节。以下介绍潘特考夫斯基法,亦称为"累加数列错位相减取大差"法,简称累加数列法。其计算步骤如下:

(1)根据各专业工作队在各施工段上的流水节拍,求累加数列。

(2)根据施工顺序,对所求相邻的两累加数列,错位相减。

(3)根据错位相减的结果,确定相邻专业工作队之间的流水步距,即相减结果中数值最大者。

**【例 4-2】** 某工程由 A、B、C、D 四个施工过程组成,施工顺序为:A→B→C→D,各施工过程在各施工段上相应的流水节拍为:$t_A=2d$,$t_B=4d$,$t_C=4d$,$t_D=2d$。在劳动力相对固定的条件下,试确定流水施工方案。

**解:**本例从流水节拍特点看,可组织异节拍专业流水;但因劳动力不能增加,无法做到等步距。为了保证专业工作队连续施工,按无节奏专业流水方式组织施工。

(1)确定施工段数、工序数

为使专业工作队连续施工,取施工段数等于施工过程数,即 $m=n=4$。

(2)求累加数列

A:2,4,6,8;

B:4,8,12,16;

C:4,8,12,16;

D:2,4,6,8。

(3)确定流水步距

①$K_{A,B}$

$$\begin{array}{rrrrrr} & 2 & 4 & 6 & 8 & \\ -) & & 4 & 8 & 12 & 16 \\ \hline & 2 & 0 & -2 & -4 & -16 \end{array}$$

$K_{A,B}=2$

②$K_{B,C}$

$$\begin{array}{rrrrrr} & 4 & 8 & 12 & 16 & \\ -) & & 4 & 8 & 12 & 16 \\ \hline & 4 & 4 & 4 & 4 & -16 \end{array}$$

$K_{B,C}=4$

③$K_{C,D}$

$$\begin{array}{rrrrrr} & 4 & 8 & 12 & 16 & \\ -) & & 2 & 4 & 6 & 8 \\ \hline & 4 & 6 & 8 & 10 & -8 \end{array}$$

$K_{C,D}=10$

(4)计算工期

$$T=(2+4+10)+2\times4=24(\text{d})$$

(5)绘制流水施工进度图表

流水施工进度图如图 4-28 所示。

| 施工过程名称 | 施工进度（d） | | | | | | | | | | | |
|---|---|---|---|---|---|---|---|---|---|---|---|---|
| | 2 | 4 | 6 | 8 | 10 | 12 | 14 | 16 | 18 | 20 | 22 | 24 |
| A | ① | ② | ③ | ④ | | | | | | | | |
| B | $K_{A,B}$ | ① | | ② | | ③ | | ④ | | | | |
| C | | $K_{B,C}$ | | ① | | ② | | ③ | | ④ | | |
| D | | | | $K_{C,D}$ | | | | | ① | ② | ③ | ④ |

图 4-28　流水施工进度图

从图4-28可知,当同一施工段上不同施工过程的流水节拍不相同,而相互为整倍数关系时,如果不组织多个同工种专业工作队完成同一施工过程的任务,流水步距必然不等,只能用无节奏专业流水的形式组织施工;如果以缩短流水节拍长的施工过程达到等步距流水,就要在增加劳动力没有问题的情况下,检查工作面是否满足要求;如果延长流水节拍短的施工过程,工期就要延长。

因此,到底采取哪一种流水施工的组织形式,除要分析流水节拍的特点外,还要考虑工期要求和项目经理部自身的具体施工条件。任何一种流水施工的组织形式,仅仅是一种组织管理手段,其最终目的是要实现企业目标——质量好、工期短、成本低、效益高和安全施工。

## 五、流水施工的组织

流水作业的效率具体表现在施工连续、进度加快、工期缩短上。由于专业化程度提高,不仅保证质量,而且提高了劳动生产率;又由于资源供应均衡,降低了工程成本,因此公路工程施工组织应尽可能采用流水作业法。

流水施工组织步骤如下:

(1)根据工程项目对象划分施工段。

(2)划分工序并编写工艺流程,且按工艺原则建立专业班组。

(3)各专业班组依次、连续进入各个施工段,完成同类工种的作业。

(4)计算或确定流水作业参数。

(5)相邻施工段及相邻工序尽可能衔接紧密。

**【例4-3】** 某路段有4座相同性质的通道工程,其施工过程均可分解为挖基坑A、砌基础B、浇筑墙身C、安装盖板D四道工序,各道工序在各座通道上的持续时间(流水节拍)见表4-22,试按一、二、三、四自然顺序和四、二、一、三顺序施工时,分别组织流水作业。

表4-22

**流水节拍**(d)

| 施工工序 | 一 | 二 | 三 | 四 |
|---|---|---|---|---|
| A | 3 | 4 | 3 | 2 |
| B | 5 | 6 | 4 | 5 |
| C | 6 | 5 | 4 | 6 |
| D | 3 | 2 | 2 | 3 |

根据上述流水施工组织原则,施工段数 $m=4$,工序数 $n=4$,然后根据施工组织顺序分别计算相邻工序之间的流水步距 $K$,最后计算其总工期 $T$ 并绘制施工进度横道图。

**解:**(1)按一、二、三、四自然顺序组织流水作业时:

$$\begin{array}{rrrrrr} & 3 & 7 & 10 & 12 & \\ -) & & 5 & 11 & 15 & 20 \\ \hline & 3 & 2 & -1 & -3 & -20 \end{array}$$

$K_{A,B}=3$,同理 $K_{B,C}=5$,$K_{C,D}=14$。

$$T=(3+5+14)+(3+2+2+3)=32(\mathrm{d})$$

由 $T=32$ 和 $K_{A,B}=3$,$K_{B,C}=5$,$K_{C,D}=14$,按图4-28即可绘制流水作业施工进度横道图(绘

制图形略)。

(2)按四、二、一、三顺序组织流水施工时：

$$\begin{array}{rrrrrr} & 2 & 6 & 9 & 12 & \\ -) & & 5 & 11 & 16 & 20 \\ \hline & 2 & 1 & -2 & -4 & -20 \end{array}$$

$K_{A,B}=2$,同理 $K_{B,C}=5$,$K_{C,D}=13$。

$$T=(2+5+13)+(3+2+3+2)=30(\mathrm{d})$$

其流水施工进度横道图如图 4-29 所示。

| 施工过程名称 | 施工进度（ d） | | | | | | | | | | | | | | |
|---|---|---|---|---|---|---|---|---|---|---|---|---|---|---|---|
| | 2 | 4 | 6 | 8 | 10 | 12 | 14 | 16 | 18 | 20 | 22 | 24 | 26 | 28 | 30 |
| A | ④ | ② | | ① | | ③ | | | | | | | | | |
| B | $K_{A,B}$ | | ④ | | ② | | | ① | | | ③ | | | | |
| C | | | $K_{B,C}$ | | ④ | | | ② | | | ① | | ③ | | |
| D | | | | | | | $K_{C,D}$ | | | | ④ | ② | | ① | ③ |

图 4-29　流水施工进度图

由上述示例可以看出,施工段的组织次序不同,其施工进度的总工期可能不同,在无特殊顺序要求的条件下,应以总工期最短作为组织施工段顺序的依据。

# 第六节　网络计划技术

## 一、网络计划技术概述

### (一)网络计划技术

网络图是由箭杆和节点(事件)组成,用来表示工作流程的有向、有序网状图形。在网络图上加注时间参数等而成的进度计划,称为网络计划。用网络计划对工作进行安排和控制,以保证预定目标顺利实现的科学的计划管理方法即为网络计划技术。

网络计划技术的基本原理是:利用网络的形式和数学运算来表达一项计划中各项工作的先后顺序和相互关系,通过时间参数的计算,确定计划的总工期,找出计划中的关键工作和关键线路,在满足既定约束条件下,按照规定的目标,不断地改善网络计划,选择最优方案,并付诸实施。在计划执行过程中,进行严格的控制和有效的监督,保证计划自始至终有计划、有组织地顺利进行,从而达到工期短、费用低、质量好的良好效果。

**(二)网络计划的技术特点**

与传统的横道图计划方法相比,网络计划技术具有如下特点:

(1)它能够把整个计划用一张网络图的形式完整地表达出来,并在图中严密地表示计划中各工作间的逻辑关系。

(2)通过网络时间参数计算,找出关键工作和关键线路及各工作的机动时间,从而使计划管理人员心中有数,便于抓住主要矛盾,充分利用时差,合理安排人力物力和资源,取得降低成本、缩短工期的效果。

(3)可直接对网络计划进行优化,从多个可行方案中找出最优方案,并付诸实施。

(4)在计划执行过程中,可根据外界条件的变化及工程的实际进展情况加以及时调整,保证自始至终对计划实行有效的监督与控制,使整个计划任务按期或提前完成。

(5)它不仅是控制工期的有力工具,也是控制费用和资源消耗的有力工具,也就是说,可把进度控制与成本控制、合理利用资源综合起来考虑。

(6)网络计划的编制过程是深入调查研究,对工程任务对象认真分析与综合的过程,因此有利于克服计划编制工作中的主观盲目性。而且编制网络计划需要各种信息数据和统计资料,这样有助于推动应用单位加强基础工作的管理。

(7)可根据项目进展阶段的不同和管理层次的需要,将计划的总目标从不同的角度层层分解,形成一个层次清晰、目标明确、责任分明的完整的目标体系。这样,有利于贯彻各级岗位责任制,充分发挥工作效率。同时还能使全体人员了解任务的全局,领会总的部署要求,便于统一思想、统一步调,为总目标的顺利实现而共同努力。

(8)可以根据不同的网络模型和目标,编制相应的计算机程序,为电子计算机的应用提供了条件。从绘图、计算、方案优化到动态控制都可由计算机来完成,这样就保证了计划的准确性、及时性,而且可大大提高工作效率。工程规模越大,关系越复杂,越能显示出其优越性。

**(三)网络计划的分类**

网络计划技术是一种内容非常丰富的计划管理方法,从不同的角度可将其分成不同的类别。常见的分类方法如下。

1.按网络计划参数性质不同分类

(1)肯定型网络计划。如果网络计划中各项工作间的逻辑关系是肯定的,各项工作的持续时间也是确定的,而且整个网络计划有确定的工期,这类型的网络计划就称为肯定型网络计划。其主要代表为关键线路法(CPM)。

(2)非肯定型网络计划。如果网络计划中,各工作间的逻辑关系或工作的持续时间是不确定的,整个网络计划工期也是不确定的,这类型的网络计划就称为非肯定型网络计划。非肯定型网络计划通常又分为概率型网络计划和随机型网络计划两大类。其中,概率型网络计划的典型代表是计划评审法(PERT);随机型网络计划的典型代表是图示评审法(GERT)。决策关键线路法(DCPM)和风险评审法(VERT)等也属于非肯定型网络计划。

2.按网络计划的目标不同分类

(1)单目标网络计划。具有一个终点节点(汇节点)的网络计划称为单目标网络计划,此种网络计划只有一个最终目标。CPM和PERT网络计划一般均为单目标网络计划。

(2)多目标网络计划。有多个终点节点或汇节点的网络计划称为多目标网络计划,此种网络计划有多个最终目标。GERT网络计划一般属于多目标网络计划。

3.按工作表示方法不同分类

(1)双代号网络计划。双代号网络计划是以双代号表示法绘制而成的网络计划,在双代号网络图中,以箭杆代表工作,节点表示工作间的连接关系,计划中的每项工作均可用其两端的两个节点编号来表示。

(2)单代号网络计划。单代号网络计划是以单代号表示法绘制而成的网络计划。在单代号网络图中,以节点代表工作,并可用节点的编号来表示,箭杆仅用来表示工作间的逻辑关系。

4.按有无时间坐标分类

(1)标时网络计划。在标时网络计划中,工作箭杆长度与持续时间无关,工作持续时间以数字标注在工作箭杆的下方,因此称为标时网络计划。

(2)时标网络计划。以时间坐标为尺度绘制的网络计划。在时标网络计划中,每项工作箭杆的水平投影长度与其持续时间成正比。时标的时间单位可根据需要在编制网络计划之前确定。

5.按工作间的连接关系不同分类

(1)普通网络计划。工作间的连接关系单一,均按首尾衔接关系绘制的网络计划。

(2)搭接网络计划。工作间的连接关系复杂,需按各种规定的搭接时距关系来绘制的网络计划。网络图中,既能反映各种搭接关系,又能反映相互衔接关系。搭接网络计划又有单代号搭接网络计划和双代号搭接网络计划之分,其中以前者为主。

(3)流水网络计划。流水网络计划是将流水作业的原理与网络计划方法有机结合以充分反映流水作业特点的网络计划。

6.按编制对象的不同分类

(1)总体网络计划。以整个计划任务或总目标为对象编制的网络计划,如群体网络计划或整体工程项目网络计划等。

(2)局部网络计划。以计划任务的某一部分或各部分目标为对象编制的网络计划,如子项目网络计划或分部、分项网络计划等。

## 二、网络图的基本概念

### (一)网络图

网络图是由箭线和节点组成,用来表示工作流程的有向、有序网状图形。一个网络图表示一项计划任务。

网络图有双代号网络图和单代号网络图两种。双代号网络图又称箭线式网络图,它是以箭线及其两端节点的编号表示工作,同时,节点表示工作的开始或结束以及工作之间的连接状态。单代号网络图又称节点式网络图,它是以节点及其编号表示工作,箭线表示工作之间的逻辑关系。

网络图中的节点都必须有编号,其编号严禁重复,并应使每一条箭线上箭尾节点编号小于箭头节点编号。

(二)工作

网络图中的工作是计划任务按需要粗细程度划分而成的、消耗时间或同时也消耗资源的一个子项目或子任务。工作可以是单位工程,也可以是分部工程、分项工程;一个施工过程也可以作为一项工作。一般情况下,完成一项工作既需要消耗时间,也需要消耗劳动力、原材料、施工机具等资源。但也有一些工作只消耗时间而不消耗资源,如混凝土浇筑后的养护过程和墙面抹灰后的干燥过程等。

1. 虚工作

在双代号网络图中,有时存在虚箭线,虚箭线不代表实际工作,称之为虚工作。虚工作既不消耗时间,也不消耗资源。虚工作主要用来表示相邻两项工作之间的逻辑关系。但有时为了避免两项工作同时开始、同时进行的工作具有相同的开始节点和完成节点,也需要用虚工作加以区分。在单代号网络图中,虚拟工作只能出现在网络图的起点节点或终点节点处。虚工作通常用带箭头的虚线表示,如图4-30中的工作③—④即为虚工作。

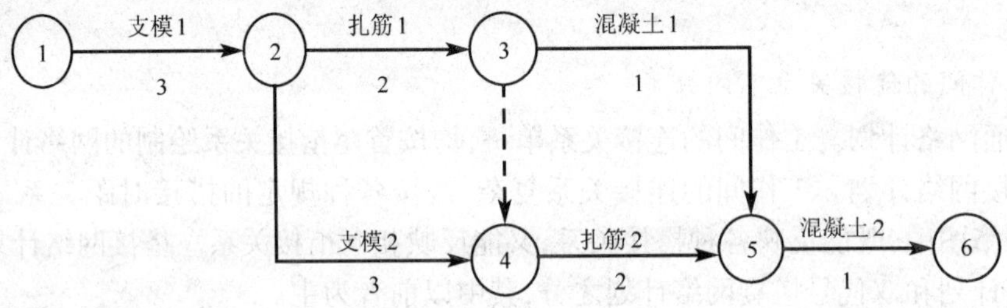


图4-30　某混凝土工程双代号网络计划

2. 紧前工作、紧后工作和平行工作

(1)紧前工作

在网络图中,相对于某工作而言,紧排在该工作之前的工作称为该工作的紧前工作。在双代号网络图中,工作与其紧前工作之间可能有虚工作存在。如图4-30所示,支模1是支模2的紧前工作;扎筋1和扎筋2之间虽然存在虚工作,但扎筋1仍然是扎筋2的紧前工作。支模1则是扎筋1的紧前工作。

(2)紧后工作

在网络图中,相对于某工作而言,紧排在该工作之后的工作称为该工作的紧后工作。在双代号网络图中,工作与其紧后工作之间也可能有虚工作存在。如图4-30所示,扎筋2是扎筋1的紧后工作;混凝土1是扎筋1的紧后工作。

(3)平行工作

在网络图中,相对于某工作而言,可以与该工作同时进行的工作即为该工作的平行工作。如图 4-30 所示,扎筋1 和支模 2 互为平行工作。

紧前工作、紧后工作及平行工作是工作之间逻辑关系的具体表现,只要能根据工作之间的工艺关系和组织关系明确其紧前或紧后关系,即可据此绘出网络图。它是正确绘制网络图的前提条件。

3. 先行工作和后续工作

(1)先行工作

相对于某工作而言,从网络图的第一个节点(起点节点)开始,顺箭头方向经过一系列箭线与节点到达该工作为止的各条通路上的所有工作,都称为该工作的先行工作。如图 4-30 所示,支模 1、扎筋 1、混凝土 1、支模 2、扎筋 2 均为混凝土 2 的先行工作。

(2)后续工作

相对于某工作而言,从该工作之后开始,顺箭头方向经过一系列箭线与节点到网络图最后一个节点(终点节点)的各条通路上的所有工作,都称为该工作的后续工作。如图 4-35 所示,扎筋 1 的后续工作有混凝土 1、扎筋 2 和混凝土 2。

在工程项目进度控制中,后续工作是一个非常重要的概念。因为在工程网络计划的实施过程中,如果发现某项工作进度出现拖延,则受到影响的工作必然是该工作的后续工作。

**(三)逻辑关系**

逻辑关系指工作之间先后顺序关系,包括工艺关系和组织关系。

(1)工艺关系

生产性工作之间由工艺过程决定的、非生产性工作之间由工作程序决定的先后顺序关系称为工艺关系。在图 4-30 所示的双代号网络计划中,支模 1→扎筋 1→混凝土 1 为工艺关系。

(2)组织关系

工作之间由于组织安排需要或资源(劳动力、原材料、施工机具等)调配需要而规定的先后顺序关系称为组织关系。在图 4-30 所示的双代号网络计划中,支模 1→支模 2;扎筋 1→扎筋 2 等为组织关系。

**(四)线路**

(1)线路

网络图中从起点节点开始,沿箭头方向顺序通过一系列箭线与节点,最后到达终点节点的通路称为线路。线路既可依次用该线路上的节点编号来表示,也可依次用该线路上的工作名称来表示。如图 4-30 所示,该网络图中有三条线路,这三条线路既可表示为:①—②—③—⑤—⑥、①—②—③—④—⑤—⑥和①—②—④—⑤—⑥,也可表示为:支模 1→扎筋 1→混凝土 1→混凝土 2、支模 1→扎筋 1→扎筋 2→混凝土 2 和支模 1→支模 2→扎筋 2→混凝土 2。

通常,一个网络图中有许多条线路,线路上各项工作持续时间的总和称为该线路的长度或称为线路时间。它表示完成该线路上的所有工作需耗用的时间,其计算可按下式进行:

$$T_s = \sum D_{i-j} \tag{4-17}$$

式中:$T_s$——第 $s$ 条线路的时间;

$D_{i-j}$——第 $s$ 条线路上工作 $i-j$ 的持续时间。

(2)关键线路和关键工作

在关键线路法(CPM)中,线路上所有工作的持续时间总和称为该线路的总持续时间。总持续时间最长的线路称为关键线路,关键线路的长度就是网络计划的总工期。如图4-30所示,线路①—②—④—⑤—⑥或支模1→支模2→扎筋2→混凝土2为关键线路。

在网络计划中,关键线路可能不止一条,而且在网络计划执行过程中,关键线路还会发生转移。

关键线路上的工作称为关键工作。在网络计划的实施过程中,关键工作的实际进度提前或拖后,均会对总工期产生影响。因此,关键工作的实际进度是工程项目进度控制工作中的重点。

网络计划的关键线路不是一成不变的,在一定条件下,关键线路和非关键线路可以互相转化。比如,缩短了某些关键工作的持续时间,或者延长了某些非关键工作的持续时间,就有可能使关键线路增加或发生转移。

(3)非关键线路和非关键工作

在一个网络图中,关键线路以外的线路统称为非关键线路,关键工作以外的工作统称为非关键工作。非关键线路上的工作既有关键工作,也有非关键工作。在所有的非关键线路中,最接近关键线路长度的线路有时也称为次关键线路。

## 三、双代号网络图

双代号网络计划是目前国内应用较为广泛的一种网络计划的表达形式。它用箭杆和节点(事件)来表达计划要完成的各项工作,反映它们的先后顺序和相互关系,加注工作的时间参数后就构成了双代号网络计划。用双代号网络计划对任务的工作进度进行安排和控制,以保证实现预定目标的科学的计划管理技术就称双代号网络计划技术。

### (一)双代号网络图的组成

双代号网络图主要由工作(箭杆)、节点和线路三个要素所组成。

1. 工作

工作是指按计划需要的粗细程度划分而成的一个消耗时间的子项目或子任务。一项工作,其具体内容可多可少,范围可大可小。

按照网络图中工作之间的相互关系,可将工作分为紧前工作、紧后工作、平行工作;先行工作和后续工作。

在双代号网络图中,那种既不消耗时间,也不消耗资源,只表示前后相邻工作之间逻辑关系而虚设的工作称为虚工作。虚工作一般用虚箭线表示,其作业时间为零。在双代号网络图中,虚工作起着联系、区分和断路的作用。

2. 节点

在双代号网络图中,节点(即前后工作的交点)标志着前面工作的结束和后面工作的开始。节点与工作不同,它既不消耗时间也不消耗资源,只表示前后工作交接过程的出现,因此也称为事件。

网络图的第一个节点叫做起点节点,表示一项计划的开始,最后一个节点叫做终点节点,表示一项计划的结束,其余节点都称为中间节点。任一个中间节点既是其紧前各工作的结束节点,同时也是其紧后各工作的开始节点。

为了叙述和检查方便,节点应编上整数号码,称为节点编号。节点编号的要求和方法一般为:从前向后,由小到大,箭头的号码大于箭尾号码,编码可以连续,也可以不连续,如编成1、3、5…,或2、4、6…等,以便于因需要在网络图中增加工作时不致打乱全图的编号。此外,在同一个网络图中不能有相同的节点号码出现。

3. 线路

网络图中从起点节点开始,沿箭杆方向连续通过一系列箭杆和节点,最后到达终点节点的通路,称为线路。线路可依次用该线路上的节点号码来表示,也可依次用该线路上的工作名称来表示。

### (二)双代号网络图的绘制

1. 双代号网络图的绘制规则

绘制双代号网络图时,应正确地表达工作间的逻辑关系。绘制双代号网络图必须遵循以下基本规则。

(1)一张网络图只允许出现一个起始节点和一个终点节点。例如,图4-31a)双代号网络图有两个起始节点①、②,这是不允许的。解决此问题最简单的方法是用虚箭线把节点①和②连接起来,使网络图变成一个起点;同样,两个终点节点⑦、⑧也是不允许的,也应该用虚箭线将其连接起来,见图4-36b)。

图4-31 网络图的开始、结束节点画法

a)错误网络图;b)正确网络图

(2)一对节点之间只允许出现一条箭线。在双代号网络图中,两个代号表示一项唯一的工作,如果一对节点之间有两条甚至更多条箭线同时存在,则无法分清这两个代号究竟代表哪一项工作。这种情况下,正确的表达方法是引入虚箭线。

(3)网络计划图中不允许出现闭合回路。在网络计划图中,如果从一个节点出发沿某一条线路又能回到原出发的节点,称此线路为闭合回路。图4-32a)中节点③、④、⑤是一条闭合回路,它表示的工作关系是错误的,工艺流程相互矛盾,工作$A_2$、$A_3$、$A_4$的每一项都无法开始,也无法结束,此时若用计算机计算网络图时间参数时只进行循环运行,不能输出计算结果。遇到这种情况的处理办法一般是更改箭线方向,消除闭合回路,如图4-32b)所示。

(4)网络计划图中不允许出现线段、双向箭头,并应避免使用反向箭线。表示工程进度计划的网络图是一种施工进程方向的网状流程图,箭头方向为施工前进方向,所以不允许出现无箭头的线段和双向箭头的箭线。箭线所表述的工作需要占用时间,而时间是不可逆的,应避免使用反向箭线,否则容易引起闭合回路;在时标网络计划图中,更不允许出现双

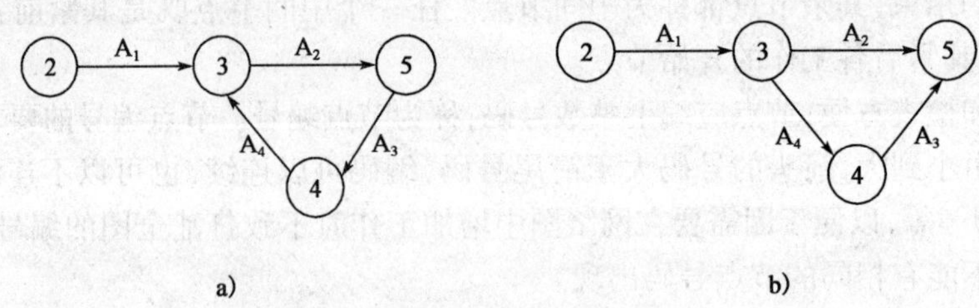


图 4-32　网络图不允许出现闭合回路

a)错误网络图;b)正确网络图

向箭线。

(5)网络计划图的布局应合理,尽量避免箭线交叉。网络图布局调整的目的,除避免箭线交叉外,还应尽量使图面整齐美观,如图 4-33 所示。

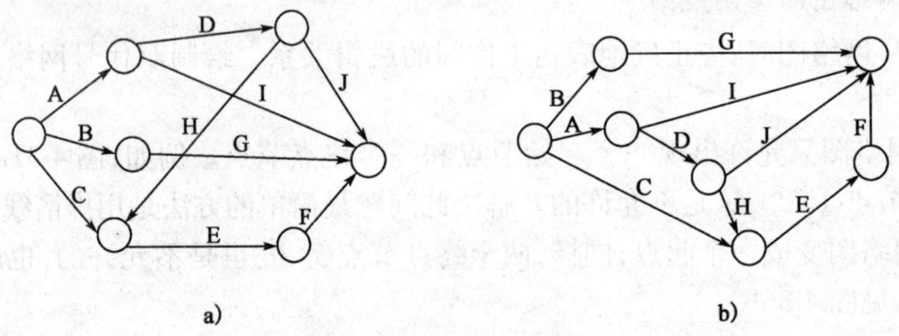


图 4-33　网络图中交叉箭线

a)错误网络图;b)正确网络图

当箭杆交叉不可避免时,应采用"暗桥"、"断线"、"指向"等方法加以处理,如图 4-34 所示。

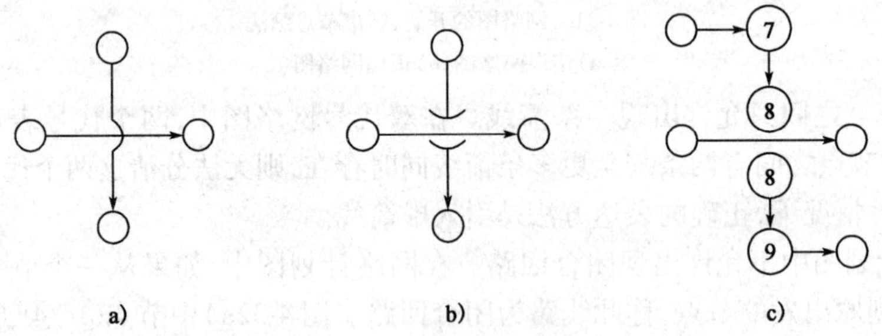


图 4-34　箭杆线交叉的处理方法

a)暗桥法;b)断线法;c)指向法

2. 双代号网络图的绘制方法

在构成工作关系及工作持续时间之后,绘制网络计划图通常采用以下方法。

(1)前进法

前进法是从网络图起点开始顺箭线方向用逐节生长法绘图,直到各条线路均达到网络图的终点为止。一般当工作关系表中列出本工作与紧后工作关系时,可方便地采用前进法绘网络图。前进法绘图的关键是第一步,要正确而又清楚地确定出哪些工作为开始工作。

(2)后退法

后退法是从网络图终点节点开始逆箭线方向逐节后退,直到各条线路均退回到网络图的起点为止。一般当工作关系表中列出本工作与紧前工作关系时,使用后退法较为方便。后退法绘网络图的关键是后退的第一步,也应正确又清楚地确定出哪些工作为最后结束的工作。

(3)先粗后细法

在工程进度计划实际网络图绘制中,可先粗略划分工程项目,然后逐步细分,先绘制分项或分部工程的子网络图,再拼成单位工程或单项工程总网络图。工程实际绘制网络计划图时广泛采用先粗后细法。

3. 工程应用实例及示例

(1)某段城市道路更新工程应用实例

某一段城市道路更新工程,工作项目划分与工作相互关系及工作持续时间见表4-23,试绘制其施工进度双代号网络计划图。

**工作项目划分明细表**　　表4-23

| 工作序号 | A | B | C | D | E | F | G | H |
|---|---|---|---|---|---|---|---|---|
| 工作名称 | 测量 | 土方工程 | 路基工程 | 安装排水设施 | 清理杂物 | 路面工程 | 路肩施工 | 清理现场 |
| 紧前工作 | — | A | B | B | B | C、D | C、E | F、G |
| 持续时间(d) | 1 | 10 | 2 | 5 | 1 | 3 | 2 | 1 |

根据表4-23所列工作关系,如果采用前进法绘网络图,关键是确定A为开始工作,然后从表4-23中找出紧后工作与本工作的前后关系,逐节生长绘图直至网络图的终点;若采用后退法绘网络图,关键是确定H为结束工作,再从表4-23中寻找本工作与紧前工作的前后关系,逐节后退绘图直到网络图的起点。绘制的双代号网络计划图如图4-35所示。

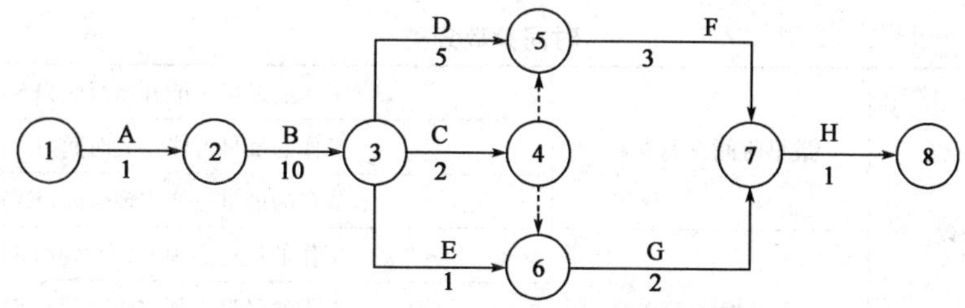


图4-35　道路更新工程施工进度双代号网络计划图

(2)某立交桥工程应用实例

某合同段立交桥工程施工工期直接影响主线路基和4条匝道路基填筑,据此确定工程项目的工作组成和工作间的逻辑关系及工作持续时间如表4-24所示,试绘制双代号网络图。

**工 作 关 系 表**

表 4-24

| 工作代号 | 工作内容 | 紧前工作 | 持续时间(周) | 工作代号 | 工作内容 | 紧前工作 | 持续时间(周) |
|---|---|---|---|---|---|---|---|
| A | 临建工程 | — | 5 | I | 修筑预制场 | E | 1 |
| B | 施工组织设计 | A | 3 | J | 主梁预制 | J | 6 |
| C | 平整场地 | A | 1 | K | 盖梁施工 | H | 4 |
| D | 材料进场 | B | 3 | L | 预制场吊装设备安装 | F | 1 |
| E | 主桥施工放样 | B | 1 | M | 吊装准备工作 | L | 1 |
| F | 材质及配合比试验 | C | 1 | N | 主梁安装 | J、K、M | 3 |
| G | 基础工程施工 | D | 4 | P | 桥面系统施工 | N | 2 |
| H | 桥墩施工 | G | 3 | | | | |

根据表4-24所示工作逻辑关系,利用后退法或前进法绘制某立交桥施工进度的双代号网络图,见图4-36。

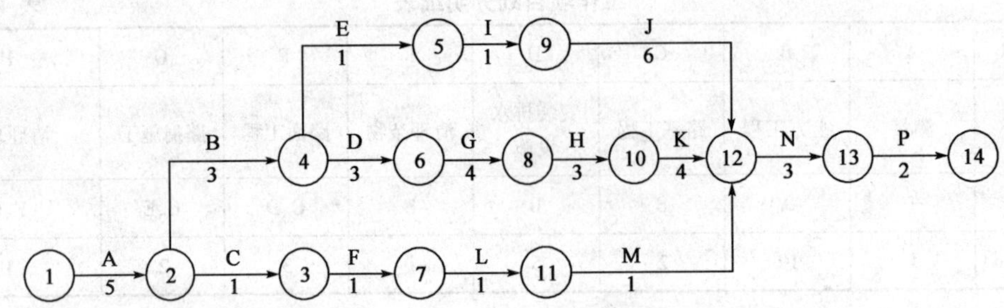


图4-36 某立交桥施工进度双代号网络图

## (三)双代号网络图时间参数计算

网络计划的时间参数按其特性可分为控制性时间参数和协调性时间参数两类,具体分类见表4-25。

**时间参数分类**

表 4-25

| | | |
|---|---|---|
| 控制性时间参数 | 最早时间系列参数 | 工作的最早可能开始时间(ES) |
| | | 工作的最早可能完成时间(EF) |
| | | 节点的最早可能实现时间(ET) |
| | 最迟时间系列参数 | 工作的最迟必须开始时间(LS) |
| | | 工作的最迟必须完成时间(LF) |
| | | 节点的最迟必须实现时间(LT) |
| 协调性时间参数 | 工作的总时差(TF) | |
| | 工作的局部时差(或称工作的自由时差)(FF) | |

双代号网络图时间参数的计算方法有很多,如分析计算法、图上计算法、表算法、矩阵法和电算法等,限于篇幅,本文只介绍分析计算法的计算原理。

1. 节点时间参数计算

(1) 节点的最早可能实现时间(ET)

ET 是指以计划起始节点的时间 $ET_{(1)}=0$ 为起点,沿着各条线路达到每一个节点的时刻,它表示该节点紧前工作的已经全部完成,其后的紧后工作最早可能开始的时间,用公式表示即为:

$$ET_{(j)} = \max | ET_{(i)} + t_{(i,j)} | \qquad (j = 2,3,4,\cdots,n) \qquad (4\text{-}18)$$

式中:$t_{(i,j)}$——工作$(i,j)$的持续时间;

$n$——网络计划图中终节点的编号。

按上式计算得到终节点的最早可能实现时间即是计划的总工期。

$$ET_{(a)} = T \qquad (4\text{-}19)$$

(2) 节点的最迟实现时间(LT)

LT 是指在计划工期确定的情况下,从网络计划图结束节点开始,逆向推算即得各节点的最迟实现时间。先给定 $LT_{(n)} = T_{(n)} = T$,由此递推:

$$LT_{(i)} = \min\{LT_{(j)} - t_{(i,j)}\} \qquad (i = n-1,n-2,\cdots,2,1)(j-1>1) \qquad (4\text{-}20)$$

(3) 节点时间参数计算步骤

首先,设起始节点的最早可能实现时间 $ET_{(1)}=0$,顺箭头计算各节点的最早可能实现时间 $ET_{(i)}$;如果是汇集节点,即有多条箭线进入的节点,则应对进入节点的各条箭线分别进行计算,然后取其中最大值作为该节点的 ET 值;继续计算直到终节点得到 LT。

第二,终节点的最早可能实现时间 $ET_{(n)} = T$,即等于计划工期。

第三,设终节点的最迟必须实现时间 $LT_{(n)} = ET_{(n)}$,逆箭头计算各节点的最迟必须实现时间 $LT_{(i)}$;如果是分枝节点,即有多条箭线发出的节点,则应对发出节点的各条箭线分别进行计算,然后取其中最小值作为该节点的 LT 值;继续计算直到起始节点。

2. 工作时间参数计算

(1) 工作的最早可能开始时间(ES)

ES 是指一项工作在其紧前工作都结束后,可以开始工作的最早时间。很显然工作$(i,j)$的最早可能开始时间就等于箭尾节点$(i)$的最早可能实现时间,即:

$$ES_{(i,j)} = ET_{(i)} \qquad (4\text{-}21)$$

(2) 工作的最早可能结束时间(EF)

正常情况下,工作$(i,j)$若能在最早可能开始时间开始,对应就有一个最早可能结束时间,它就等于箭尾节点的最早可能实现时间或者工作的最早可能开始时间加上工作$(i,j)$的持续时间 $t_{(i,j)}$,即:

$$EF = ES_{(i,j)} + t_{(i,j)} \qquad (4\text{-}22)$$

(3) 工作的最迟必须结束时间(LF)

LF 是指一项工作在不影响工程按总工期结束的条件下,最迟必须结束的时间,它必须在紧后工作开始之前完成。从工作终节点逆箭线计算,工作$(i,j)$最迟必须结束时间应等于节点 $j$ 的最迟必须实现时间,即:

$$LF_{(i,j)} = LT_{(j)} \tag{4-23}$$

(4)工作的最迟必须开始时间(LS)

在正常情况下,与工作的最迟必须结束时间相对应,有工作的最迟必须开始时间。它即为工作最迟结束时间减去该工作的持续时间。

$$LS_{(i,j)} = LF_{(i,j)} - t_{(i,j)} \tag{4-24}$$

3. 工作的时差计算

(1)总时差(TF)

工作的总时差 $TF_{(i,j)}$ 是指在不影响任何一个紧后工作的最迟开始时间的条件下,工作$(i, j)$所拥有的最大机动时间。具体地说,它是在保证本工作以最迟完成时间完工的前提下,允许该工作推迟其最早开始时间或延长其持续时间的幅度,工作$(i, j)$的总时差计公式如下:

$$TF_{(i,j)} = LT_{(j)} - ET_{(i)} - t_{(i,j)} \tag{4-25}$$

或

$$TF_{(i,j)} = LS_{(i,j)} - ES_{(i,j)} \tag{4-26}$$

或

$$TF_{(i,j)} = LF_{(i,j)} - EF_{(i,j)} \tag{4-27}$$

由上式看出,对任何一项工作$(i, j)$,其总时差可能有三种情况:

$TF_{(i,j)} > 0$,说明该工作存在机动时间;

$TF_{(i,j)} = 0$,说明该工作没有机动时间;

$TF_{(i,j)} < 0$,说明该工作存在负时差,计划工期长于规定工期,应采取技术组织措施予以缩短,确保计划总工期。

(2)自由时差(FF)

工作的自由时差 $FF_{(i,j)}$ 是指在不影响其紧后工作的最早可能开始时间的条件下,工作$(i, j)$所具有的机动时间。具体地说,它是在不影响紧后工作按最早开始时间开工的前提下,允许该工作推迟最早开始时间或延长其持续时间的幅度。工作$(i, j)$的自由时差计算公式如下:

$$FF_{(i,j)} = ET_{(j)} - ET_{(i)} - t_{(i,j)} \tag{4-28}$$

或

$$TF_{(i,j)} = LS_{(i,j)} - ES_{(i,j)} \tag{4-29}$$

或

$$TF_{(i,j)} = LF_{(i,j)} - EF_{(i,j)} \tag{4-30}$$

**【例 4-4】** 某施工项目双代号网络计划图如图 4-37 所示,试分别计算各工作的时间参数。

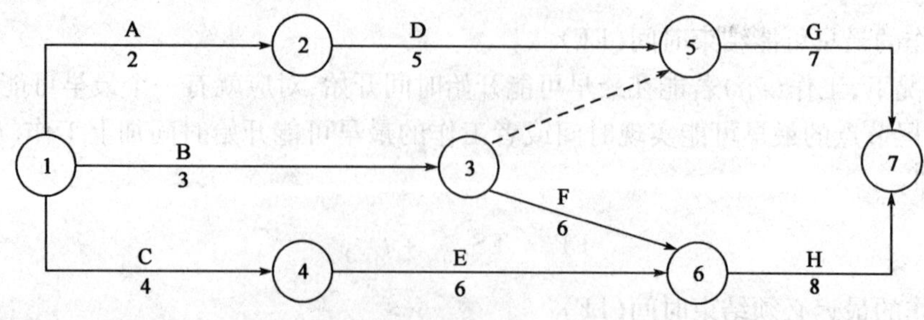


图 4-37 工作时间参数计算

**解:**根据前述的网络图工作时间参数的计算方法,本项目的工作时间参数的计算如下。

①工作最早可能开始时间(ES)

$$ES_{(1,2)} = 0$$

$$ES_{(1,3)} = 0$$

$$ES_{(1,4)} = 0$$

$$ES_{(2,5)} = ES_{(1,2)} + t_{(1,2)} = 0 + 2 = 2$$

$$ES_{(4,6)} = ES_{(1,4)} + t_{(1,4)} = 0 + 4 = 4$$

$$ES_{(3,6)} = ES_{(1,3)} + t_{(1,3)} = 0 + 3 = 3$$

$$ES_{(5,7)} = \max\begin{Bmatrix} ES_{(2,5)} + t_{(2,5)} = 2 + 5 = 7 \\ ES_{(3,5)} + t_{(3,5)} = 3 + 0 = 3 \end{Bmatrix} = 7$$

$$ES_{(6,7)} = \max\begin{Bmatrix} ES_{(3,6)} + t_{(3,6)} = 3 + 6 = 9 \\ ES_{(4,6)} + t_{(4,6)} = 4 + 6 = 10 \end{Bmatrix} = 10$$

②工作最早可能结束时间(EF)

$$EF_{(1,2)} = ES_{(1,2)} + t_{(1,2)} = 0 + 2 = 2$$

$$EF_{(1,3)} = ES_{(1,3)} + t_{(1,3)} = 0 + 3 = 3$$

$$EF_{(1,4)} = ES_{(1,3)} + t_{(1,3)} = 0 + 4 = 4$$

$$EF_{(2,5)} = ES_{(2,5)} + t_{(2,5)} = 2 + 5 = 7$$

$$EF_{(3,6)} = ES_{(3,6)} + t_{(2,5)} = 3 + 6 = 9$$

$$EF_{(4,6)} = ES_{(4,6)} + t_{(4,6)} = 4 + 6 = 10$$

$$EF_{(5,7)} = ES_{(5,7)} + t_{(5,7)} = 7 + 7 = 14$$

$$EF_{(6,7)} = ES_{(6,7)} + t_{(6,7)} = 10 + 8 = 18$$

即 $T = EF_{(6,7)} = 18$

③工作最迟必须结束时间(LF)

$$LF_{(6,7)} = T = 18$$

$$LF_{(5,7)} = T = 18$$

$$LF_{(3,6)} = LF_{(6,7)} - t_{(6,7)} = 18 - 8 = 10$$

$$LF_{(4,6)} = LF_{(6,7)} - t_{(6,7)} = 18 - 8 = 10$$

$$LF_{(2,5)} = LF_{(5,7)} - t_{(5,7)} = 18 - 7 = 11$$

$$LT_{(1,4)} = LF_{(4,6)} - t_{(4,6)} = 10 - 6 = 4$$

$$LF_{(1,3)} = \min\begin{Bmatrix} LF_{(5,7)} - t_{(5,7)} = 18 - 7 = 11 \\ LF_{(3,6)} - t_{(3,6)} = 10 - 6 = 4 \end{Bmatrix} = 4$$

$$LF_{(1,2)} = LF_{(2,5)} - t_{(2,5)} = 11 - 5 = 6$$

④工作最迟必须开始时间(LS)

$$LS_{(6,7)} = LF_{(6,7)} - t_{(6,7)} = 18 - 8 = 10$$

$$LS_{(5,7)} = LF_{(5,7)} - t_{(5,7)} = 18 - 7 = 11$$

$$LS_{(3,6)} = LF_{(3,6)} - t_{(3,6)} = 10 - 6 = 4$$

$$LS_{(4,6)} = LF_{(4,6)} - t_{(4,6)} = 10 - 6 = 4$$

$$LS_{(2,5)} = LF_{(2,5)} - t_{(2,5)} = 11 - 5 = 6$$

$$LS_{(1,4)} = LF_{(1,4)} - t_{(1,4)} = 4 - 4 = 0$$

$$LS_{(1,3)} = LF_{(1,3)} - t_{(1,3)} = 4 - 3 = 1$$

$$LS_{(1,2)} = LF_{(1,2)} - t_{(1,2)} = 6 - 2 = 4$$

⑤工作的总时差(TF)

$$TF_{(6,7)} = LS_{(6,7)} - ES_{(6,7)} = 10 - 10 = 0$$

$$TF_{(5,7)} = LS_{(5,7)} - ES_{(5,7)} = 11 - 7 = 4$$

$$TF_{(4,6)} = LS_{(4,6)} - ES_{(4,6)} = 4 - 4 = 0$$

$$TF_{(3,6)} = LS_{(3,6)} - ES_{(3,6)} = 4 - 3 = 1$$

$$TF_{(2,5)} = LS_{(2,5)} - ES_{(2,5)} = 6 - 2 = 4$$

$$TF_{(1,4)} = LS_{(1,4)} - ES_{(1,4)} = 0 - 0 = 0$$

$$TF_{(1,3)} = LS_{(1,3)} - ES_{(1,3)} = 1 - 0 = 1$$

$$TF_{(1,2)} = LS_{(1,2)} - ES_{(1,2)} = 4 - 0 = 4$$

⑥工作的自由时差(FF)

$$FF_{(6,7)} = T - EF_{(6,7)} = 18 - 18 = 0$$

$$FF_{(5,7)}) = T - EF_{(5,7)} = 18 - 14 = 4$$

$$FF_{(4,6)} = ES_{(6,7)} - EF_{(4,6)} = 10 - 10 = 0$$

$$FF_{(3,6)} = ES_{(6,7)} - EF_{(3,6)} = 10 - 9 = 1$$

$$FF_{(2,5)} = ES_{(5,7)} - EF_{(2,5)} = 7 - 7 = 0$$

$$FF_{(1,4)} = ES_{(4,6)} - EF_{(1,4)} = 4 - 4 = 0$$

$$FF_{(1,3)} = \min\begin{Bmatrix} ES_{(3,5)} - ES_{(1,3)} = 3 - 3 = 0 \\ ES_{(3,6)} - ES_{(1,3)} = 3 - 3 = 0 \end{Bmatrix} = 0$$

$$FF_{(1,2)} = ES_{(2,5)} - EF_{(1,2)} = 2 - 2 = 0$$

### (四)关键线路的确定

#### 1.关键线路确定的方法

关键线路确定的方法有很多,下面介绍两种简单易行的方法。

(1)关键线路上所有工作的总时差均为零;反过来,如果工作的总时差为零,则它必是关键工作。由此,只要连接网络计划中总时差为零的工作,就可以确定出关键线路。

(2)关键线路上所有节点的两个时间参数均相等;反过来,如果节点的两个时间参数相等,该节点一定是关键线路上的节点,即成为关键线路上的关键节点,但是由任意两个关键节点组成的工作,并非是关键工作。如果由此判别还需加上条件:箭尾节点时间 + 工作持续时间 = 箭头节点时间,满足此两条件的工作,即为关键工作。

#### 2.关键工作与非关键工作的区别

关键线路上的工作称为关键工作。关键工作没有任何机动时间,即工作的总时差为零。在网络计划中除了关键线路之外的线路称为非关键线路,在非关键线路中总是存在有一定数量的时差,其中存在时差的工作称为非关键工作。值得注意的是非关键线路并不是全由非关键工作组成,在网络图的任何一条线路中,只要有一项非关键工作,则这条线路就是非关键线路,其线路长度小于关键线路长度。所以,只有全部由关键工作组成的线路才能构成关键线路,即关键工作连成关键线路,不在关键线路上的工作则为非关键工作。

3.关键线路的特性

(1)关键线路上各工作的总时差均为零。

(2)关键线路在网络计划中不一定只有一条,有时存在多条,但关键工作所占比重不应太大,这样才可能使项目管理者集中精力抓住主要矛盾,搞好计划管理工作。

(3)非关键工作如果将总时差全部用完,就会转化为关键工作。

(4)当非关键线路延长的时间超过它的总时差,关键线路就转变为非关键线路。

## 四、单代号网络图

### (一)单代号网络计划图的构成

单代号网络计划图和双代号网络计划图一样,也由三要素组成,但其含义却完全不同。

(1)单代号网络图节点(图4-38):单代号网络计划图中节点可以用圆圈或方框表示,一个节点表示一项具体的工作过程。节点所表示的工作名称、持续时间和代号一般都标注在圆圈内,如图4-38所示。

(2)箭线:在单代号网络计划图中,箭线表示工作之间的相互关系,它既不消耗时间也不消耗资源,代表工作之间的直接约束关系。因此单代号网络计划图中不用虚箭线,箭线的箭头方向表示着工作的前进方向。同时,逻辑关系越是复杂,表示直接联系的箭线就越多,因此就可以出现箭线交叉的情况。图4-38中,A为B、C的紧前工作,D为B、C的紧后工作。

(3)方向:与双代号网络图一样,在单代号网络计划图中,代表路线的方向。

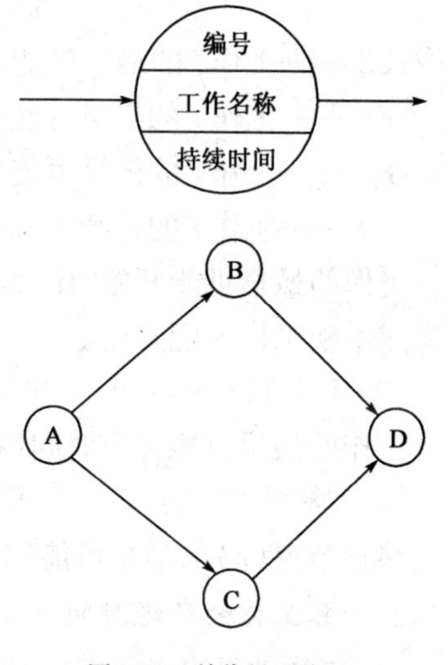

图4-38 单代号网络图

### (二)单代号网络计划图的绘制

单代号网络计划图与双代号网络计划图表达的计划内容是一致的,两者的区别仅在于绘图的符号所表示的意义不同。单代号网络计划图的绘制过程和双代号网络计划图一样,先将计划任务分解成若干项具体的工作,然后确定这些工作之间的相互关系,以及各项工作的持续时间。持续时间的确定仍然应按正常情况来进行。

单代号网络图的绘制遵循以下绘图规则:

(1)单代号网络图必须正确表述已定的逻辑关系。

(2)单代号网络图中严禁出现循环回路。

(3)单代号网络图中严禁出现双向箭线或无箭头的连线。

(4)单代号网络图中严禁出现没有箭尾节点的箭线和没有箭头节点的箭线。

(5)绘制网络图时,箭线不宜交叉。当交叉不可避免时,可采用过桥法或指向法绘制(具体方法同双代号网络图)。

(6)单代号网络图中,只能有一个起点节点和一个终点节点。当网络图中出现多项无内向箭线的工作或多项无外向箭线的工作时,应在网络图的左端或右端分设一项虚拟工作,作为该网络图的起点节点与终点节点。

**(三)单代号网络图时间参数的计算**

由于单代号网络计划图中用节点表示工作,所以它只有工作时间参数的计算,而不存在节点时间参数的计算。单代号网络图的工作时间参数计算内容和时间参数的含义及其计算目的与双代号网络图相同,即计算工作的最早时间(ES 与 EF)、工作的最迟时间(LF 和 LS)、工作的机动时间(TF 与 FF)等。单代号网络图工作时间参数的计算步骤和方法,以及计算公式与双代号网络图基本相同,下面以图算法为例予以说明。

1. 计算工作的最早时间

(1)工作最早可能开始时间(ES)的计算

计算工作的最早可能开始时间应从网络图起点开始,按箭线方向逐项工作进行计算,直到终点节点为止。由于开始工作的最早可能开始时间为零,即 $ES_1=0$(1 为起始节点即开始工作),其他工作的最早开始时间应等于紧前工作最早开始时间与其工作持续时间之和最大值,其计算公式为:

$$ES_j = \max\{ES_i + t_i\} = \max\{EF_i\} \tag{4-31}$$

式中:$ES_j$——工作 $j$ 的最早可能开始时间,工作 $i$ 之紧后工作;

$ES_i$——工作 $i$ 的最早可能开始时间;

$EF_i$——工作 $i$ 的最早可能完成时间;

$t_i$——工作 $i$ 的持续时间,$i=1\sim n-1$,$j=2\sim n$,$n$ 为单代号网络图终点节点代号。

工作的最早可能开始时间也等于紧前工作中最早可能完成时间的最大值,即紧前工作全部完成本项工作才能开始。

(2)工作的最早可能完成时间(EF)的计算

工作的最早可能完成时间($EF_i$)的计算公式为:

$$EF_i = ES_i + t_i (i = 1,\cdots,n-1) \tag{4-32}$$

终点节点($n$)的最早可能完成时间($EF_n$)就是单代号网络计划工期($T$),即 $T=EF_n$。

2. 计算工作的最迟时间

(1)工作的最迟必须完成时间(LF)的计算

计算工作的最迟时间应从网络图的结束节点开始,逆着箭线方向逐项工作计算到开始节点。最后结束工作的最迟必须完成时间应保证总工期不被拖延,所以网络图终点节点的最迟必须完成时间应等于该节点的最早可能完成时间,即:

$$LF_n = EF_n = T \tag{4-33}$$

本项工作 $i$ 的最迟必须完成时间 $LF_i$ 应等于紧后工作 $j$ 的最迟必须完成时间 $LF_j$ 与其工作持续时间 $t_j$ 之差的最小值,即:

$$LF_i = \min\{LF_j - t_j\} = \min\{LS_j\} \tag{4-34}$$

即工作的最迟必须完成时间也等于紧后工作中最迟必须开始时间的最小者,这是因为任何一项工作的完成时间都不应影响紧后工作的最迟必须开始时间。

(2)计算工作的最迟必须开始时间(LS)

工作的最迟必须开始时间的计算公式为:

$$LS_i = LF_i - t_i \tag{4-35}$$

3. 计算工作的时差

(1)计算工作的总时差(TF)

在单代号网络计划图中,工作总时差的概念与双代号网络图完全相同,利用已经计算的各项工作最早开始和最迟开始时间,可方便地计算各项工作的总时差,所以工作的总时差计算公式为:

$$TF_i = LS_i - ES_i = LF_i - EF_i \tag{4-36}$$

(2)计算工作的局部时差(FF)

单代号网络图中工作的局部时差概念也与双代号网络图相同,但是在单代号网络计划图中,本项工作有若干项紧后工作时,紧后工作的最早可能开始时间不一定相同。此时应取紧后工作最早可能开始时间的最小值,减去本工作的最早可能完成时间。其他时差的计算公式基本与双代号网络图计算相同,在此不再重复。

4. 关键线路的确定

单代号网络计划图中确定关键线路的方法与双代号网络计划图基本相同,但由于单代号网络图没有节点时间参数计算,所以不存在用关键节点法来确定关键线路。因此,单代号网络图主要采用关键工作法确定关键线路,即连接工作总时差为零的关键工作自始至终的线路就是关键线路。

## 五、网络计划的检查、调整及优化

前面介绍了公路工程施工初始网络计划的编制,但在实际中如果计划工期超出了上级的规定,资源供应不均衡时,还应综合考虑网络计划中的时间、资源和费用三者之间的关系,利用时差对初始网络计划进行多次调整与改善,使其工期、资源、费用达到最优的计划方案,即是网络计划的优化问题。

最优的网络计划方案评价,应综合评定工期、资源和费用消耗等技术经济指标,但目前尚无综合评价模型,只能根据施工既定的条件,分别进行时间优化、资源优化及费用优化。

### (一)网络计划的检查

1. 网络计划的检查方法

进行网络计划检查,首先要在计划图上进行记录,然后根据记录的结果进行进度分析,判断进度的实际状况,并对未来的进度进行预测,为网络计划的调整提供信息。常用的检查方法有:

(1)当利用原时标网络计划检查时,采用“切割线法”。

(2)当利用时标网络计划检查时,采用“实际进度前锋线法”。

2. 切割线法

某工程的网络计划如图 4-39 所示。当计划进行到第 9d 时检查,正在进行的 D、E、F 三项工作(用切割线 MN 切割的三项工作)各需要 1d 才能完成(尚需天数注在计划持续时间旁边的方括号内),试分析其进度状况。

在检查前先要对网络计划进行计算,计算结果标在图上。

为了对进度状况进行分析,列出表 4-26。

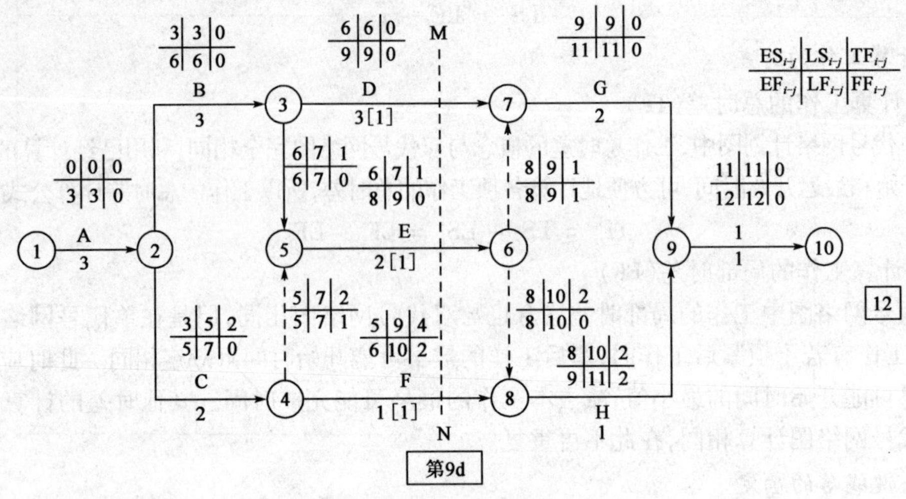


图4-39　切割线法检查网络计划

**网络计划第9d检查结果**　　　　表4-26

| 工作代号 | 工作名称 | 第9d时尚需作业天数 | 按计划最迟完成前尚有天数 | 总时差 原有 | 总时差 目前尚需 | 进度分析 |
|---|---|---|---|---|---|---|
| (1) | (2) | (3) | (4) | (5) | (6)=(4)-(3) | (7) |
| 3-7 | D | 1 | 9-9=0 | 0 | 0-1=-1 | 拖期1d |
| 5-6 | E | 1 | 9-9=0 | 1 | 0-1=-1 | 拖期1d |
| 4-8 | F | 1 | 10-9=1 | 4 | 1-1=0 | 正常 |

表中,(1)、(2)、(3)、(5)列都可以从图4-39中读到;第(4)列需经计算,被减数是图4-28中的工作最迟完成时间,减数是切割线的天数;第(6)列的被减数是第(4)列中的数,减数是第(3)列中的数;第(7)列的结论是通过对(5)、(6)列的比较得出的。由于工作D原来没有总时差,而目前反欠1d总时差,说明进度拖延1d;工作E原来虽有1d总时差,而目前反欠1d总时差,说明进度比原计划拖了2d,比总工期拖了ld;工作F原来虽有4d总时差,然而目前已不存在,所以虽比原计划拖了4d,但因有4d总时差,并未影响计划工期,故作"正常"对待。进一步分析D、E两项拖期工作,由于工作D在关键线路上,故它拖期1d将导致计划工期延误1d;工作E虽然拖期1d,但因不在关键线路上,故并不构成对计划工期的影响。

3. 实际进度前锋线法

"实际进度前锋线法"简称"前锋线",是时标网络计划检查时各项工作的实际进度达到的前锋点连接而成的折线。实际进度前锋点的标定方法有两种:一是按已完成的实物工程量(工作量)比例标定。时标网络计划图上箭线的长度与相应工作的持续时间对应,也与其实物工程量(工作量)的多少成正比;检查计划时某工作的实物工程量(工作量)完成了几分之几,其实际进度前锋点就从表示该工作箭线起点自左至右标在箭线长度几分之几的位置。二是按尚需时间标定。有些工作的持续时间难以按实物工程量(工作量)来计算,只能用经验估算,估出从该时刻起到该工作全部完成尚需的时间,从该工作的箭线末端反过来标出实际进度前锋点的位置。图4-40的三条折线就是计划进展到第5d、第10d和第15d进行检查时的实际进度前锋线。

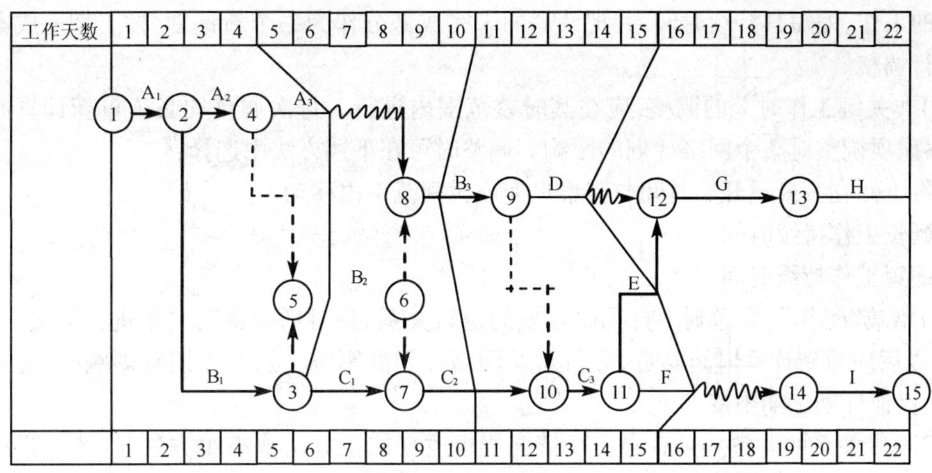


图 4-40　用实际进度前锋线法检查网络计划

利用已绘制的实际进度前锋线可作如下分析。

(1)分析目前进度

以检查日期为基准线，前锋线可以看成描述实际进度的波形图。前锋处于波峰上的线路相对于相邻线路超前，处于波谷上的线路相对于相邻线路滞后；前锋在基准线前面的线路比原计划提前，前锋在基准线后面的线路比原计划拖后。图 4-40 中，$A_3$、$B_2$、F 工作均比原计划提前，$C_1$、$C_2$、E 工作的实际进度与原计划进度一致，$B_3$、D 工作比原计划滞后。

(2)预测未来进度

首先看关键线路上的工作 $B_1$、$C_2$、E，三次检查中每次均按计划完成，可以预测，只要按前 15d 的进度干下去，可保计划按期完成。关键工作 $B_2$ 虽比计划提前 ld，但由于其平行的关键工作 $C_1$ 没有提前，故没有积极意义。$A_3$ 和 F 工作均比计划进度快，但由于它们都在非关键线路上，本来就有总时差，故其进度超前的结果是增大总时差，却不能促成整个计划提前完成。D 工作虽然滞后于计划进度 2d，但由于它有 2d 总时差，故对工期不会造成影响。总的预测结果是，该项计划可以确保按期完成。

**(二)网络计划的调整**

1. 网络计划调整的内容

网络计划调整的内容包括：关键线路长度的调整；非关键工作时差的调整；增减工作项目；调整逻辑关系；重新估计某些工作的持续时间；对资源的投入做相应调整。

2. 网络计划调整的方法

(1)调整关键线路的长度可以针对不同情况采用不同的方法。

①关键工作的实际进度比计划进度提前时，有两种调整方法：当不拟提前工期时，应选用资源占用量大或直接费高的后续关键工作，适当延长其持续时间，以降低其资源强度或费用；当要提前完成计划时，应将计划的未完成部分作为一个新计划，重新确定关键工作的持续时间，按新计划实施。

②关键工作的实际进度比计划进度延误时，应在未完成的关键工作中选择资源强度小或

费用低的工作,缩短其持续时间,并把计划的未完成部分作为一个新计划,按工期—成本优化方法进行调整。

(2)非关键工作时差的调整,应在其时差范围内进行。每次调整均必须重新计算时间参数,观察该项调整对整个网络计划的影响。调整时可在下述方法中选择:

①将工作在其最早开始时间与其最迟完成时间范围内移动。

②延长工作持续时间。

③缩短工作持续时间。

(3)增减"工作",应做到不打乱原计划的逻辑关系,只对局部逻辑关系进行调整;在增减"工作"以后应重新计算时间参数,分析对原网络计划的影响。当对工期有影响时,应采取调整措施,保证计划工期不变。

(4)逻辑关系的调整。只有当实际情况要求改变施工方法或组织方法时,才可进行逻辑关系的调整。调整时应避免影响原计划工期,避免影响其他工作的顺利进行。

(5)持续时间的调整。如果发现某些工作的原持续时间估计有误或实现条件不充分,应重新估算其持续时间,并重新计算时间参数,尽量使原计划工期不受影响。

(6)资源调整。如果资源供应发生异常,应采用资源优化方法对计划进行调整,或采取应急措施,使其对工期影响最小。

**(三)网络计划的优化**

1.时间优化

以缩短工期为优化目标,调整初始网络计划方案,称为网络计划的时间优化。时间优化的目的在于科学地安排施工进度计划,以便缩短工期,使公路工程建设项目投资尽早发挥效益。

(1)时间优化的措施

在施工网络计划中,关键线路控制任务的总工期,因此压缩关键工序的持续时间,缩短关键线路的长度是网络计划时间优化措施的一种途径,但并非最佳措施。在网络计划的时间优化中最佳措施是合理地调整施工组织,以便达到缩短工期的目的。

①将施工顺序作业调整为平行作业。

②将施工顺序作业调整为交叉作业或者流水作业。

③推迟非关键工序的开始时间。

④延长非关键工序持续时间,相应地缩短关键工序的持续时间。

⑤从计划外增加资源加快关键工序的完成。

(2)时间优化的方法

循环优化法是网络计划时间优化常用的一种方法,缩短工期必须在关键线路上考虑,循环优化法的基本步骤为:

①确定初始网络计划的计划工期及其关键线路。

②将计划工期与指令工期比较,计算出需要缩短的时间。

③采取合理的优化措施压缩关键线路的长度,求出调整后的网络计划的新计划工期。新计划工期若满足指令工期要求,完成了优化过程;否则重复以上步骤,再次压缩新关键线路的长度,直到满足指令工期为止。如果需要找寻网络计划的最短工期,也可按上述步骤循环压缩

关键线路的长度,直到网络计划中关键线路的长度再也不能缩短为止,此时得到的网络计划工期就是最短工期。

需要注意的是,当网络计划图同时存在多条关键线路时,必须同时压缩各条关键线路的长度,才能达到缩短工期的目的。

2. 资源优化

绘制初始网络计划以后,其资源进度可能出现以下两种不合理现象:一是在某种时间范围内所消耗的资源数量超过实际供应量,导致开工不足、工期延误;二是资源进度计划不均衡,出现忽高忽低的大起大落现象,给施工过程中的资源调配带来困难。因此,网络计划资源优化的目的,就是要合理地安排施工进度,解决好资源的供应矛盾问题或者均衡利用资源问题。

(1)资源优化目标

资源优化目标一般有两种。

①工期规定资源均衡:即在工期限定的条件下,安排施工进度,实现资源的均衡利用。

②资源有限工期最短:即在资源有限的情况下,安排施工进度,力求使工期最短。

以上两种优化目标,都需重新安排某些工序,使网络计划的工期和资源分配得以调整与改善,且一般通过对非关键工序的调整来进行,其具体方法是:

①利用工序时差,推迟或提前某些非关键工序的开始时间。

②在条件许可时,在资源超限的时段内中断某些非关键工序。

③改变某些非关键工序的持续时间。

(2)资源优化步骤

资源的优化是一个十分复杂的问题,由于资源种类多,如有若干个工种,多种不同规格型号的施工机械设备,各种规格的钢材、水泥等材料,很少有一项工程只需一种资源的。而进行资源优化时,又只能逐一品种分别进行,所以计算工作量很大,当工序数较多时应采用电脑软件计算,下面仅介绍具体步骤,据此可作为资源进一步优化和编制计算机软件的基础。

①计算出网络计划中各施工工序的各种资源的需要总量。

②逐个工序分析其工日的平均需要资源的数量,即以其下序的延续时间(工日)去除该工序资源的总需要量,常称为资源的强度。

③根据资源分析资料,绘制带有时间坐标的网络图,将该项资源的日平均需要量标注在箭杆的上方,工日标注在箭杆的下方,同时绘制该项资源的曲线(梯阶形)图。

④如果某种资源的总需求超过可能供应的能力,或者出现需求极不均衡的情况,从绘制成的资源曲线图上就可获得极其准确的信息。这样,就可对各目标的网络进行调整优化,均衡其需要,实现资源的合理配置,求得最优计划方案。

3. 工期—费用优化

时间的优化,在计划任务紧迫的情况下,无疑是十分必要的,但一般并没有考虑费用问题。实践表明,对于任何一项计划任务来说,都可以采取增加人员和设备的办法来加快工作进度,缩短其工序的持续时间,实际就是突击赶工,无疑增加费用,是不经济的。显然存在一个以最少的费用去缩短工期的办法问题,也就是工期—费用优化。

(1)工期—费用优化原则

在进行网络计划的工期—费用优化时,应遵循以下原则:

①在确定缩短整个建设工程的计划任务工期的前提下,必须采取正常的工作速度来缩短关键线路上的各道施工工序的持续时间,即不应由于作业时间的缩短而造成突击赶工情况,或产生窝工等待等浪费现象。因为一般是在合理组织和正常施工条件下进行施工时,其建设费用最低。

②在缩短关键线路上的各道施工工序的持续时间时,首先要选择资源消耗少的作业来缩短,以免造成大量人员、设备的增加和材料的供应量的增加。

③若有多余关键线路时,要优先考虑缩短其共同作业的持续时间,还要结合所花费的总费用进行综合考虑。

(2)工期—费用关系及其优化步骤

网络计划中的工期与费用(直接费、间接费、总费用)的关系曲线如图 4-41 所示。

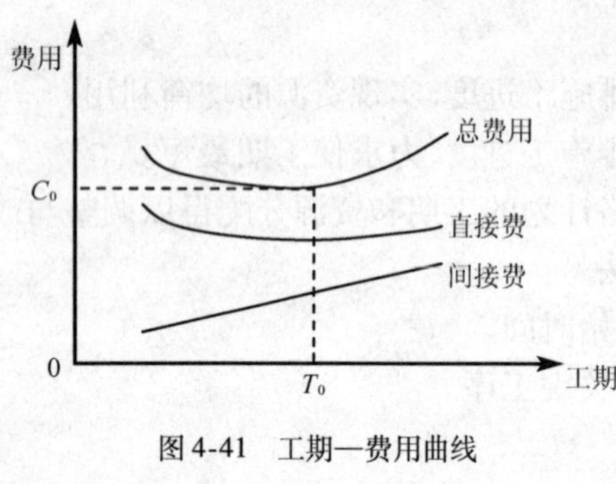


图 4-41　工期—费用曲线

工期—费用优化的基本步骤为:

①按正常工序时间编制网络计划图,并计算计划工期和完成计划的直接费用。

②列出整个网络计划各道工序在正常工期和最短工期时的直接费,以及缩短单位时间所需增加的费额,即费用斜率。

③根据费用最小原则,找出关键工序中费用斜率最小者予以先压缩,这样可使直接费增加最少。

④计算加快某关键工序后计划的总工期和直接费额,并重新确定关键线路。

⑤重复③和④步骤,直到网络计划中关键线路上的工序都达到最短持续时间,再不能压缩为止。

⑥根据以上计算结果可得到一条直接费用曲线。

⑦总费用曲线上最低的点对应的工期,就是项目计划相应的最优工期。

## 第七节　工程项目信息管理

### 一、工程项目信息管理的内涵

#### (一)信息内涵

建设项目的决策和实施过程,不仅是物质生产过程,而且还是信息的生产、处理、传递和应用过程。从信息管理的角度可把纷繁复杂的建设项目决策和实施过程归纳为两个主要过程,一是信息过程,二是物质过程。项目策划阶段、设计阶段、招投标阶段等的主要任务之一就是生产、处理、传递和应用信息,这些阶段的主要工作成果是建设项目信息。虽然建设项目施工阶段的主要任务是按图施工,其主要工作成果是完成建设项目的实体,但施工阶段的物质生产过程始终伴随着信息的产生、处理等过程,它一方面需要施工之前的信息过程产生的信息,另一方面又不断地产生新的信息。实际上建设项目的施工阶段是物质过程和信息过程的高度融合,如图 4-42 所示。

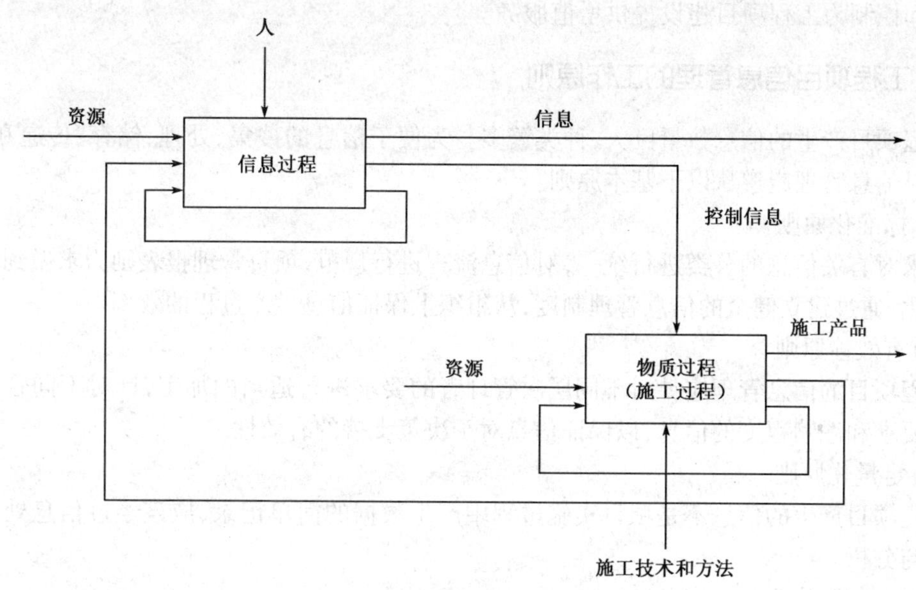


图 4-42　项目建设中的信息过程及物质过程

建设项目信息是指反映和控制建设项目管理活动的信息，包括各种报表、数字、文字、图像等。信息在产生、传递和处理过程中必须满足信息的准确性、时效性、有序性、共享性、可存储性、适用性和系统性。

在信息管理中，信息与数据是既有联系又有区别的两个概念。数据是用来记录客观事物的性质、形态、数量和特征的抽象符号。不仅文字、数字和图形可以看作是数据，声音、信号和语言也可以认为是数据。信息是根据要求，将数据进行加工处理转换的结果。同一组数据可以按管理层次和职能不同，将其加工成不同形式的信息；不同数据如采用不同的处理方式，也可得到相同的信息。数据转化为信息的方式示意如图 4-43 所示。

图 4-43　数据转化为信息方式示意图

### （二）信息管理的内涵

信息管理是指对信息的收集、加工、整理、存储、传递与应用等一系列工作的总称。信息管理的目的就是通过有组织的信息流通，使决策者能及时、准确地获得相应的信息。为了达到信息管理的目的，就要把握信息管理的各个环节，并做到：

（1）了解和掌握信息来源，对信息进行分类。

（2）掌握和正确运用信息管理的手段（如计算机）。

（3）掌握信息流程的不同环节，建立信息管理系统。

### （三）工程项目信息管理

工程项目的信息管理是通过对各个系统、各项工作和各种数据的管理，使工程项目信息能方便和有效地获取、存储、存档、处理和交流。工程项目信息管理旨在通过信息传输的有效组织管理和控制为工程项目建设提供增值服务。

## 二、工程项目信息管理的工作原则

工程项目产生的信息数量巨大,种类繁多。为便于信息的搜集、处理、储存、传递和利用,工程项目信息管理应遵从以下基本原则。

(1)标准化原则

要求对有关信息的分类进行统一,对信息流程进行规范,项目管理报表则力求做到格式化和标准化,通过建立健全的信息管理制度,从组织上保证信息生产过程的效率。

(2)有效性原则

工程项目的信息管理应针对不同层次管理者的要求进行适当的加工,针对不同管理层提供不同要求和浓缩程度的信息,以保证信息对于决策支持的有效性。

(3)定量化原则

工程项目产生的信息不是项目实施过程中产生数据的简单记录,应该经过信息处理人员的比较与分析。

(4)时效性原则

为保证项目决策过程的时效性,工程项目信息管理成果也应具有相应的时效性。工程项目的信息都有一定的生产周期,如月度报表、季度报表、年度报表等,这都是为了保证信息产品能够及时地服务于决策。

(5)高效处理原则

通过采用高性能的信息处理工具,如建设项目管理信息系统,尽量缩短信息在处理过程中的延迟。

(6)可预见原则

工程项目产生的信息不仅可以作为以后项目实施的历史参考数据,也可以用于预测未来的情况。工程项目信息管理应通过采用先进的方法和工具为决策者制订未来目标和行动规划提供必要的信息。

## 三、工程项目信息管理的任务

工程项目一般具有周期较长、项目参与单位多、专业性强等特征,使项目信息量大、变化多而且错综复杂,从而导致项目信息资源的组织与管理任务繁重。为充分有效地进行工程项目信息管理,主要应做好以下几方面的工作。

1. 编制建设项目信息管理规划

在整个工程决策和实施过程中,工程项目各参与方都有各自的信息资源组织与管理任务。为了充分利用和发挥信息资源的价值,提高信息管理的效率,实现有序和科学的信息管理,各方都应编制信息管理规划,以规范各自的项目信息管理工作。

信息管理规划应描述和定义在整个建设项目实施过程的各个阶段信息管理做什么、谁来做、什么时候做和其工作成果是什么等内容。编制工程项目信息管理规划是建设项目管理各方的重要工作。

要编制出切实有效的信息管理规划,必须依据建设项目特点和项目管理者控制项目目标的要求，在深入分析建设项目实际情况和实施过程中各有关信息的种类、流程、各层次项目管理需要以及功能要求，信息的输入、输出等情况的基础上，并征询建设项目各有关方的意见，在综合考虑项目参与各方信息管理的具体情况和要求的情况下，由各方项目管理负责领导组织编制。工程项目的信息管理规划在编制完成后并非一成不变，随着项目的进展，某些具体和实际情况可能会发生变化，信息管理规划也应根据实际情况做适当的调整，以使其能更好地指导建设项目管理工作。

工程项目信息管理规划主要内容包括：信息管理的任务；信息管理的任务分工表和管理职能分工表；信息的分类；信息的编码体系和编码；信息输入输出模型；各项信息管理工作的工作流程图；信息流程图；信息处理的工作平台及其使用规定；各种报表和报告的格式以及报告周期；项目进展的月度报告、季度报告、年度报告和工程总报告的内容及其编制；工程档案管理制度；信息管理的保密制度等。

2. 明确工程项目管理班子中信息管理部门的任务

工程项目管理班子中各个工作部门的管理工作都与信息处理有关，而信息管理部门的主要工作任务是：负责编制信息管理规划和更为详细具体的信息管理手册，在项目实施过程中进行信息管理规划和手册的必要的修改和补充，并检查和督促其执行；负责协调和组织项目管理班子中各个工作部门的信息处理工作；负责信息处理工作平台的建立和运行维护；与其他工作部门协同组织收集信息、处理信息和形成各种反映项目进展和项目目标控制的报表和报告；负责工程档案管理等。

3. 编制和确定信息管理的工作流程

信息管理的工作流程对整个项目管理的顺利实施有重要意义，其内容有：信息管理规划和手册编制和修订的工作流程；为形成各类报表和报告，收集信息、录入信息、审核信息、加工信息、信息传输和发布的工作流程；工程档案管理的工作流程等。

4. 建立建设项目信息管理的处理平台

由于建设项目大量数据处理的需要，在当今的时代应重视利用信息技术的手段进行信息管理。其核心的手段是基于网络的信息处理平台。

在传统工程建设模式中普遍存在的信息交流和沟通障碍及问题，不但严重地破坏了组织的有效性，大大降低了组织的工作效率，而且造成项目建设过程中的变更、返工、拖延、浪费、争议、索赔甚至诉讼等，最终导致工程建设成本增加，工期拖延，质量下降，甚至可能会造成整个建设项目建设的失败。

5. 建立工程项目信息中心

为确保信息管理工作的顺利进行，应设立工程项目信息中心。工程建设信息资源的组织和管理具有以下特征：在项目建设各阶段，项目建设参与各方都能随时随地获得所需要的各种项目信息；用基于虚拟现实的、仿真的建设项目模型指导项目建设的设计与施工全过程；在建设项目各组成部分之间、项目建设实施各阶段之间以及在建设参与方之间不再有分离现象；减少距离的影响，使项目团队成员相互进行信息交流和沟通时有同处一地的感觉；对信息的产生、保存及传播进行有效管理。

# 第五章　相关法律法规

## 第一节　合　同　法

### 一、合同的订立

#### (一)合同的概念

合同是平等主体的自然人、法人、其他组织之间设立、变更、终止民事权利义务关系的协议。合同作为一种协议,其本质是一种合意,必须是两个以上意思表示一致的民事法律行为。合同当事人做出的意思表示必须合法,这样才具有法律约束力。

合同是当事人合法的行为。合同中所确立的权利义务,必须是当事人依法可以享有的权利和能够承担的义务,这是合同具有法律效力的前提。如果在订立合同的过程中有违法行为,当事人不仅达不到预期的目的,还应根据违法情况承担相应的法律责任。

1.合同法的概念

合同法是调整平等主体的自然人、法人、其他组织之间在设立、变更、终止合同时所发生的社会关系的法律规范总称。我国实行改革开放以来,一直十分重视合同法的立法工作。为了满足我国发展社会主义市场经济的需要,1999年3月15日,第九届全国人大第二次会议通过了《中华人民共和国合同法》(以下简称"《合同法》"),于1999年10月1日起施行,原有的三部合同法(《经济合同法》、《技术合同法》、《涉外经济合同法》)同时废止。

2.合同的分类

从不同的角度可以对合同做出不同的分类。

(1)合同法的基本分类。《合同法》分则部分将合同分为15类:买卖合同,供用电、水、气、热力合同,赠予合同,借款合同,租赁合同,融资租赁合同,承揽合同,建设工程合同,运输合同,技术合同,保管合同,仓储合同,委托合同,行纪合同,居间合同。

(2)其他分类。合同的其他分类主要有以下几种:

①计划与非计划合同。计划合同是依据国家有关计划签订的合同;非计划合同则是当事人根据市场需求和自己的意愿订立的合同。

②双务合同与单务合同。双务合同是当事人双方相互享有权利和相互负有义务的合同;单务合同是指合同当事人双方并不相互享有权利、负有义务的合同。

③诺成合同与实践合同。诺成合同是当事人意思表示一致即可成立的合同;实践合同则要求在当事人意思表示一致的基础上,还必须交付标的物或者其他给付义务的合同。

④主合同与从合同。主合同是指不依赖其他合同而独立存在的合同;从合同是以主合同

的存在为存在前提的合同。主合同的无效、终止将导致从合同的无效、终止,但从合同的无效、终止不能影响主合同。担保合同是典型的从合同。

⑤有偿合同与无偿合同。有偿合同是指合同当事人双方任何一方均需给予另一方相应的权益方能取得自己利益的合同。而无偿合同的当事人一方无须给予相应权益即可从另一方取得利益。在市场经济中,绝大部分合同都是有偿合同。

⑥要式合同与不要式合同。如果法律要求必须具备一定形式和手续的合同,称为要式合同;反之,法律不要求具备一定形式和手续的合同,称为不要式合同。

3. 合同法的基本原则

(1)平等原则。合同当事人的法律地位平等,一方不得将自己的意志强加给另一方。合同当事人不论是自然人,还是法人,也不论其经济实力和经济成分如何,其法律地位无高低之分,即享有民事权利和承担民事义务的资格是平等的。当事人只有在平等的基础上,才有可能经过协商,达成意思表示一致的协议。

(2)自愿原则。当事人有订立合同或不订立合同的权利,以及选择合同相对人、确定合同内容和合同形式的权利。一方不得将自己的意志强加给对方,其他民事主体乃至国家机关不得对当事人订立合同进行非法干预。

(3)公平原则。当事人订立和履行合同时,应根据公平的要求约定各自的权利和义务,正当行使合同权利和履行合同义务,兼顾他人利益。对于显失公平的合同,当事人一方有权请求人民法院或仲裁机构变更或撤销。

(4)诚实信用原则。当事人在订立合同时要诚实,真实地向对方当事人介绍与合同有关的情况,不得有欺诈行为;合同生效后,要守信用,积极履行合同义务,不得擅自变更和解除合同,也不能任意违约。

(5)守法原则。当事人订立合同、履行合同,应当遵守法律、行政法规,尊重社会公德,不得扰乱社会经济秩序,损害社会公共利益。

### (二)合同的订立

1. 合同的形式

当事人订立合同,有书面形式、口头形式和其他形式。法律法规规定采用书面形式的,或当事人约定采用书面形式的,应当采用书面形式。

(1)书面形式

书面形式是指合同书、信件和数据电文(包括电报、电传、传真、电子数据交换和电子邮件)等可以有形地表现所载内容的形式。书面合同是实践中广泛采用的一种合同形式。建设工程合同应当采用书面形式。

①合同书,是合同中常见的一种。合同书有标准合同书与非标准合同书之分。标准合同书是指合同条款由当事人一方预先拟定,对方只能表示同意或者不同意的合同书,也即格式条款合同;非标准合同书是指合同条款完全由当事人双方协商一致所签订的合同书。

②信件,是当事人就要约与承诺的内容相互往来的普通信函。信件的内容一般记载于纸张上,因而也是书面形式的一种。

③数据电文,包括电报、传真、电子数据交换和电子邮件等。其中,电报和传真是通过电子

方式来传递信息的,它们的最终传递结果总是产生一份书面材料。而电子数据交换和电子邮件虽然也是通过电子方式传递信息,可以产生以纸张为载体的书面资料,但也可以被储存在磁带、磁盘或接收者选择的其他非纸张的中介物上。

(2)口头形式

口头形式是指当事人用谈话的方式订立的合同,如当面交谈、电话联系等。口头合同形式一般运用于标的数额较小和即时结清的合同。

(3)其他形式

其他形式是指除书面形式、口头形式以外的方式来表现合同内容的形式。主要包括默示形式和推定形式。默示形式是指当事人既不用口头形式、书面形式,也不用实施任何行为,而是以消极的不作为的方式进行的意思表示。默示形式只有在法律有特别规定的情况下才能运用。推定形式是指当事人不用语言、文字,而是通过某种有目的的行为表达自己意思的一种形式,从当事人的积极行为中,可以推定当事人已进行意思表示。

2. 合同订立的程序

订立合同的过程,就是双方当事人采用要约和承诺方式进行协商的过程。要约和承诺,是达成合意的方式。《合同法》第 13 条规定"当事人订立合同,采取要约、承诺方式。"合同作为关于债的合意,往往一方提出要约,另一方又提出新要约,反复多次最后有一方完全接受了对方的要约,这样才能使合同得以成立。合同的成立需要经过要约和承诺两个阶段,被称为合同订立的程序。

1)要约

要约,在许多场合又称为发价、发盘。《合同法》第 14 条对要约的定义是:要约是希望和他人订立合同的意思表示。该定义强调了要约追求合同成立的目的,没有限定受要约人是特定的当事人。因为,按照《合同法》第 15 条第 2 款,向不特定多数人发出的广告,也可以构成要约。

(1)要约有效的条件。要约应当符合如下规定:①内容具体确定;②表明经受要约人承诺,要约人即受该意思表示约束。也就是说,要约必须是特定人的意思表示,必须是以缔结合同为目的,必须具备合同的主要条款。

有些合同在要约之前还会有要约邀请。所谓要约邀请,是希望他人向自己发出要约的意思表示。要约邀请并不是合同成立过程中的必经过程,它是当事人订立合同的预备行为,这种意思表示的内容往往不确定,不含有合同得以成立的主要内容和相对人同意后受其约束的表示,在法律上无须承担责任。寄送的价目表、拍卖公告、招标公告、商业广告等为要约邀请。商业广告的内容符合要约规定的,视为要约。

(2)要约的生效。要约到达受要约人时生效。如采用数据电文形式订立合同,收件人指定特定系统接收数据电文的,该数据电文进入该特定系统的时间,视为到达时间;未指定特定系统的,该数据电文进入收件人的任何系统的首次时间,视为到达时间。

(3)要约的撤回。要约的撤回是指要约人阻止要约发生效力的意思表示。我国对要约的生效采取到达主义。《合同法》第 17 条规定:"要约可以撤回。撤回要约的通知应当在要约到达受要约人之前或者与要约同时到达受要约人。"要约撤回有两种情况。其一,撤回通知先于要约到达受要约人,此时不会给受要约人造成任何损害,自应允许以撤回通知时取消要约,要约不发生效力。其二,撤回通知与要约同时到达受要约人,此时,受要约人也不会因信赖要约而行事,不会产生损害,撤回通知也足以抵销要约。在要约生效前对发送的要约的修改,其效果等于原要约撤回,新要约产生。比如,甲方对乙方发出要约,要以 4 700 元/t 的价格出卖 1 000t钢材,在要约生效之前,甲方又发出通知把 4 700/t 改成 4 800/t。这就等于以新要约撤回了旧要约。

(4)要约的撤销。要约的撤销是要约人消灭要约效力的意思表示。《合同法》第 18 条规定:"要约可以撤销,撤销要约的通知应当在受要约人发出承诺通知之前到达受要约人。"要约的撤销采用通知的方式。在要约生效后、承诺生效前对要约的修改,其效果等于旧要约撤销,新要约产生。要约到达受要约人后,要约对要约人产生约束力,此时不发生撤回的问题,但要约人尚有可能撤销要约。

但有下列情形之一的,要约不得撤销:

①要约人确定了承诺期限或者以其他形式明示要约不可撤销。

②受要约人有理由认为要约是不可撤销的,并已经为履行合同做了准备工作。

(5)要约的失效。《合同法》第 20 条规定,有下列情形之一的,要约失效:

①拒绝要约的通知到达要约人。受要约人在要约规定的承诺期之前,就明示予以拒绝,此时要约提前失去约束力。

②要约人依法撤销要约。在符合撤销条件时,要约人可以撤销要约,被撤销的要约是一个已经生效的要约,被撤回的要约是尚未生效的要约。

③承诺期限届满,受要约人未做出承诺。要约期限届满而未获得承诺,受要约人以沉默的方式表示拒绝,即受要约人在规定的期限内未予以答复,此时要约效力终止,不能自动延伸。

④受要约人对要约的内容做出实质性变更。受要约人对要约的内容做出实质性的变更,说明受要约人提出了新要约(《合同法》第 30 条),新要约意味着对原要约的拒绝,使要约失去效力。双方当事人的主体地位发生变化,原受要约人成为要约人,原要约人成为受要约人。

2)承诺

承诺是受要约人同意要约的意思表示,是指受要约人接受要约中的全部条款,向要约人做出的同意按要约成立合同的意思表示。承诺与要约结合,方能构成合同。《合同法》第 21 条规定:"承诺是受要约人同意要约的意思表示。"要约是一个诺言,承诺也是一个诺言,一个诺言代表一项债务,两个诺言取得了一致,就构成了一个合同。承诺有以下特征:

①承诺必须由受要约人做出。

②承诺只能向要约人做出。

③承诺的内容应当与要约的内容一致。

④承诺必须在承诺期限内发出。

(1)承诺的期限。承诺应当在要约确定的期限内到达要约人。要约没有确定承诺期限的,承诺应当依照下列规定到达:①除非当事人另有约定,以对话方式做出的要约,应当即时做出承诺;②以非对话方式做出的要约,承诺应当在合理期限内到达。

《合同法》第 24 条规定:"以信件或者电报做出的要约,承诺期限自信件载明的日期或者电报交发之日开始计算。信件未载明日期的,自投寄该信件的邮戳日期开始计算。以电话、传真等快速通信方式做出的要约,承诺期限自要约到达受要约人时开始计算。"

(2)承诺的生效。承诺通知到达要约人时生效。承诺不需要通知的,根据交易习惯或者要约的要求做出承诺的行为时生效。采用数据电文形式订立合同的,承诺到达的时间适用于要约到达受要约人时间的规定。

(3)承诺的撤回。承诺可以撤回,撤回承诺的通知应当在承诺通知到达要约人之前或者与承诺通知同时到达要约人。

(4)逾期承诺。受要约人超过承诺期限发出承诺的,除要约人及时通知受要约人该承诺有效的以外,为新要约。

(5)要约内容的变更。承诺的内容应当与要约的内容一致。有关合同标的、数量、质量、价款或者报酬、履行期限、履行地点和方式、违约责任和解决争议方法等的变更,是对要约内容的实质性变更。受要约人对要约的内容做出实质性变更的,为新要约。

3)合同的内容

合同法规定了合同一般应当包括的条款,但具备这些条款不是合同成立的必备条件。

(1)当事人的名称或者姓名和住所。明确合同主体,对了解合同当事人的基本情况,合同的履行和确定诉讼管辖具有重要的意义。合同当事人包括自然人、法人、其他组织。

(2)标的。标的是合同当事人双方权利和义务共同指向的对象。标的表现形式为物、劳务、行为、智力成果、工程项目等。

(3)数量。数量是衡量合同标的多少的尺度,是以数字和其他计量单位表示的尺度。

(4)质量。质量是标的的内在品质和外观形态的综合指标。合同对质量标准的约定应当是准确而具体的,对于技术上较为复杂的和容易引起歧义的词语、标准,应当加以说明和解释。对于强制性的标准,当事人必须执行,合同约定的质量不得低于该强制性标准。对于推荐性的标准,国家鼓励采用。

(5)价款或者报酬。价款或者报酬是当事人一方向交付标的的另一方支付的货币。标的物的价款由当事人双方协商,但必须符合国家的物价政策,劳务酬金也是如此。合同条款中应写明有关银行结算和支付方法的条款。

(6)履行的期限、地点和方式。履行的期限是当事人各方依照合同规定全面完成各自义务的时间,包括合同的签订期、有效期和履行期。履行的地点是指当事人交付标的和支付价款或酬金的地点,包括标的的交付、提取地点;服务、劳务或工程项目建设的地点;价款或劳务的结算地点。履行的方式是指当事人完成合同规定义务的具体方法,包括标的的交付方式和价款或酬金的结算方式。

(7)违约责任。违约责任是任何一方当事人不履行或者不适当履行合同规定的义务而应当承担的法律责任。当事人可以在合同中约定,一方当事人违反合同时,向另一方当事人支付一定数额的违约金;或者约定违约损害赔偿的计算方法。

(8)解决争议的方法。在合同履行过程中不可避免地会产生争议,为使争议发生后能够有一个双方都能接受的解决办法,应当在合同条件中对此作出规定。

4)关于格式条款

格式条款是指当事人为了重复使用而预先拟定,在订立合同时未与对方协商的条款。

(1)格式条款提供者的义务。由于格式条款的提供者往往在经济地位方面具有明显的优势,在行业中居于垄断地位,因而导致其在拟订格式条款时,会更多地考虑自己的利益,而较少考虑另一方当事人的权利或者附加种种限制条件。为此,提供格式条款的一方应当遵循公平的原则确定当事人之间的权利义务关系,并采取合理的方式提请对方注意免除或限制其责任的条款,按照对方的要求,对该条款予以说明。

(2)格式条款无效。提供格式条款一方免除自己责任、加重对方责任、排除对方主要权利的,该条款无效。此外,《合同法》规定的合同无效的情形,同样适用格式合同条款。

(3)格式条款的解释。对格式条款的理解发生争议的,应当按照通常理解予以解释。对格式条款有两种以上解释的,应当做出不利于提供格式条款一方的解释。格式条款和非格式条款不一致的,应当采用非格式条款。

5)订约责任

订约过错责任。在合同的订立过程中,不论合同成立与否,当事人如果违背诚实信用原则,在合同订立过程中有过错,给对方造成损失的,也应承担相应的赔偿责任。当事人在订立合同过程中有下列情形之一,给对方造成损失的,应当承担损害赔偿责任:

①假借订立合同,恶意进行磋商。

②故意隐瞒与订立合同有关的重要事实或提供虚假情况。

③有其他违背诚实信用原则的行为。

6)订约保密责任

当事人在订立合同过程中知悉的商业机密,无论合同是否成立,不得泄露或者不正当使用。泄露或者不正当使用该商业秘密给对方造成损失的,应当承担损害赔偿责任。

## 二、合同效力

### 1.合同的生效

(1)合同生效应当具备的条件。合同生效是指合同对双方当事人的法律约束力的开始。合同生效应当具备下列条件:

①当事人具有相应的民事权利能力和民事行为能力。

②意思表示真实。

③不违反法律或者社会公共利益。

(2)合同的生效时间。一般来说,依法成立的合同,自成立时生效。具体地讲,口头合同自受要约人承诺时生效;书面合同自当事人双方签字或者盖章时生效;法律规定应当采用书面形式的合同,当事人虽然未采用书面形式但已经履行全部或者主要义务的,可以视为合同有效。

当事人可以对合同生效约定附条件或者约定附期限。附条件的合同,包括附生效条件的合同和附解除条件的合同两类。①附生效条件的合同,自条件成就时生效;②附解除条件的合同,自条件成就时失效。附条件的合同一经成立,在条件成就前,当事人对于所约定的条件是否成就,应当听其自然发展。

### 2.涉及代理的合同效力

当合同具备生效条件,代理行为符合法律规定,授权代理人在授权范围内订立的合同当然有效。但在有些情况下,涉及代理的合同效力则十分复杂。

(1)限制民事行为能力人订立的合同。无民事行为能力人不能订立合同,限制行为能力人一般情况下不能独立订立合同。限制民事行为能力的人订立的合同,经法定代理人追认以后,合同有效。

(2)无权代理。无权代理的行为人以被代理人的名义订立的合同,未经被代理人追认,对被代理人不发生效力,由行为人承担责任。相对人可以催告被代理人在一个月内予以追认。被代理人未作表示的,视为拒绝追认。

(3)表见代理。表见代理是善意相对人通过被代理人的行为足以相信无权代理人具有代理权的代理。基于此项信赖,该代理行为有效。善意第三人与无权代理人进行的交易行为(订立合同),其后果由被代理人承担。表见代理的规定,其目的是保护善意的第三人。表见代理一般应当具备以下条件:

①表见代理人并未获得被代理人的授权,是无权代理。

②客观上存在让相对人相信行为人具备代理权的理由。

③相对人善意且无过失。

3. 无效合同

无效合同是指当事人违反了法律规定的条件而订立的,国家不承认其效力,不给予法律保护的合同。无效合同从订立之时起就没有法律效力。

(1)无效合同的情形。有下列情形之一的合同无效:

①一方以欺诈、胁迫的手段订立合同,损害国家利益。

②恶意串通,损害国家、集体或第三人利益的。

③以合法活动掩盖非法目的。

④损害社会公共利益。

⑤违反法律、行政法规的强制规定。

(2)合同部分条款无效的情形。合同中的下列免责条款无效:

①造成对方人身伤害的。

②因故意或者重大过失造成对方财产损失的。

上述两种免责条款具有一定的社会危害性,双方即使没有合同关系也可以追究对方的侵权责任。因此这两种免责条款无效。

无效合同的确认权归人民法院或仲裁机构,其他任何机构均无权确认合同无效。

4. 可变更或可撤销的合同

可变更、可撤销的合同是指欠缺生效条件,但一方当事人可依照自己的意思使合同的内容变更或者使合同的效力归于消灭的合同。可变更、可撤销的合同不同于无效合同,当事人提出请求是合同被变更、撤销的前提。当事人如果只要求变更合同,人民法院或仲裁机构不得撤销其合同。

(1)可变更或可撤销合同的情形。《合同法》第52条规定有下列情形之一的,当事人一方有权请求人民法院或仲裁机构变更或撤销其合同:

①因重大误解而订立的。

②在订立合同时显失公平的。

一方以欺诈、胁迫等手段或乘人之危,使对方在违背真实意思的情况下订立的合同,受损害方有权请求人民法院或仲裁机构变更或者撤销。

(2)撤销权的消灭。由于可撤销的合同只是涉及当事人意思表示不真实的问题,因此法律对撤销权的行使有一定的限制。有下列情形之一的,撤销权消灭:

①具有撤销权的当事人自知道或应当知道撤销事由之日起1年内没有行使撤销权。

②具有撤销权的当事人知道撤销事由后明确表示或以自己的行为放弃撤销权。

(3)合同无效和被撤销后的法律后果。无效合同或被撤销的合同自始没有法律约束力。合同部分无效,不影响其他部分效力的,其他部分仍然有效。合同无效、被撤销或终止的,不影响合同中独立存在的有关解决争议方法的条款的效力。

合同被确认无效和被撤销后,合同规定的权利义务即为无效。履行中的合同应当终止履行,尚未履行的不得继续履行。对因履行无效合同和被撤销合同而产生的财产后果应当依法进行处理:

①返还财产。由于无效合同或被撤销的合同自始没有法律约束力,因此,返回财产是处理无效合同和可撤销合同的主要方式。

②赔偿损失。合同被确认无效或被撤销后,有过错的一方应赔偿对方因此而受到的损失。如果双方都有过错,应当根据过错的大小各自承担相应的责任。

③追缴财产,收归国有。双方恶意串通,损害国家或第三人利益的,应将双方取得的财产收归国库或返还第三人。无效和可撤销合同不影响善意第三人取得合法权益。

## 三、合同履行

合同履行是指合同各方当事人按照合同的规定,全面履行各自的义务,实现各自的权利,使各方的目的得以实现的行为。合同依法成立,当事人就应当按照合同的约定,全部履行自己的义务。合同的履行以有效的合同为前提和依据,因为无效合同从订立之时起就没有法律效力,不存在合同履行的问题。

### 1.合同履行的原则

(1)全面履行原则。当事人应当按照约定全面履行自己的义务,即按合同约定的标的、价款、数量、质量、地点、期限、方式等全面履行各自的义务。按照约定履行自己的义务,既包括全面履行义务,也包括正确适当履行合同义务。

(2)诚实信用原则。当事人应当遵循诚实信用原则,根据合同性质、目的和交易习惯履行通知、协助和保密的义务。当事人首先要保证自己全面履行合同约定的义务,并为对方履行创造条件。当事人双方应关心合同履行情况,发现问题应及时协商解决。一方当事人在履行过程中发生困难,另一方当事人应在法律允许的范围内给予帮助。在合同履行过程中应信守商业道德,保守商业秘密。

### 2.合同履行的一般规定

合同生效后,当事人就质量、价款或者报酬、履行地点等内容没有约定或者约定不明的,可以协议补充;不能达成补充协议的,按照合同有关条款或者交易习惯确定。如果按照上述办法仍不能确定合同如何履行的,适用下列规定进行履行:

①质量要求不明的,按国家标准、行业标准履行;没有国家、行业标准的,按通常标准或者符合合同目的的特定标准履行。

②价款或报酬不明的,按订立合同时履行地的市场价格履行;依法应当执行政府定价或政

府指导价的,按规定履行。

③履行地点不明确的,给付货币的,在接收货币一方所在地履行;交付不动产的,在不动产所在地履行;其他标的在履行义务一方所在地履行。

④履行期限不明确的,债务人可以随时履行,债权人也可以随时要求履行,但应当给对方必要的准备时间。

⑤履行方式不明确的,按照有利于实现合同目的的方式履行。

⑥履行费用的负担不明确的,由履行义务一方承担。

合同在履行中既可能是按照市场行情约定价格,也可能执行政府定价或政府指导价。如果是按照市场行情约定价格履行,则市场行情波动不应影响合同价,执行原合同价格。

如果执行政府定价或政府指导价的,在合同约定的交付期限内政府价格调整时,按照交付时的价格计价。逾期交付标的物的,遇价格上涨时按照原价格执行;遇价格下降时,按新价格执行。逾期提取标的物或者逾期付款的,遇价格上涨时,按新价格执行;价格下降时,按原价格执行。

3.第三人履行合同

第三人履行合同包括债务人向第三人履行债务和第三人向债权人履行债务两种情况。

(1)债务人向第三人履行债务。债务人向第三人履行债务是指债务人本应向债权人履行义务,但由于债权人与债务人经过约定由债务人向第三人履行债务,但原债权人的地位不变。当事人约定由债务人向第三人履行债务,债务人未向第三人履行债务或者履行债务不符合约定,应当向债权人承担违约责任。

债务人向第三人履行债务,但第三人仍不是合同的当事人。合同当事人需协商同意由第三人接受履行,向第三人的履行原则上不能增加履行难度和履行费用。

(2)第三人向债权人履行债务。第三人向债权人履行债务是指经当事人约定由第三人代替债务人履行债务。当事人约定由第三人向债权人履行债务的,第三人不履行债务或者履行债务不符合约定的,债务人应当向债权人承担违约责任。

第三人向债权人履行债务,第三人也不是合同的当事人。但这种代替履行的行为必须征得债权人的同意,并且对债权人没有不利的影响。

4.合同履行中的抗辩权

抗辩权是指双方在合同的履行中,都应当履行自己的债务,一方不履行或者有可能不履行时,另一方可以据此拒绝对方的履行要求。

(1)同时履行抗辩权。当事人互负债务,没有先后履行顺序的,应当同时履行。同时履行抗辩权包括:一方在对方履行之前有权拒绝其履行要求;一方在对方履行债务不符合约定时,有权拒绝其相应的履行要求。

同时履行抗辩权的适用条件是:

①由同一双务合同产生互负的对价给付债务。

②合同中未约定履行的顺序。

③对方当事人没有履行债务或没有正确履行债务。

④对方的对价给付是可能履行的义务。

所谓对价给付是指一方履行的义务和对方履行的义务之间具有互为条件、互为牵连的关系并且在价格上基本相等。

(2)先履行抗辩权。《合同法》第67条规定:“当事人互负债务,有先后履行顺序,先履行一方未履行的,后履行一方有权拒绝其履行要求。先履行一方履行债务不符合约定的,后履行一方有权拒绝其相应的履行要求。”先履行抗辩权的适用条件是:

①由同一双务合同产生互负的对价给付债务;

②合同中约定了履行的顺序;

③应当先履行的合同当事人没有履行债务或没有正确履行债务;

④应当先履行的对价给付是可能履行的义务。

**【例5-1】** 甲方于2010年1月将某桥梁工程发包给乙方,在建设工程合同中约定:甲方负责“三通一平”(通水、通电、通路,工地上住户迁走),“三通一平”于2010年6月完成,乙方2011年8月交工。但甲方“三通一平”工作,至2010年9月才完成,乙方公司此时得以进入工地。至2011年10月,乙方才交工。请问,乙方是否承担违约责任。

**答:**乙方不承担违约责任。乙方有权顺延工期(行使履行抗辩权)。《合同法》第283条规定:“发包人未按照约定的时间和要求提供原材料、设备、场地、资金、技术资料的,承包人可以顺延工程日期,并有权要求赔偿停工、窝工等损失。”顺延工程日期,是行使履行抗辩权的一种方式。行使履行抗辩权,不影响追究对方违约责任的权利。

(3)不安抗辩权。不安抗辩权是指合同中约定了履行的顺序,合同成立后发生了应当后履行合同一方财务状况恶化的情况,应当先履行合同的一方在对方未履行或提供担保前有权拒绝先为履行。设立不安抗辩权的目的在于,预防合同成立后情况发生变化而损害合同另一方的利益。

应当先履行合同的一方有确切证据证明对方有下列情形之一的,可以中止履行:①经营状况严重恶化;②转移财产、抽逃资金,以逃避债务的;③丧失商业信誉;④有丧失或可能丧失履行债务能力的其他情形。

当事人中止履行合同的,应当及时通知对方,对方提供适当的担保时应恢复履行。中止履行后,对方在合理的期限内未恢复履行能力且未提供适当的担保,中止履行的一方可以解除合同。当事人没有确切证据就中止履行合同的应承担违约责任。

**【例5-2】** 甲方、乙方在1月20日签订了合同,由甲方卖给乙方一台价款为320万元的机器,交货时间为1月23日,付款时间为2月25日。1月23日甲方交货后,乙方认为机器质量很好,又于1月25日与乙方签订合同,再购买一台机器。发货日期为3月25日。至3月25日,甲方公司可以乙方公司未支付第一份合同的货款为由拒绝第二份合同的发货,因为乙方欠缺商业信用。

(4)代位权。代位权是指债务人怠于行使其对第三人(次债务人)享有的到期债权,而有害于债权人的债权时,债权人为保障自己的债权而以自己的名义行使债务人对次债务人的债权的权利。《合同法》第73条规定:“因债务人怠于行使其到期债权,对债权人造成损害的,债权人可以向人民法院请求以自己的名义代位行使债务人的债权,但该债权专属于债务人自身的除外。代位权的行使范围以债权人的债权为限。债权人行使代位权的必要费用,由债务人负担。”具体地说,债权人行使代位权,是以自己作为原告,以次债务人为被告,要求次债务人对债务人履行到期债务,直接向自己履行。

债权人可以越过债务人以原告名义直接起诉次债务人,获得债权的清偿。因此,代位权对解决三角债、连环债,维护债权人的利益,维护交易安全具有重要的作用。代位权行使的结果,使债权人直接获得清偿。

**【例 5-3】** 甲方向乙方提供了 200 万元的借款,丙方又欠乙方 300 万元工程款。甲方不是金融企业,无权放贷,按照目前的规定,甲乙之间的合同是无效的,利息应当给予追缴,但乙方对于本金是应当返还的。甲方向乙方索取 200 万元的本金是合法的。这样,甲方行使代位权就有了前提。甲方可以起诉丙方,要求丙方直接向自己清偿 200 万元。

## 四、合同变更

1. 合同的变更

合同变更有狭义和广义之分。狭义的变更是指合同内容的某些变化,是在主体不变、标的不变、法律性质不变的条件下,在合同没有履行或没有完全履行之前,由于一定的原因,由当事人对合同约定的权利义务进行局部调整。这种调整,通常表现为对合同某些条款的修改或补充。如买卖合同标的物数量的增加或减少,交货时间的提前、延期,运输方式和交货地点改变等都可视为合同的变更。

广义的合同变更,除包括合同内容的变更以外,还包括合同主体的变更,即由新的主体取代原合同的某一主体,这实质上是合同的转让。合同内容的变更,是当事人之间民事关系的某种变化,它是本质意义上的变更;而合同主体的变更,则是合同某一主体与新的主体建立民事权利义务关系,因此,它不是本质意义上的变更。

合同变更,通常要遵循一定的程序或依据某项具体原则或标准。协商一致是合同变更的必要条件,任何一方都不得擅自变更合同。这些程序、原则、标准等可以在订立合同时约定,也可以在合同订立后约定。有些合同需要有关部门的批准或登记。《合同法》第 77 条第 2 款规定:“法律、行政法规规定变更合同应当办理批准、登记等手续的,依照其规定。”有效的合同变更必须要有明确的合同内容的变更。如果当事人对合同的变更约定不明确,视为没有变更。合同变更后原合同债消灭,产生新的合同债。因此,合同变更后,当事人不得再按原合同履行,而须按变更后的合同履行。

2. 合同的转让

合同转让是指合同一方将合同的权利、义务全部或部分转让给第三人的法律行为。合同的转让,体现了债权债务关系是动态的财产关系这一特性。合同的转让包括债权转让和债务承担两种情况,当事人也可将权利、义务一并转让。

(1)债权转让。债权转让是指合同债权人通过协议将其债权全部或部分转让给第三人的行为。债权人可以将合同的权利全部或部分转让给第三人。《合同法》第 87 条规定“法律、行政法规规定转让权利或者转让义务应当办理批准、登记等手续的,依照其规定。”但下列情形债权不可以转让:

①根据合同性质不得转让。如对公益事业的赠予合同,受赠人不能将债权转让。

②根据当事人约定不得转让。

③依照法律规定不得转让。如《担保法》第 50 条规定:抵押权不得与债权分离而单独

转让。

《合同法》第 80 条、第 84 条规定，债权人转让债权，是依法转让、是通知转让，而债务人转让债务须得到债权人的许可。未通知的，该转让对债务人不发生效力。且转让权利的通知不得撤销，除经受让人同意。

(2)债务承担。债务承担是指债务人将合同的义务全部或部分转移给第三人的情况。债务人将合同的义务全部或部分转移给第三人的必须经债权人同意；否则，这种转移不发生法律效力。

(3)权利和义务同时转让。当事人一方经对方同意，可以将自己在合同中的权利和义务一并转让给第三人。当事人订立合同后合并的，合并后的法人或其他组织行使合同权利，履行合同义务。当事人订立合同后分立的，除债权人和债务人另有约定外，由分离的法人或其他组织对合同的权利和义务享有连带债权，承担连带债务。

合同的转让，与合同的第三人履行或接受履行不同，第三人并不是合同的当事人，他只是代债务人履行义务或代债权人接受义务的履行。合同责任由当事人承担而不是由第三人承担。合同转让时，第三人成为合同的当事人。合同转让，虽然在合同内容上没有发生变化，但出现了新的债权人或债务人，故合同转让的效力在于成立了新的法律关系，即成立了新的合同，原合同应归于消灭，由新的债务人履行合同，或者由新的债权人享受权利。

## 五、合同终止

1. 合同终止的概念

合同终止是指当事人之间根据合同确定的权利义务在客观上不复存在。合同终止是随着一定法律事实发生而发生的，是合同关系的消灭，不可能恢复。合同的权利义务终止后，当事人应当遵循诚实信用的原则。根据交易习惯履行通知、协助、保密等义务。权利义务的终止不影响合同中结算和清理条款的效力。

2. 合同终止的原因

我国《合同法》第 91 条规定："有下列情形之一的，合同的权利义务终止：①债务已经按照约定履行；②合同解除；③债务相互抵销；④债务人依法将标的物提存；⑤债权人免除债务；⑥债权债务同归一方；⑦法律规定或者当事人约定终止的其他情形。"

(1)债务已按照约定履行。债务已按照合同的约定履行即是债的清偿，是按照合同约定实现债权目的的行为。清偿是合同的权利义务终止的最主要和最常见的原因。清偿一般由债务人为之，但不以债务人为限，也可能由债务人的代理人或第三人进行合同的清偿。

(2)合同解除。合同解除是指对已经发生法律效力，但尚未履行或尚未完全履行的合同，因当事人一方的意思表示或双方的协议而使债权债务关系提前归于消灭的行为。合同解除可分为约定解除和法定解除两类。

约定解除是当事人通过行使约定的解除权或双方协商决定而进行的合同解除。当事人协商一致可以解除合同，即合同的协商解除。当事人也可以约定一方解除合同的条件，解除合同条件成就时，解除权人可以解除合同，即合同约定解除权的解除。

法定解除是解除条件直接由法律规定的合同解除。当法律规定的解除条件具备时，当事人可以解除合同。它与合同约定解除权的解除都是具备一定解除条件时，由一方行使解除权；

区别则在于解除条件的来源不同。有下列情形之一的,当事人可以解除合同:

①因不可抗力致使不能实现合同目的的。不可抗力往往导致合同当事人无法履行合同义务,这种无法履约不是当事人的过错引起的,受不可抗力影响一方可以解除合同。

②在履行期限届满之前,当事人一方明确表示或以自己的行为表明不履行主要债务。

③当事人一方延迟履行主要债务,经催告后在合理的期限内仍未履行。主要债务是指合同规定的具有重要地位的、决定合同性质的合同义务。主要债务的不履行将导致合同的根本目的没有实现。在这种情况下,没有违约一方可以解除合同。

④当事人一方延迟履行债务或有其他违法行为,致使不能实现合同目的。不能实现合同目的的违约属于根本违约,没有违约一方可以解除合同。

⑤法律规定的其他情形的。

**【例5-4】** 甲方定于4月12日举办中学生运动会,其与乙方订立承揽合同,要求乙方将特制的在运动会开幕式上使用的彩旗于4月11日前送到。至4月11日,乙方没有送货,甲方了解到乙方还没有将旗帜制好,根本不能保证4月12日的使用。遂通知乙方解除合同,并要求赔偿损失。此例中,甲方解除合同不需要事先经过催告程序。

(3)债务相互抵消。债务相互抵消是指两个人彼此互负债务,各以其债权充当债务的清偿,使双方的债务在等额范围内归于消灭。债务抵消可以分为约定债务抵消和法定债务抵消两类。

(4)债务人依法将标的物提存。标的物提存是指由于债权人的原因致使债务人无法向其交付标的物,债务人可以将标的物交给有关机关保存,以此消灭合同的制度。因为债务的履行往往要有债权人的协助,如果出于债权人的原因致使债务人无法向其交付标的物,仅仅要求债权人承担违约责任,将使债务人长期处于合同不合理的约束之下。此时,债务人将标的物提存后,合同的权利义务即告终止。我国目前的提存机构为公证机构。有下列情况,难以履行债务的,债务人可以将标的物提存:

①债权人无正当理由拒绝领受。

②债权人下落不明。

③债权人死亡未确定继承人或丧失民事行为能力未确定监护人。

④法律规定的其他情形。

标的物不适用于提存,或提存费用过高的,债务人依法可以拍卖或变卖标的物,提存所得的价款。标的物提存后,除债权人下落不明外,债务人应当及时通知债权人或其继承人、监护人。

(5)债权债务同归一方。债权债务同归一方也称混同,是指债权债务同归于一人而导致合同权利义务归于消灭的情况。但是,在合同标的物上设有第三人利益的,如债权上设有抵押权,则不能混同。混同是一种事实,无须任何意思表示。

(6)债权人免除债务。指债权人免除债务人的债务,即债权人以消灭债务人的债务为目的而抛弃债权的意思表示。债权人免除债务人部分或全部债务的,合同的权利义务部分或全部终止。免除债务是一种民事法律行为,必须有抛弃的意思表示而不能以事实行为的方式做出。免除是一种无偿行为,必须以债权债务关系消灭为内容。

(7)合同的权利义务终止的其他情形。除上述原因外,法律规定或当事人约定合同终止的其他情形出现时,合同也告终止。如时效(取得时效)的期满、合同的撤销、作为合同主体的自然人死亡而其债务又无人承担等。

## 六、违约责任

1. 违约责任的概念

违约责任是指当事人任何一方不能履行或履行合同不符合约定而应当承担的法律责任。违约行为的表现形式包括不履行和不适当履行。不履行是指当事人不能履行或拒绝履行合同义务。不能履行合同的当事人一般也应承担违约责任。《合同法》第 107 条规定:当事人一方不能履行合同义务或者履行合同义务不符合约定的,应当承担继续履行、采取补救措施或者赔偿损失等违约责任。上述继续履行、采取补救措施或者赔偿损失等,都属于财产责任。违约责任是违反有效合同构成的责任。未成立的合同、无效合同,被撤销的合同以及效力未定的合同(可追认的合同)未被追认时均不产生违约责任。

2. 承担违约责任的条件和原则

(1)承担违约责任的条件。当事人承担违约责任的条件是指当事人承担违约责任应具备的要件:①有违约行为。违约行为包括不履行和履行不符合约定。违约行为可以是预期违约(参见《合同法》第 94 条第 2 项和第 108 条的规定),也可以是届期违约。②无免责事由。未按合同履行,但有免责事由,则不承担违约责任;未按合同履行,无免责事由则要承担违约责任。有无免责事由,由违约人举证。过错责任原则要求:当事人因过错违约而构成违约责任。据此,其构成要件有两个:其一,有违约行为;其二,有过错。免责事由分为法定的免责事由和约定的免责事由。约定免责事由属于当事人意思自治范畴。但约定免责,不得违反《合同法》第 53 条的规定。

违反合同而承担的违约责任,是以合同有效为前提的。当事人承担违约责任的前提,必须是违反了有效的合同或合同条款的有效部分。

(2)承担违约责任的原则。我国合同法规定的承担违约责任是以补偿性为原则。补偿性是指违约责任旨在补偿因违约行为造成的损失。对于财产损失的赔偿范围,我国合同法规定,赔偿损失额应相当于因违约行为所造成的损失,包括合同履行后可获得的利益。

但是,违约责任在有些情况下也具有惩罚性。如:合同约定了违约金,违约行为没有造成损失或损失小于约定的违约金。

3. 承担违约责任的方式

1)继续履行

继续履行是指违反合同的当事人不论是否承担了赔偿金或违约金责任,都必须根据对方的要求,在自己能够履行的条件下,对合同未履行的部分继续履行。承担赔偿金或违约金责任不能免除当事人的履约责任。特别是金钱债务,违约方必须继续履行,因为金钱是一般等价物,没有别的方式可以替代履行。

当事人一方不履行非金钱债务或履行非金钱债务不符合约定的,对方也可以要求继续履行。但有下列情形之一的除外。

(1)法律上或事实上不能履行

法律上不能履行主要有以下几种情况:①特定的标的物已经被他人善意取得;②强制实际履行侵害债务人的人身自由;③债务人破产; ④债务为自然债务;⑤实践合同约定的债务。因为实践合同通常是无偿合同,法律给无偿付出的一方以反悔权。

事实上不能的情况:事实上不能的情况主要是基于自然法则的不能履行。比如一幅古画已经被火烧成灰烬或已经丢失。这幅古画是独一无二的,无法替代的。因而,强制实际履行在事实上不能履行。

(2)债务的标的不适于强制履行或履行费用过高

**【例 5-5】** 甲应当卖给乙普通红砖 5 000 块,甲违约,乙向法院要求强制甲履行。但甲已经停炉烧砖,若甲对乙赔偿,则赔偿 50 万元(包括了可得利益),如甲实际履行,重新开炉烧砖,则需花费 150 万元。普通红砖在市场上可以轻易买到,此时应当判决赔偿,而不应当判决强制实际履行。这种情况下,也不宜判决甲方买来普通红砖送给乙,因为这样仍然增加费用。

(3)债权人在合理期限内未要求履行

债权人在合理的时间内没有要求履行,视为放弃了要求实际履行的权利。“合理的时间”,要根据具体情况来判断。如债权人甲要求债务人乙(果园主)交付 9t 苹果,但提出实际履行的要求时,季节已过。此时的要求不合理,不应当给予支持。不能把“合理的时间”理解为诉讼时效。

2)采取补救措施

所谓的补救措施主要是指我国民法通则和合同法中所确定的,在当事人违反合同的事实发生后,为防止损失发生或扩大,而由违反合同一方依照法律规定或约定采取的修理、更换、重新制作、退货、减少价格或报酬等措施,以给权利人弥补或挽回损失的责任形式。采取补救措施的责任形式,主要发生在质量不符合约定的情况下。

3)赔偿损失

当事人一方不履行合同义务或履行合同义务不符合约定,给对方造成损失的,应当赔偿对方的损失。这种方式是承担违约责任的主要方式。因为违约一般都会给当事人造成损失,赔偿损失是守约者避免损失的有效方式。

当事人一方不履行合同义务或履行合同义务不符合约定的,在履行义务或采取补救措施后,对方还有其他损失的,应承担赔偿责任。当事人一方违约后,对方应采取适当措施防止损失的扩大,没有采取措施致使损失扩大的,不得就扩大的损失请求赔偿,当事人因防止扩大而支出的合理费用,由违约方承担。

4)支付违约金

当事人可以约定一方违约时应根据违约情况向对方支付一定数额的违约金,也可以约定因违约产生损失额的赔偿办法。约定违约金低于造成损失的,当事人可以请求人民法院或仲裁机构予以增加;约定违约金过分高于造成损失的,当事人可以请求人民法院或仲裁机构予以适当减少。违约金包括:不履行合同的违约金、逾期履行的违约金、瑕疵履行的违约金。

不履行合同的违约金是指当事人没有履行主债务应当支付的违约金,这种违约金一般是按合同标的额的一定比例计算。当合同部分未履行时,按未履行的部分计算。

5)定金罚则

《合同法》第 115 条规定:“当事人可以依照《中华人民共和国担保法》约定一方向对方给

付定金作为债权的担保。债务人履行债务后,定金应当抵作价款或者收回。给付定金的一方不履行约定的债务的,无权要求返还定金;收受定金的一方不履行约定的债务的,应当双倍返还定金。”定金是预交的违约金,但对定金的数额法律有限制(《担保法》第 91 条规定:“定金的数额由当事人约定,但不得超过主合同标的额的 20%。超过的部分,人民法院不予支持”),因此定金又不具备违约金完全弥补损失的功能。

当事人既约定违约金,又约定定金的,一方违约时,对方可以选择适用违约金或定金条款。但是,这两种违约责任不能合并使用。

## 七、合同争议的解决

合同争议也称合同纠纷,是指合同当事人对合同规定的权利和义务产生了不同的理解。合同争议的解决方式有和解、调解、仲裁、诉讼四种。

1. 和解

和解是指合同纠纷当事人在自愿友好的基础上,互相沟通、互相谅解,从而解决纠纷的一种方式。合同发生纠纷时,当事人应首先考虑通过协商解决纠纷。合同纠纷协商解决有以下优点:简便易行,能经济、及时地解决纠纷;有利于维护合同双方的友好合作关系,使合同能更好地得到履行;有利于和解协议的执行。

2. 调解

调解是指合同当事人对合同所约定的权利、义务发生争议,经过协商后,不能达成和解协议时,在经济合同管理机关或有关机关、团体等的主持下,通过对当事人进行说服,促使双方互相做出适当的让步,自愿达成协议,以求解决经济合同纠纷的方法。

合同纠纷的调解往往是当事人经过协商仍不能解决纠纷后采取的方式,因此与和解相比,它面临的纠纷要大一些。与诉讼、仲裁相比,仍具有与和解相似的优点:它能够较经济、较及时地解决纠纷;有利于消除合同当事人的对立情绪,维护双方的长期合作关系。

3. 仲裁

仲裁是当事人双方在争议发生前或争议发生后达成协议,自愿将争议交给第三者做出裁决,并负有自动履行义务的一种解决争议的方式。这种争议解决方式必须是自愿的,因此必须有仲裁协议。如果当事人之间有仲裁协议,争议发生后又无法通过协商和调解解决,则应及时将争议提交仲裁机构仲裁。

(1)仲裁的原则。仲裁制度具有以下原则:

①自愿原则。仲裁机构本身并无强制力,当事人采用仲裁方式解决纠纷,应当双方自愿,达成仲裁协议。如有一方不同意进行仲裁的,仲裁机构即无权受理纠纷。

②公平合理原则。仲裁的公平合理是仲裁制度的生命力所在。这一原则要求仲裁机构要充分收集证据,听取纠纷双方的意见。仲裁应当根据事实,同时,仲裁应当符合法律规定。

③仲裁依法独立进行原则。仲裁机构是独立的组织,相互间也无隶属关系。仲裁依法独立进行,不受行政机关、社会团体和个人的干涉。

④一裁终局原则。由于仲裁是当事人基于对仲裁机构的信任做出的选择,因此其裁决是立即生效的。裁决做出后,当事人就同一纠纷再申请仲裁或向人民法院起诉的,仲裁委员会或

人民法院不予受理。

(2)仲裁协议的内容。仲裁协议是纠纷当事人愿意将纠纷提交仲裁机构仲裁的协议。它应包括请求仲裁的意思表示、仲裁事项、选定的仲裁委员会等内容。

(3)仲裁协议的作用。合同当事人均受仲裁协议的约束;是仲裁机构对纠纷进行仲裁的先决条件;排除了法院对纠纷的管辖权;仲裁机构应按仲裁协议进行仲裁。

(4)仲裁庭的组成。仲裁庭的组成有两种方式:

①当事人约定由三名仲裁员组成仲裁庭。当事人如果约定由三名仲裁员组成仲裁庭,应当各自选定或各自委托仲裁委员会主任指定一名仲裁员,第三名仲裁员由当事人共同选定或共同委托仲裁委员会主任指定。第三名仲裁员是首席仲裁员。

②当事人约定由一名仲裁员组成仲裁庭。仲裁庭也可以由一名仲裁员组成。当事人如果约定由一名仲裁员组成仲裁庭的,应当由当事人共同选定或共同委托仲裁委员会主任指定仲裁员。

(5)仲裁裁决的执行。仲裁委员会的裁决做出后,当事人应当履行。当一方当事人不履行仲裁裁决时,另一方当事人可以依照民事诉讼法的有关规定向人民法院申请执行,接受申请的人民法院应当执行。

4. 诉讼

诉讼是指合同当事人依法请求人民法院行使审判权,审理双方之间发生的合同争议,做出有国家强制保证实现其合法权益,从而解决纠纷的审判活动。合同双方当事人如果未约定仲裁协议,则只能以诉讼作为解决争议的最终方式。

对于一般的合同争议,由被告住所地或合同履行地人民法院管辖。我国的民事诉讼法也允许合同当事人在书面协议中选择被告住所地、合同履行地、合同签订地、原告所在地、标的物所在地人民法院管辖。对于建设工程合同的纠纷一般都适用不动产所在地的专属管辖,由工程所在地人民法院管辖。

## 第二节　招 投 标 法

招标投标法是调整在招标投标活动中产生的社会关系的法律规范的总称。《中华人民共和国招标投标法》已由第九届全国人大常委会第十一次会议于 1999 年 8 月 30 日通过,自 2000 年 1 月 1 日起施行。凡在我国境内进行招标采购项目的采购活动,必须依照该法的规定进行。

### 一、招标

1. 强制招标的工程建设项目范围

在我国境内进行下列工程建设项目,包括项目的勘察、设计、施工、监理以及与工程建设有关的重要设备、材料等的采购,必须进行招标。

(1)大型基础设施、公用事业等关系社会公共利益、公共安全的项目。

(2)全部或者部分使用国有资金投资或者国家融资的项目。

(3)使用国际组织或者外国政府贷款、援助资金的项目。

上述项目的具体范围和规模标准,由国务院发展计划部门会同国务院有关部门制定,报国务院批准。对上述必须进行招标的建设项目,任何个人或者单位不得将其化整为零或者以其他任何方式回避招标。

2. 可以不进行招标的工程范围

(1)涉及国家安全、国家秘密或者抢险救灾而不适宜招标的。

(2)属于利用扶贫资金实行以工代赈需要使用农民工的。

(3)施工主要技术采用特定的专利或者专有技术的。

(4)施工企业自建自用的工程,且该施工企业资质等级符合工程要求的。

(5)在建工程追加的附属小型工程或者主体加层工程,原中标人仍具备承包能力的。

(6)法律、行政法规规定的其他情形。

3. 建设工程的招标方式

建设工程的招标方式分为公开招标和邀请招标两种。

(1)公开招标是指招标人以招标公告的方式邀请不特定的法人或其他组织投标,它是一种由招标人按照法定程序,在公开出版物上发布或以其他公开方式发布招标公告,所有符合条件的承包人均可以平等参加投标竞争,从中择优选择中标者的招标方式。

(2)邀请招标是指招标人以投标邀请书的方式邀请特定的法人或其他组织投标。邀请招标是由接到投标邀请书的法人或其他组织才能参加投标的一种招标方式,其他潜在的投标人则被排除在投标竞争之外,邀请招标必须向三个以上的潜在投标人发出邀请。邀请招标只有在有些项目不适合公开招标时才可以采用。

4. 招标公告与投标邀请书

招标公告是指采用公开招标方式的招标人(包括招标代理机构)向所有潜在的投标人发出的一种广泛的通告。依法必须进行招标项目的招标公告,应当通过国家指定的报刊、信息网络或其他媒介发布招标公告。投标邀请书是指采用邀请招标方式的招标人,向三个以上具备承担招标项目的能力、资信良好的特定法人或其他组织发出的参加投标的邀请。

5. 资格预审

资格预审是指在招标开始之前或者开始初期,由招标人对申请参加投标的潜在投标人进行资质条件、业绩、信誉、技术、资金等多方面的情况进行资格审查。只有在资格预审中被认定为合格的潜在投标人(或投标人),才可以参加投标。如果国家对投标人的资格条件有规定的,依照其规定。

招标人在规定时间内,按照资格预审文件中规定的标准和方法,对提交资格预审申请书的潜在投标人的资格进行审查。审查的重点是专业资格审查。

6. 编制和发售招标文件

招标人应当根据招标项目的特点和需要编制招标文件。招标文件是投标人准备投标文件和参加投标的依据,也是招标投标活动当事人的行为准则和评标的重要依据。因此,招标文件在招标活动中具有重要的意义。

招标人对已发出的招标文件进行必要的澄清或修改,应当在招标文件要求提交投标文件截止时间至少15日前,以书面形式通知所有招标文件收受人。该澄清或修改的内容为招标文件的组成部分。对招标人而言,对招标文件做出必要的澄清或修改后,以书面形式通知所有招标文件收受人是一项必须履行的义务。

招标文件是招标活动公平、公正的重要体现,招标文件不得要求或标明特定的生产供应者以及含有倾向或排斥潜在投标人的其他内容。

国家对招标项目的技术、标准和投标人的资格条件有规定的,应当按照规定在招标文件中载明。这些要求一般都是强制性的,不允许当事人通过协议降低这方面的要求。

## 二、投标

1. 投标人及其资格要求

投标人是响应招标、参加投标竞争的法人或其他组织。自然人不能作为建设工程项目的投标人。投标人应当具备以下条件:

(1)投标人应当具备承担招标项目的能力。

(2)投标人应当符合招标文件规定的资格条件。

2. 编制和送达投标文件

不同的招标项目,其投标文件的组成也会有一定的区别。对于建设施工项目招标,投标文件的内容应当包括拟派出的项目负责人与主要技术人员的简历、业绩和拟用于完成招标项目的机械设备等。

(1)投标文件的编制。为了编制投标文件,除了应当搜集有关资料外,还应当参加投标预备会和勘察现场。

招标人将在资料表写明的地点和时间统一组织投标人对现场及其周围环境进行一次现场考察,以便投标人自行查明或核实有关编制投标文件和签订合同所必需的一切资料。

标前会议的目的,是澄清并解答投标人在查阅招标文件和现场考察后,可能提出的涉及投标和合同方面的任何问题。会后,招标人将其书面答复和澄清的内容以编号的补遗书形式发给所有已购买招标文件的投标人。投标人在收到书面答复(补遗书)后,应在24h内以传真等书面形式向招标人确认收到。

(2)投标文件的送达。投标人应当在招标文件要求提交投标文件的截止时间前,将投标文件送达投标地点。招标人收到投标文件后,应当签收保存,不得开启。招标人在投标截止期以后收到的投标文件,将原封退给投标人。

(3)投标文件的补充、修改或撤回。投标人在招标文件要求提交投标文件的截止时间前,可以补充、修改或撤回已提交的投标文件,并以规定的书面形式通知招标人(应当与投标文件同样密封和递交)。补充、修改的内容也是投标文件的组成部分。

(4)联合体共同投标。联合体共同投标是指由两个以上的法人或其他组织共同组成联合体,以该联合体的名义即一个投标人的身份参加投标的组织方式。但是,联合投标应当是潜在投标人的自愿行为,招标人不得强制投标人组成联合体共同投标。

联合体各方应当具备承担招标项目的相应能力,联合体各方均应当具备规定的相应资格条件。由同一专业的单位组成的联合体,按照资质等级较低的单位确定资质等级。

联合体各方应当签订共同投标协议,明确约定各方应当承担的工作和责任,并将共同投标协议连同投标文件一并提交招标人。联合体中标者,联合体各方应当共同与招标人签订合同,就中标项目向招标人承担连带责任。

3. 开标、评标和确定中标单位

(1)开标。我国《招标投标法》规定，开标应当在招标文件确定的提交投标文件截止时间的同一时间公开进行。开标由招标人或招标代理人主持，邀请所有投标人参加。评标委员会委员和其他有关单位的代表也应当应邀出席开标。投标人或他们的代表则不论是否被邀请，都有权参加开标。

(2)评标。评标由招标人依法组建的评标委员会负责。依法必须进行招标的项目，评标委员会由招标人和招标代理机构的代表，以及受聘或应邀参加该委员会的技术、经济等方面的专家组成。评标委员会的成员人数为5人以上单数，其中，技术、经济等方面的专家不得少于成员总数的2/3，并且这些专家应当从事相关领域工作满8年、具有高级职称或具有同等专业水平。

评标委员会可以要求投标人对投标文件中含意不明确的内容作必要的澄清或说明，但是澄清或说明不得超出投标文件的范围或改变投标文件的实质性内容。

评标委员会应当按照招标文件确定的评标步骤和方法，对投标文件进行评审和比较；设有标底的，应当参考标底。评标委员会完成评标后向招标人提出书面评标报告，并推荐合格的中标候选人。招标人根据评标委员会提出的书面评标报告和推荐的中标候选人确定中标人；招标人也可以授权评标委员会直接确定中标人。评标只对有效投标进行评审。

中标人的投标应当符合下列条件之一：

①能够最大限度地满足招标文件中规定的各项综合评标标准。

②能够满足招标文件的实质性要求，并且经评审的投标价格最低，但是投标价格低于成本的除外。

在建设项目的招标投标中，评价的方法有综合评议法和合理低标价法(也可称为最低评标价法)等。

(3)中标。中标人确定后，招标人应当向中标人发出中标通知书，并同时将中标结果通知所有未中标的投标人。中标通知书对招标人和中标人具有法律效力。中标通知书发出后，招标人改变中标结果的，或中标人放弃中标项目的，应当依法承担法律责任。

招标人和中标人应当自中标通知书发出之日起30日内，按照招标文件和中标人的投标文件订立书面合同。招标人和中标人不得再行订立背离合同实质性内容的其他协议。招标文件要求中标人提交履约保证金的，中标人应当提交。

依法必须进行招标的项目，招标人应当自确定中标人之日起15日内，向有关行政监督部门提交招标投标情况的书面报告。

## 第三节　工程建设主要相关法律法规

在工程建设中，必然会产生多种法律关系，这是工程建设复杂性的重要体现。我们选择在工程建设中比较重要的部分法律进行介绍。

### 一、政府采购法

《政府采购法》(2003年1月1日起实施)中规定的政府采购，是指各级国家机关、事业单位和团体组织,使用财政性资金采购依法制定的集中采购目录以内的或采购限额标准以上的货物、工程和服务的行为。政府采购实行集中采购和分散采购相结合。集中采购的范围由省级以上人民政府公布的集中采购目录确定。

1.政府采购当事人

政府采购当事人包括采购人、供应商和采购代理机构等。

(1)采购人,是指依法进行政府采购的国家机关、事业单位、团体组织。

(2)采购代理机构,是指根据采购人的委托办理采购事宜的集中采购机构,是非营利事业法人。采购人采购纳入集中采购目录的政府采购项目,必须委托集中采购机构代理采购。集中采购机构进行政府采购活动,应符合采购价格低于市场平均价格、采购效率更高、采购质量优良和服务良好的要求。

(3)供应商。供应商参加政府采购活动应当具备下列条件:

①有独立承担民事责任的能力。

②有良好的商业信誉和健全的财务会计制度。

③具有履行合同所必需的设备和专业技术能力。

④有依法缴纳税收和社会保障资金的良好记录。

⑤参加政府采购活动前3年内,在经营活动中没有重大违法记录。

⑥法律、行政法规规定的其他条件。

采购人可以要求供应商提供有关资质证明文件和业绩情况,并根据上述条件和采购项目对供应商的特定要求及供应商的资格进行审查。但不得以不合理的条件对供应商实行差别或歧视待遇。

2.政府采购方式及程序

政府采购的方式包括:公开招标、邀请招标、竞争性谈判、单一来源采购、询价、国务院政府采购监督管理部门认定的其他采购方式。

(1)公开招标

公开招标应作为政府采购的主要方式。采购货物或服务应采用公开招标方式的,其具体数额标准,属于中央预算的政府采购项目,由国务院规定;属于地方预算的政府采购项目,由省、自治区、直辖市人民政府规定;因特殊情况需要采用公开招标以外的采购方式,应当在采购活动开始前获得设区的市、自治州以上人民政府采购监督管理部门的批准。

(2)邀请招标

符合下列情形之一的货物或服务,可采用邀请招标采购:

①具有特殊性,只能从有限范围的供应商处采购。

②采用公开招标方式的费用占政府采购项目总价值的比例过大。

(3)竞争性谈判

符合下列情形之一的货物或服务,可采用竞争性谈判方式采购。

①招标后没有供应商投标或没有合格标的或重新招标未能成立。

②技术复杂或性质特殊,不能确定详细规格或具体要求。

③采用招标所需时间不能满足用户紧急需要。

④不能事先计算出价格总额。

(4)单一来源采购

符合下列情形之一的货物或服务,可以采用单一来源方式采购:

①只能从唯一供应商处采购。

②发生了不可预见的紧急情况,不能从其他供应商处采购。

③必须保证原有采购项目一致性或服务配套的要求,需要继续从原供应商处添购,且添购资金总额不超过原合同采购金额的10%。

(5)询价

采购的货物规格、标准统一,现货货源充足且价格变化幅度小的政府采购项目,可以采用询价方式采购。

3. 政府采购合同

政府采购合同应当采用书面形式。采购人可以委托采购代理机构代表与供应商签订政府采购合同。

经过采购人同意,中标、成交供应商可依法采取分包方式履行合同。政府采购合同履行中,在不改变合同其他条款的前提下,可以与供应商签订补充合同,但补充合同的采购金额不得超过原合同采购金额的10%。

## 二、建筑法

《建筑法》是调整在从事建筑活动和实施对建筑活动监督管理过程中所形成的社会关系的法律规范总称。《建筑法》于1997年11月1日通过,自1998年3月1日起施行。2011年4月22日第十一届全国人民代表大会常务委员会第二十次会议《关于修改〈中华人民共和国建筑法〉的决定》,将第四十八条修改为:建筑施工企业应当依法为职工参加工伤保险缴纳工伤保险费,鼓励企业为从事危险作业的职工办理意外伤害保险,支付保险费。修改的《建筑法》于2011年7月1日起实施。建筑法中关于施工许可、建筑施工企业资质审查和建筑工程发包、承包、禁止转包,以及建筑工程监理、建筑工程安全和质量管理的规定,适用于其他专业建筑工程的建筑活动。

1. 建筑许可

建筑许可包括建筑工程施工许可和从业资格两种。

(1)建筑工程施工许可

①施工许可证的申请。除国务院建设行政主管部门确定的限额以下的小型工程外,建筑工程开工前,建设单位应当按照国家有关规定向工程所在地县级以上人民政府建设行政主管部门申请领取施工许可证。

申请领取施工许可证,应当具备如下条件:

a. 已办理建筑工程用地批准手续;

b. 在城市规划区内的建筑工程,已取得规划许可证;

c. 需要拆迁的,其拆迁进度符合施工要求;

d. 已经确定建筑施工单位;

e. 有满足施工需要的施工图纸及技术资料;

f. 有保证工程质量和安全的具体措施;

g. 建设资金已经落实;

h. 法律、行政法规规定的其他条件。

②施工许可证的有效期限。建设单位应当自领取施工许可证之日起的3个月内开工。因故不能按期开工的,应当向原发证机关申请延期;延期以两次为限,每次不超过3个月。既不开工又不申请延期或超过延期时限的,施工许可证自行废止。

③取得开工报告的建筑工程不能按期开工或中止施工的处理。按照国务院有关规定批推开工报告的建筑工程,因故不能按期开工或中止施工的,应当及时向批准机关报告情况。因故不能按期开工超过6个月的,应当重新办理开工报告的批准手续。

(2)从业资格制度

包括从事建筑活动的单位资质制度和专业技术人员资格制度两类。

①单位资质。从事建筑活动的建筑施工企业,勘察、设计和监理单位,按照其拥有的注册资本、专业技术人员、技术装备、已完成的建筑工程业绩等资质条件,划分为不同的资质等级,取得相应等级的资质证书后,方可在其资质等级许可的范围内从事建筑活动。

②专业技术人员资格。从事建筑活动的专业技术人员,应该依法进行考试和注册,取得执业资格证书,并在执业资格证书许可的范围内从事建筑活动。

2. 建筑工程发包与承包

(1)发包方式

建筑工程发包分为招标发包和直接发包两类。建筑工程依法实行招标发包,对不适于招标发包的可以直接发包。政府投资大中型和限额以上的工程项目,必须采用公开招标方式;特殊专业工程等项目,可以采取协议方式发包,也可以直接发包。

(2)建筑工程承包

建筑工程承包是指承包单位(勘察设计、施工安装单位)通过一定的方式取得工程项目建设合同的活动。

①承包资质。承包建筑工程的单位应当持有依法取得的资质证书,并在其资质等级许可的业务范围内承揽工程。禁止建筑施工企业超越本企业资质等级许可的业务范围或者以任何形式用其他建筑施工企业的名义承揽工程。

②禁止行为。禁止承包单位将其承包的全部建筑工程转包给他人;禁止承包单位将其承包的全部建筑工程肢解以后以分包的名义分别转包给他人;禁止总承包单位将工程分包给不具备相应资质条件的单位;禁止分包单位将其承包的工程再分包。

(3)建筑工程造价

建筑工程的发包单位与承包单位应当依法订立书面合同,明确双方的权利和义务。建筑工程造价应当按照国家有关规定,由发包单位和承包单位在合同中约定。

发包单位和承包单位应当全面履行合同约定的义务。不按照合同约定履行义务的,依法承担违约责任。发包单位应当按照合同的约定,及时拨付工程款项。

3. 建筑工程监理

国家推行建筑工程监理制度。实行监理的建筑工程,建设单位与其委托的工程监理单位应当订立书面委托监理合同。工程监理单位接受建设单位委托,依照法律、行政法规及有关的技术标准、设计文件和建设工程承包含同,对承包单位工程质量、建设进度和建设资金使用等方面,代表建设单位实施监督。工程监理人员发现工程设计不符合建筑工程质量标准或者合同约定的质量要求的,应当报告建设单位要求设计单位改正;认为工程施工不符合工程设计要求、施工技术标准和合同约定的,有权要求建筑施工企业改正。

4. 建筑安全生产管理

建筑安全生产管理应当坚持“安全第一、预防为主”的方针,建立安全责任制度、安全教育制度、安全检查制度、伤亡事故的报告、调查和处理制度。

建筑工程设计应当符合按照国家规定制定的建筑安全规程和技术规范,保证工程的安全性能。施工企业应当根据建筑工程的特点制订相应的安全技术措施;对专业性较强的工程项目,应当编制专项安全施工组织设计,并采取安全技术措施。

建筑施工企业应当在施工现场采取维护安全、防范危险、预防火灾等措施。施工现场对毗邻的建筑物、构筑物可能造成损害的,建筑施工企业应当采取措施加以保护。

5. 建筑工程质量管理

建设单位不得以任何理由,要求建筑设计单位或建筑施工单位违反法律、行政法规和建筑工程质量、安全标准,降低工程质量,建筑设计单位和建筑施工单位应当拒绝建设单位的此类要求。

勘察、设计单位必须对其勘察、设计的质量负责。勘察、设计文件应当符合有关法律、行政法规的规定和建筑工程质量、安全标准,建筑工程勘察、设计技术规范以及合同的约定。设计文件选用的建筑材料、建筑构配件和设备,其质量要求必须符合国家规定的标准。

建筑施工企业对工程的施工质量负责。建筑施工企业必须按照工程设计图纸和施工技术标准施工,不得偷工减料。建筑施工企业必须按照工程设计要求、施工技术标准和合同的约定,对建筑材料、构配件和设备进行检验,不合格的不得使用。

竣工验收制度。建筑工程竣工经验收合格后,方可交付使用。交付竣工验收的建筑工程,必须符合规定的建筑工程质量标准,有完整的工程技术经济资料和经签署的工程保修书,并具备国家规定的其他竣工条件。

建筑工程实行质量保修制度。保修范围应当包括地基基础工程、主体结构工程、屋面防水工程和其他土建工程,以及电气管线、上下水管线的安装工程,供热、供冷系统工程等项目。保修的期限应当按照保证建筑物在合理寿命年限内正常使用,维护使用者合法权益的原则确定。

## 三、价格法

价格是商品或者服务价值的货币表现。《价格法》(1998 年 5 月 1 日起实施)中的价格包括商品价格和服务价格,商品价格是指各类有形产品和无形资产的价格,服务价格是指各类有偿服务的收费。我国的价格管理机构是县级以上各级政府价格主管部门和其他有关部门。

1. 价格的分类管理

从价格管理的角度,价格可分为市场调节价、政府指导价和政府定价三类。大多数商品和服务价格实行市场调节价,极少数商品和服务价格实行政府指导价或者政府定价。

(1)市场调节价是指由经营者自主制定,通过市场竞争形成的价格。经营者是指从事生产、经营商品或者提供有偿服务的法人、其他组织和个人。

(2)政府指导价是指依照价格法的规定,由政府价格主管部门或者其他有关部门,按照定价权限和范围规定基准价及其浮动幅度,指导经营者制定的价格。

(3)政府定价是指依照价格法的规定,由政府价格主管部门或者其他有关部门按照定价权限和范围制定的价格。

2. 经营者的价格行为

(1)经营者价格行为要求

商品和服务的价格,除按照规定适用政府指导价或政府定价外,都实行市场调节价,由经营者自主制定。经营者定价,应当遵循公平、合法和诚实信用的原则。经营者定价的基本依据是生产经营成本和市场供求状况。经营者应当努力改进生产经营管理,降低生产经营成本,为消费者提供价格合理的商品和服务,并在市场竞争中获取合法利润。经营者销售、收购商品和提供服务,应当按照政府价格主管部门的规定明码标价,注明商品的品名、产地、规格、等级、计价单位、价格或者服务的项目、收费标准等有关情况。

行业组织应遵守价格法律、法规,加强价格自律,接受政府价格主管部门的工作指导。

(2)经营者违规行为

经营者不得有下列不正当行为:

①相互串通,操纵市场价格,侵害其他经营者或消费者的合法权益。

②除降价处理鲜活、季节性、积压商品外,为排挤对手或独占市场,以低于成本的价格倾销,扰乱正常的生产经营秩序,侵害国家利益或者其他经营者的合法权益。

③捏造、散布涨价信息,哄抬价格,推动商品价格过高上涨。

④利用虚假或使人误解的价格手段,诱骗消费者或者其他经营者与其进行交易。

⑤对具有同等交易条件的其他经营者实行价格歧视等。

3. 政府的定价行为

(1)政府定价的商品

必要时,政府可以对下列商品和服务价格实行政府指导价或者政府定价:

①与国民经济发展和人民生活关系重大的极少数商品价格;

②资源稀缺的少数商品价格。

③自然垄断经营的商品价格。

④重要的公用事业价格。

⑤重要的公益性服务价格。

(2)政府定价目录

政府指导价、政府定价的定价权限和具体适用范围,以中央和地方的定价目录为依据。中央定价目录由国务院价格主管部门制定、修订,报国务院批准后公布。地方定价目录由省、自治区、直辖市人民政府价格主管部门按照中央定价目录规定的定价权限和具体适用范围制定,经本级人民政府审核同意,报国务院价格主管部门审定后公布。省、自治区、直辖市人民政府以下各级地方人民政府不得制定定价目录。

(3)政府定价依据

政府应当依据有关商品或者服务的社会平均成本和市场供求状况、国民经济与社会发展要求以及社会承受能力,实行合理的购销差价、批零差价、地区差价和季节差价。制定关系群众切身利益的公用事业价格、公益性服务价格、自然垄断经营的商品价格时,应当建立听证会制度,征求消费者、经营者和有关方面的意见。

## 四、税法

税法是调整国家税务机关与纳税人之间税收关系的法律规范的总称。

1.税收的基本要素

(1)纳税主体。纳税主体又称纳税人或纳税义务人,对国家负有纳税义务的社会组织和自然人,具体的纳税主体由各种税种分别确定。

(2)征税对象,是指规定对什么征税,不同的税种有其特定的征税对象。我国的税收可分为流转税、所得税、财产税、行为税、资源税、关税等。

(3)税率。我国的税率有以下三种:①比例税率;②累进税率;③定额税率。

(4)税种和税目。税种是指税收的种类,如个人所得税、房产税等。税目是各个税种所规定的具体征税项目,如产品税按照不同的产品划分为25类270个税目。

(5)起征点和免征额。起征点是指对某一征税对象开始征税的最低点。免征额是指在征税对象中免予征税的部分。

(6)纳税环节,包括征税对象在生产、流通、消费等过程中应当纳税的环节。

2.税收分类

税收分为流转税、所得税、财产税、行为税、资源税等。

3.与工程建设相关的重要税种

(1)营业税,是对在我国境内提供应税劳务、转让无形资产或销售不动产的单位和个人,就其所取得的营业额征收的一种税。营业税属于流转税制中的一个主要税种。营业税应纳税额=营业额×税率。

(2)城市维护建设税。其征税对象是在城市中从事生产、经营的活动,税率为比例税率。比例依纳税人所在地的不同而不同,市区为7%,县乡为5%,其他地区为1%。

(3)教育费附加,是对缴纳增值税、消费税、营业税的单位和个人征收的一种附加费,以发展地方性教育事业,扩大地方教育经费的资金来源。应纳教育费附加=(实际缴纳的增值税、消费税、营业税三税税额)×2%。

(4)城镇土地使用税。这是国家按使用土地的等级和数量,对城镇范围内的土地使用者征收的一种税,其税率为定额税率。其税额依城市的大小分为四种。

(5)房产税。在我国境内拥有房屋产权的单位和个人都是房产税的纳税人。产权属于全民所有的,由经营管理单位纳税。房产税依照房产原值一次减除10%~30%后的余值计算缴纳。国家机关、人民团体、军队以及由国家财政部门拨付事业经费的单位自用的房产,个人所有非营业用的房产等,可以免纳房产税。

(6)土地增值税。转让国有土地使用权、地上的建筑物及其附着物并取得收入的单位和个人,为土地增值税的纳税人,转让房地产所取得的增值额为计征依据。纳税人转让房地产所取得的收入减除规定扣除项目金额后的余额为增值额。

(7)车船使用税。车船使用税法是国家制定的用以调整车船使用税征收与缴纳之间权利及义务关系的法律规范,是对行驶于境内公共道路的车辆和航行于境内河流、湖泊或者领海的船舶,依法征收的一种税。车船使用税实行定额税率,也称固定税额,适宜于从量计征的税种。对应税车辆实行有幅度的定额税率。按车船的种类和性能,分别确定为辆、净吨位和载重吨位三种。机动船和载货汽车的应纳税额 = 净吨位数 × 适用单位税额。

(8)关税,是指一国海关根据该国法律规定,对通过其关境的进出口货物课征的一种税收。关税在各国一般属于国家最高行政单位指定税率的高级税种,对于对外贸易发达的国家而言,关税往往是国家税收乃至国家财政的主要收入。

## 五、物权法

《物权法》于 2007 年 3 月 16 日第十届全国人民代表大会第五次会议通过,2007 年 10 月 1 日起施行。《物权法》的立法目的是维护国家基本经济制度,维护社会主义市场经济秩序,明确物的归属,发挥物的效用,保护权利人的物权。《物权法》共分为 19 章 247 条,它适用于因物的归属和利用而产生的民事关系。

1. 物权的概念、种类

(1)物权的概念。物权是民事主体依法对特定的物进行管领支配,享有利益并排除他人干涉的权利,包括所有权、用益物权和担保物权。

(2)物权的种类。

①根据物权的权利主体是否为财产的所有人可以分为自物权(又称所有权)和他物权;

②根据设立的目的的不同可以分为用益物权和担保物权;

③根据物权的客体是动产还是不动产可以分为动产物权和不动产物权。

2. 物权的保护类型

物权的保护类型包括:请求确认物权;请求排除妨碍;请求恢复原状;请求返还原物;请求损失赔偿等类型。

3. 建设用地使用权

建设用地使用权,指建设用地使用权人依法对国家所有的土地享有占有、使用和收益的权利,有权利用该土地建造建筑物、构筑物及其附属设施。

1)建设用地使用权的设立

(1)建设用地使用权的设立范围。建设用地使用权人依法对国家所有的土地享有占有、使用和收益的权利,有权利用该土地建造建筑物、构筑物及其附属设施。

(2)建设用地使用权的设立方式。设立建设用地使用权,可以采取出让或者划拨等方式。工业、商业、旅游、娱乐和商品住宅等经营性用地以及同一土地有两个以上意向用地者的,应当采取招标、拍卖等方式出让。严格限制以划拨方式设立建设用地使用权。采取划拨方式的,应当遵守法律、行政法规关于土地用途的规定。

2)建设用地使用权人的权利和义务

(1)权利 。对建设用地上的物享有所有权;建设用地使用权的转让、互换、出资、赠予、抵押权;获得补偿的权利;住宅用地期满续期的权利。

(2)义务。履约的义务;支付出让金的义务;不得改变土地用途的义务;登记的义务。

4. 担保物权

(1)抵押权

抵押是指债务人或者第三人不转移对财产的占有,将该财产作为债权担保。债务人不履行债务时,债权人有权以该财产折价或者以拍卖、变卖该财产价款优先受偿的担保方式。

《物权法》规定了可以将在建工程作为抵押物。同时规定,以正在建造的建筑物抵押的,应当办理抵押登记,抵押权自登记时设立。

建设用地使用权抵押后,该土地新增的建筑物不属于抵押财产。该建设用地使用权实现抵押权时,应当将该土地上新增的建筑物与建设用地使用权一并处分,但新增建筑物所得的价款,抵押权人无权优先受偿。

(2)质权

质权是指债务人或者第三人将其动产或权力移交债权人占有,将该动产作为债权的担保。债务人不履行债务时,债权人有权以该动产折价或者以拍卖、变卖该动产的价款优先受偿的担保方式。

债权人可以放弃质权。债权人在质权存续期间,未经债务人同意转质,造成质押财产毁损、灭失的,应当向债务人承担赔偿责任。

债务人可以请求债权人在债务履行期届满后及时行使质权;债权人不行使的,出质人可以请求人民法院拍卖、变卖质押财产。债务人请求债权人及时行使质权,因债权人怠于行使权利造成损害的,由债权人承担赔偿责任。

(3)留置权

留置权是指债权人按照合同约定占有债务人的动产,债务人不按照合同约定的期限履行债务的,债权人有权以该财产折价或者以变卖、拍卖该财产的价款优先受偿的担保方式。

## 六、国有土地上房屋征收与补偿条例

《国有土地上房屋征收与补偿条例》(第590号国务院令)于2011年1月19日国务院第141次常务会议通过,自2011年1月21日起施行。2001年6月13日国务院公布的《城市房屋拆迁管理条例》同时废止。

1. 房屋征收与补偿的原则

(1)公平补偿原则(第二条):具体体现在补偿标准是采取评估方式。

(2)房屋征收与补偿应当遵循决策民主、程序正当、结果公开的原则(第三条)。民主决策:体现在征收决定的制定过程;程序正当:体现在整个征收和补偿的过程;结果公开:补偿结果公开、征收决定公开、征收补偿费用管理和使用情况审计情况公开。

(3)保证改善居住生活水平不降原则。补偿不低于市场价;符合条件的,优先购买保障住房;产权调换,可以就近调换。

(4)先补偿、后搬迁原则。达成协议的,先赔偿,然后按照补偿协议履行;未达成补偿协议的,申请法院强制执行时,应当附具补偿金额和专户存储账号、产权调换房屋和周转用房的地点和面积等证明已经补偿的材料。

2. 房屋征收相关部门

(1)征收和补偿主体。条例第四条第一款规定:“市、县级人民政府负责本行政区域的房屋征收与补偿工作。”因此，实施征收主体为市、县级人民政府，政府是唯一补偿主体。

(2)房屋征收部门为具体实施部门。由于市、县政府不能直接进行房屋征收和补偿工作，因此第四条第二款规定：“市、县级人民政府确定的房屋征收部门(以下称房屋征收部门)组织实施本行政区域的房屋征收与补偿工作”。

(3)受委托单位。房屋征收部门可以委托房屋征收实施单位，承担房屋征收与补偿的具体工作。房屋征收实施单位不得以营利为目的。房屋征收部门对房屋征收实施单位在委托范围内实施的房屋征收与补偿行为负责监督，并对其行为后果承担法律责任。禁止建设单位参与搬迁活动。

(4)其他部门职责。监察机关对参与房屋征收与补偿工作的政府和有关部门或者单位及其工作人员的监察(第七条第二款)；审计机关对征收补偿费用管理和使用情况的监督，并公布审计结果。

3. *房屋征收的条件*

有下列情形之一，确需征收房屋的，由市、县级人民政府做出房屋征收决定：

①国防和外交的需要；

②由政府组织实施的能源、交通、水利等基础设施建设的需要；

③由政府组织实施的科技、教育、文化、卫生、体育、环境和资源保护、防灾减灾、社会福利、市政公用等公共事业的需要；

④由政府组织实施的保障性安居工程建设的需要；

⑤由政府依照城乡规划法有关规定组织实施的对危房集中、基础设施落后等地段进行旧城区改建的需要；

⑥法律、行政法规规定的其他公共利益的需要。

4. *房屋征收的决定程序*

(1)拟定征收补偿方案。房屋征收部门拟定征收补偿方案，报市、县级人民政府。征收补偿方案的内容应当包括：①征收的主体；②征收的原因；③征收的范围；④征收工作的时间安排；⑤征收的实施程序；⑥办理相关手续的程序；⑦补偿的方式和标准；⑧其他与征收相关的事项。

(2)公开征求意见。市、县级人民政府应当组织有关部门对征收补偿方案进行论证并予以公布，征求公众意见。征求意见期限不得少于30日。

特殊情况：因旧城区改建需要征收房屋，多数被征收人认为征收补偿方案不符合本条例规定的，市、县级人民政府应当组织由被征收人和公众代表参加的听证会，并根据听证会情况修改征收方案。

(3)未登记建筑调查。对认定为合法建筑和未超过批准期限的临时建筑的，应当给予补偿；对认定为违法建筑和超过批准期限的临时建筑的，不予补偿。

(4)社会稳定风险评估。市、县级人民政府做出房屋征收决定前，应当按照有关规定进行社会稳定风险评估。征收房屋的行为符合社会稳定风险评估条件的，需要进行社会稳定风险评估。

(5)征收补偿费用准备。做出房屋征收决定前，征收补偿费用应当足额到位、专户存储、专款专用。

(6)做出征收决定并公告。市、县级人民政府完成前面所有程序后,应当根据上述情况,做出房屋征收决定,房屋征收决定涉及被征收人数量较多的,决定应当经政府常务会议讨论。征收决定做出之后,应当及时公告。公告应当载明征收补偿方案和行政复议、行政诉讼权利等事项。被征收人对市、县级人民政府做出的房屋征收决定不服的,可以依法申请行政复议,也可以依法提起行政诉讼。

5. 房屋征收的实施和补偿程序

(1)调查登记。房屋征收部门应当对房屋征收范围内房屋的权属、区位、用途、建筑面积等情况组织调查登记,调查结果应当在房屋征收范围内向被征收人公布(第十五条)。

(2)停办相关手续。房屋征收部门应当将征收的有关事项书面通知有关部门暂停办理相关手续。暂停办理相关手续的书面通知应当载明暂停期限。暂停期限最长不得超过1年。

(3)签订补偿协议。①签订协议的双方:房屋征收部门与被征收人。②内容:补偿方式,补偿金额和支付期限,用于产权调换房屋的地点和面积、搬迁费、临时安置费或者周转用房、停产停业损失、搬迁期限、过渡方式和过渡期限等事项。③争议解决。

(4)达不成协议或者所有人不明确的处理。房屋征收部门与被征收人在征收补偿方案确定的签约期限内达不成补偿协议,或者被征收房屋所有权人不明确的,由房屋征收部门报请做出房屋征收决定的市、县级人民政府依照本条例的规定,按照征收补偿方案做出补偿决定,并在房屋征收范围内予以公告。

(5)先补偿、后搬迁。做出房屋征收决定的市、县级人民政府对被征收人给予补偿后,被征收人应当在补偿协议约定或者补偿决定确定的搬迁期限内完成搬迁。

(6)禁止性规定。任何单位和个人不得采取暴力、威胁或者违反规定中断供水、供热、供气、供电和道路通行等非法方式迫使被征收人搬迁。禁止建设单位参与搬迁活动。

(7)强制执行。①适用对象:达不成补偿协议的被征收人。②适用条件:被征收人在法定期限内不申请行政复议或者不提起行政诉讼,在补偿决定规定的期限内又不搬迁。③方式:做出房屋征收决定的市、县级人民政府依法申请人民法院强制执行。

(8)补偿情况公开。房屋征收部门应当依法建立房屋征收补偿档案,并将分户补偿情况在房屋征收范围内向被征收人公布。

(9)征收补偿费用管理和使用审计情况公布。

6. 被征收人的权利和义务

(1)权利:①对征收方案提出意见;②参加听证会;③选择补偿方式;④对房屋征收决定或补偿决定不服的,可以依法申请行政复议,也可以依法提起行政诉讼;⑤对违法行为进行举报;⑥符合保障住房条件的,优先获得保障住房。

(2)义务:①配合房屋权属等情况调查;②房屋征收范围确定后,不得在房屋征收范围内实施新建、扩建、改建房屋和改变房屋用途,违反规定实施的,不予补偿;③按照补偿协议和补偿决定搬迁。

7. 征收房屋的补偿

(1)补偿内容

①被征收房屋价值的补偿;

②因征收房屋造成的搬迁、临时安置的补偿;

③因征收房屋造成的停产停业损失的补偿。

同时,市、县级人民政府应当制定补助和奖励办法,对被征收人给予补助和奖励。

(2)补偿标准

①被征收房屋价值的补偿。a.原则:不得低于房屋征收决定公告之日被征收房屋类似房地产的市场价格。b.标准确定:由具有相应资质的房地产价格评估机构按照房屋征收评估办法评估确定。房屋征收评估办法由国务院住房城乡建设主管部门制定。c.货币与产权调换。被征收人可以选择货币补偿,也可以选择房屋产权调换。结清被征收房屋价值与用于产权调换房屋价值的差价。

②因征收房屋造成的搬迁、临时安置的补偿。a.搬迁费。选择货币补偿的,因征收房屋造成搬迁的,房屋征收部门应当向被征收人支付搬迁费。b.临时安置费。选择房屋产权调换的,产权调换房屋交付前,应当向被征收人支付临时安置费或者提供周转用房。

③因征收房屋造成停产停业损失的补偿。根据房屋被征收前的效益、停产停业期限等因素确定。具体办法由省、自治区、直辖市制定。

8.法律责任

(1)市、县级人民政府及房屋征收部门的工作人员,在房屋征收与补偿工作中不履行本条例规定的职责,或者滥用职权、玩忽职守、徇私舞弊的,承担赔偿或法律责任。

(2)采取暴力、威胁或者违反规定中断供水、供热、供气、供电和道路通行等非法方式迫使被征收人搬迁的,承担赔偿或法律责任(征收部门和委托单位)。

(3)以暴力、威胁等方法阻碍依法征收房屋征收与补偿工作的,承担赔偿或法律责任。

(4)贪污、挪用、私分、截留、拖欠征收补偿费用的,承担赔偿或法律责任。

(5)房地产价格评估机构或者房地产估价师出具虚假或者有重大差错的评估报告的,给予警告,对房地产价格评估机构并处5万元以上20万元以下罚款,对房地产估价师并处1万元以上3万元以下罚款;情节严重的,吊销资质证书、注册证书;造成损失的,依法承担赔偿责任;构成犯罪的,依法追究刑事责任。

## 七、土地管理法

1.土地的所有权和使用权

(1)土地所有权

土地所有权是指土地所有人在法律规定的范围内享有对土地的占有、使用、收益和处分的权利。我国实行土地的社会主义公有制,即全民所有制和劳动群众集体所有制。全民所有即国家所有,国家所有土地的所有权由国务院代表国家行使,城市市区的土地属于国家所有。农村和城市郊区的土地,除法律规定属于国家所有的以外,属于农民集体所有;宅基地和自留地、自留山,属于农民集体所有。我国实行国有土地有偿使用制度,国家为了公共利益的需要,可以依法对土地实行征收或者征用并给予补偿。

(2)土地使用权

国有土地和农民集体所有的土地,可以依法确定给单位或者个人使用。单位和个人依法使用的国有土地,由县级以上人民政府登记造册,核发证书,确认使用权。其中,中央国家机关使用的国有土地的具体登记发证机关，由国务院确定。用于非农业建设的农民集体所有的土地，由县级人民政府登记造册，核发证书，确认使用权。依法改变土地权属和用途的，应当办理土地变更登记手续。

2. 土地的利用和保护

国家实行占有耕地补偿制度。非农业建设经批准占用耕地的，按照"占多少，垦多少"的原则，由占用耕地的单位负责开垦与所占用耕地的数量和质量相当的耕地；没有条件开垦或开垦的耕地不符合要求的，应当按照规定缴纳耕地开垦费，专款用于开垦新的耕地。各省、自治区、直辖市划定的基本农田应当占本行政区域内耕地的80%以上。

国家建立土地调查制度和土地统计制度。县级以上人民政府土地行政主管部门会同同级有关部门进行土地调查，并根据土地调查成果、规划土地用途和国家制定的统一标准，评定土地等级。土地行政主管部门和统计部门共同发布的土地面积统计资料是各级人民政府编制土地利用总体规划的依据。

3. 建设用地

建设用地是指建造建筑物、构筑物的土地，包括城乡住宅和公共设施用地、工矿用地、交通水利设施用地、旅游用地、军事设施用地等。除兴办乡镇企业、村民建设住宅和乡村公共设施、公益事业建设外，任何单位和个人进行建设，需要使用土地的，必须依法申请使用国有土地。国有土地包括国家所有的土地和国家征用的原属于农民集体所有的土地。

(1)征用土地的批准。建设占用土地，涉及农用地转为建设用地的，应当办理农用地转用审批手续。征用下列土地的，由国务院批准：①基本农田；②基本农田以外的耕地超过35公顷的；③其他土地超过70公顷的。征用上述规定以外的土地，由省、自治区、直辖市人民政府批准，并报国务院备案。

(2)征用土地的补偿。征用土地的，按照被征用土地的原用途给予补偿。征用耕地的补偿费用包括土地补偿费、安置补助费以及地上附着物和青苗的补偿费。征用耕地的土地补偿费，为该耕地被征用前3年平均年产值的6~10倍。征用耕地的安置补助费，按照需要安置的农业人口数计算。需要安置的农业人口数，按照被征用的耕地数量除以征地前被征用单位平均每人占有耕地的数量计算。每一个需要安置的农业人口的安置补助费标准，为该耕地被征用前3年平均年产值的4~6倍。但是，每公顷被征用耕地的安置补助费，最高不得超过被征用前3年平均年产值的15倍。征地补偿安置方案确定后，有关地方人民政府应当公告，并听取被征地的农村集体经济组织和农民的意见。

(3)国有土地使用权的收回。有下列情形之一，由有关人民政府土地行政主管部门报经原批准用地的人民政府或有批准权的人民政府批准，可以收回国有土地使用权：

①为公共利益需要使用土地的。

②为实施城市规划进行旧城区改建，需要调整土地使用范围的。

③土地出让等有偿使用合同约定的使用期限届满，土地使用者未申请续期或申请续期未获批准的。

④因单位撤销、迁移等原因，停止使用原划拨的国有土地的。

⑤公路、铁路、机场、矿场等经核准报废的。

其中，依照前两项规定收回国有土地使用权的，对土地使用权人应当给予适当补偿。

4. 临时用地

在城市规划区内的临时用地,在报批前,应当先经有关城市规划行政主管部门同意。土地使用者应当根据土地权属,与有关土地行政主管部门或者农村集体经济组织、村民委员会签订临时使用土地合同,并按照合同的约定支付临时使用土地补偿费。使用土地的使用者应当按照临时使用土地合同约定的用途使用土地,并不得修建永久性建筑物。临时使用土地期限一般不超过两年。

## 八、公路法

《中华人民共和国公路法》于1997年7月3日中华人民共和国主席令第86号发布(根据1999年10月31日第九届全国人民代表大会常务委员会第十二次会议《关于修改〈中华人民共和国公路法〉的决定》第一次修正;根据2004年8月28日第十届全国人民代表大会常务委员会第十一次会议《关于修改〈中华人民共和国公路法〉的决定》第二次修正)。它是调整在从事公路建设活动和对公路建设活动监督管理过程中所形成的社会关系的法律规范总称。本法中的公路建设活动是指公路、公路桥梁、公路隧道和公路渡口的规划、建设、养护、经营、使用和管理。

1. 公路规划

(1)各级公路规划要求。公路规划应根据国民经济和社会发展以及国防建设的需要编制,与城市建设发展规划和其他方式的交通运输发展规划相协调。建设用地规划应符合土地利用总体规划,当年建设用地应纳入年度建设用地计划。

①国道规划由国务院交通行政主管部门会同国务院有关部门并商国道沿线省、自治区、直辖市人民政府编制,报国务院批准。

②省道规划由省、自治区、直辖市人民政府交通行政主管部门会同同级有关部门并商省道沿线下一级人民政府编制,报省、自治区、直辖市人民政府批准,并报国务院交通行政主管部门备案。

③县道规划由县级人民政府交通行政主管部门会同同级有关部门编制,经本级人民政府审定后,报上一级人民政府批准。

④乡道规划由县级交通行政主管部门协助乡、民族乡、镇人民政府编制,报县级人民政府批准。

经批准的省道、县道、乡道公路规划需要修改的,由原编制机关提出修改方案,报原批准机关批准。

(2)专用公路规划要求。专用公路规划由专用公路的主管单位编制,经其上级主管部门审定后,报县级以上人民政府交通主管部门审核。专用公路规划应与公路规划相协调。

2. 公路建设

(1)建设资金。筹集公路建设资金,除各级人民政府的财政拨款外,可以依照法律或国务院有关规定决定征收用于公路建设的费用;还可以依法向国内外金融机构或外国政府贷款。国家鼓励国内外经济组织对公路建设进行投资。开发、经营公路的公司可以依照法律、行政法规的规定发行股票、公司债券筹集资金。

(2)公路建设体制。公路建设应当按照基本建设程序和有关规定进行。公路建设项目应实行法人负责制度、招标投标制度、工程监理制度。

(3)从业资格制度。承担公路建设的可行性研究单位、勘察设计单位、施工单位和工程监理单位,必须持有国家规定的资质证书。

(4)公路建设的有关要求。

①公路建设需要使用国有荒山、荒地或在国有荒山、荒地、河滩、滩涂上挖砂、采石、取土的,依照有关规定办理手续后,任何单位和个人不得阻挠或非法收取费用。

②地方各级人民政府对公路建设依法使用土地和搬迁居民,应当给予支持和协助。

③公路建设项目的设计和施工,应当符合依法保护环境、保护文物古迹和防止水土流失的要求。

④公路规划中贯彻国防要求的公路建设项目,应当严格按照规划进行建设。

⑤因建设公路影响铁路、水利、电力、邮电设施和其他设施正常使用时,公路建设单位应事先征得有关部门的同意;因公路建设对有关设施造成损坏的,公路建设单位应按照不低于该设施原有的技术标准予以修复,或给予经济补偿。

⑥改建公路时,施工单位应当在施工路段两端设置明显的施工标志、安全标志。需要车辆绕行的,应当在绕行路口设置标志;不能绕行的,必须修建临时道路,保证车辆和行人通行。建成的公路,应当按照规定设置明显的标志、标线。

⑦公路建设项目和公路修复项目竣工后,应当按照国家有关规定进行验收;未经验收或验收不合格的,不得交付使用。

⑧县级以上地方人民政府应当确定公路两侧边沟外缘起不少于1m的公路用地。

3. 公路养护

(1)公路养护费用征收办法。2009年1月1日起国家实行燃油税改革,取消养路费,采取依法征税的办法筹集公路养护资金。使用车辆的单位和个人,在购买燃油时,按照国家有关规定缴纳燃油附加费。依法征税筹集的公路养护资金必须用于公路的养护和改建。

(2)养护管理。县、乡级人民政府对公路养护需要的材料、劳务应给予支持和协助,应当在农村义务工的范围内,按照国家有关规定组织公路两侧的农村居民履行为公路建设和养护提供劳务的义务。因严重自然灾害致使国道、省道交通中断,公路管理机构应当及时修复;公路管理机构难以及时修复时,县级以上地方人民政府应当及时组织当地机关、团体、企业事业单位、城乡居民进行抢修,并可以请求当地驻军支援,尽快恢复交通。

4. 路政管理

国务院交通行政主管部门主管全国公路工作。各级地方人民政府应当采取措施,加强对公路的保护。县级以上地方人民政府交通主管部门应当认真履行职责,依法做好公路保护工作,并努力采用科学的管理方法和先进的技术手段,提高公路管理水平,逐步完善公路服务设施,保障公路的完好、安全和畅通。

5. 收费公路

(1)收费公路类型

国家允许依法设立收费公路,对收费公路的数量进行控制。符合国务院交通行政主管部

门规定的技术等级和规模的下列公路,可以依法收取车辆通行费:

①由县级以上地方人民政府交通主管部门利用贷款或向企业、个人集资建成的公路。

②由国内外经济组织依法受让前项收费公路收费权的公路。

③由国内外经济组织依法投资建成的公路。

其他任何公路禁止收取车辆通行费。目前,二级公路逐步取消收费。

(2)收费管理

①收费期限。收费公路的收费期限,按照收费偿还贷款、集资建成的原则,由省、自治区、直辖市人民政府依照国务院交通行政主管部门的规定确定。收费经营期限按照收回投资并有合理回报的原则,由有关交通主管部门与投资者约定并按照国家有关规定办理审批手续,但最长不得超过国务院规定的年限。

②收费站的设定。收费站的设定,应当报经省、自治区、直辖市人民政府审查批准。跨省的收费公路设置车辆通行费的收费站,由有关省、自治区、直辖市人民政府协商确定;协商不成的,由国务院交通行政主管部门决定。两个收费站之间的距离,不得小于国务院交通主管部门规定的标准。

③收费标准。收费公路车辆通行费的收费标准,由公路收费单位提出方案,报省、自治区、直辖市人民政府交通行政主管部门会同同级物价行政主管部门审查批准。

6.监督检查

交通主管部门、公路管理机构依法对公路的法律、法规执行情况进行监督检查,有权检查、制止各种侵占、损坏公路、公路用地、公路附属设施及其他违反法律规定的行为。

7.法律责任

违反了国家的法律法规对公路建设和公路工程造成影响或损失的,要追究经济责任或行政责任,构成犯罪的,要依法追究刑事责任。

## 九、标准化法

1.标准的类别及其制定范围

(1)标准的类别

标准分为国家标准、行业标准、地方标准和企业标准四级。国家标准、行业标准又可分为强制性标准和推荐性标准。保障人体健康,人身、财产安全的标准和法律,行政法规规定必须执行的标准是强制性标准,其他标准为推荐性标准。省、自治区、直辖市标准化主管部门制定的工业产品的安全、卫生的地方标准,在本行政区域内是强制性标准。

(2)制定标准的范围

对下列需要统一的技术要求,应当制定标准:

①工业产品的品种、规格、质量、等级或者安全、卫生要求。

②工业产品的设计、生产、检验、包装、储运、使用方法或者生产、储运的安全、卫生要求。

③环境保护的技术要求和检验方法。

④建设工程的设计、施工方法和安全要求。

⑤工业生产、工程建设和环境保护的技术术语、符号、代号和制图方法。

2. 标准的实施

强制性标准,必须执行;推荐性标准,国家鼓励企业自愿采用。企业对国家标准或者行业标准的产品,可以向国务院标准化主管部门或者国务院标准化主管部门授权的部门申请产品质量认证。认证合格的,由认证部门授予认证证书,准许在产品或者其包装上使用规定的认证标志。已经取得认证证书的产品不符合国家标准或者行业标准的,以及产品未经认证或者认证不合格的,不得使用认证标志出厂销售。

出口产品的技术要求,依照合同的约定执行。企业研制新产品、改进产品、进行技术改造,应当符合标准化要求。

县级以上政府标准化行政主管部门负责对标准的实施进行监督检查,可以根据需要设置检验机构,或者授权其他单位的检验机构,对产品是否符合标准进行检验。

## 十、保险法

保险是指投保人根据合同的约定,向保险人支付保险费,保险人对于合同约定的、可能发生的事故,因其发生所造成的财产损失承担赔偿保险金责任,或者当被保险人死亡、伤残、疾病,或者达到合同约定的年龄、期限时,承担给付保险金责任的商业保险行为。

1. 保险合同

保险合同是指投保人与保险人约定保险权利义务关系的协议。

(1)保险合同的内容

保险合同应当包括下列事项:

①保险人的名称和住所。

②投保人、被保险人的姓名或者名称、住所,以及人身保险的受益人的姓名或者名称、住所。

③保险标的。

④保险责任和责任免除。

⑤保险期间和保险责任开始时间。

⑥保险价值和保险金额。

⑦保险费以及支付办法。

⑧保险金赔偿或者给付办法。

⑨违约责任和争议处理。

⑩订立合同的年、月、日。

(2)保险合同的分类

保险合同可以分为财产保险合同和人身保险合同。

2. 工程保险(见第三章第六节)

## 十一、水土保持法

《水土保持法》自2011年3月1日起施行。水土保持是指对自然因素和人为活动造成水土流失所采取的预防和治理措施。有关基础设施建设、矿产资源开发、城镇建设、公共服务设施建设等方面的规划,在实施过程中可能造成水土流失的,应提出水土流失预防和治理的对策和措施,并在规划审批前征求本级人民政府水行政主管部门的意见。

1. 水土流失预防

(1)项目建设科学选址。生产建设项目选址、选线应当避让水土流失重点预防区和重点治理区;无法避让的,应当提高防治标准,有效控制可能造成的水土流失。

(2)编制水土保持方案。在容易发生水土流失的区域开办生产建设项目,应当编制水土保持方案,报县级以上人民政府水行政主管部门审批,采取水土流失预防和治理措施。

(3)水土保持"三同时"。依法应当编制水土保持方案生产建设项目中的水土保持设施,应当与主体工程同时设计、同时施工、同时投产使用。

(4)跟踪检查。县级以上人民政府水行政主管部门、流域管理机构,应当对生产建设项目水土保持方案的实施情况进行跟踪检查,发现问题及时处理。

2. 水土流失治理

(1)生态修复。国家加强水土流失重点预防区和重点治理区的坡耕地改梯田、淤地坝等水土保持重点工程建设,加大生态修复力度。

(2)征收水土保持补偿费。在容易发生水土流失开办生产建设项目,不能恢复原有水土保持功能的,应当缴纳水土保持补偿费,专项用于水土流失预防和治理。

(3)政策扶持。国家鼓励单位和个人按照水土保持规划参与水土流失治理,并在资金、技术、税收等方面予以扶持。

3. 监测和监督

生产建设单位应当自行或者委托具备水土保持监测资质的机构,对生产建设活动造成的水土流失进行监测,并将监测情况定期上报当地水行政主管部门。从事水土保持监测活动应当遵守国家有关技术标准、规范和规程,保证监测质量。

4. 法律责任

(1)有下列行为之一的,责令停止违法行为,限期补办手续;逾期不补办手续的,处5万元以上50万元以下的罚款,对相关责任人员依法给予处分:

①未编制水土保持方案或者编制的水土保持方案未经批准而开工建设的。

②补充、修改的水土保持方案未经原审批机关批准的。

③未经原审批机关批准,对水土保持措施做出重大变更的。

(2)水土保持设施未经验收或者验收不合格将生产建设项目投产使用的,责令停止生产或者使用,直至验收合格,并处5万元以上50万元以下的罚款。

(3)在水土保持方案确定的专门存放地以外的区域倾倒砂石、尾矿、废渣等,责令停止违法行为,限期清理,按照倾倒数量处每立方米10元以上20元以下的罚款。

(4)开办生产建设项目或者从事其他生产建设活动造成水土流失,不进行治理的,责令限期治理;逾期仍不治理的,其他单位代为治理,所需费用由违法行为人承担。

(5)拒不缴纳水土保持补偿费的,责令限期缴纳;逾期不缴纳的,自滞纳之日起按日加收滞纳部分0.5‰的滞纳金,可以处应缴水土保持补偿费3倍以下的罚款。

(6)造成水土流失危害的,依法承担民事责任;构成违反治安管理行为的,由公安机关依法给予治安管理处罚；构成犯罪的，依法追究刑事责任。

## 十二、环境保护法

《中华人民共和国环境保护法》已由中华人民共和国第十二届全国人民代表大会常务委员会第八次会议于 2014 年 4 月 24 日修订通过，修订后的《中华人民共和国环境保护法》自 2015 年 1 月 1 日起施行。保护环境是国家的基本国策。一切单位和个人都有保护环境的义务。环境保护坚持保护优先、预防为主、综合治理、公众参与、损害担责的原则。国家建立健全环境监测制度。

1. 环境保护监督制度

国务院环境保护主管部门，对全国环境保护工作实施统一监督管理；县级以上地方人民政府环境保护主管部门，对本行政区域环境保护工作实施统一监督管理。县级以上人民政府有关部门和军队环境保护部门，依照有关法律的规定对资源保护和污染防治等环境保护工作实施监督管理。

建设单位未依法提交建设项目环境影响评价文件或者环境影响评价文件未经批准，擅自开工建设的，由负有环境保护监督管理职责的部门责令停止建设，处以罚款，并可以责令恢复原状。

2. 防治污染和其他公害的法律规定

(1)环境保护责任制度。产生环境污染和其他公害的单位，必须把环境保护工作纳入计划，建立环境保护责任制度。

(2)推广环保设备、工艺和技术。采用资源利用率高、污染物排放量少的设备和工艺，采用经济合理的废弃物综合利用技术和污染物处理技术。

(3)环境保护的“三同时”制度。建设项目中防治污染的措施，必须与主体工程同时设计、同时施工、同时投产使用。

(4)污染事故的处理报告制度。因发生事故或其他突然性事件，造成或者可能造成污染事故的单位，必须立即采取措施处理，及时通报可能受到污染危害的单位和居民，并向当地环境保护行政主管部门和有关部门报告。

(5)环境影响评价制度。建设项目的环境影响报告书，必须对建设项目产生的污染和对环境的影响做出评价，规定防治措施。

3. 建设工程项目环境影响评价

环境影响评价，是指对建设项目实施后可能造成的环境影响进行分析、预测和评估，提出预防或者减轻不良环境影响的对策和措施，进行跟踪监测的方法与制度。未依法进行环境影响评价的开发利用规划，不得组织实施，未依法进行环境影响评价的建设项目，不得开工建设。2002 年 12 月 28 日全国人民代表大会常务委员会发布了《环境影响评价法》，以法律的形式确立了规划和建设项目的环境影响评价制度。对建设项目的环境影响评价实行分类管理：

(1)可能造成重大环境影响的，应当编制环境影响报告书，对产生的环境影响进行全面评价。

(2)可能造成轻度环境影响的，应当编制环境影响报告表，对产生的环境影响进行分析或者专项评价。

(3)对环境影响很小、不需要进行环境影响评价的,应当填报环境影响登记表。

## 十三、文物法

第五届全国人民代表大会常务委员会第二十五次会议于1982年11月19日修订通过《中华人民共和国文物保护法》,2013年6月29日第十二届全国人民代表大会常务委员会第三次会议对《文物法》进行第三次修正。要求基本建设必须遵守文物保护工作的方针,其活动不得对文物造成损害。

### 1. 不可移动文物

(1)原址保护。在文物保护单位的保护范围内不得进行其他建设工程或者爆破、钻探、挖掘等作业。但是,因特殊情况需要在文物保护单位的保护范围内进行其他建设工程或者爆破、钻探、挖掘等作业的,必须保证文物保护单位的安全,并经核定公布该文物保护单位的人民政府批准,在批准前应当征得上一级人民政府文物行政部门同意。

建设工程选址应当尽可能避开不可移动文物;因特殊情况不能避开的,对文物保护单位应当尽可能实施原址保护。

(2)迁移保护。无法实施原址保护,迁移或者拆除省级文物保护单位的,批准前须征得国务院文物行政部门同意。全国重点文物保护单位不得拆除,需要迁移的,须由省、自治区、直辖市人民政府报国务院批准。

本条规定的原址保护、迁移、拆除所需费用,由建设单位列入建设工程预算。

### 2. 因项目建设的考古发掘

(1)进行大型基本建设工程,建设单位应当事先报请省级人民政府文物行政部门组织从事考古发掘的单位在工程范围内有可能埋藏文物的地方进行考古调查、勘探。

(2)需要配合建设工程进行的考古发掘工作,应当由省级文物行政部门在勘探工作的基础上提出发掘计划,报国务院文物行政部门批准。

(3)凡因进行基本建设和生产建设需要的考古调查、勘探、发掘,所需费用由建设单位列入建设工程预算。

(4)在进行项目建设中,任何单位或者个人发现文物,应当保护现场,立即报告当地文物行政部门,文物行政部门应当在24h内赶赴现场,并在7日内提出处理意见。

依照规定发现的文物属于国家所有,任何单位或者个人不得哄抢、私分、藏匿。

### 3. 非国有文物转让及企业拍卖文物

2013年6月29日,第十二届全国人民代表大会常务委员会第三次会议对《中华人民共和国文物保护法》做出修改:将第二十五条第二款修改为:"非国有不可移动文物转让、抵押或者改变用途的,应当根据其级别报相应的文物行政部门备案。"将第五十六条第二款修改为:"拍卖企业拍卖的文物,在拍卖前应当经省、自治区、直辖市人民政府文物行政部门审核,并报国务院文物行政部门备案。"

### 4. 法律责任

有下列行为之一,由县级以上人民政府文物主管部门责令改正,造成严重后果的,处5万元以上50万元以下的罚款；情节严重的，由原发证机关吊销资质证书：

（1）擅自在文物保护单位的保护范围内进行建设工程或者爆破、钻探、挖掘等作业的。

（2）在文物保护单位的建设控制地带内进行建设工程，其工程设计方案未经文物行政部门同意、报城乡建设规划部门批准，对文物保护单位的历史风貌造成破坏的。

（3）施工单位未取得文物保护工程资质证书，擅自从事文物修缮、迁移、重建的。

## 十四、矿产资源法

《中华人民共和国矿产资源法》自1997年1月1日起施行，《中华人民共和国矿产资源法实施细则》于1994年3月26日由国务院令第152号发布。

*1.矿产资源的所有权*

矿产资源属于国家所有，由国务院行使国家对矿产资源的所有权。地表或者地下矿产资源的国家所有权，不因其所依附的土地的所有权或者使用权的不同而改变。

*2.采矿权与开采限制*

非经国务院授权的有关主管部门同意，不得在下列地区开采矿产资源：

（1）港口、机场、国防工程设施圈定地区以内。

（2）重要工业区、大型水利工程设施、城镇市政工程设施附近一定距离以内。

（3）铁路、重要公路两侧一定距离以内。

（4）重要河流、堤坝两侧一定距离以内。

（5）国家划定的自然保护区、重要风景区，国家重点保护的不能移动的历史文物和名胜古迹所在地。

（6）国家规定不得开采矿产资源的其他地区。

*3.关于压覆矿产资源*

压覆矿产资源是指建设项目实施后导致矿产资源不能开发利用；但是建设项目与矿区范围重叠而不影响矿产资源正常开采的，不作为压覆处理。

在建设大型建筑物或者建筑群之前，建设单位必须向所在省、自治区、直辖市地质矿产主管部门了解拟建工程所在地区的矿产资源分布和开采情况，非经国务院授权的部门批准，不得压覆重要矿产。

建设项目压覆矿产资源的审批工作是按照《中华人民共和国矿产资源法》及其《实施细则》等法律法规的规定进行的，有效保护和合理利用矿产资源，确保用地建设项目的进行。该工作应由建设单位在建设项目可行性研究阶段完成。

经批准可压覆矿产资源的建设项目在其范围内有采矿权的，应按国家有关规定，由建设单位与采矿权人签订补偿协议并报批准压覆的部门备案。

*4.采矿权有偿取得制度*

国家实行探矿权、采矿权有偿取得的制度；但是，国家对探矿权、采矿权有偿取得的费用，可以根据不同情况规定予以减缴、免缴。

*5.集体矿山企业和个体采矿*

国家对集体矿山企业和个体采矿实行积极扶持、合理规划、正确引导、加强管理的方针，鼓励集体矿山企业开采国家指定范围内的矿产资源,允许个人采挖零星分散资源和只能用作普通建筑材料的砂、石、黏土以及为生活自用采挖少量矿产。

6. 法律责任

未取得采矿许可证擅自采矿的,擅自进入国家规划矿区、对国民经济具有重要价值的矿区范围采矿的,擅自开采国家规定实行保护性开采的特定矿种的,责令停止开采,赔偿损失,没收采出的矿产品和违法所得,可以并处罚款;拒不停止开采,造成矿产资源破坏的,依照刑法第一百五十六条的规定对直接责任人员追究刑事责任。

## 十五、森林法

《中华人民共和国森林法》于 1985 年 1 月 1 日实施,1998 年 4 月 29 日修订;《中华人民共和国森林法实施条例》于 2000 年 1 月 29 日发布实施。

1. 森林经营管理

(1)勘查、开采矿藏和修建道路、水利、电力、通信等工程,需要占用或者征用林地的,必须遵守下列规定:

①用地单位应当向县级以上人民政府林业主管部门提出用地申请,经审核同意后,按照国家规定的标准预交森林植被恢复费,领取使用林地审核同意书。

②占用或者征用防护林林地或者特种用途林林地面积 10 公顷以上的,用材林、经济林、薪炭林林地及其采伐迹地面积 35 公顷以上的,其他林地面积 70 公顷以上的,由国务院林业主管部门审核;占用或者征用林地面积低于上述规定数量的,由省、自治区、直辖市人民政府林业主管部门审核。占用重点林区的林地的,由国务院林业主管部门审核。

③用地单位需要采伐已经批准占用或者征用的林地上的林木时,应当向林地所在地的县级以上地方人民政府林业主管部门或者国务院林业主管部门申请林木采伐许可证。

(2)需要临时占用林地的,应当经县级以上人民政府林业主管部门批准。临时占用林地的期限不得超过两年,并不得在临时占用的林地上修筑永久性建筑物;占用期满后,用地单位必须恢复林业生产条件。

2. 法律责任

临时占用林地,逾期不归还的,由县级以上人民政府林业主管部门责令限期恢复原状,并处非法改变用途林地每平方米 10 ~ 30 元的罚款。

## 十六、建设工程安全生产管理条例

《建设工程安全生产管理条例》于 2003 年 11 月 12 日国务院第 28 次常务会议通过,自 2004 年 2 月 1 日起施行。

(1)建设工程安全生产管理制度:安全生产责任制度;群防群治制度;安全生产教育培训制度;安全生产检查制度;伤亡事故处理报告制度;安全责任追究制度。

(2)建设单位安全责任:向施工单位提供资料;依法履行合同;提供安全生产费用;不得推销劣质材料设备;提供安全施工措施资料;对拆除工程进行备案;法律责任:给予警告、责令限期改正;逾期未改正的,责令停止施工;造成损失的,承担赔偿责任,并处 20 万元 ~ 50 万元的罚款;造成重大安全事故,构成犯罪的,对直接责任人追究刑事责任。

(3)监理单位安全责任:审查施工方案;发现安全事故隐患,要求施工单位整改;情节严重的,要求施工单位暂时停工;施工单位拒绝执行的,向有关主管部门报告。

(4)施工单位安全责任:主要负责人对安全生产工作全面负责;建立健全安全生产责任制度和教育培训制度;定安全生产规章制度和操作流程;保证对安全生产所需资金的投入;项目负责人对建设工程项目的安全施工负责、项目负责人落实安全生产责任制度、安全生产规章;确保安全生产费用的有效使用(《企业安全生产费用提取和使用管理办法》(财企〔2012〕16号)规定公路施工企业安全生产费用提取标准为1.5%);组织制定安全施工措施,消除安全事故隐患;及时如实报告生产安全事故。

(5)安全生产管理机构职责:落实国家相关法规和标准;编制并更新安全生产管理制度;组织开展安全教育及安全检查活动。

(6)勘察、设计单位安全责任:确保勘察文件的质量,保证后续工作的安全;科学勘察,保证周边建筑物安全;科学设计的责任;设计单位和注册执业人员应对设计负责。

# 参考文献


[1] 交通运输部职业资格中心.公路工程造价基础理论及相关法规[M].北京:人民交通出版社,2011.

[2] 全国造价工程师执业资格考试培训教材编审委员会.建设工程造价管理[M].北京:中国计划出版社,2013.

[3] 交通运输部公路司.公路建设管理法规文件汇编(2009 年版)[M].北京:人民交通出版社,2009.

[4] 中华人民共和国交通运输部.公路工程标准施工招标文件(2009 年版)[M].北京:人民交通出版社,2009.

[5] 刘三会.合同管理[M].北京:人民交通出版社,2006.

[6] 刘燕.技术经济学[M].成都:电子科技大学出版社,2007.

[7] 成虎.工程项目管理[M].3 版.北京:中国建筑工业出版社,2009.

[8] 史恩静.公路工程财务管理[M].北京:人民交通出版社,2006.

[9] 何康维.建设工程计价原理与方法[M].上海:同济大学出版社,2013.

[10] 雒应.合同管理[M].北京:人民交通出版社,2007.

[11] 孙昌玲,张国华.土木工程造价[M].2 版.北京:中国建筑工业出版社,2008.

[12] 吴现立,冯占红.工程造价控制与管理[M].2 版.武汉:武汉理工大学出版社,2010.

[13] 中国建设监理协会.建设工程监理概论[M].北京:中国建筑工业出版社,2014.